銳實力
製造機

中國在台灣、香港、印太地區
的影響力操作與中心邊陲拉鋸戰

China's Influence and
the Center-periphery Tug of War
in Hong Kong, Taiwan and Indo-Pacific

主編——吳介民 Wu Jieh-min
　　　黎安友 Andrew J. Nathan

譯者——鄭傑憶

左岸中國因素系列

01 龍在雪域：一九四七年後的西藏

02 文明的呼喚：尋找兩岸和平之路

03 第三種中國想像：中國因素與台灣民主

04 尋求安全感的中國：從中國人的角度看中國的對外關係

05 權力資本雙螺旋：台灣視角的中國／兩岸研究

06 微博不能說的關鍵詞

07 照破：太陽花運動的振幅、縱深與視域

08 習近平大棋局：後極權轉型的極限

09 完美的獨裁：二十一世紀的中國

10 吊燈裡的巨蟒：中國因素作用力，與反作用力

11 香港，鬱躁的家邦：本土觀點的香港源流史

12 沒有安全感的強國：從鎖國、開放到崛起，中國對外關係70年

13 無聲的入侵：中國因素在澳洲

14 香港，鬱躁的家邦：本土觀點的香港源流史（增修版）

15 為什麼要佔領街頭？從太陽花、雨傘，到反送中運動

16 烈火黑潮：城市戰地裡的香港人

17 大熊貓的利爪：中國如何滲透、影響與威嚇加拿大

18 反抗的共同體：二〇一九香港反送中運動

19 黑手：揭穿中國共產黨如何改造世界

20 西藏，焚燒的雪域：中共統治下的藏民族

21 逆天抗命：香港如何對世界上最大的獨裁者說不

22 邊際危城：資本、帝國與抵抗視野下的香港

23 我城存歿：強權之下思索自由

24 銳實力製造機：中國在台灣、香港、印太地區的影響力操作與中心邊陲拉鋸戰

目 錄
Contents

各章用圖………………………………………………………7

各章列表………………………………………………………8

作者簡介………………………………………………………9

中文版序論
灰色地帶的戰爭 ◎吳介民……………………………………11

導論

[1] 不只是銳實力……………………………………………33
◎吳介民

PART 1 ——中國影響力的歷史脈絡：
比較的視野

[2] 中國對前清邊陲的同化：「一國兩制」的起源………71
◎孔誥烽

[3] 沒有人是孤島：台灣與香港的邊陲民族主義………91
◎吳叡人

PART 2 ──台灣與香港

[4] 「九二共識」的式微：比較兩次台灣總統選舉……119
◎吳介民、廖美

[5] 中國對香港立法會選舉的操縱……………………147
◎馬嶽

[6] 陸客來台觀光的政治經濟學…………………………169
◎蔡宏政

[7] 自由行如何改變香港經濟生態………………………189
◎葉國豪

[8] 中國跨國媒體審查在台灣的蔓延……………………213
◎黃兆年

[9] 網民獵巫台獨的行為邏輯……………………………241
◎廖美

[10] 中國市場虹吸香港電影的靈魂………………………267
◎李家盈

[11] 跨海峽做媽祖信仰……………………………………291
◎古明君、洪瑩發

PART 3 ——印太地區個案

[12] 左右為難的東南亞 ·315
◎莊嘉穎

[13] 在中印關係的陰影下 ·351
◎齊提吉・巴吉帕義（Chietigj Bajpaee）

[14] 中亞的恐中症與反中浪潮 ·381
◎熊倉潤

[15] 獨裁勢力在澳紐滋長 ·405
◎馮崇義、凱大熊

結論

[16] 中國影響力與反作用力 ·441
◎黎安友（Andrew J. Nathan）

大事記 ·472
索引 ·494

各章用圖

1.1 外部的強制力

1.2 從內部滲透

1.3 侵蝕政治邊界

1.4 中國周邊國家對中國出口集中度：從2008年到2020年的增加幅度

4.1 「九二共識」相關報導頻次的趨勢，2000-2018

6.1 中國國家資本主義的資本循環

6.2 來台遊客的主要來源國，2006-2017

7.1 到港陸客人數，1997-2018

7.2 旅遊業附加價值占香港GDP的比例，2000-2018

7.3 旅遊業從業人員占總就業人口的比例，2000-2018

7.4 施政報告提到旅遊業的頻率，2003-2019

8.1 台灣新聞自由度指標

8.2 理論架構：中國媒體審查的跨國擴散

8.3 台灣出口比例，1981-2019

8.4 台灣對外投資，1991-2019

9.1 中國電影生產的控制與大眾監督

9.A 台北市首輪電影票房市場占有率，1990-2018

10.1 香港電影票房

10.2 中國的螺旋式影響力

12.1 東協的主要貨物貿易夥伴，2007-2016

12.2 東協的外資來源國，以價值計算，2007-2016

12.3 東協的外資來源國，以比例計算，2007-2016

14.1 中國與中亞各國的雙邊貿易

各章列表

1.1 中國的影響機制

4.1 2012年總統大選表態支持「九二共識」的台商

4.2 比較投給國民黨候選人（馬—吳）和不投票者對比於投給民進黨
候選人（蔡—蘇）的相對支持率——2012年總統大選

4.3 比較投給國民黨候選人（朱—王）和不投票者對比於投給民進黨
候選人（蔡—陳）的相對支持率——2016年總統大選

5.1 香港兩大陣營的得票率與議席，1991–2016

7.1 香港主要旅遊業團體簡介

7.2 支持香港旅遊業的主要措施，2003–2017

7.3 立法會旅遊業功能界別代表背景，1997–2016

9.1 對涉嫌支持台獨藝人的獵巫類型與後果

9.A 中國政府與網民的獵巫行動

9.B 國內電影占市場份額和每人每年上電影院次數：與英美和一些亞
洲國家比較，2009–2018

10.1 香港電影概況

10.2 中國與香港、台灣合作的拍片數量

10.3 CEPA簽署後，在香港上映的電影數（包括合拍片與本地製作）

10.4 香港電影票房

10.5 擔任全國政協委員的香港藝人

10.6 擔任政協委員的香港電影演員

作者簡介

主編

吳介民◎中央研究院社會學研究所研究員

黎安友（Andrew J. Nathan）◎美國哥倫比亞大學政治學系講座教授

作者群

孔誥烽◎美國約翰霍普金斯大學社會學系講座教授

吳叡人◎中央研究院台灣史研究所副研究員

廖　美◎經濟民主連合理事，紐約市立大學研究中心經濟學博士

馬　嶽◎香港中文大學政治與行政學系副教授

蔡宏政◎國立中山大學社會學系教授

葉國豪◎香港大學社會學博士

黃兆年◎國立政治大學國家發展研究所助理教授

李家盈◎香港社會及流行文化學者

古明君◎國立清華大學社會學研究所副教授

洪瑩發◎國立政治大學華人宗教研究中心博士後研究員

莊嘉穎◎新加坡國立大學政治學系副教授

齊提吉・巴吉帕義（Chietigj Bajpaee）◎挪威國家石油公司亞洲
　　政治風險顧問

熊倉潤◎日本法政大學法學部國際政治學科副教授

馮崇義◎澳洲雪梨科技大學社會與政治科學計畫副教授

凱大熊（Kevin Carrico）◎澳洲蒙納士大學中國研究高級講師

灰色地帶的戰爭

吳介民，中央研究院社會學研究所研究員

> 我們這些人，這些倖存的人，至今是否能夠了解自己的經
> 歷？也讓別人了解我們的經歷？
>
> ——普利摩‧李維，《滅頂與生還》第二章〈灰色地帶〉

> 我想回到錫蓋特告訴大家親身經歷的死亡，好讓你們在一切
> 還來得及前做好準備。
>
> ——埃利‧維瑟爾，《夜》

日以繼夜的隱密作戰

銳實力，性質上是在灰色地帶，日以繼夜進行的隱密作戰。

當一個社會遭到外來的銳實力毒針注射時，渾然不知，社會
內部一時陷入分裂與對抗，還以為傷口發膿只是自體問題。[1]這是

---

1 參見民主基金會銳實力報告書：「威權政府的影響力嘗試之所以是『尖銳的』
（sharp），因為這種影響力穿刺、滲透、貫穿到目標國的資訊環境之中。目前正
在進行中的專制國家與民主國家之間無情的新一輪競爭中，專制壓迫政權的『銳

真實發生在台灣的情況，2018年關西機場事件：台灣中了中國銳實力的招，部分台灣媒體配合中國統戰宣揚戰狼外交，譴責台灣駐日單位顢頇無能，一時間群情激憤爆發政治危機，進而導致駐日外交官自殺。

　　事過境遷，我們抽絲剝繭，還原當時事件真相，將這條「虛假資訊鏈」層層分解，確定關西機場事件的源頭，來自中國內容農場的假消息，經過中方跨境雲端操作，搭配台灣在地協力媒體炒作，而點燃一場批判民進黨政府的大火。[2] 這場大火，間接促成了2019年瀰漫全台的「亡國感」。而整個事件歷程，更複雜的是，「卡神」楊蕙如等人涉及在PTT網路論壇發動攻擊，將責任指向駐大阪辦事處的事務官（帶給駐大阪外交人員極大壓力）而遭起訴並判刑。

　　從關西機場事件可清楚看到，銳實力能發生作用，必定有自體原因，一個社會原已存在嚴重裂縫，內部政治傾向極化，讓外部敵對勢力可以見縫插針，而使得黨派內鬥更嚴重，甚至在同一

實力』技術，應該被視為匕首的尖峰——或是這些政權的注射器。」Cardenal, J. P. et al., *Sharp Power: Rising Authoritarian Influence, International Forum for Democratic Studies* (National Endowment for Democracy. Washington, DC), p.13.

2　參見江旻諺、吳介民，2021，〈「戰狼主旋律」變形入台：解析關西機場事件的中國虛假資訊鏈〉，洪浩唐、沈伯洋編，《戰狼來了：關西機場事件的假新聞、資訊戰》，頁101-113，台北：新自然主義。關於在地協力者的定義和運作機制，參見吳介民，2017，〈以商業模式做統戰：跨海峽政商關係中的在地協力者機制〉，李宗榮、林宗弘編，《未竟的奇蹟：轉型中的台灣經濟與社會》，頁676-719（台北：中央研究院社會所）

陣營內引起內鬨。例如，台灣有國家認同的分歧，中國便有機可乘；例如，美國有共和、民主兩黨政治分歧（保守對進步），讓俄羅斯的銳實力操作大展身手，影響2016年美國的總統大選。

銳實力挑動社會矛盾，注射「恨的汁液」，這是共產黨的看家本領。中共大外宣「說好中國的故事」，未必能吸引人真心信仰，擁抱中國特色社會主義；但它「說壞美國的故事」，質疑西方民主的價值，卻可以在社會挑起一股「疑美論」。2020年美國總統選舉期間，台灣有不少人相信，如果拜登當選將會出賣台灣，就是一種變形的疑美論。加上當時台灣部分親本土派的輿論操作，海外美裔社群和媒體對川普的鐵桿支持也擴散到國內，使得資訊更加複雜且真假難辨。

事實證明，拜登就任後至今並無出賣台灣，反而是數度表明將防衛台灣，也持續執行對中科技戰，抵制中國半導體發展。疑美論目的是把「美帝」打成跟「中帝」一樣半斤八兩，動搖台灣防衛自由民主的信心，幽微滲透「投降主義」。美國政策並非不可批評，但這種疑美論操作卻可能被導向犬儒或親中。

2021年5月，台灣爆發新冠疫情，打碎了世外桃源的神話，「疫苗之亂」發作，傳統媒體和社交媒體充斥假消息，社會焦慮感膨脹。當日本和美國緊急空運疫苗援台，台灣被描繪成「疫苗乞丐」。日本援台被說是「日本不要的疫苗才送台灣」；日本一位媒體人更發表誇張評論：因為台灣盛傳日本送來自己不要的疫苗，「台灣恐爆發反日暴動」。國產疫苗負面消息不斷，蔡政府幫助「高端炒股、圖利廠商」。進口中國疫苗呼聲不斷，「防疫優先、

人命關天、無涉政治」；同時間，中國廠商掌握BNT疫苗「大中華區獨家授權」而卡關台灣。最後，導向「民進黨政府無能、民不聊生、疫苗騙子蔡英文」。民進黨政府的防疫政策和施政遠非完美無瑕，然而上述資訊內容嚴重偏離事實。

　　台灣有驚無險度過這場疫苗危機，美日空運解圍有助冷卻社會焦慮，政府反應也比以往明快。但更重要的是，台灣社會嘗過苦頭，對中國媒體影響力操作，已具有一定程度免疫力。人民的識讀能力有在提升，能夠解讀、識破假消息。國際研究機構早已指出，台灣是面對虛假訊息攻擊最嚴重的國家之一。2022年「自由之家」最新報告也指出，台灣雖遭受中國最密集媒體影響力操作，但抵抗力卻最強。[3]

　　疫苗之亂，如同近年來沸揚的全球半導體爭奪戰，赤裸裸呈現台灣在全球地緣政治中的關鍵地位。中國對台「文攻」無效，「武嚇」一定接著登場。2022年8月，北京藉口美國眾議院議長裴洛西訪台而展開圍台軍演，規模史無前例。該場演習謀劃已久──或者更正確地說，解放軍模擬攻台已行之多年──否則北京為何能夠在演習之後立即公布「對台白皮書」？[4]這場威嚇台灣

3　《自由之家北京在全球媒體影響力報告》，Cook, Datt, Young, Han, 2022, Beijing's Global Media Influence, Freedom House, https://freedomhouse.org/report/beijing-global-media-influence/2022/authoritarian-expansion-power-democratic-resilience.

4　「中共中央台辦發言人受權就發表《台灣問題與新時代中國統一事業》白皮書發表談話」，新華網，2022年8月10日，http://www.gwytb.gov.cn/topone/202208/t20220810_12459884.htm.

的軍演大戲，我們不能等閒視之，因為它在測試台灣的防衛能力與決心，以及美國（和西方國家）協防台灣的意願。

中國把台灣視為「核心利益」，任何政權都輸不起台灣，即便共產黨垮台了，繼任政權若仍緊抓民族主義大旗，就不會輕易對台鬆手。中國對台目標是兼併台灣、直接統治台灣。武嚇文攻兼用、誘降台灣，而非全面動用武力，是中國拿取台灣的如意算盤。但不能忽視，中國正在快速建造脅迫、封鎖、全面攻擊台灣的武力。

台灣還不是一個「正常國家」，雖然大部分國民認同台灣，但仍有一部分人不認同台灣是自己國家。在此問題解決之前，中國政府會不斷地利用這個社會裂縫來執行它的影響力操作。這是台灣的宿命。因此筆者一再申論：在台灣這種認同分裂的國家，國家條件的鞏固和民主化進程必然要同步前進，否則在中國壓力下，隨時可能爆發政治危機，讓社會信心崩盤。

發現中國因素

在台灣「發現中國因素」，是我們多年來的學術使命。銳實力這個概念是美國的民主基金會在 2017 年底提出，一時蔚為分析中俄等國影響力操作的主流。其實，台灣和香港，早在銳實力概念提出之前，就已備受中國影響力的滲透。而中國影響力的操作範圍，也比銳實力更為深廣。然而，銳實力最具鮮明形象，也是惡性影響力的典型，因此本書中文版取名《銳實力製造機》。

　　2009年初，筆者提出「中國因素」（China factor）概念，長期耕耘這個研究場域，[5]總的來說有三個知識上的目標：

1. 直視中國，而不是以「大陸」、「對岸」、「中共」等詞彙模糊掉台灣與中國互動關係的本質。

2. 嚴謹分析中華人民共和國如何影響台灣的民主進程和國家地位。

3. 提出一份新的台灣對中關係研究綱領，替代已漸失洞察力的傳統兩岸關係研究。

　　十多年來，追求典範轉型的過程艱難而緩慢：中國影響力已根深蒂固而難以撼動，一開始，直視中國的代價是被忽略或遭受審查；學術既得利益，有認知心理的黏著層面，也有制度和物質的支撐；學術成果積累緩慢，而需號召更多有見識和「學術勇氣」

5　例如，吳介民，2009，〈中國因素與台灣民主〉，《思想》，11, 141-157；吳介民，2012，《第三種中國想像》（台北：左岸）；吳介民、曾嬿芬，2013，〈跨國治理場域：兩岸間的身分政治競賽〉，吳介民編，《權力資本雙螺旋：台灣視角的中國／兩岸研究》，頁410-36（台北：左岸）；吳介民、廖美，2015，〈從統獨到中國因素：政治認同變動對投票行為的影響〉，《台灣社會學》，第29期，頁87-130；吳介民，2015，〈中國因素的在地協力機制：一個分析架構〉，《台灣社會研究通訊》，83(4-11)；Wu Jieh-min, 2016, "The China Factor in Taiwan: Impact and Response", pp. 425-445 in Gunter Schubert ed., *Routledge Handbook of Contemporary Taiwan*, London and New York: Routledge. 吳介民，2017，〈以商業模式做統戰：跨海峽政商關係中的在地協力者機制〉；Wu Jieh-min and Tsai Hung-jeng, 2020, "The China Factor in Taiwan: Incentive Structure, Impact Assessment, and Counteractions", pp. 205-236 in Hsu Szu-chien and J. Michael Cole eds., *Insidious Power: How China Undermines Global Democracy* (UK: Eastbridge Books).

的同行加入這個事業。同時，這個學術視野，也長期缺乏足夠學術資源的挹注支撐。

長久以來，台灣學界和公共領域，存在一條「不直稱中國」的潛規則。這是大中華文化霸權的具體展現。中共政權和國民黨政權在這個節點上是合謀者。我們 2003 年在國立清華大學成立的當代中國研究中心，是台灣第一個以「中國」為名的同類型學術機構。當年提出中國因素，經常遇到質疑：為何不用「中共因素」，而是用中國因素？台灣媒體配合中國統戰宣傳的協力行為，「主要是資本因素，何須強調中國因素？」

十年來，環境逐漸改變。2012 年的反媒體巨獸壟斷運動，在街頭掛出「正視中國因素」布條。2014 年，太陽花運動一舉沖垮國共合作平台。香港爭取普選權和自由的抗爭導致中國無情鎮壓，港版國安法提早終結「一國兩制」。中國在新疆的高壓作為也被揭露。[6] 從 2018 年開始，美國對中國打貿易戰和科技戰，美中對抗的格局日漸成形，新的地緣政治經濟結構正在塑造之中。諸多國內外事件都衝擊著台灣的民意、政局和學院氛圍。同一期間，愈來愈多的青壯世代學者投入中國影響力研究。筆者所屬團隊在 2017 年出版《吊燈裡的巨蟒：中國因素作用力與反作用力》；

6　近年來學者與媒體針對新疆的調查報導愈來愈多。聯合國人權事務高級專員辦事處最新的報告指出，中國政府在新疆可能對維吾爾人犯下「反人類罪」。"OHCHR Assessment of human rights concerns in the Xinjiang Uyghur Autonomous Region, People's Republic of China," August 31, 2022. https://www.ohchr.org/sites/default/files/documents/countries/2022-08-31/22-08-31-final-assesment.pdf.

2021年出版日文專書《中国ファクターの政治社会学——台湾への影響力の浸透》和英文專書 *China's Influence and the Center-periphery Tug of War in Hong Kong, Taiwan and Indo-Pacific*，都是這些年集體努力的珍貴成果。[7]同一階段，國際學術界對中國研究的導向也發生轉變，聚焦研究中國崛起後導致的「全球中國」擴張行為。[8]英語世界關於中國影響力，除了期刊論文，專書開始大量出版，台灣也翻譯不少。在中國對外認知作戰方面，台灣學界已開始累積論著。[9]在公共領域，中國因素、在地協力者、資訊戰、認知作戰等詞彙已成為媒體日常。民間智庫如經濟民主連合、台灣事實查核中心、台灣資訊環境研究中心（IORG）、台灣民主實驗室（Doublethink Lab），扮演對中識讀和知識公共化的角色，並進行國際合作。[10]

　　《銳實力製造機》是上述英文專書的翻譯更新版。[11]本書以台

7　吳介民、蔡宏政、鄭祖邦編，2017，《吊燈裡的巨蟒：中國因素作用力與反作用力》（台北：左岸）。川上桃子、吳介民編，2021，《中国ファクターの政治社会学——台湾への影響力の浸透》（東京：白水社）。Brian Fong, Wu Jieh-min, and Andrew Nathan, eds., 2021, *China's Influence and the Center-periphery Tug of War in Hong Kong, Taiwan and Indo-Pacific* (Abingdon, Oxon and New York, NY: Routledge).

8　Ching Kwan Lee, 2017, *The Specter of Global China: Politics, Labor, and Foreign Investment in Africa.* Chicago: Chicago University Press.

9　例如，最近遠景基金會和台大大陸研究中心合辦的「認知領域作戰」學術研討會，2022年6月21日。

10　例如，台灣民主實驗室與國際機構合作的China Index計畫，測量中國在世界各國的影響力指數，https://china-index.io.

11　本書沒有收錄英文原版其中四章，因為四位作者判斷局勢而做出此決定。英文

港案例為基礎，對相關現象做了充分整理，進一步嘗試將此分析
架構應用到印太地區。在此延伸分析的過程，我們必須注意，中
國將港台視為其核心利益，已牢牢掌握香港的主權和統治；對台
灣則宣稱擁有主權，並且不放棄武力統一選項。因此，港台個案
和世界各國有一項根本差異──中國對其他國家並不宣稱擁有主
權（南海爭議是一個例外，但其爭議本質也和中國對台主權宣稱
不同）。但中國對外施展影響力，其戲碼卻具有共通性和推廣性。
港台個案既可供世界借鑑，也可幫助解析中國影響力在全球的運
作。在本書各章清楚指出，曾經在港台發生的中國干預內部事務
的事件，都曾經以類似方式發生在其他國家。

盤點中國影響力

本書第一章提出路線圖和一份盤點中國影響力的清單。筆者
界定了中國以商業模式做統戰的策略，提出中國影響力的三種操
作模式（外部強制、內部滲透、侵蝕邊界）和五個議題領域（選
舉、媒體、觀光旅遊、宗教和影視娛樂業）的控制機制。最後比
較中國全球影響力的三種類型：地緣政治對抗、銳實力滲透與威
權擴散、地緣政治經濟合作。

第一部分兩篇論文將中國對外施展影響力的源頭放置到歷史

版的後記，由於作者卜睿哲（Richard Bush）無法提供更新版，因此也未收錄，
有興趣的讀者請參見英文版。

脈絡。孔誥烽追溯「一國兩制」的歷史起源，來自中華人民共和國在建造民族國家過程中，試圖吸納同化前清帝國邊陲（西藏、香港、台灣等地），而「發明」出來的策略。[12] 吳叡人則追溯東北亞島嶼邊陲地帶的特殊地緣政治結構，提出「複數中心共同邊陲」的分析架構，來解釋香港和台灣邊陲民族主義的形成。[13] 大中國國族中心主義的一國兩制戰略設計，和遭受中國壓力而起的邊陲民族主義，構成了相互拮抗的結構張力和拉鋸，也為中國因素的作用力和反作用力鋪陳了歷史鬥爭的舞台。這兩章讓本書具有歷史透視和比較殖民的視野。

　　第二部分包含台港個案共八章。在選舉議題方面，吳介民和廖美以實證統計分析「九二共識」輿論戰，對兩次台灣總統選舉投票行為（2012和2016年）的不同影響力。根據對經驗證據的詮釋，太陽花運動是歷史轉捩點，它讓國共合作平台破局，也戳破「九二共識」神話。對比之下，中國對香港的選舉干預遠比台灣直接而深入。馬嶽詳述了從1991年到2016年八屆立法會選舉的軌跡，中國政府在其中四次改寫選舉規則，在2016年之後連續多次取消立法會議員資格。中聯辦動員在地協力者組織親中勢力，與本土派抗中情緒的興起相互激盪，使香港的政治光譜呈現

---

12 孔誥烽對此問題進一步闡述，見《邊際危城：資本、帝國與抵抗視野下的香港》（左岸2022）。

13 吳叡人另一篇英文論文將此架構涵蓋到沖繩，有完整闡述，見 Rwei-Ren Wu, 2016, "The Lilliputian dreams: preliminary observations of nationalism in Okinawa, Taiwan and Hong Kong," *Nations and Nationalism*, Vol 22, Issue 4, Pp. 686-705.

兩極化。

中國利用觀光業施壓，香港、台灣、日本與南韓都領教過
這個招數。蔡宏政從政治經濟學的角度，解釋中國團客一條龍的
商業模式，以及背後的政治邏輯；他指出中國對台統戰的「經濟
一條龍」和「政治一條龍」乃是一體兩面的總體戰略。陸客大批
進入香港和台灣大約是在同一時間，但運作模式不同。2003年
香港與中國簽署CEPA（《內地與香港關於建立更緊密經貿關係的
安排》），但直到2009年推出「一簽多行」才讓陸客自由行湧入香
港，徹底改變香港餐飲業和零售業的生態，同時也衍生了「搶購
奶粉」、「雙非嬰兒」等事件。葉國豪詳細解釋這個演變過程，指
出中國利用旅遊業功能界別選舉多年來扶植了一個協力者網絡，
並且建構出經濟上依賴中國的論述。而龐大陸客對香港生態的衝
擊最後也引爆了反制陸客的「光復行動」。抗爭之後，港府雖對
自由行和雙非踩剎車，但為時已晚，中國因素已激發出香港本土
力量。

中國對境外媒體的操控模式不同於俄羅斯。根據研究，俄羅
斯主要採取直接跨境網路操作。2012年，俄羅斯在聖彼得堡設立
內容農場Internet Research Agency（網際網路研究機構），進行跨
境雲端操作，曾對烏克蘭展開攻擊。IRA的運作如同一家數位行
銷企業，早在2016年之前就瞄準美國大選，在美國註冊大量社
交媒體帳號，煽動美國社會的種族矛盾，並賣力敦促黑人不要投
票，此乃銳實力的典型案例。[14]中國對台灣的媒體控制，結合了
俄羅斯模式與中國特色。中國特殊之處是培育眾多在地協力媒體

和協力者網絡來執行資訊戰。黃兆年指出，中國除了對台營造不對稱經濟結構，也建構了不對稱資訊結構。他剖析中國在台灣的發行、廣告和資本等層面都部署了協力機制，從中塑造出的「外導型自我審查」成為媒體的日常行為。在關西機場事件中台灣已經見識到中國對台灣媒體操控的巨大爆發力。然而，中國猖獗的媒體控制行為也引發公民運動的反撲，和政府的防範與較認真的執法（例如，2020年11月，中天新聞台因「違規紀錄嚴重」、「內部自律機制失靈」等問題被NCC作出不予換照決議），最後也讓台灣公民的媒體識讀力產生一定程度的提升。

　　台灣、香港和韓國藝人都吃過中國苦頭。台灣藝人不斷被要求表態「反台獨」、支持「中國統一」，這類事件已經成為藝人尋求中國市場的日常表演。香港藝人如葉德嫻因支持雨傘運動被列入黑名單；「影政雙棲」的成龍則公開反對雨傘運動。韓流在韓國部署薩德飛彈爭議中曾遭中國報復性抵制，規模之大讓人瞠目。然而，中國網民獵巫的行為邏輯卻未曾被清楚揭露。中國控制影視業有何制度特色？獵巫行為和制度之間的關係是什麼？廖美解答了這兩個問題。中國民族主義網民的出征行為，是在國家和資本互動下的產物：國家鼓勵國族主旋律，娛樂業資本則極力搭配政策賣力產製此類產品，終而培育出一大批盲目愛國網民，

---

14 Philip N. Howard, et al, "The IRA, Social Media and Political Polarization in the United States, 2012-2018," U.S. Senate Documents, Congress of the United States, October 2019. https://digitalcommons.unl.edu/cgi/viewcontent.cgi?article=1004&context=senatedocs.

四處獵殺「涉嫌台獨」的台商與藝人，這種癲狂的集體行為會失控，例如有一位在台灣參加研討會的中國學者竟被誤認為台獨支持者而遭圍攻。中國網民出征，最新案例有對泰國藝人的「港獨獵巫」，結果引發網路上「奶茶聯盟」抗中行動。[15]

香港的故事和台灣不一樣。李家盈解釋了香港本地電影的衰落。在當代華語電影史上，香港曾經引領風騷。但香港電影在1990年代中期開始走下坡，原因是1980年代以來海外市場式微和台灣資金撤出。2003年簽署 CEPA 之後，整個香港電影格局發生巨變，中國資金和市場允諾了香港電影業的第二春，眾多從業者對合拍片趨之若鶩，因為合拍片在中國市場不被視為外國電影，免除了配額限制。但中國市場也虹吸了香港電影的靈魂。資金與審查乃一體兩面，香港影業無法倖免；甚且不少香港藝人成為中國各級政府政協委員，而扮演起協力者角色。審查帶來深遠影響，合拍片當然不允許「危害國家統一」，然而更要命的是，不能拍鬼怪、黑幫等主題，而這些主題正是香港電影強項。香港電影興衰史與中國市場的關係固然有獨特性，但回顧好萊塢對中國市場的曖昧屈服，在在顯示中國影響力在全球影視界的威力。

中共信奉唯物論，但也是中國傳統政治權術的化身，懂得結

15 Nicola Smith, "#MilkTeaAlliance: New Asian youth movement battles Chinese trolls," *The Telegraph*, May 3, 2020, https://www.telegraph.co.uk/news/2020/05/03/milkteaalliance-new-asian-youth-movement-battles-chinese-trolls/; Jasmine Chia and Scott Singer, "How the Milk Tea Alliance Is Remaking Myanmar," *The Diplomat*, July 23, 2021, https://thediplomat.com/2021/07/how-the-milk-tea-alliance-is-remaking-myanmar/.

合傳統宗教力量和物質誘因，進行宗教交流和意識形態控制。民間宮廟是台灣地方信仰中心，也是基層政治的樞紐，眾多信眾有潛力成為選票來源。因此，宮廟成為中國統戰工作的重點目標，宮廟頭人也成為中共爭取的對象。鎮瀾宮西進的時間點，與中國開始對台執行間接影響力的時機吻合。古明君和洪瑩發詳細描述了1970年代以來台灣媽祖信仰的生態演變，以及中國媽祖信仰復甦的「台灣因素」。跨海峽做媽祖信仰，建構了進香網絡、人脈關係和金脈流動，也讓中國黨政機構可以長驅直入台灣基層社會。

獨裁勢力在民主世界悠遊

本書第三部分延伸到印太地區，包含東南亞、南亞、中亞和澳紐四章。過去二十年，中國在印太地區的直接影響力和間接影響力節節升高。[16]印太地區和港台個案之間有許多相似點：第一，利用種族血緣關係與人脈建立影響力。中國從華僑社群和華人移民建立在地協力者網絡做跳板，收買媒體（包括施壓廣告主）、政治人物、科技業、甚至學界（此舉在東南亞和澳洲很突出；澳洲近年來大學招生也高度依賴中國留學生市場）。[17]「和統會」是中

---

16 直接影響力是指以軍事和外交等硬實力來達成其政治目標；間接影響力是指通過商業行為、軟實力和銳實力等迂迴方式來遂行影響力。

17 中國不斷在世界各地成功複製這種滲透模式。最近有一個例子在英國被揭發，該國軍情五處通知國會議員，中共統戰部暗中行動，通過一位中國裔女性律師

共中央統戰部門直轄的全球組織，以華僑社群作為切入點，建立第一層在地協力者網絡，打入當地社團、媒體和政界，進而影響政策的作為早已惡名遠播。此布局在澳紐極為成功。

馮崇義與凱大熊將澳洲遭受中國金錢攻勢——曾任澳洲和統會會長的中國商人黃向墨居功厥偉——之後的內傷做了詳細說明：中國的獨裁勢力利用西方社會的開放與自由，深入這些國家收買政治人物，最後結果是「讓獨裁勢力悠遊於民主世界」。因為重傷害，澳洲反撲力道也相對大，數個有關國家安全的立法快速通過。伴隨著新冠肺炎起源的爭議，當澳洲試圖擺脫、舉發中國惡性影響力時，中國便強悍執行對澳洲經濟報復，如經常對台灣所為，及當年對待韓國一樣。對比之下，南亞地區稀疏的華裔人口就讓中國透過華僑社群建構影響力模式難以施展（見第十三章）。

第二，中國善於建構經貿關係作為推動對外政策的槓桿。統計顯示，從2008年（全球金融危機爆發）到2020年，中國市場對印太區域具有強大吸引力，許多國家出口市場開始大幅度集中在中國，澳洲、紐西蘭、寮國、緬甸等國皆有倍數成長，再來是印尼、越南、馬來西亞等國（參見第一章圖4）。對比之下，中國

李貞駒，以「中華海外聯誼會」和「英國華人參政計劃」這兩個團體，來掩蓋她代表中國政府的活動，向英國政黨和議員提供資金。Isabella Kwai and Stephen Castle，「軍情五處警告稱中國政府代理人正積極干預英國政治」，《紐約時報中文網》，2022年1月14日，https://reurl.cc/YXQxMD. 對李貞駒事件更早的揭發，參見《黑手：揭穿中國共產黨如何改造世界》（克萊夫·漢密爾頓和馬曉月，左岸，2021）。

與台、韓、日的貿易關係，早在2008年之前已呈高度互賴狀態。澳洲對中國市場攀升的依賴度也讓北京獲得了經濟抵制的槓桿。

第三，港台被中國宣稱為核心利益；印太地區則是「一帶一路」的發展重點，也位居中國對外發展的戰略要地；但中國與東南亞有南海爭議，與印度有領土爭議。因此，莊嘉穎指出，在東南亞，爭取中國一帶一路投資和抗拒中國在南海擴張的兩股動力，形成曠日持久的拉鋸；近年，在美中對抗激化之下，東南亞國家更顯得左右為難。中國對南海主權的聲索與軍事行為，其性質不同於對台關係；而試圖在美中之間玩平衡遊戲，新加坡最為典型。新加坡華人比例雖高達75%，但中國試圖經營宮廟和宗親會組織以獲致影響力的成效不如港台。

南亞也是中國的戰略要地。中國多年來不斷在南亞擴張影響力，因此勢必與國力日漸提升的宿敵印度產生地緣政治博弈。巴吉帕義指出，在一帶一路布局下，中國擘畫中巴經濟走廊和孟中印緬經濟走廊，就是為了擺脫「麻六甲困境」，因此在巴基斯坦建設瓜達爾港，在斯里蘭卡、馬爾地夫和孟加拉的基礎建設也與此布局相關。然而，一帶一路建設給這些國家帶來沈重債務。2017年，斯里蘭卡因無力償債，讓中國獲得漢班托塔港九十九年經營權，就引起印度和西方國家高度警戒。中巴經濟走廊也讓巴基斯坦外債倍增。如今，印度是南亞地區抵抗中國影響力的核心，先後推出「鄰國優先」和「東進政策」。東進政策使台灣浮現在印度的地緣政治雷達螢幕，[18] 在美中科技戰催化下，印度對引進台灣半導體產業產生了極大興趣。

　　第四，中國推行一帶一路，不只是貸款給周邊開發中國家（因而造成「債務陷阱」），同時也導入大量國企和工人，並和當地政治人物建立起親密關係以擴大中國的影響力。中國經營一帶一路的一條龍模式，和對台輸出陸客一條龍，有著微妙的共同點：當地人賺小錢；中國人拿走主要利益，並造成生態問題。因此，熊倉潤指出，中亞國家，尤其是哈薩克，發生了嚴重的「恐中情緒」：中國企業搜刮土地、中國工人蜂擁而至、掠奪資源、官員與中國勾結貪腐。中亞是舊蘇聯帝國的勢力範圍，現在中國勢力進入，使中亞地區成為中俄強權的博弈之地。2022年9月，習近平在新冠疫情之後出訪第一站就是哈薩克，並在烏茲別克跟俄國總統普丁會面，在俄國侵烏戰爭方酣之際，中俄的博弈和合作在中亞熱烈展開。

　　第五，如同在香港和台灣，中國介入各國的內政和選舉。本書個案研究表明，澳洲（馮崇義和凱大熊）、柬埔寨、菲律賓、緬甸、馬來西亞（莊嘉穎）都有中國操作選舉的足跡。中亞諸國則布滿親中政權與權貴（熊倉潤）。南亞地區一些政治領袖也都因親中疑慮而下台（巴吉帕義）。作用力帶來反作用力。在我們研究的每個國家，都出現了反撲中國因素的行動。

---

18 Hemal Shah, 2017, "India and Taiwan: Act East, Go South, Balance China," pp. 11-17 in Matthew P. Funaiole and Bonni S. Glaser eds., *Perspectives on Taiwan: Insights from the 2017 Taiwan-U.S. Policy Program*. Center for Strategic and International Studies. https://csis-website-prod.s3.amazonaws.com/s3fs-public/publication/180312_Glaser_PerspectivesTaiwan_Web.pdf.

中國影響力歷史尚未終結

　　黎安友總結了中國影響力在全球導致的反撲，對本書各章所整理的反作用力有畫龍點睛之效。他歸納了各國社會與政府對中國影響力反撲的動機與形式，主要有六個模式（導論章最後的分類與之呼應，但黎安友的分析更全面）。黎安友主張，目前中國影響力仍處於序幕階段，中國仍在學習與調適如何施展影響力，因此這場歷史性拉鋸戰的最終結果尚未明確。中國的學習與調適，可說是對中國因素反作用力的反作用力。同時，他把本書的問題意識做了反向操作：從世界各地觀察到的教訓，能夠套用到香港與台灣的案例嗎？黎安友認為不可能，因為不論北京如何參照各國反撲經驗，調整對港台行為模式，也無法改變中國影響力對港台自主性構成實存威脅的事實。原因清晰可見：中國對港台主張全面性的領土主權，並企圖改造這兩個社會，如同對藏人與維吾爾族。中國在香港實施國安法之後，改造香港人的措施已昭然若揭。最近，中國外交官開始公然提倡「統一台灣」之後，要對台灣人實施「再教育」。

　　近年，中國經濟明顯下滑，創新型成長動能不足，人口總量已過了巔峰並快速老化，高科技遭美國抵制，這些因素勢必日益損耗它的國力。因此不禁讓人疑惑：既然中國實力走衰，台灣為何還要如此防衛中國威脅？首先，中國總體製造業實力仍然不可小覷（台灣自己在早期促成中國成為世界工廠）。從經濟實力下滑反應到軍事實力，會有時間差。中國的軍事現代化仍在往高

峰走，而且習政權擺出圍台恫嚇的實彈軍演，使中國威脅變得更加可信。假設北京圖謀利用國力時間差，很可能在最近五到十年內鋌而走險攻擊台灣，台灣必須在國防、民防、社會抵抗韌性上做出十足準備，否則無法展現防衛決心來嚇阻中國冒險。退一步說，即便中國在美國圍堵下，無力挑戰美國全球霸權，它所累積的軍事力，也足以讓西太平洋國家日夜難安，猶如冷戰年代蘇聯控制東歐，威脅西歐安全的局勢。

　　無論世局如何演變，全球對中國影響力的認識與研究，已經成為國際關係與比較政治的主題。台灣在這場研究中國影響力的學術典範建構上，不但沒有缺席，而且做出了前沿的貢獻。《銳實力製造機》是研究中國因素的學術教材，也是識讀中國影響力的國民教本。我們希望本書已經在知識與常識之間，做出了最佳的平衡。

　　普利摩・李維諄諄教誨，「我們通常所謂的『了解』，就等於『簡化』」。[19]抗拒簡化也是學者的天職。在處理影響力操作這個本質上是灰色地帶的現象，我們衷心期待讀者可以欣賞我們以嚴謹的社會科學論證來分析在輿論市場上認為黑白分明的「事實」。

---

19 普利摩・李維，2001，《滅頂與生還》（時報文化），頁44。義大利文原版於1986年出版。李維是納粹集中營的生還者，餘生致力描寫集中營內灰色地帶的複雜人性。

致謝

　　本書是集體創作的成果，感謝所有作者願意在厚重的學術工作壓力下增訂中文稿。筆者記得在2015年，將一篇剛完稿的中國影響力英文論文寄給黎安友教授時，他的回應如同以往，簡潔而切中要害：繼續累積中國影響力的案例。我們很感謝他願意擔任共同主編，並撰寫結論章。感謝鄭傑憶暫時擱置手邊工作，為本書提供精確、易讀而生動的譯本；她也對這篇序論提出修改建議。王湘瑋負責辛苦的大事記和索引編制，增添了本書的實用價值。左岸文化的黃秀如、王湘瑋、蔡竣宇、黃暐鵬和孫德齡，在編輯製作的過程，忍受我對概念轉譯、文字細節、大事記、索引、美編設計各方面的要求與執行。當然我也得承受黃秀如給我的時間與其他壓力。在最後編排階段，張瑜卿不畏作者們大量挪動文字，執行有效率而準確的排版。台灣絕大多數的出版業都是在受壓榨和自我壓榨之間求生存，更何況左岸是一家嚴肅而高品質的出版社。作為編者，我必須重複表達無比的敬意。

導 論

1 不只是銳實力

吳介民，中央研究院社會學研究所研究員

　　早在西方世界意識到中國銳實力之前，台灣與香港早已領教過中國崛起的刀鋒，然而，很少人深入報導這些故事。「銳實力」這個新概念，在2017年底被提出，及時提供了全球警惕中國（與俄羅斯等國家）干預民主國家的分析架構，這個認知觀點的改變也帶來審視中國對外行為的新視角。過去被視為「軟實力」的案例，現在則被認定為「銳實力」，例如世界各地原本歡迎開設孔子學院，認為是友好的公共外交（Kurlantzick 2007），但最近在東道國有越來越多人懷疑孔子學院在干涉學術自由，美國國家民主基金會（National Endowment for Democracy）更在一份報告中認定孔子學院懷有「惡意」（Walker and Ludwig 2017）。中國干涉澳洲與紐西蘭內部事務的消息曝光後，西方彷彿一夕間恍然大悟（Brady 2017; Hamilton 2018）。不過，與台灣和香港的遭遇相比，這些國家的麻煩就顯得微不足道了。這一章將運用台、港兩地的案例建構一張路徑圖，以全面分析廣義的中國銳實力。

　　北京早就以「大外宣」名義極力投入媒體戰，旨在引導國際媒體「說好中國故事」（Lim and Bergin 2018）。新冠疫情在2020

年爆發以來，西方政府赫然意識到，中國極具攻擊性的宣傳手段在許多國家取得了戰果。一些受到銳實力概念啟發的研究或是深度報導，主要聚焦在假資訊，以及利用假資訊介入選舉。這篇研究將以香港與台灣為例，辨識、分類各種形式的中國影響力，說明中國對影響力的操作不只是銳實力所描述的面向。

位在中國影響力的震央，台灣體會過北京的哄騙、威脅與干預。直到現在，台灣仍在努力揭穿中國帶來的衝擊，像是北京如何掩飾其操作、如何讓台灣民眾對中國的態度極端化，北京還不斷利用假資訊等操作手段來擴大台灣社會的裂縫。實際上，北京對台灣與東亞周邊操作影響力的廣度與深度，遠遠超越了美國國家民主基金會定義下的銳實力（Cardenal et al. 2017）。台灣與香港就像是「礦坑裡的金絲雀」（警示礦坑裡的毒氣濃度），向世界預警著中國各種干涉的劇碼。為了在其「境外」──包括國外、特別行政區與其宣稱擁有主權的領土上──達成政治目的，北京的手法揉雜了政經權術（economic statecraft）、脅迫手段、統戰策略，以及意識形態作戰等手法。

1.1. 商業化的統戰策略

北京操作影響力的核心要素是提供物質誘因給在地的協力者（或是合作者），以遂行政治目的，而這些操作通常偽裝成無害的商業交易來掩飾它的政治動機。

首先，北京會先建立經濟槓桿。過去三十多年來，中國為了

促進經濟發展，吸引了大批的台灣資金與人員。在1990年代，中國占台灣全球投資的38.5%；到了陳水扁擔任總統的2000-2008年期間，爆增到60.4%；在馬英九執政的2008-2016年期間更攀升到69.2%的高峰。許多台商一開始到中國是覬覦廉價的土地與勞動力以降低生產成本，然後把製成品出口到西方國家。然而，越來越多的台商漸漸被吸納到中國的內需市場，和當地地方政府的關係也越來越深。對外投資高度集中在中國，反映了台灣對外銷市場的高度依賴，在2017年，對中國的出口占台灣出口總值的41%（儘管其中有很大一部分是再出口），結果是台灣的國內生產毛額（GDP）有31.9%來自與中國的貿易。只有香港比台灣更仰賴與中國貿易，而南韓對中國依賴也低於台灣。從宏觀角度，台灣與中國的密集經貿關係乃是高度全球化的結果，台灣與中國的雙邊貿易只是呈現全球貿易流量的一個區段，大量的兩岸貿易性質上屬於三角加工貿易。但由於台灣對中國的經貿數據高度不對稱，政治操弄上的一點風吹草動都會引起軒然大波。

　　北京利用台灣市場與民主的開放性已經是駕輕就熟，在它的大戰略之下，北京利用台商模塑一套依賴結構，以便把台灣整合到中華人民共和國之中。在扶植跨海峽的政商關係網絡以推動親中的遊說勢力時，台商與中國官員之間的緊密關係，對北京是非常有用的資產。長期以來，中國威權政體善用台灣與香港的自由市場經濟體來建構對中國的依賴關係，以自由貿易的互惠為槓桿，撬動這些規模較小但開放的社會。在高度不對稱的關係裡，這些較小經濟體若欲抽離此關係，必須付出較高的代價，尤其是

在抽離時會遭遇一些本土受益者的反對聲浪。例如北京在台灣與香港培養了與旅遊業有關的政治人物、說客與協會組織，一旦北京威脅陸客減量，這些中共的在地協力者就會出面力挺北京立場，唱和「做生意符合老百姓共同利益」（參見蔡宏政與葉國豪在本書的章節）。這個策略不只發生在旅遊業，也蔓延到農業、製造業、媒體、娛樂業，甚至文化與宗教領域。北京也把這個「以商逼政」的策略用在其他國家，像是澳洲與紐西蘭。接下來，我將說明這個運作模式是「以商業模式做統戰」，這種模式下的商業活動通常都鑲嵌著政治目的。雖然在實際操作時有許多類型，但無論如何，這些商業手段促成了中國影響力的滲透，讓它可以把人們的偏好轉換為可操作的政治過程。這份研究將展示，中共如何透過宏觀與個人層次的物質誘因打造銳實力的基礎。

1.2. 中國影響力的操作

中國視台灣與香港為其「核心利益」，對這兩個地方的政治操作肆無忌憚。台灣與香港都面臨著與北京之間的拉鋸戰，由於兩者都是「華人社會」，這讓北京藉機宣揚「同文同種」的說法。台港地理位置接近中國，經濟上也與中國高度整合。北京充分利用了這些特徵，把它的代理人鑲嵌在台港兩地。然而，台港雖然同樣籠罩在「中國因素」下，但政治體制有顯著差異。台灣的民主已經鞏固，公民社會也相當穩健，並享有實質上獨立於中華人民共和國之外的地位。相較之下，香港處在中華人民共和國的管

輳之下，仍在爭取真普選，獨特的香港本土認同也還在萌芽階段。[1]北京只在名義上宣稱擁有台灣，但對香港則是施行嚴密的主權控制。台灣由於具備「國家條件」（stateness）而擁有關鍵優勢（Linz and stepan 1996）。這些差別說明了台港兩地在守護自由不受中國控制時，何以產生不同的反應與結果；不過台灣社會與政治結構的缺陷仍讓北京有機可趁，扶植了在地的協力代理人並撩撥台灣的內部事務。

我們盤點中國的影響力操作，依照政治與社會的空間概念可區分為三種類型：外部、內部與邊界，接下來就可以進一步界定這三種理念型的操作方式。第一種是來自外部的強制力，像是貶低台灣的國家地位，排除台灣參與國際活動的空間（圖1.1）。這些外部的強制力包括了外交阻撓、軍事恫嚇，以及象徵主權作

限縮台灣的
國家地位與
國際空間

圖1.1 外部的強制力

---

1 香港2013–4年的佔中運動並沒有爭取到特首普選的目標。經過2019年反送中運動和2020年中國實施港版國安法之後，普選更遙遙無期。

戰。自從冷戰以來，北京與台北一直在外交上互相角力，從1970
年代開始，中華民國逐漸失去主要大國的官方承認。傾向台獨的
民進黨在2016年再度執政後，北京迫使五個國家與台北斷交。
在軍事上，北京經常威脅恫嚇，在1996年時甚至發射導彈試圖
破壞台灣的首次總統直選。中國人民代表大會則在2005年通過
《反分裂國家法》，意圖嚇阻台獨運動。近年來，中國的海軍與空
軍不斷繞行台海周邊，並對台灣展開恫嚇式的包圍，目的在於形
成心理威脅。對於限制台灣參與國家組織，北京也是不遺餘力；
它曾在國民黨執政期間允許台灣參加世界衛生大會（WHA），而
條件是要在「一中原則」前提下把台灣定位為中國一省。這個模
式接近中國主權下的香港模式，因而令台灣危機四伏，但北京宣
稱，是台灣自願以中國一省的身分參與世界衛生大會。

　　北京也一直在為台灣「正名」而戰（亦即，依照中國旨意來
為台灣命名）。最近，北京要求跨國公司——從旅館到時尚品牌
與航空公司——更改他們在網站上提及台灣的方式，也就是說，
在網站上的國家選單中不能列入台灣，更變本加厲的作法則是把
「台灣」一詞列為禁忌，但幾乎所有的公司都屈服了。這說明最
新一輪以施壓私有企業作為象徵主權作戰的武器非常有效，而目
的是在否認台灣的國家條件。這類操作影響力的模式不只是針對
台灣，還用在西藏與香港。賓士汽車公司在官方的Instagram引
用達賴喇嘛的名言，卻因為被控「傷害中國人民的情感」而不得
不道歉。香港的民主人士、本土主義者和民族主義者，在被譴責
背叛中國後，遭到了嚴酷的政治懲罰。然而，與西藏與香港的處

境不同，台灣成為北京的眼中釘，主要是因為這個島國的自治地位與民主政府。中國這類型的控制通常需要第三方合作，而許多人出於利害盤算，選擇對中國叩頭。

　　除了從外部施加壓力，北京另一個施展影響力的模式是從內部滲透，在台灣扶植中共的協力者，對這些協力者同時揮舞蘿蔔與棍棒（圖1.2）。這些模式有一部分像是在操作銳實力，但遠遠不只是銳實力。在台灣（還有香港）最明顯的案例是，北京透過在地鑲嵌的協力代理人來達成目標。北京是如何做到的？打從一開始，它運用了跨海峽商業網絡組織親中的遊說團體，並在2005年與國民黨一起打造了「國共論壇」，國民黨在2008–2016年間重新掌權時，快馬加鞭頒布親中政策，與北京簽訂自由貿易協定，對中國官員敞開大門。國民黨借助在地媒體，與中共聯手營造「和平與繁榮」的氣氛。中國官員也長驅直入滲透到台灣基層，在全島建立起依賴侍從的關係，國台辦副主任鄭立中訪台二十多次，與各行各業的人士會晤，他也吹噓自己「全省走透透」。

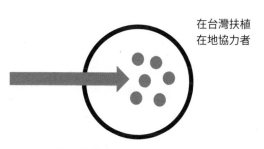

圖1.2　從內部滲透

　　如此一來，從經濟到政治，北京在台灣的勢力範圍幾乎是無孔不入，台灣甚至有數個支持統一的政黨成立，包括竹聯幫大老組織的「中國統一促進黨」。在這種模式下，「以商業模式做統戰」仍是主軸，但在必要時也運用意識形態誘因：經濟的盤算與勸說跟偏好的改變交織在一起，於是，不止政治人物和巨商富賈，甚至佛教大師也前往北京朝聖；演藝圈、地方黨政機構和宮廟頭人更是絡繹不絕，紛紛踏上前往中國的淘金旅程。這些知名人士成為中國遊說團體的常備軍，為「中國機會」搖旗吶喊。許多主流媒體則把試圖抵抗中國統戰工作的人描繪成「恐中」或是「鎖國心態」。

　　然而，香港比台灣更早成為北京積極映射銳實力的目標。自從主權移交以來，中國透過黨國機構有恃無恐地直接部署了五花八門的控制招數。北京利用政治任命收編香港的企業家，最常見的官銜是人民大會代表與政治協商會議委員（Fong 2014），它還為海外的華商提供在中國尋租的機會（Wu 2019）。北京透過這些手段，早已控制眾多媒體公司（或是至少維持了良好關係）。近年，網路商業巨頭阿里巴巴的創始人收購了《南華早報》（*South China Morning Post*），總部位在上海的華人文化產業投資基金（CMC）則買下了無綫電視（TVB），這些舉措都被視為北京對香港媒體採取更嚴密的審查。不僅如此，每當政治陷入緊張局勢時，北京的影響力便鼓勵香港成立眾多類似台灣「非公民社會」（uncivil society）的「愛國團體」，進一步加劇香港社會的對峙分裂。

　　中國操作影響力的第三模式是侵蝕政治邊界，蠶食台灣的管

轄權和政治認同，這個模式通常結合了外部的壓力與內部的滲透
（圖1.3）。北京心知肚明，台灣能夠不屈不撓抵抗它的銳實力，
是因為擁有很清晰的國家條件以及與中國迥異的政治認同，因此
北京特別對這兩個特點下手。例如，2012年總統大選時，北京號
召了數十位台灣的巨商富賈支持「九二共識」，如同呼應中共主
張的「一中原則」。北京的助選讓馬英九順利連任，他在當選後，
隨即派出特使前往北京，宣稱兩岸關係為「一國兩區」，在此概
念下台灣並非獨立實體，而是宣稱主權涵蓋中國大陸的中華民國
憲法底下的一個地區。馬英九此舉是對北京民族統一論的重大讓
步，並棄守李登輝總統在1999年提出的「兩國論」。正如一名國
際法權威指出的，台灣未能獲得正式的國家地位承認，不僅是因
為北京否認台灣的國家地位，也因為台灣沒有明確宣稱自己是獨
立的國家（Crawford 2006）。馬英九的舉措是往「一中原則」靠攏，
弱化台灣的國家條件，國民黨政府正是北京試圖削弱台灣政治疆
界的最佳後援。

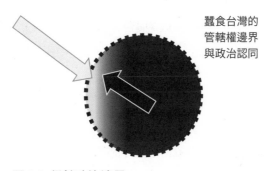

蠶食台灣的
管轄權邊界
與政治認同

圖1.3 侵蝕政治邊界

從2016年起，北京加速使用侵蝕政治邊界的手法來攻擊台灣。2017年，台灣的非政府組織活動家李明哲在中國被捕，並被判刑五年、褫奪政治權利兩年。熱衷在網路上提倡中國民主的李明哲是第一個被控「顛覆國家政權罪」的台灣人，特別值得注意的是，北京對他的懲罰，宛如把他當成一名中華人民共和國的公民。近年來，由於北京堅持中華人民共和國擁有管轄權，不少在境外犯罪的台灣人被引渡到中國，引起了台灣政府對本國公民司法管轄權退縮的擔憂（宋承恩2018）。

有關國家認同的民意調查顯示，認同自己是台灣人的比例已經占絕大多數，這個趨勢讓北京極為憂慮，以致無所不用其極壓制台灣的政治身分表達，一些知名藝人成為這個攻擊招數的箭靶。早在2000年，原住民歌手張惠妹在陳水扁的總統就職典禮上高唱中華民國國歌，結果遭到北京封殺，她被禁止進入中國市場長達四年。在南韓發展的人氣歌手周子瑜，因為在南韓的節目中揮舞中華民國國旗，結果在2016年台灣大選前夕被迫道歉（參閱本書廖美的章節）。接二連三地，台灣歌手、演員和導演不得不表示自己不是台獨分子，或與台獨保持距離，在排山倒海的壓力下，他們甚至宣稱自己是中國人。一家在中國擁有大筆投資的台灣連鎖咖啡店（85度C）最近也被迫道歉，並發表支持「九二共識」的聲明，只因為他們在洛杉磯的分店接待了台灣總統蔡英文。

2018年8月，中國對認同政治發起了另一輪攻勢，宣布身在中國大陸的香港、澳門與台灣人可以在志願的基礎上申請居住

證，這張「港澳台居民居住證」功能類似中國公民身分證。眾所周知，香港與澳門的公民已經處在中華人民共和國的主權之下，因此，申請這張居住證的台灣人也將「一視同仁」被當作中國公民。北京宣稱，這單純是方便台灣人的優惠待遇，目的是贏得台胞的歡心。可想而知，這個措施的真正目的是讓北京可以宣傳台灣人志願加入中國籍。

從外部、內部與邊界施展影響力，是中共發揮影響力的三種操作模式理念型，有時候是單獨運作，有時是合併使用，北京在香港與台灣都施展了這些模式。不過，北京已經牢牢掌控香港的主權，因此外部強制力幾乎是派不上用場了。面對香港堅忍不拔、甚至是富有戰鬥性的公民反抗，北京一再強調它有權對香港執行「全面管治」（即是直接統治），這無疑是進一步扼殺了「一國兩制」。

1.3. 中國在五個議題領域的控制機制

在這一節，我將透過個案研究來描繪中國的影響力機制，包括了五個議題領域：選舉、媒體、旅遊業、宗教與娛樂業。在每個領域中，我都會界定出中國對台灣的政治意圖，為了達到目的所使用的槓桿與工具，北京在台灣的當地協力者，以及中國所提供的誘因。這些誘因可能是物質的或非物質的，引誘的對象包括個人、團體或是黨派。在可以進行比較時，我也會對照台灣與香港的經驗。

表 1.1 中國的影響機制

	中國對台灣的政治意圖	槓桿與工具	中共在台灣的潛在協力者	中國提供的誘因
介入選舉	操作選舉結果，遏制台獨與反中勢力	軍事威脅、跨海峽政商網絡、假新聞、新聞媒體的宣傳戰	經濟菁英、親中政治人物、地方派系、政黨機器	經濟特權、政治支持、「政策讓利」
媒體控制	審查與自我審查、散播假資訊、親中宣傳	控制股權、廣編稿、廣告合約、社群媒體、內容農場、跨境雲計算	媒體老闆、記者與編輯、網紅	廣告與置入性行銷的營收、在中國的經濟利益交換
旅遊業	建構經濟依賴、利用旅遊業施壓台灣政府	旅遊業供應鏈、控制旅行團的供給	旅遊業從業人員、親中政治人物	台灣旅行社和遊說者的物質收益
宗教交流	強化族群文化連結、提倡中國民族主義、收編宗教領袖與捐客	跨海峽宗教領域	宗教領袖、宮廟頭人、地方派系、地方政治領袖	中國宗教市場、經濟收益、土地與房地產利益
娛樂業	大眾文化滲透、施壓藝人宣傳「一個中國」	中國娛樂市場、合拍片	演員、歌手、製作人、導演、電視頻道老闆、經紀人與公關公司	高收入與高利潤

1.3.1. 介入選舉

台灣 2020 年的總統選舉吸引國際媒體的密切關注，最後這場選戰幾乎只關乎一個議題：中國。就像許多媒體已經廣泛報導

的，中國利用網路煽動選民，為親中的國民黨候選人助選，不過，中國國台辦發言人斷然否認這個指控，表示「我們從不介入台灣選舉。」但事實剛好與這番說詞相反。早在1996年，台灣舉行第一屆總統直選時，中國就試射飛彈試圖阻斷選舉，只不過最終未能如願以償。到了2000年，北京改變策略，透過大眾媒體進行宣傳戰，在投票前夕更由當時的中國總理朱鎔基在中央電視台上發表談話，警告陳水扁若是勝選，台灣勢必會落入險境。另一個干擾台灣選舉的新手法則是「組織」、「鼓勵」旅居中國的台灣人返鄉投票。不管是不是出於志願，許多台商協會一直在協助執行這個任務。上述「九二共識」宣傳戰，是北京動員台灣企業界支持其偏好之候選人的精心傑作。北京肆無忌憚介入選舉在台灣已廣為人知，然而，這些手法卻很少被國際媒體報導，西方媒體傾向於把他們自己國家的經驗套用在台灣，像是側重在利用假消息干擾選舉。

　　近年，一些國際媒體試著尋找中國介入台灣選舉的確鑿證據，但無功而返，因為北京並非如他們想像的，只是單純複製俄羅斯宣傳模式（Horton 2018; Howard et al. 2018; DiResta et al. 2019）。中國雖然大量利用網路戰來帶動輿論風向，但仍舊非常仰賴傳統媒體，像是紙媒與電視，這些運作深深鑲嵌在台灣的媒體生態系之中。長久以來，北京扶植了一批與之搭配的媒體縱隊，最常被提到的是旺旺中時媒體集團與聯合報系（張錦華、陳莞欣 2015; Wu 2016; Diamond and Schell 2018）。選舉期間，一些被操作的媒體報導先是在Line、YouTube、臉書等社群媒體瘋傳，

然後又回流到主流媒體，形成不斷強化新聞力度的循環體系（Lin 2018）。很明顯的，北京這種銳實力操作與俄羅斯模式截然不同。

多年來，北京為了達成政治意圖，交替使用著軍事威脅、哄騙經濟菁英、文宣戰與假消息干擾台灣選舉。另一方面，中共的協力者則得到經濟特權、政治支持以及一些政策「讓利」。2020年總統選戰格外引人矚目，習近平在2019年初發表呼籲台灣與中國統一的言論後，蔡英文趁機反擊，讓處在谷底的民進黨扳回聲勢。當親中的國民黨總統候選人韓國瑜訪問香港時，進入北京派駐當地的中聯辦，與中聯辦主任會晤，北京的好運很快翻盤，其公然干預適得其反，導致國民黨最終敗選。

1.3.2. 媒體控制

為了進行審查，中國試圖介入境外的媒體，在香港與台灣主要有三種控制的模式：控制媒體所有權、買家掌控廣告（置入性行銷）、以及跨境網路審查。早在1997年主權移交之前，北京就透過親共的《文匯報》、《大公報》開始滲透香港媒體；到了2014年雨傘運動和本土反抗運動之後，北京加快了滲透速度。阿里巴巴集團在2015年買下《南華早報》。同一年，總部位在上海的華人文化產業投資基金（CMC）掌控了香港最大電視台無綫電視的股權。CMC的創辦人黎瑞剛是中共高幹，曾掌管國營上海文廣新聞傳媒集團（普麟2018: 77-89）。以食品業起家的旺旺集團則在2008年返回台灣買下《中國時報》、《中天電視》與《中國電視公司》。旺旺集團有超過九成的營收來自中國，並獲得中國政府

挹注巨額補貼（GK Dragonomics 2013）。旺中媒體集團從此淪為北京政策的傳聲筒。

除了控制所有權，中國也試圖透過廣告、置入性行銷以及其他商業手法影響媒體的行為。香港媒體老闆會提醒旗下記者「如果沒有陸客團，你們就等著挨餓」；或是要求編輯美化《內地與香港關於建立更緊密經貿關係的安排》（CEPA）的報導，並把陸客團形容成是「中央政府恩賜的大禮」（李少南2015）。媒體擔憂被抽廣告，《蘋果日報》與《am730》便因為報導了2013–2014年間的佔中運動而遭到懲罰。此外，北京也一再透過劃「紅線」來規訓記者，甚至威脅他們的人身安全。2020年6月底中國在香港實施國安法，之後更加全面壓制媒體及言論自由，尤其是對壹傳媒《蘋果日報》及黎智英進行抄家連坐式懲罰：黎智英被捕，《蘋果日報》也被迫停刊。

來自中國「好賺的虧心錢」在台灣媒體掀起了猖獗的親中置入性行銷報導，以及自我審查。一些媒體的高階主管已經成為中國政治利益的「守門員」，而非新聞自由的守護者。一份個案研究揭露，北京官員與台灣一家媒體的編輯台每天以電話聯繫，插手其工作，等於是一種外部審查機制（李嘉艾2015）。許多媒體，尤其是《中國時報》和中天電視台，更淪為中共喉舌，拚命為親中、風格民粹的國民黨候選人韓國瑜造勢。台灣媒體與中國的交易通常是在境外進行，這讓台灣政府很難在缺少管轄權的狀態下，穿越重重迷霧找到雙方密室交易的具體證據。聯合報系董事長在2018年帶領訪問團前往中國，會見中共中央政治局

常委、全國政協主席汪洋，也就是中共統戰機構的層峰人物。汪洋在會中表示，希望聯合報系能夠「站在中華民族整體利益的高度……，反對『台獨』分裂，講好『兩岸一家親』的故事。」[2]2019年7月《金融時報》點名旺中集團，報導稱「台灣總統初選，突出了對中國影響力的恐懼」。[3]同年八月《路透社》獨家報導說記者掌握證據，至少有五家台灣媒體集團被中國收買。[4]

　　跨境的審查陰影也逐漸籠罩在中國影響力越來越大的網路世界裡。許多台灣年輕人習慣使用中國的網路工具，例如多功能的社群工具「微信」、線上影音平台「愛奇藝」和分享短片的應用程式TikTok，以及隸屬於阿里巴巴的網路購物平台「淘寶」。由於習近平的政權強調網路主權，中國影音網站大量湧入給台灣帶來了政治效應，這些影音產業很快就落入「帶著言論審查基因的商業資本」圈套裡（李志德2017），像是愛奇藝已經下架一些有關太陽花運動和涉及台獨理念的影集。更引人側目的是，北京在媒體協力者的奧援下，利用跨境的雲計算散播假消息。2018年燕子颱風侵襲日本關西機場，北京趁機對台灣展開資訊戰，把台

2　〈汪洋會見台灣聯合報系訪問團〉，《中國新聞網》，2018年5月24日，https://www.chinanews.com.cn/m/gn/2018-05-24/8522083.shtml。

3　Kathrin Hille, "Taiwan primaries highlight fears over China's political influence," *Financial Times*, 2019/07/17, https://www.ft.com/content/036b609a-a768-11e9-984c-fac8325aaa04.

4　Yimou Lee and I-hwa Cheng, "Paid 'news': China using Taiwan media to win hearts and minds on island-sources," *Reuters*, August 9, 2019, https://www.reuters.com/article/us-taiwan-china-media-insight-idUSKCN1UZ0I4.

灣外交官說成無能又卸責，遠比不上中國的外交官。這波假訊息掀起了政治風暴，導致一名台灣外交官自殺，也使得民進黨在該年十一月的地方選舉中大挫敗（江旻諺、吳介民 2020）。在這個特殊的影響力操作手法中，跨境的雲計算與在地協力媒體密切合作，創造了一種與俄國銳實力截然不同的操作模式。

1.3.3. 旅遊業

旅遊業也是中國經常用來施加壓力的產業，香港、台灣、日本與南韓都領教過這個招數。中國透過垂直整合打造了「一條龍」的出境旅遊產業鏈，包括路線安排、食宿、交通、景點安排與購物等，一大部分的飯店、餐廳、伴手禮店都是由中資或港資經營或合資。根據估計，十五家港資旅行社包辦了六成的旅行團業務。俗話說「沒關係就沒生意」，要做陸客團的生意就要打好人際關係（林怡廷 2019）。中國業者寡占旅遊業的上游並收割最豐厚的利潤，留給台灣業者的只有下游的蠅頭小利；換句話說，只有一些擁有特權的旅行社才有辦法從陸客團分一杯羹。由於「一條龍」的旅遊產業鏈已經讓在地業者對川流不息的陸客產生依賴，北京更是善用買家壟斷的市場地位操作旅遊團的供應量以達到政治意圖。

早在 2009 年，高雄電影節安排放映有關流亡海外的維吾爾人領袖熱比婭（Rebiya Kadeer）紀錄片，視她為叛徒的中共馬上要求主辦單位撤片，中國國台辦發言人並威脅要切斷高雄陸客團的客源。當時的高雄市長陳菊拒絕了中國的要求，北京隨即取消

了陸客團。一名高雄市府官員解釋了這些舉措的衝擊：

> 陸客旅遊業可能只占高雄國內生產毛額的百分之一，但許多人靠它吃飯，旅館、運輸、團客餐廳還有購物中心等，許多低階、低薪的工作都仰賴陸客，他們也習慣了「一條龍」的模式。陸客不來，老百姓就會大叫，這些人都是選民。我們必須照應到他們的生計，我們也要爭取他們的選票，誰承擔得起失去選票？[5]

如同蔡宏政在本書第六章指出，中國對台灣的旅遊業政策證明了，一個龐大的威權經濟體通過市場的自由經濟，逐漸滲透較小的民主社會：

> 從看似互利、自願性的商業行為開始，逐漸構作一條依賴的路徑，讓台灣社會退出的成本越來越高，逆轉回原先狀態的可能性越來越小。

蔡英文在2016年當選總統後，中共故技重施，煽動輿論要她接受「九二共識」。眼看蔡英文沒有屈服，北京開始縮減陸客團的供應量，但台灣政府堅決抵抗中共的壓力，開始分散外國觀光客的來源，並補助地方的旅遊業者，這個「戒斷（陸客）政策」

5　作者訪談，2014年2月。

逐漸奏效。2020年總統大選前，北京進一步把陸客的數量降到低點，而在選舉過後，馬上爆發了新型冠狀病毒病（Covid-19）疫情，兩岸的旅遊業完全停擺，讓北京暫時無法把旅遊業當作施壓台灣的法寶。

1.3.4. 宗教交流

長久以來，宮廟是台灣地方政治的中心。不少宮廟信仰的頭人和地方派系往來密切，許多候選人在選舉時都會前往宮廟尋求支持，像是擁有廣大信徒的高雄佛光山，以及台中的鎮瀾宮。可想而知，宗教交流成為中國操作影響力的另一個領域。中國官員來台灣時，總是會前往知名的寺院、廟宇廣結善緣，與地方派系網絡打交道並接觸信眾。

宗教在名義上是靈性的，但在現實中，俗世的欲望可以玷污虔誠的信仰，此現象在台灣的佛教、道教與民間信仰更經常可見。當宗教涉及統戰工作時，中共的邏輯是非常世俗的，也就是透過名與利來達到政治目的。古明君與洪瑩發在2017年的研究探索了「媽祖信仰的跨海峽利益」，發現表面上的民間宗教交流蘊藏著政治意涵與經濟後果，靈性的追求其實有著政經利益的糾葛。對中國人而言，源自福建沿海的「媽祖」信仰更意謂著兩岸之間「同文、同種」的淵源。

媽祖信仰成為中國官方宣揚民族主義的天賜良方。鎮瀾宮在2001年設立了「台灣媽祖聯誼會」，這個團體雖然是宗教組織，卻公開支持國民黨，支援馬英九造勢活動，並一直跟中國官方維

持良好關係。無獨有偶，中國也在2004年成立了「中華媽祖文化交流協會」，打造出跨海峽的媽祖信仰圈，以便動員信徒，在宗教頭人的聲援下，把前往福建進香轉換為政治宣傳。進香動員也為中國政府開闢一條深入台灣草根社群的渠道。宗教的親近性神乎其技地讓中國官員可以與地方上的政治機器建立起恩庇侍從關係：

> 2015年到2016年，台灣總統大選期間，中國政府表面上沒有直接介入選舉，但實際上大陸海協會長陳德銘在投票前一個月來台，一開始先直奔大甲鎮瀾宮，與大甲區的二十九個里長會談，隨後又走訪其他的媽祖廟。儘管陳德銘沒有直接提到總統大選的支持對象，但希望大家「考量兩岸關係，做出最佳選擇」（古明君、洪瑩發 2017: 316）。

如此積極協力，有什麼好處？地方頭人經常可以獲得「宗教紅利」，最明顯的就是得到龐大的土地開發利益，像是天津市政府在2016年與鎮瀾宮合作，興建了占地廣大的媽祖文化園，並號稱打造了全世界最大的媽祖像。

宗教是中共結合文化認同與物質誘因發揮影響力的理想試驗場。在難以計數的日常交流中，鎮瀾宮只是一個典型的案例，其動員信徒的世俗邏輯也適用於其他的宗教與宗派。中國透過收編宗教領袖和宗教捐客提倡官方的族群民族主義，這些宗教活動即是縮影。在這個過程中，中共打造了跨海峽宗教場域，讓佛教大

師們進入中國宗教市場、享有精神上的權力，並成為政治關係的仲介者；另一方面，宮廟頭人和地方政治機器則履行了他們的宗教與經濟功能。

1.3.5. 娛樂業

中國的電視、電影、音樂、線上影音與線上遊戲等娛樂業發展蓬勃，讓北京在世界上施展影響力時更是如虎添翼。對香港人而言，與中國電影公司合作代表著巨大商機，但也讓香港的地方特色逐漸衰微，甚至消失，還必須承受審查的痛楚（參見本書李家盈的章節）。2013年簽署《內地與香港關於建立更緊密經貿關係的安排》後，中國娛樂業的資本以振興經濟為名，大舉湧入香港。共同製作為風光不再的香港電影業提供了龐大市場，但也令人擔心電影業逐漸被「內地化」。

台灣的娛樂業同樣面臨著「大陸化」的威脅。早在2000年，知名的台灣流行樂歌手阿妹在總統就職典禮上代表唱國歌後，被中國市場封殺。從此以後，類似的審查手段層出不窮，台灣藝人屢屢成為獵巫的對象。廖美在本書的章節中指出，中國鼓勵電影要加入愛國色彩的「主旋律」，還有以習近平「中國夢」和「反獨促統」為主題。此外，不管是國營或私有企業都藉機與台灣公司共同製作，或是買入台灣製作的電視節目，但在過程中夾雜了審查機制。最後，中國蒸蒸日上的市場培養了愛國品味，如春筍怒發的網路上經常有網軍攻擊支持「台獨」的台灣歌手、演員和導演，並施壓政府介入。中國利用網軍讓台灣的娛樂業屈服，也迫

使台灣明星列隊表達他們對中國的忠貞。

　　然而，網民獵巫只是故事的一面，很多娛樂界人士早已心甘情願臣服。共同製作是對頻道所有人、製作人和導演難以抵抗的誘惑，對於演員、歌手和他們的經紀人、公關公司也都意謂著財源滾滾。一個惡名昭彰的例子是，一家親綠的電視台為了爭取中國許可販售自家拍攝的電視節目，決定關掉一個廣受歡迎但有台獨傾向的談話節目。多年來，北京利用商業做統戰的模式已經是輕車熟路，有效地把市場打造成控制外國政治的工具。

　　中國的陰影在香港與台灣的娛樂業縈繞不去，不過對兩地的影響還是有細微差異。對於已經處在中國主權控制下的香港，北京致力於消弭在地特色並遏制本土文化認同萌芽。台灣在中國眼中則是有待征服的「一省」，北京目前將力量集中在遏制高漲的民族情緒，或至少撬動現存的台灣人或中國人認同分歧。這是標準的銳實力操作，在當地社會既存的社會分歧中擴大矛盾與衝突。

1.4. 中國全球影響力的初步比較

　　其他國家能夠從中國對台灣與香港的影響力操作中學到什麼？基本上，中國統戰部門在世界各地的操作方式與在台灣、香港沒有差異。我們可以學到的第一堂課是，海外的華僑社群是中國首要的接觸點，統戰部門的第一個任務就是找出在地社群裡有哪些人可能成為協力者。在香港與台灣，不難找到願意與「祖國」合作的在地同謀；可想而知，在擁有龐大華人族群的新加坡、馬

來西亞，也容易找到合作者。在其他地區，「同根」的連結照樣提供發揮影響力的基礎。最近幾年，北京在加拿大、澳洲與紐西蘭的一些作為引起廣泛關注，「愛國華僑」、「祖國」的相關運作浮上檯面。中共利用「血緣」之說，與海外的華人社群建立連結，並透過文化親近性搭建了交易網絡。中共統戰部第三局利用華僑在全球各地成立「中國和平統一促進會」以便對台獨作戰。[6] 總之，中共使用「愛國華僑」這個詞彙來區分敵友，在這個基礎上在海外從事統戰，執行反獨促統的政治作戰。

對大多數台灣人而言，「祖國」兩字意謂著中華人民共和國試圖消解、吸納台灣人的政治認同，但海外華僑不這樣認知他們與北京的關係：在澳洲，華裔所熟悉的「祖國」論述，並不使其感受「要他們作中華人民共和國公民」的威脅。這個差異非常關鍵，因為中國無意併吞這些華僑居住地的領土，所以當中國一開始利用文化、教育交流在華裔社群展開魅力攻勢時，西方社會都沒意會到北京的企圖。就像在澳洲與紐西蘭，一旦發現中國影響力無所不在，已經很難化解這些盤根錯節網絡的作用。

---

6 2022年5月，美國南加州爾灣發生一死五傷槍擊案，犯案者周文偉是移民美國的台灣出生的外省第二代，進入一家台灣長老教會行兇。據報導周文偉曾參加拉斯維加斯中國和平統一促進會的活動，但該會撇清與他的關係。周在犯案前寄給美國《世界日報》洛杉磯分社他自己撰寫的七冊「滅獨天使日記」。該報聲明委由律師將這些資料交給警方，不報導其中內容。當地檢察長表示，「結合所有證據之後，所有資料顯示，這是一起仇恨犯罪。」張庭瑜，〈周文偉作案前寄七冊日記　本報交警方處理〉，《世界新聞網》，2022年5月18日，https://www.worldjournal.com/wj/story/121148/6321807。

　　不僅如此，中國投入大量資源建構全球的依賴網絡與利益槓桿，藉此操弄政治目的。圖1.4羅列了東亞、東南亞與大洋洲一些主要國家2008-2020年對中國出口集中度的變化。香港與台灣的例子顯示，北京利用高度經濟依賴作為槓桿來操作影響力。北京在最近幾年，透過大量的貿易、貸款與投資，得以在寮國、緬甸攫取了相當顯著的政治控制力。雖然地緣政治的脈絡不同，高度依賴中國市場的澳洲與紐西蘭也陷入類似的處境，他們赫然發現北京或北京代理人已經滲透到國內政治中。北京以投資作為後盾推出「一帶一路」倡議，並藉此與許多具有戰略重要性的東南亞、非洲與拉丁美洲國家搭起關係。矛盾的是，「一帶一路」的成功也讓許多國家擔心起對中國投資與貸款的依賴，一些國家甚至害怕落入債務陷阱。

　　最後要強調，中共協力者獲得經濟利益，卻包裝成互惠的文化交流。在大部分案例裡，區分銳實力與軟實力是徒然的，因為兩者之間交纏引繞、相互結合，形成一種有效的控制手段。以下我將簡短討論全球三個類型的案例，指出在台港兩地之外，中國影響力操作的廣度與深度。

　　第一個類型以南韓為典型，涉及美中之間的地緣政治對抗。首爾在2016年決定部署美國的薩德防導彈系統（THAAD），北京認定這是對中國國防的嚴重挑戰，雙方嚴重爭執。北京一開始先是嚴詞警告不會坐視不管，但隨著首爾繼續推進薩德防導彈系統，北京馬上對南韓流行音樂界祭出制裁，取消多位南韓知名歌手的中國演唱會，這嚴重打擊了南韓的娛樂產業，一些公司的股

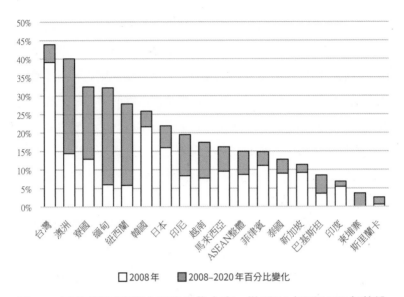

□ 2008年　■ 2008–2020 年百分比變化

圖 1.4 中國周邊國家對中國出口集中度：從 2008 年到 2020 年的增加幅度

資料來源：計算自各國對中國出口資料，IMF 資料庫 https://data.imf.org/regular. aspx?key=61726508;https://data.imf.org/?sk=9d6028d4-f14a-464c-a2f2-59b2cd424b85&sId=1409151240976

中華民國統計資訊網 http://statdb.dgbas.gov.tw/pxweb/dialog/statfile9L.asp . 中國民國財政部，貿易統計資料查詢 https://web02.mof.gov.tw/njswww/WebMain. aspx?sys=100&funid=defjsptgl

價重挫。同樣的制裁手法也經常套用在台灣身上。南韓的反對黨並不支持部署薩德防導彈系統，一些反對黨的國會議員訪問北京後，招來執政黨嚴厲批評。南韓的樂天集團提供土地供部署薩德防導彈系統，也因此遭到北京反擊，發起抵制樂天集團購物中心的活動，迫使樂天不得不在 2018 年關門歇業。北京甚至不宣而

戰,對薩德系統部署所在地的星州郡發起抵制,希望鼓動當地居民反導彈部署的情緒。制裁也波及出口到中國的南韓汽車產業。南韓政府面臨巨大的國家安全壓力。北京施壓卻無效,因南韓立場堅定。地緣政治解釋了南韓何以抵抗了中國的壓力,因為身為美國盟邦,南韓不能不做出艱難的選擇並承擔代價。值得注意的是,不像在台灣,南韓並沒有出現要求政府退讓的、協同一致的在地反對聲浪。北京這類的影響力操作,就屬於上述從外部施加強制力的模式(如圖1.1)。

第二種類型:西方民主國家最擔憂中國銳實力滲透與威權主義擴散,許多國家也憂心北京危及國家安全以及先進科技流失。美國一再指控中國電信設備商華為所生產的5G系統有安全漏洞,雖然西方國家直到2020年底仍沒有達成應對華為的統一陣線,但包括英國在內的一些歐洲國家已經決定禁止華為設備搭建5G網絡。此外,捷克曾經一度被中國能源公司的商人葉簡明所擺布,他宣稱和習近平關係密切,但結果捷克是第一個考慮禁止華為的歐洲國家。一樁在中國爆發的醜聞揭穿葉簡明陷入貪污的官司,[7]這個案例清楚說明了,一個原本從中國資金受益的國家,如何警惕到中國的影響力。在葉簡明被逮捕前,有報導指出,他甚至試圖打入美國華府核心權力圈子。[8]新型冠狀病毒的疫情爆

---

7 'Hard-Charging Chinese Energy Tycoon Falls from Xi Government's Graces', *New York Times*, March 14, 2018, https://goo.gl/eEpYpQ, [Accessed 18 April 2018].

8 'A Chinese Tycoon Sought Power and Influence. Washington Responded', *New York Times*, Dec. 12, 2018, https://goo.gl/bDUMY8, [Accessed 20 Dec. 2018].

發，已經讓包括德國在內的歐洲多數國家調整決策方向。

　　澳洲與紐西蘭是出口到中國爆增的受益者，但現在這兩國都提高了警覺。中國利用海外僑胞社群的報紙當作影響輿論的突破口，並逐漸滲透到其他的媒體集團。澳洲在2016年發現，中國移民與中國近年來投資的一些公司，在政治獻金和操作有助於中國的媒體宣傳中扮演重要的角色，這個發現像是對西方敲響了警鐘（Garnaut 2018）。從此以後，澳洲迅速通過法律堵住漏洞。近年，澳洲政府批評北京嘗試透過代理人作政治捐款企圖干預內政、不當處理香港和新疆議題，也支持世界衛生組織獨立調查新冠肺炎疫情，結果引來中國對澳洲經濟抵制，包括對澳洲大麥加徵關稅、停止採購棉花和煤炭，也波及葡萄酒和龍蝦。但澳洲向歐洲轉移出口市場相對成功，因此中國抵制效果不彰。[9] 此外，一名紐西蘭的中國專家則觀察到：

　　　　在紐西蘭的眾多組織中，與中共當局關係最密切的是紐西蘭的中國和平統一促進會。這個組織的名字意指中國大陸與台灣的「和平統一」，然而，這個組織也廣泛地支持中國的外交政策，像是集體投票支持、或是募款支持贊成其組織議程的華裔候選人（Brady 2017: 16）。

9　李翰文，〈中國抵制澳洲進口不果，「殺雞儆猴」效果成疑〉，BBC中文網，2021年4月26日，https://www.bbc.com/zhongwen/trad/chinese-news-56833622。

中國在捷克、澳洲與紐西蘭的影響力模式都是從內部滲透，在目標國內部扶植親中的協力者（參見圖1.2）。

最後一種施展影響力的模式涉及地緣經濟的合作。早在習近平推出「一帶一路」倡議前，許多發展中國家就對中國的貸款與投資表示感謝之意，但「一帶一路」加速了中國在二十一世紀初展開的咄咄逼人的地緣經濟政策。透過出口資本與基礎設施，中國的地緣經濟策略吸引了菲律賓、柬埔寨、泰國、馬來西亞、緬甸、斯里蘭卡、巴基斯坦等亞洲國家。其中一些國家不喜歡西方對於人權議題的介入，寧願擁抱和中國同樣的威權價值。一些南歐與東歐國家，像是希臘、葡萄牙、義大利、匈牙利、斯洛伐克、捷克與波蘭，也有大量的中國資本在撙節政策、政府預算縮水的時期進入。但近年來，一些國家開始擔心中國與日俱增的政治影響力，像是先前提到的捷克案例。

北京利用「一帶一路」拓展中國在東南亞的影響力，馬來西亞是個典型例子。從2009年到2018年的納吉（Najib Razak）總理統治期間，大打中國經濟牌，並形成中國、華僑與馬來西亞國家資本的三角聯盟，一起共享投資基礎建設與開發房地產的利潤。納吉與北京簽署了多個大型基礎建設的協議，讓許多人擔憂會陷入債務困境，或導致中國干涉內政。中國與馬來西亞的關係成為2018年國會大選的競選議題主軸，最後由馬哈迪（Mahathir Mohamad）勝出，他反對中國主宰馬來西亞的經濟，並強調債務風險。

透過地緣經濟的手法，北京獲得了斯里蘭卡漢班托塔港

（Hambantota Port）的控制權，掌控了中國與緬甸的經濟走廊、中國與巴基斯坦的經濟走廊。這些大張旗鼓的投資與貸款，對中國而言蘊含著高度的風險，也引發日漸高漲的各國內部衝突問題。

1.5. 結語：正面對抗中國的政治經濟作戰

　　全世界對中國的觀感正迅速改變中。過去被正面看待的一些中國對外行為，如今被當成明顯的警訊，顯示中國出於惡意而發揮影響力（戴雅門 2019）。戴雅門等美國學者，最近幾年將中國視為與俄羅斯一樣對全球投放銳實力、輸出威權模式的國家，顯示出美國主流學界對中國觀感的變化。中國的投資被懷疑是要竊取科技或是鑽國家安全的漏洞，孔子學院的魅力攻勢也引發了反效果，「一帶一路」倡議讓發展中國家掀起關於新殖民主義的批評。新型冠狀病毒疫情在 2020 年初爆發後，自我感覺良好的中國模式更是黯然失色。但其實，在西方改變對中國的認識論之前，台灣和香港已經飽受中國銳實力影響，並且深深感受到銳實力對這兩地法治、自由的威脅，兩地豐富的經驗有助於世界理解中國影響力的威力。

　　在比較世界各地與台灣、香港時，我們發現許多「功能同等」的案例。北京利用台商與港商釋放偏向中國的言論，並透過他們居中牽線，來接觸那些起初對中共保持警戒的在地政治人物。我們發現在其他國家，在地商界以及晚近才進行投資的中國企業也在使用一樣的伎倆，像是捷克的案例揭露了中國膽大妄為的秘密

運作。

　　然而，北京的協力機制並非無往不利。北京所達成的效果，視其目標政體的反應而定，兩者的互動如同一場拉鋸戰。台灣穩健且奮戰不懈的公民社會透過一波又一波的集體行動回應了中國影響力，像是2012年的反媒體壟斷運動，2014年的太陽花運動，打斷了國民黨與中共的合作，並阻止中共對台灣民主的侵蝕（Ho 2019; Wu 2019）。台灣歷經馬政府八年執政期間明顯的中國影響力之後，2016年重回執政的民進黨政府再度表明拒絕接受九二共識。在2020年大選前的漫長動員中，公民社會投入大量精力抵抗中國的假資訊宣傳戰，年輕一代更大聲疾呼要團結一致防衛親中的民粹式群眾動員。

　　香港的反抗運動也是前仆後繼。2013–2014年的佔中和雨傘運動，雖然最終沒有爭取到特首普選，但改變了政治地景，也為年輕一代的反抗打下了基礎。2016年過年期間在旺角，港府食環署人員取締無牌小販的一場爭吵引爆了「魚蛋革命」，並招來司法機構對香港激進本土派領導人和支持群眾的嚴酷清算。之後，「反修例運動」（反送中運動）在2019年6月爆發，並持續到2020年春天。港府意圖修改「逃犯條例」，讓嫌疑犯可以引渡到中國審訊，結果引發港人的深刻恐懼和前所未見的抗爭風潮。香港政府最終撤回了法案，但已經無法挽回公眾的信任，也無法遮掩警察的巨大暴力。儘管政府血腥壓制，但香港人民不放棄戰鬥，泛民陣營在2019年的區議員選舉大獲全勝。2020年6月底，中國政府直接制定「港區國家安全法」，強制在香港施行，企圖把香

港抗爭運動連根拔起，並且切斷民主人士與國際的聯繫。從反修例運動期間到國安法施行之後，港警至今已經逮捕超過一萬名抗爭者，並關閉數十個公民組織或迫其自行解散，香港形同進入戒嚴，並製造出一整個世代的香港政治犯。儘管抗爭變得極端困難，但港人仍在海外延續反抗運動，並遊說民主國家抵制中國與港府。台灣在香港海外運動中扮演著重要角色（Wu 2022）。

〔致謝〕

作者感謝林政宇協助收集資料，鄭傑憶翻譯原稿，王湘瑋協助潤稿。我針對一些新的情勢發展增加資料和文獻，並負責最後的定稿。

參考文獻

古明君、洪瑩發，2017，〈媽祖信仰的跨海峽利益〉。收入吳介民、蔡宏政、鄭祖邦主編，《吊燈裡的巨蟒：中國因素作用力與反作用力》。新北：左岸，頁289–324。

江旻諺、吳介民，2020，〈「戰狼主旋律」變形入台，解析關西機場事件的中國虛假資訊鏈〉。《新新聞》，1月24日，https://www.storm.mg/article/2209084，取用時間：2020/1/24。

吳介民、蔡宏政、鄭祖邦主編，2017，《吊燈裡的巨蟒：中國因素作用力與反作用力》。新北：左岸。

宋承恩，2018，〈強押台灣人到中國受審　從來不是為了打擊犯

罪〉。《上報》，4月9日，https://www.upmedia.mg/news_info.php?Type=2&SerialNo=38431。

李少南編，2015，《香港傳媒新世紀》。香港：中文大學。

李志德，2017，〈中國網路戰略的「進化」，與台灣的因應〉。收入吳介民、蔡宏政、鄭祖邦主編，《吊燈裡的巨蟒：中國因素作用力與反作用力》。新北：左岸，頁527–571。

李嘉艾，2015，《台灣媒體生產政治中的中國因素與獨裁者邏輯：以C集團為例》。新竹：國立清華大學社會學研究所碩士論文。

林怡廷，2019，〈全台3千家旅行社，為何只有5%接得到陸客團？〉。《天下雜誌》，1月9日，https://goo.gl/pzXGUZ，取用時間：2019/1/12。

張錦華、陳莞欣，2015，〈從人權報導觀點分析五地10報新疆衝突報導框架〉。《新聞學研究》125: 1–47。

普麟，2018，《中國因素與威權擴散：中國對香港與台灣新聞自由之影響（2008–2015）》。台北：國立臺灣大學政治學研究所碩士論文。

戴雅門（Larry Diamond），2019，《妖風：全球民主危機與反擊之道：當俄羅斯正面進攻、中國陰謀滲透、美國自毀長城，我們該如何重振民主自由的未來？》。台北：八旗文化。

Brady, A. M. (2017). *Magic Weapons: China's Political Influence Activities under Xi Jinping*. Washington, DC: Wilson Center.

Cardenal, J. P. et al. (2017) *Sharp Power: Rising Authoritarian Influence, International Fourm for Democratic Studies, National Endowment for Democracy*. Washington, DC.

Crawford, J. (2006). *The Creation of States in International Law*. Oxford: Oxford University Press.

Diamong, L. and Schell, O. (2017) *Chinese Influence and American Interests:*

Promoting Constructive Vigilance. Stanford, CA: Stanford University Hoover Institute Press.

DiResta, R., Shaffer, K., Ruppel, B., Sullivan, D., Matney, R., Fox, R., Albright, J. and Johnson, B. (2018). The Tactics and Tropes of the Internet Research Agency. *New Knowledge*, [online]. Available at: https://disinformation-report.blob.core.windows.net/disinformation-report/NewKnowledge-Disinformation-Report-Whitepaper.pdf [Accessed 2 Jan. 2019].

Dragonomics, GK. (2013). *In Profile Subsidies: Public Funds for Private Firms*. Research by Fathom China. Beijing: GK Dragonomics.

Fong, B. C.H. (2014). The Partnership Between Chinese Government and Hong Kong's Capitalist Class: Implications for HKSAR Governance, 1997–2012. *China Quarterly*, 217, 195-220.

Garnaut, J. (2018). How China Interferes in Australia: And How Democracies Can Push Back. *Foreign Policy*, [online]. Available at: https://www.foreignaffairs.com/articles/china/2018-03-09/how-china-interferes-australia [Accessed 10 Apr. 2018].

Haggard, S. (2017). The Most Important Korea Story of 2017: China, South Korea and THAAD. The Peterson Institute for International Economics, [online]. Available at: https://goo.gl/iyZNBs [Accessed 15 Feb. 2019].

Hamilton, C. (2018). *Silent Invasion: China's Influence in Australia*. Richmond : Hardie Grant Books.

Han, D. (2018). China-Malaysia Relations and the Malaysian Election. *The Diplomat*, [online]. Available at: https://thediplomat.com/2018/05/china-malaysia-relations-and-the-malaysian-election/ [Accessed 10 May 2018].

Ho, M. (2019). *Challenging Beijing's Mandate of Heaven: Taiwan's Sunflower*

Movement and Hong Kong's Umbrella Movement. Philadelphia: Temple University Press.

Horton, C. (2018). Specter of Meddling by Beijing Looms over Taiwan's Election. *New York Times*, [online]. Available at: https://www.nytimes.com/2018/11/22/world/asia/taiwan-elections-meddling.html [Accessed 25 Nov. 2018].

Howard, P. N., Ganesh, B., Liotsiou, D., Kelly, J. and François, C. (2018).*The IRA, Social Media and Political Polarization in the United States, 2012–2018.* Working Paper 2018.2. Oxford: Project on Computational Propaganda. Available at: https://comprop.oii.ox.ac.uk/research/ira-political-polarization/ [Accessed 2 Jan. 2019].

Kurlantzick, J. (2007). *Charm Offensive: How China's Soft Power is Transforming the World.* New Haven: Yale University Press.

Lim, L. and Bergin, J. (2018). Inside China's Audacious Global Propaganda Campaign. *The Guardian*, [online]. Available at: https://pse.is/RD2B7.

Lin, L. (2018). Disinformation (or "Fake News") Has Spread across the Taiwan Strait from China over the Last Year. In Nic Newman et al. (eds.), *Digital News Report 2018.* Oxford: Reuters Institute for the Study of Journalism, Department of Politics and International Relations, University of Oxford, UK. http://www.digitalnewsreport.org/survey/2018/taiwan-2018/ [Accessed 15 Jan. 2019].

Linz, J. J. and Stepan, A. (1996). *Problems of Democratic Transition and Consolidation.* Baltimore: Johns Hopkins University Press.

Walker, C. and Ludwig, J. (2017) From 'Soft Power' to 'Sharp Power'. In J. P. Cardenal et al. (eds.), *Sharp Power: Rising Authoritarian Influence.* Wash-

ington, DC: International Fourm for Democratic Studies, National En-
dowment for Democracy, pp. 8–25.

Wu, J. (2016). The China Factor in Taiwan: Impact and Response. In G.
Schubert (ed.), *Handbook of Contemporary Taiwan*. London and New
York: Routledge, pp. 425–445.

Wu, J. (2019). Taiwan's Sunflower Occupy Movement as a Transformative Re-
sistance to the "China Factor". In Ching Kwan Lee and Ming Sing (eds.),
*Take Back Our Future: An Eventful Political Sociology of Hong Kong's Um-
brella Movement*. Ithaca: Cornell University Press, pp. 215–240.

Wu, J. (2022). "The Hong Kong-Taiwan Nexus in the Shadow of China," *The
Asia-Pacific Journal*, September 15, Volume 20, Issue 16, Number 7, Ar-
ticle ID 5733. https://apjjf.org/2022/16/Wu.html.

PART 1

中國影響力的歷史脈絡：
比較的視野

[2] 中國對前清邊陲的同化：「一國兩制」的起源

孔誥烽，美國約翰霍普金斯大學社會學系
講座教授

　　從大清帝國轉型為中華人民共和國這樣一個現代民族國家的路徑，在全世界的民族建構史上也許是最獨一無二的。當其他的多民族世界帝國（multinational world empires），像是奧圖曼帝國與奧匈帝國，在現代化的過程中瓦解為眾多在文化上同質的民族國家之際，中國卻能夠把幾乎整片帝國的疆域轉型為一個民族國家，儘管這片地理空間存在著許多異質的文化與民族。

　　但中國從多民族帝國邁向民族國家的轉型過程，距離完成還差得很遠，而且也不是毫無爭議，因為邊陲對中心並非一直忠心耿耿。1949年以來，中國嘗試以「一國兩制」的方式來解決位在邊陲的西藏、香港與台灣問題。許多人以為，這個制度是鄧小平在1980年代構思的創舉，事實上，「一國兩制」的緣起可以追溯到1950年代。1980年代初鄧小平甚且坦言，他的「一國兩制」其實是源自於1950年代北京與達賴喇嘛政府所達成的和平協議（齊鵬飛 2004: 216）。一名香港法律學者更注意到，《基本法》作為主權移交後中國治理香港的小憲法，與中國在1951年到1959年間治理西藏所依據的《中央人民政府和西藏地方政府關於和平解放

西藏辦法的協議》(簡稱十七條協議),在措詞上有著驚人的相似 (Harris 2008)。

我們將在本章論證,「一國兩制」的成功端賴北京政治中心如何與邊陲的菁英及民眾保持微妙的平衡及良性的互動。檢視「一國兩制」如何失敗,導致香港走向中國威權政體的直接統治,以及台灣不同政治勢力和人民的抗拒,對我們在反思這個制度是會逐漸走向死胡同,還是會復活並維持下去,至關重要。

2.1. 邊陲治理:從聯邦制到一國兩制

從1644年到1911年,多民族的大清帝國,透過自治與間接統治的方式來管理非漢族的邊疆地區,致力於保護各地原住民的社會政治秩序和宗教,以換取當地統治菁英對帝國中心的效忠 (Woodside 2001)。

隨著大清帝國在1911年瓦解,這種普世帝國的觀念與施政也隨風而逝。接著掌權的國民黨政府宣稱其政治版圖涵蓋了大清帝國統治的所有疆域。然而,國民黨的中華民國在1911年到1949年間,從未建立起對邊疆的直接控制,包括西藏與台灣,在這段期間,前者受控於英國,後者則是日本的殖民地。與此同時,中國共產黨作為與國民黨爭奪政權的對手,提出了較靈活的聯邦共和國論述,希望仿效蘇聯加盟共和國體制來打造新中國 (Schein 2000)。關於台灣,中共甚至看似要承認它有權追求獨立,正如毛澤東在1936年接受史諾訪問時所指出 (Snow 1968: 110)。

可是，一旦中共打敗國民黨並贏得全國政權，它就把聯邦主義的概念拋諸腦後，轉而擁抱中央集權體系。非漢族的少數民族地區被劃為「民族自治區」，但這個制度有名無實，根據中共在1949年發表的《共同綱領》，「自治區」是由中共位在北京的指揮體系直接管理（Schein 2000: 58）。

儘管中共在1949年之後得以直接控制中國的大多數地區，但對於西藏與台灣仍舊鞭長莫及。西藏方面，達賴喇嘛政教合一的統治仍舊地位穩固，再加上青藏高原的地理屏障，中共無法以優勢軍力長驅直入。台灣方面，戰敗的國民黨順利退守到台灣，並牢牢掌控這個島嶼，成為美國羽翼下的政權。

礙於無法建立直接統治的制度，中國轉而擬定了「一國兩制」架構，尋求與西藏的統治菁英合作，以便將這片領土納入新生的中華人民共和國。關於這個實驗如何在1950年代中共向左轉的過程中以失敗收場，可以參考某些記錄詳盡的文獻（例如Hung and Kuo 2010）。接下來的章節，我將重構中共在1970年代末到1980年代初轉向務實路線時，如何冷飯熱炒向香港與台灣提出「一國兩制」，以及這個制度如何在1990年代於香港具體落實，又在台灣成為一個可能的選項，但進入2000年代卻逐步走向失敗。

2.2. 香港：從一國兩制到父系民族主義的 直接統治

1839–42年間的鴉片戰爭結束後，英國開始了對香港的殖民統治。香港的金融業與轉口貿易讓殖民統治者與英國資本家賺得滿盆缽，兩者共同編織了一張綿密的統治菁英網絡；同時殖民政府也積極籠絡華人商業菁英，這些人主要是英國洋行的包商與買辦，籠絡的方法則是授予他們榮譽頭銜以及委派給他們決策機構中的職務。這種間接統治的結構讓英國人省去與華人社會正面交鋒的棘手問題（Carroll 2005; Sinn 2003; Chan 1975; Chan 1991; Kuo 2006; Scott 1989: 39–65; Ngo 1999）。

到了1940年代末期，在意識到中共即將贏得中國的統治權後，英國開始斟酌撤離香港的可能性，並打算依循其他英國殖民地去殖民化的步驟，在香港推動民主與自治的改革（Tsang 1988; 亦見 Duara 2007; Mark 2004）。但在另一廂，中共確立了要維持香港殖民地現狀並作為對外開放窗口的戰略。確認中國不會奪下香港後，英國在1952年擱置了民主改革的計畫（Tsang 1988: 151–82）。

到了1982年，中國決定要不計代價在1997年恢復中國對香港的主權一事已經是斬釘截鐵。為了安撫香港市民對共產黨統治的憂懼，中國表示將會允許香港實行自治並維持資本主義制度。但在當下，大部分的香港人對文化大革命（以及六七暴動）翻天覆地的記憶仍歷歷在目，心裡的恐慌無論如何揮之不去。這些恐

慌具體表現在：很多有錢人和專業人士選擇移民，股市暴跌，還有許多人因為預期將有騷亂或戰爭而瘋狂搶購可以長期保存的食物（見許家屯1993: 89-94）。

面對民眾的恐慌情緒，香港有組織的政治勢力紛紛推出針對未來的不同方案，並試圖爭取社會的支持。毫不意外的，左派的鐵桿支持者無條件接受了北京的政策，認為香港回歸中國是民族解放進程當中不可或缺的一部分，目的是要擺脫中國自帝國主義時期以來所承受的百年屈辱。同樣不令人意外的，被吸納到殖民權力結構中並在政府保護的商業壟斷下吃香喝辣的英國與華人商業菁英，則希望香港永遠保持殖民地的狀態。

在堅決反對中國掌控香港主權的殖民菁英以及對中國主權毫無保留支持的左派之外，有些傾向改革的草根與中產階級政治組織，表達了對香港回歸中國的有條件支持，其中最引人矚目也最持之以恆的是主張建立地方自治與民主的「匯點」。匯點的主要創辦者來自專業人士（像是教師、社會工作者與記者），以及同情中國社會主義的資深學運份子。在1980、1990年代的香港前途爭辯中，匯點無不積極參與並大聲疾呼，直到與其他社會政治活動人士共同組成香港民主黨，打造了1997年之後香港民主運動的代表性組織。透過支持結束殖民主義並回歸中國以實現民主與社會改革，匯點與志同道合的人士在1980年代打響了「民主回歸」的口號。

針對中英談判期間與之後關於香港的各式各樣主張時，中國清楚地表達了一種彈性的民族主義論述，以擴大香港人對中國主

權的支持。北京一方面與香港的民主回歸派合作，攻擊殖民統治的現狀，並承諾將會推動政治與社會改革。在這個脈絡下，中國同意在1984年的《中英聯合聲明》（這份文件給了香港在1997年回歸中國的法律基礎）中，加入1997年後香港特首和立法機構最終將由直選產生的條文（《中英聯合聲明》附件一，6–7）。一位知名的民主運動人士回憶，當他聽聞這個消息時，「心情激動，因為這承諾了香港人可以選擇自己的行政長官與立法機構，人們可以透過他們向政府問責，對我而言，這意謂著民主」（Lee 1996: 236）。

但另一方面，北京則開始拉攏親英的商業精英，保證在香港主權移交後，將會維持資本主義秩序，並繼續捍衛他們既有的特權。為了緩和階級鬥爭的好戰語氣，中共創造了「馬馬虎虎的愛國主義」一詞，也就是對於未來誰有資格成為香港政府的領袖，將採取最寬鬆的愛國主義定義。任何支持香港回歸中國的人都是愛國者，無論他們過去的政治立場如何，鄧小平說了，「不管他們相信資本主義，還是相信封建主義，甚至相信奴隸主義」（摘自齊鵬飛2004: 185–6）。在這個背景下，北京在《中英聯合聲明》中同意確保「香港的現行社會、經濟制度不變，生活制度不變……，私人財產、企業所有權、合法繼承權與外來投資均受到法律保護」（《中英聯合聲明》5[3]）。

中英談判在1984年結束後，為了推動未來香港特別行政區的小憲法《基本法》制定，設立了基本法起草委員會與基本法諮詢委員會。這兩個委員會雖然由中國官方監督，但納入了民主回

歸派、保守的商業菁英，以及中間派。這個平台原本是要讓來自香港各界的社會、政治勢力，可以共同商討香港在1997年之後的社會、政治與經濟秩序（許家屯1993: 151–92; So 1999: 118–54）。

中國在香港的愛國統戰陣線逐漸極化為兩大陣營，一邊是代表中下階層利益的改革派，另一邊是代表商業菁英的保守派，北京由於擔心商業精英不願再投入資本，於是選擇與他們站在同一陣線，犧牲了改革派。保守派提出限制1997年後的直選條件以及無限期推遲全面普選的要求，都獲得了北京的首肯。北京甚至同意保守派反對某些加強社會福利的提案，即使這些提案得到民主回歸派以及傳統上親中左派的支持。為了突破這個局面，民主回歸派開始走向草根的基層動員，以壯大他們在委員會中的聲音（許家屯1993: 151–92, 414–5; So 1999: 118–54; So 2000）。

中國的民主運動在1989年春天夭折後，香港兩大陣營的衝突達到了高峰。當示威運動在初春爆發後，民主回歸派火速反應，動員香港市民聲援北京學生，期望若北京學生與中共內部同情學生的勢力勝出，將有助於提升民主派在爭辯香港未來政治與社會秩序時的份量（許家屯1993: 363–424; So 1999: 155–82）。但結果很令他失望，這場民主運動以血腥鎮壓告終。

經過鎮壓與以及中國政治全面轉向保守後，中共在香港的統戰陣線瓦解。北京指責那些毫不猶豫稱呼中共為「屠夫政權」的民主回歸派是漢奸，試圖勾結外國勢力推翻中國政府。1989年夏天，香港的商業菁英組成第一個歡迎中國領導人的境外代表團，迫不及待地表態對天安門鎮壓的支持，這些人因此被北京吹捧為

真正的愛國者。《基本法》起草委員會把民主派給趕了出去，然後在所有涉及爭議的問題上採納了最保守的提案。其中有一條關於反顛覆立法的條文匆忙通過，責成未來的特區政府應立法禁止任何威脅到中國政府的組織與活動（袁求實1997: 71–100; 許家屯1993: 363–424; So 1999: 155–216）。

主權移交後，特區政府維持了名義上的自治，但實際上，對特首及行政官員的甄選，中國從未鬆手，重大決策也牢牢掌握。中國同時急於阻撓各層級的代表機構進一步民主化，讓直選出來的民主派永遠無法成為舉足輕重的多數黨。民主派對中國的抗爭持續進行到2003年達致高潮，當時動員了五十萬香港人上街抗議與《基本法》第23條有關的反顛覆立法。中國強硬回應，重新闡釋「一國兩制」的意涵，宣稱「一國」是「兩制」的前提，反之不成立。中國甚至嚴詞撻伐，稱民主派根據《基本法》爭取普選（《基本法》明文規定普選是香港政治發展的終極目標），是圖謀把「香港變成一個獨立或是半獨立政治實體」的作為（見明報編輯部2004; Wong 2004）。如此一來，「一國兩制」搖身一變成為間接統治，在這樣的制度下，中國透過其指定的政治領袖與吸納的菁英同盟來統治香港。在此同時，愛國主義教育也如火如荼展開，企圖讓香港的教育與大陸的愛國教育接軌，培養香港人對同文同種的中華民族一心一意的忠誠（Tse 2004）。

在2003年的針鋒相對後，香港出現了一連串的社區運動，抵抗政府和一些開發商以重建之名拆除殖民時期的建築及街區。這些由學生和年輕知識分子組成的運動，展現了強烈的香港文化

認同，表達對壟斷資本的憤怒，以及對集體直接行動的崇尚。

這些社區運動在2009年與2010年匯聚為反對「廣深港高鐵」的運動，並進而激發2012年的反國民教育科運動，當時有十三萬名學生與家長聚集在政府總部前，要求撤回意圖強化香港年輕世代中國身分認同的愛國教育提案。

在反國教運動後，香港本土意識開始在年輕族群之中蔓延，這個本土意識暗指香港不是中國，不管是在文化上還是政治上。香港大學在2016年隨機抽樣的一項民意調查顯示，當受訪者被問及他的認同時，近七成回答自己是香港人，而自認是中國人的只有三成。雖然自1997年主權移交並實施一國兩制以來，香港認同的比例起伏不定，但不用說，整體趨勢是逐漸上升的（香港大學2016）。

日漸高漲的本土意識對2014年的「佔中運動」推波助瀾，民主派、學生和來自各行各業的人士佔據了港島與九龍最繁華的地段達七十九天，要求香港特首直選。在政府以不流血的方式成功瓦解這場運動後，隨即升高對民主運動的打壓，包括針對民主派候選人甚至是當選人予以拘捕或取消資格。港府的作為讓很多人開始懷疑「一國兩制」已經名存實亡。

2.3. 台灣：從支持反對陣營到籠絡國民黨 保守派

「一國兩制」作為一個現存體制，已經在香港陷入窘境；「一

國兩制」作為爭取台灣人支持統一的方案，則是從1970年代一個看似可行的想法逐步淪為2000年代不敢討論的禁忌。

第二次世界大戰結束後，來自中國大陸的國民黨從日本手中接管了台灣，屢屢面對台灣人頑強的反抗，便訴諸殘酷的國家暴力以維持其統治權力。1947年，國民黨與台灣人之間的公開衝突達到沸點，爆發了二二八事件，最終以血腥鎮壓和大規模迫害收場。

中共在1950年代試圖以「一國兩制」作為解決台灣問題的方案，把國民黨推上談判桌。例如，毛澤東在1958年對一名在北京與台北間穿針引線的中間人表示：

> 〔在台灣與大陸統一後，〕他〔蔣介石〕的軍隊可以保留，我不壓迫他裁兵，不要他簡政，讓他搞三民主義，反共他在那裡〔台灣〕反，但不要派飛機、派特務來搗亂……，台灣人可以保持他們原有的生活方式。
>
> （毛澤東與曹聚仁談話，1958年；摘自 Xia 1997: 83-4）

這個解決台灣問題的方案隨著1960年代與1970年代的冷戰局勢升高逐漸被拋諸腦後。到了1970年代末期，東亞的冷戰結構慢慢舒緩後，中國再度把兩岸統一的議題視為當務之急，同時密切關注著台灣島上的政治社會發展。中共全國人民代表大會常務委員會在1979年1月1日發表了《告台灣同胞書》，表達中共寄望與國民黨合作實現統一的願望，以及中國對台灣既有政治、文

化與經濟體制的尊重。

除了向國民黨菁英再次提出「一國兩制」方案，中共也趁機利用風起雲湧的反對運動，把自己塑造成同情台灣追求民主的進步力量。當國民黨在1979年年底展開對反對運動的鎮壓，北京迅速地站在反對運動這一邊，中共的傳聲筒還公然鼓吹台灣民眾要支持與《美麗島》雜誌相關的知識分子，並一同推翻國民黨的統治（林正義1988）。

換句話說，中國為了贏得台灣人心，一方面暗示統一將會帶來社會進步、結束威權統治，另一方面又承諾在「一國兩制」的方案下，台灣可以維持高度的自治。中國當時對台灣的立場與1950年代北京和西藏的蜜月期若合符節。中國預測，統一將為台灣社會帶來進步，而統治菁英的既得利益也不會受到太大損害。中國對台灣反對運動的同情態度，讓許多黨外領袖把北京視為強而有力或至少是潛在的盟友。在1980年代的大部分時期，溫和本土派對中國所採取的立場一直是主流（林勁2002: 76-9; 柳金財1998: 124-73, 196-226）。

然而到了1980年代晚期，中共的政策持續向右轉，台灣內部的社會與政治衝突也越演越烈，中國開始擔憂，反對運動將導致台灣動盪不安，而外國勢力可能利用不穩定的局勢「奪下台灣」。在上述的考量下，中國的對台政策轉而逐漸加碼在國民黨身上，並表態支持延續島上的威權統治。蔣經國在1988年去世後，中共中央委員會向國民黨發出弔唁，表達了由衷希望台灣實現「社會安寧、經濟繼續發展、人民安居樂業」，並寄希望於國

民黨一起完成統一大業（林正義1988）。

1986年，台灣的反對運動凝聚結成民進黨。為了避免對中國大陸的不同立場破壞這個新生政黨的內部團結，溫和的美麗島系與激進的新潮流系，連同雙方各自的盟友，達成共識不在黨綱提到統、獨立場，而是採取中間路線，表達台灣未來要與中國大陸維持何種關係必須由台灣住民經過公投決定。

然而，中國政府並沒有把「台灣住民自決」的綱領視為統派與獨派的折衷方案，反而認為民進黨是鐵板一塊，全部都是分離主義者。從此以後，中國認定民進黨是統一大業的敵人，並進一步把所有的雞蛋都放在國民黨保守勢力的籃子裡。當中國加倍討好國民黨，國民黨也回敬以同等的殷勤，藉此鞏固自己是兩岸穩定和平唯一政治勢力的正當性，這個趨勢讓北京與台灣的反對運動漸行漸遠。作為蔣經國在國民黨的接班人，台灣本土出身的李登輝小心翼翼地與支持統一的外省勢力合作，這股勢力在國民黨內仍然掌握霸權，且一心一意想與中國往來，最終促成國民黨在1991年通過《國統綱領》，以及北京與台北在1992年達成「九二共識」。這些發展以台灣與中國大陸將在遙遠的未來實現統一為目標，搭建了北京與台北在中短期內透過關係正常化以維繫台海和平與穩定的框架（Cabestan 1996）。

中共與國民黨日漸鞏固的同盟關係，擠壓了民進黨提出有關統一論述的空間，也讓民進黨為了與執政的國民黨劃清界線，越加朝分離主義的立場邁進。結果是民進黨內的獨派聲勢日益高漲，這又進一步觸發中國對民進黨的更多猜忌，形成類似1950

年代末在西藏發生的惡性循環。中共對1989年民主運動的血腥鎮壓，更是給台獨份子加足火力，讓他們有更多的理由指責中共政權，把它等同於不受歡迎的國民黨，並且把它描繪成對台灣人民自由的終極威脅。美麗島系在黨內失去力量，民進黨全面轉向分離主義，並在1991年修改黨綱，加入新條款，明白指出透過公民投票建立主權獨立自主的台灣共和國是民進黨的主要目標（林勁2002; 柳金財1998: 124-73; 張丹青2000: 24-7; Wang 2005）。

民進黨在1990年代完成分離主義轉向的同時，中共仍透過國民黨內的保守派鼓動統一進程。然而，主張改革的本土派在李登輝領導下，與主張統一的保守派公開決裂，中共的策略也因此破局。以李登輝為首的本土派往獨派靠攏，並透過開放政治體制容許反對勢力加入，進而累積民眾支持以對抗保守派。保守派在這場鬥爭中敗北，並被逐出國民黨的權力殿堂，中共也因為盟友遭到邊緣化，失去對台灣施展影響力的操縱槓桿。

支持台獨的民進黨，在李登輝的奧援下，分別在2000年與2004年贏得兩次總統大選，之後展開「去中國化」行動，致力於清除國民黨統治下的中國民族主義殘餘（Wang 2004）。國民黨也加快本土化的進程作為回應，希望藉此吸引越來越多傾向獨立的台灣選民。從此以後，「一國兩制」成為台灣所有政黨不敢討論的禁忌。

面對台灣急劇轉向獨立的傾向，中國採取了更務實的立場，把防止台灣正式宣布獨立列為當務之急，而不是把促進統一放在優先地位，同時加速了兩岸經濟與文化交流。相較於1980年代

的不時提起，北京最近幾年在「一國兩制」的議題上相對沉寂。

2.4. 結語：從同化邊陲地區到復興中國 中心秩序？

　　中國在不同階段處理香港與台灣問題時，一開始都展現了相當程度的靈活性。中共對「一國兩制」的承諾，再加上1980年代對香港、1970年代末與1980年代初對台灣，都宣稱會支持循序漸進的社會與政治改革，這讓中共在處理這兩個邊陲地區的問題時，無須與當地的統治精英作對，又能在進步的社會運動中喚起對社會政治改革的樂觀情緒。北京能夠在一開始接觸這些地區時，與在地菁英和民眾維持尚稱和諧的關係，如今看來並非單純的僥倖。

　　然而，到了1980年代末期，中國對香港與台灣的統一策略出現了急遽的轉變。部分是因為，無論在邊陲地區還是政治中心，不同的社會政治勢力之間屢生勃谿；部分則是因為，中國大陸本身的政治環境也有了普遍的變化。

　　在香港，民主回歸派對1989年天安門鎮壓的譴責，導致他們被逐出中國的統一戰線。中國從1990年開始，繼而在1997年主權移交後，加快速度邊緣化政治體制內的民主派。北京對反對運動所採取的鐵腕立場，又在特區政府的掩護下，對香港政治社會採取逐步的直接干預，再加上反對運動的越趨激進，以及分離主義在年輕世代間的崛起，這些因素把「一國兩制」的實驗推向

了懸崖邊緣。

對於台灣，中國在1980年代末期拋棄了社會改革的議程，以及那些為此奮鬥並且日漸受到人民歡迎的社會運動與反對運動，轉而倒向與國民黨的統治菁英往來。在這個策略轉變後，「一國兩制」被視為只是為了延續島上的威權政體以及外省人優勢地位的另一套說詞而已。那些被拋棄的社會運動與反對勢力的台獨色彩越趨濃厚，對中國的敵意也日漸加深，這讓北京更加與他們保持距離，並把他們描繪成是被邪惡的帝國主義所操弄、居心不良的中華民族叛徒。

本章闡明了，作為一個異質化的國家，「一國兩制」是維繫中國統一的可行制度，但其可行性端賴政治中心予以巧妙的均衡，一旦中國在與邊陲地區的菁英及民間政治力量互動時產生了不可預測性，這個制度就很容易遭到斲傷。

然而，隨著從鄧小平到習近平，中國尋求控制邊陲地區的動力不斷增強，中央與邊陲的互動模式就越來越搖搖欲墜。北京在2014年發表的《香港問題白皮書》明白指出，在「一國兩制」的安排下，「一國」的地位凌駕於「兩制」之上。咸認是白皮書執筆者的北京大學法學教授強世功，提出了一套中共黨國對香港以及其他邊陲地區的新思維。強世功毫不諱言，一國兩制無法解決中國對香港主權的最重要問題，也就是香港人的認同。他認為，法律無法解決這個問題，而是要透過政治與意識形態的手段；當北京不遺餘力要把香港人轉化為中國愛國者時，必須超越「一國兩制」的框架，否則中國對香港的主權只是徒具形式，沒有實質

內涵。他的論證預言了，北京近幾年來對香港政治日益增強的直接干預（見Hung 2014）。

在強世功看來，中華帝國在大清時期達到巔峰盛世，是奠基於儒家文明的輻射，以及透過一波又一波的兼併，把邊陲地區納入與轉化為核心領土。對於具有獨特風俗習慣與領導權的新兼併地區，大清皇帝會先應允當地菁英享有自治權，但為期不久。一旦時機成熟，終究要被併入帝國核心，他們的文化會被同化、他們的地方自治會被取消。然後，帝國將繼續兼併新的疆土。中國兼併香港，並試圖同化香港、兼併台灣，揭示了類似的帝國主義擴張正在二十一世紀的中國捲土重來。強世功的意思很明白，香港的「一國兩制」只是一種技術上和過渡性的安排。等待香港的，是西藏從1959年以來的路徑，北京將強制同化並直接嚴密控制。這種擴張的終極目標，將是前現代以中國為中心的天朝體系在亞洲與其他地區的復興（見Hung 2014; 亦見Wang 2017; Perdue 2015）。

「一國兩制」作為香港現行制度以及給台灣的提案，在這兩地都已經被逼到懸崖邊。如今我們應該反思是要搶救「一國兩制」這個試圖把前清領土納入中華人民共和國的方案，抑或，我們應該徹底追問，這究竟是不是一個值得搶救的方案。

參考文獻

中共中央文獻研究室、中共西藏自治區委員會、中國藏學研究中心選編，2001，《毛澤東西藏工作文選》。北京：中央文獻出版社。

西藏自治區黨史資料徵集委員會編，1995，《中共西藏黨史大事記》。拉薩：西藏人民。

明報編輯部主編，2004，《愛國論爭》。香港：明報。

林正義，1988，〈「後蔣經國時代」中共對台政策〉。《聯合報》1988年2月24日，版二。

林勁，2002，〈略析民進黨的派系問題〉。《世界經濟與政治論壇》5: 76–9。

香港大學，2016，〈身份類別認同，1997–2016〉，www.hku-pop.hku.hk/english/popexpress/ethnic/eidentity/poll/eid_poll_chart.html。

柳金財，1998，《大膽西進？戒急用忍？民進黨大陸政策剖析》。台北：時英。

袁求實編，1997，《香港回歸大事紀1979–1997》。香港：三聯。

張丹青，2000，〈試述民進黨的臺獨轉型〉。《中央社會主義學院學報》2: 24–7。

許家屯，1993，《許家屯香港回憶錄》。台北：聯經。

齊鵬飛，2004，《鄧小平與香港回歸》。北京：華夏。

Cabestan, Jean-Pierre. 1996. "Taiwan's Mainland Policy: Normalization, Yes;

Reunification, Later." *The China Quarterly*, 148, 1260–1283.

Carroll, John M. 2005. *Edges of Empire: Chinese Elites and British Colonials in Hong Kong*. Cambridge, MA: Harvard University Press.

Chan, Ming-Kuo. 1975. *Labor and Empire: The Chinese Labor Movement in the Canton Delta, 1895–1927*. Ph.D. dissertation, Stanford University. Unpublished Dissertation, Department of History, Stanford University.

Chan, Wai-Kwan. 1991. *The Making of Hong Kong Society: Three Studies of Class Formation in Early Hong Kong*. Oxford: Clarendon Press.

Duara, Prasenjit. 2007. "Hong Kong and Post-war Colonialism." Paper presented at the *Annual Meeting of the Association of Asian Studies*. March 2007.

Harris, Paul. 2008. "Is Tibet Entitled to Self Determination?" Centre for Comparative and Public Law, Hong Kong University. Occasional Paper No. 18.

Hung, Ho Fung. 2014. "Three Views of Local Consciousness in Hong Kong." *The Asia-Pacific Journal*, 12(44), 1–10. doi: https://apjjf.org/2014/12/44/Ho-fung-Hung/4207.html

Hung, Ho-fung and Huei-ying Kuo. 2010. "OCTS and its antagonists in Tibet and Taiwan." *China Information*, 24(3), 317–337.

Kuo, Huei-ying. 2006. "Chinese Bourgeois Nationalism in Hong Kong and Singapore in the 1930s." *Journal of Contemporary Asia*, 36(3), 385–405.

Lee, Martin. 1996. "The Fight for Democracy." In Sally Blyth and Ian Wotherspoon (eds.), *Hong Kong Remembers*. Hong Kong: Oxford University Press, 233–43.

Mark, Chi-kwan. 2004. *Hong Kong and the Cold War: Anglo-American Relations, 1949–57*. Oxford: Oxford University Press.

Ngo, Tak-wing. 1999. "Industrial History and the Artifice of Laissez-faire Colonialism." In Tak-wing Ngo (ed.). *Hong Kong's History: State and Society under Colonial Rule*. New York: Routledge, 119–40.

Perdue, Peter C. 2015. "The Tenacious Tributary System." *Journal of Contemporary China*, 24(96), 1002–1014.

Schein, Louisa. 2000. *Minority Rules: The Miao and the Feminine in China's Cultural Politics*. Durham, NC: Duke University Press

Scott, Ian. 1989. *Political Change and the Crisis of Legitimacy in Hong Kong*. Hong Kong: Oxford University Press.

Sinn, Elizabeth. 2003. *Power and Charity: A Chinese Merchant Elite in Colonial Hong Kong*. Hong Kong: Hong Kong University Press.

Snow, Edgar. 1968. *Red Star Over China*. New York: Grove Press.

So, Alvin Y. 1999. *Hong Kong's Embattled Democracy : A Societal Analysis*. Baltimore, MD: Johns Hopkins University Press.

So, Alvin Y. 2000. "Hong Kong's Problematic Democratic Transition: Power Dependency or Business Hegemony?" *Journal of Asian Studies*, 59(2), 359–81.

Tsang, Steve Yui-sang. 1988. *Democracy Shelved: Great Britain, China, and Attempts at Constitutional Reform in Hong Kong, 1945–1952*. Oxford: Oxford University Press.

Tse, Thomas Kwan-choi. 2004. "Civic Education and the Making of Deformed Citizenry: From British Colony to Chinese SAR." In Agnes S. Ku and Ngai Pun (eds.), *Remaking Citizenship in Hong Kong: Community, Nation, and the Global City*. London: Routledge, 54–73.

University of Hong Kong. 2016. 'Categorical Ethnic Identity Poll, 1997–2016.' (www.hkupop.hku.hk/english/popexpress/ethnic/eidentity/poll/eid_poll_

chart.html).

Wang, Chaohua. 2005. "A Tale of Two Nationalisms." *New Left Review*, 32, 83–103.

Wang, Fei-Ling. 2017. *The China Order: Centralia, World Empire, and the Nature of Chinese Power*. Albany, NY: State University of New York Press.

Wang, Horng-Luen. 2004. "National Culture and Its Discontents: The Politics of Heritage and Language in Taiwan, 1949–2003." *Comparative Study of Society and History*, 46(4), 786–815.

Wong, Yiu-chung. 2004. *One Country, Two Systems in Crisis: Hong Kong's Transformation Since the Handover*. Lanham, MD: Lexington Books.

Woodside, Alexander. 2001. "Territorial Order and Collective-Identity Tensions in Confucian Asia: China, Vietnam, Korea." In Shmuel N. Eisenstadt, Wolfgang Schluchter, and Björn Wittrock (ed.), *Public Spheres and Collective Identities*. Brunswick, NJ: Transactions, 191–220.

Xia, Xueping. 1997. *Zhongguo gongcandang yu xianggang* (Chinese Communist Party and Hong Kong). Ph. D dissertation, School of Law, Northeast Normal University, China.

Zhao, Suisheng. 2004. *A Nation-State by Construction: Dynamics of Modern Chinese Nationalism*. Stanford, CA: Stanford University Press.

3 沒有人是孤島：台灣與香港的邊陲民族主義[1]

吳叡人，中央研究院台灣史研究所副研究員

　　從近代早期開始，東北亞的島嶼邊陲地帶逐漸形成一個穩定的地緣政治結構，這個結構的特色可以稱之為「複數中心的共同邊陲」：這些邊緣地帶身處複數的帝國夾縫之間，在漫長的歷史中曾經同時或連續被不同的帝國所統治。此一地緣政治結構的歷史形成創造了五個邊陲政治主體：沖繩、台灣、南韓、北韓與香港。沖繩曾經同時是日本與清帝國的藩屬國，後來被併入日本，第二次世界大戰後又同時臣服於美國與日本。台灣自十七世紀以來，歷經荷屬東印度公司、鄭氏政權、清帝國、日本帝國、位在南京的國民政府，以及冷戰時期在美國保護下退守台灣的國民黨政府統治後，目前置身於美國與中華人民共和國兩大霸權之下。[2]

1　本文已獲得翻印、再製許可，原始文章為：'The Lilliputian dreams: preliminary observations of nationalism in Okinawa, Taiwan and Hong Kong' by Wu Rwei-Ren, 2016, in *Nations and Nationalism*, 22, pp.686–705. ©2017 ASEN/John Wiley & Sons Ltd.

2　我在這裡沿襲多爾（Doyle, 1986: 40）的界定：「同時控制內政與外交政策是帝國，僅控制外交政策是霸權。」在冷戰期間，台灣的外交政策幾乎完全受制於美國，但中國打破了美國的壟斷局面，近年來攫取了影響台灣外交的能力，而

韓半島先於十九、二十世紀之交在清國、俄羅斯和日本之間的帝國競爭下苟延殘喘，然後一度被日本併吞，冷戰時期在美俄兩大霸權之下遭到分割，現在是深受美中兩國的結構性衝突所影響的分治。香港則是在1842年被清帝國割讓給英國，到了1997年其主權又被移交予中國。這五個邊陲地區一再被併入不同的帝國版圖，然後又被分割開來，我們或可稱之為「帝國的碎片」（fragments of/f empires）。

身處帝國夾縫之間，促使這些邊陲地區產生政治主體意識，卻也使這些政治主體意識無法止於至善——直到今時今日仍是如此。套用蓋爾納（Ernest Gellner 1983: 94）的說法，這五個帝國的碎片，始終處在民族主義發生的「未完成式」。不過，當南、北韓雙雙加入聯合國後，韓半島的分立結構也相對穩定下來。

我們在本章關注的兩個案例，分別是未能獲得主權國家地位的香港，以及主權國家地位備受爭議的台灣。香港在主權移交後，淪為中國的內部殖民地，由中央政府透過在地協力政權實行間接統治。台灣雖然擁有實然獨立地位，卻尷尬地被排除在聯合國之外，而且在美中兩大霸權激烈的交鋒下左右支絀。這兩個案例都有著類似的中心—邊陲衝突結構，而兩地都見證著邊陲民族主義的興起，或是尋求建立自己的政體、或是想要提升既有政體的地位（Brubaker 1996: 79）。本文旨在展開初步的比較分析——這兩個比鄰的邊陲地區，其民族主義都以確立政體為目標，同時

且中國的影響力扶搖直上。

也處於多個帝國中心交疊競爭的「勢力範圍」內。

3.1. 台灣和香港的邊陲民族建構：從殖民地到民族

3.1.1. 台灣：從碎片到整合的過程

　　台灣現代政治主體形成的過程，乃從殖民地過渡為民族的演化，而這個過程又可以從社會與國家兩個視角來予以分析。台灣社會自十六世紀以來，經歷過源自中國東南各地一波又一波的移民潮，逐漸從分崩離析的移民群體凝聚成整全的本土社會。在這個新近整合的社會基礎上，台灣在 1920 年代萌發第一波的現代民族主義。在國家層次上，台灣自十七世紀起連續遭受不同殖民政權的統治，為台灣政治史帶來顯著的斷層；不過一眾殖民政權的國家建構工程，卻也帶來制度上的累積，無意間建立起台灣自身的國家體系。社會整合、民族主義與國家建構，雖然在概念上是三個獨立的過程，卻在驚濤駭浪的二十世紀中互相糾纏、蹣跚地逐漸凝聚成同一股力量，並在 1990 年代的民主化過程中得以深化，最終塑造了當代台灣民族國家的形貌。這是一個疆域界定清楚、制度穩固的國家，透過實踐民主制度展開「日復一日的公民投票」，把台灣人形塑成一個公民民族（civic nation）。[3]

　　儘管台灣公民大體上已確立其獨特的民族認同，但他們仍

3　這個段落的分析主要是根據吳叡人的研究（Wu 2013, 2014）。

然就該如何象徵其民族認同爭論不休。此外，台灣在1971年失去聯合國的會員資格後，其主權國家地位在國際法層面上並不穩固，有時會被歸為不受承認的國家（Casperson 2012）。我們亦須留意台灣在冷戰期間的國家建構，是在美國霸權的保護下才得以實現；在一定的意義上，2008年以前的台灣一直是美國專屬的保護國，只是中國國民黨在重新奪回政權後開始實行親中政策，導致中國對台灣的影響力越來越大。儘管有這些不完美之處，台灣無論如何都應該被視為一個成長中的民族國家。

3.1.2. 香港：短期與長期的結構性因素

香港民族主義在2011年以石破天驚之勢崛起，而這個宏觀的歷史社會學現象，可以歸因於短期的政治因素、以及長期的結構因素。

3.1.2.1. 短期因素：咄咄逼人的北京官方民族主義

促成香港民族主義興起的短期因素，無疑是新宗主國在主權移交後對香港日益嚴厲的管制。根據布拉斯（Pauul Brass 1991: 279）的理論模型，1997年之後的中、港關係，乃中央集權的國家持續干預新取得的邊陲領土，繼而威脅此邊陲社會人民固有認同和權益的典型狀況，勢必會引發邊陲的族群主義和民族主義動員。也就是說，香港民族主義的興起，可以被理解成是香港居民對新宗主國企圖操控香港的一種反彈。

　　1997年之後，北京雖然在表面上遵守「一國兩制」政策，實際上卻一直嘗試把香港整合到中國之內，因為北京深知「一國兩制」蘊含的模糊性格，很可能會被香港人用來爭取更完全的自主。事實上，北京與香港一開始就對「一國兩制」有著南轅北轍的理解。北京追求的是「一國」，也就是實現國家的終極統一，如此「兩制」就只是邁向「一國」短暫的過渡階段，需要給予嚴密的監控。而香港想要的是永久的「兩制」，也就是分權與自治，而「一國」則只是「中華聯邦」這樣的寬鬆架構。雙方截然不同的闡釋，不僅源自中國國家內建的集權傾向，也是因為北京對香港認同的歷史形成缺乏理解。

　　雖然「一國兩制」在設計上限制了宗主國國家權力的介入，但北京卻仍能透過各種手段操控這個邊陲地區。北京在政治層面上最明顯的作為，就是阻撓香港人實現立法會及行政長官雙普選的理想，藉此防止香港在「兩制」的過渡階段發展成貨真價實的自治共同體。與此同時，北京也在香港培植一批在地的協力者作為間接統治的工具。北京為改造香港社會，亦試圖透過單向輸送中國人移居香港的政策，使人口「內地化」。這是宗主國控制殖民地的慣用手法，中國統治下的新疆和西藏、法國統治下的阿爾及利亞、以及日本統治下的台灣與韓半島都是典型案例。不僅如此，北京還以區域發展為名，意圖透過中、港人口的雙向移動和混居，把香港「融合」到珠江三角洲之內，藉此剝奪這個國際大都會擁有的一切獨特性。

　　這個新宗主國在經濟層面，則著力收編香港的資本階級，並

誘導香港在經濟上依賴中國（Fong 2014）。最後不容忽視的是，北京也試圖推動意識形態控制，藉此「征服」香港人的靈魂。近年香港新聞自由的急速崩壞，以及在2012年透過「德育及國民教育科」推動「愛國教育」的失敗圖謀，皆為顯而易見的例證。香港在政治、經濟、社會與文化上的自主，本應受到「一國兩制」的保障，在實踐上卻顯著地遭到蠶食，正好說明北京早已採取主動，讓國家權力侵擾這座城市的邊界。

整體而言，北京對香港採取漸進同化的官方民族主義，為的是要消滅香港的獨特性，並將之消融在這個單一制國家之中。然而，這種過分進取的國家與民族建構工程，勢必會為香港既有的資源分配、社會制度、價值體系與文化認同帶來重大衝擊，從而激發當地社會的反抗。在2003年的SARS疫情危機後，香港人與來自中國的觀光客和移民之間的族群衝突，也逐漸浮上檯面，各種隨之冒起的本土主義／本地主義論述，以及其後出現的香港民族主義，都是香港社會因感受到宗主國入侵的威脅，隨而產生的反彈。正如布拉斯預言的，中央集權的國家對邊陲的入侵確實會威脅到當地的權益與認同，從而引發族群與民族主義的動員。

3.1.2.2. 長期因素：香港民族的形成

1997年後的中國官方民族主義，促成香港民族主義的興起。不過這種民族主義，乃是建基在既有的社會基礎上的防衛型民族主義——香港社會早已確立法國社會學家涂爾幹（Emile Durkheim）所稱的「有機連帶」（organic solidarity），故此也可以被視

為香港民族的原型。這個原型民族群體的形成，就是香港民族主義興起背後的歷史結構因素。[4]

我們也可以利用分析台灣的方法，從國家與社會兩個層次來分析香港共同體的形成。在國家層次上，一百五十多年來，殖民地政府在英治時期持續逾一百五十年的穩健統治，從而在制度形式上創造了一個包含香港島、九龍和新界的準主權領土國家（quasi-sovereign territorial state）。儘管英國從未授予香港自治領（dominion）的地位，但仍然有在第二次世界大戰後賦予殖民地政府在行政與財政上的高度自主權，除了讓他們自主制定社會與經濟政策，還容許香港以獨立身分參與各種國際組織、並於世界各地設立貿易辦事處。在英國統治下，香港擁有獨立的司法與文官體系，亦有自己的貨幣、護照、郵政、海關、國際電話區碼，甚至還擁有與主權國家締約的權力。可是這個準國家，欲缺乏與英屬自治領同等的立法機構，而英國也沒有把自治權授予香港居民。儘管如此，香港人還是被深度整合到政治學者蒂利（Charles Tilly 2007）的現代國家「公共政治網絡（network of public politics）」，因此得以和香港（準）國家進行連結，並成為香港的公民。就這個意義來說，「市民」一詞所指涉的，不只是一個城市的居民，同時也是在政體中共享主權的成員。而公共政治網絡的整合過程，不只把個別民眾轉化為公民，也形塑了一個擁有共同權利、並彼此承擔義務的「公民群體」（citizenry）。

4　這裡有關香港歷史的分析，主要源自高馬可的《香港簡史》（Carroll 2007）。

　　香港作為距離中國移民與難民最近的目的地，在社會層面上經歷了一段曲折漫長的整合和本土化過程。而香港鄰近中國的地理位置，亦使其容易受到中國政治動盪的干擾，令社會整合與本土化的過程百上加斤。不過，在1949年最後一波大規模的中國移民潮之後，香港的人口結構便逐漸穩定下來。1967年的左派暴動後，以群眾為基礎的香港本土認同逐漸浮現，殖民地政府也著手推行建構認同的政策。到1970年代和1980年代，社會的本土化和香港認同的想望，也取得關鍵而穩健的發展。

　　上述的國家與社會發展歷程，往後就成為香港原型民族的根基，這包括與「公民群體」連結的準主權國家制度架構、移民的本土化、社會整合，以及具有群眾基礎的香港認同。香港一如法國學者希耶斯（Abbé Sieyès）所勾勒的公民民族，擁有共通的法律和制度，只是萬事俱備卻欠卻東風：香港仍未落實民主化。根據學者謝平（Pheng Cheah 2003）的講法，民主化是去殖民化的關鍵環節，民主化連結了社會與國家，把「公民群體」轉化為能夠形成集體意志的真實社群，從而把殖民者建立的國家體制「有機化」（organicize），將之改造成香港人自己的國家。然而受制於地緣政治的殖民政府目光短淺，要待1980年代中葉與北京展開香港前途問題談判時，才啟動香港的民主化進程。可惜這次民主化的嘗試來得太遲，無法真正賦予香港人有意義的政治權力，這項建構香港自治共同體的終極政治工程始終無法完成，從而埋下今日諸多不滿的種子。

3.2. 台灣與香港的邊陲民族主義動員：形式、意識形態與策略

3.2.1. 台灣民族主義

　　台灣透過繼承和改造中華民國流亡政權遺下的殖民國家體制，大體上達成內部的去殖民化、並成為實然的獨立國家。目前台灣的獨立國格、以及其民族主義，在三個層面上得以展現，首先，台灣獨立國家制度的存續，日復一日地展現和重塑台灣的獨立國格。台灣透過民主制度在日常生活實踐的自治，也有著同樣的果效。而民族主義作為組織運動的一面，既表現在政治社會之中（例如執政的民進黨，以及成立不久的時代力量），也彰顯於活力充沛的公民社會：他們一直為台灣抵抗新自由主義全球化與中國經濟滲透的影響。2014年春天的太陽花運動，正是一次台灣公民民族主義的爆發。

　　台灣民族主義自1920年代誕生以來，就是學者賀克特（Michael Hechter 2000）所描述的那種抵抗中央集權國家入侵的邊陲民族主義。早期台灣民族主義在1920年代與1950年代激起的兩波浪潮，都是典型的反殖民族主義，是對接連來自日本與中國國民黨殖民統治的反抗。下一波的台灣民族主義浪潮隨著1970年代的民主運動興起，於1990年代達成好幾十年的夙願，透過民主化實現去殖民化，並為台灣人奪得自己的國家。如今台灣的主要任務是要捍衛實質的獨立地位，阻擋中國這個外部地緣政治中心步步進逼的併吞企圖，因此台灣民族主義現時抗擊的對象，已

從殖民主義轉變為帝國主義。此外,由於台灣已經擁有其領土的專屬控制權,台灣民族主義的目標,也不再是要脫離另一個更大的國家。台灣民族主義深受戰後竭力建立跨族群聯盟的民主運動影響,其本質乃政治運動而非族群運動,並以公民權和領土主權定義民族邊界。

台灣民族主義採取了「由內而外」的去殖民化路線:他們以民主化的方式繼承中華民國的殖民體制,實行內部的去殖民化改造、達成台灣的實然獨立,並與中華民國保有的二十餘個邦交國建立外交關係(Wu 2002: 196-218)。這個階段的目標大致上都已經達成,此後台灣就要以法理獨立和加入聯合國為目標,可是這個新階段卻因為中華人民共和國的百般阻撓而舉步維艱。

由於族群結構截然不同,台灣無法像琉球民族主義那樣採取原住民主義的策略。首先,台灣絕大多數的人口是所謂的漢族移民後裔,原住民只占台灣人口的2.1%,因此台灣人無法透過原住民身分,以聯合國原住民議題常設論壇(UNPFII)的標準取得民族地位的認可。原住民對台灣的進步意涵主要是內部的,因為原住民的存在,迫使民族主義者必須以多元文化的方式,以去種族化的公民─領土範疇重構台灣人的概念,將其形塑為多族群的聯盟。如此晚近來到台灣的移民,也能夠藉原住民為中介,深化與台灣這塊土地的歷史連結。這種逆向的象徵性同化是台灣去殖民化與民主化過程的重要環節。我們可以把這種策略理解為重建台灣民族主義正當性的努力:過往台灣民族主義曾過分高舉拓墾者篳路藍縷的經驗,從而沾染殖民主義的色彩。我們可以姑且稱

這種策略為「內部的原住民主義」。許多擁有大量原住民人口的拉丁美洲國家也採取了類似的策略。[5]

除此之外，台灣也無法複製琉球向聯合國上訴的經驗。如前述，台灣尋求經由加入聯合國來建構獨立國家的策略，嚴重受限於對台灣抱持敵意的地緣政治處境。再也沒有比聯合國秘書處在中國的壓力下長期羞辱台灣的經驗，更能夠說明聯合國作為「國家認定組織」的表現。在可預見的未來，這樣的局勢不太可能改變，猶如佩里・安德森（Perry Anderson 2004）所言，因為中國自承為民族國家、否認自己是一個帝國，所以絕對不會容許圖博、東突厥斯坦和內蒙古分離，也不會放棄併吞台灣的意圖。面對中國崛起，美國始終保持戰略模糊的路線迫使台灣維持「現狀」，使台灣的聯合國之路無法暢通無阻。

3.2.2. 香港民族主義

根據蓋爾納（1983）的定義，我們可以觀察到香港的民族主義具備三個面向：群眾情感、意識形態，以及有組織的運動。香港的民族主義作為一種群眾情感，表現在香港人日益強烈的香港認同。香港大學民意研究計畫的調查顯示，從2011年起，持續有四成上下的香港人自認是純粹的香港人，而到2015年自認是純粹中國人的受訪者也滑落到兩成以下（HKU POP 2015）。日漸

5　墨西哥小說家富安堤斯（Carlos Fuentes）透過原住民角度重建墨西哥歷史的策略就是明證，參見 Fuentes 2011。

茁壯的香港認同在年輕世代最為醒目，根據香港大學學生會刊物《學苑》的調查，48%的受訪學生自認在政治光譜上屬於「本土派」，而認為自己是「大中華派」的則僅有15%。當被問到最適合香港的政體，儘管仍有高達68%的受訪學生表示認同「一國兩制」，但也有15%的受訪者表示支持香港獨立。另外，針對「如果香港舉行公投表決『香港應成為一個國家』，但公投結果將不受北京承認」的提問，37%表示會投票贊成；若以北京承認公投結果為前提，願意投票支持獨立者的比例飆升到42%，勝過41%的反對者（《學苑》2014年2月號: 20-21）。《學苑》在2015年進行的類似調查顯示，懷有獨立心態的學生明顯增加，有28%的受訪者認為獨立是最適合的政治選項；在北京不承認的狀況下，有51%的學生支持獨立；若北京承認，支持獨立的比例攀升到64%；有62%的受訪者同意，香港人是一個民族（《學苑》2015年2月號: 5-7）。

香港的民族主義作為一種意識形態，在短短幾年已經有相當完備的結構，並發展出四種不同的論述。首先是政治評論家、民俗研究者陳云根（筆名陳雲）主張的香港城邦論，他在先聲奪人的《香港城邦論》和其他相關著作中闡述了此一論點（陳云根2011; 2014）。第二種論述是前文提到的《學苑》在2014年2月專刊提出的香港民族自決論，隨後在雨傘運動期間予以擴充並以專書的形式出版，書名就直接稱為《香港民族論》（二〇一三年度香港大學學生會學苑2014）。[6]第三種論述則來自民間學者徐承恩所撰寫的香港民族史（徐承恩2014; 2017）。第四種論述是經由香

港的內部自決，尋求在承認中國主權的前提下深化和永續民主自治；提出此一務實民族主義的建構者是政治學家方志恒，論證可見由他主編的《香港革新論》（方志恒2015）。以上四種論述風格迥異，有著不同的理論依據和策略，為香港的政治主體性提出了複雜細緻的論證。

香港民族主義作為一種有組織的運動，曾經邁入組黨與選舉政治的階段。陳云根在2011年把他的追隨者組織成香港城邦自治運動，隨後改組為香港復興會。在2010年代中期，他與立法會議員黃毓民、「熱血公民」領袖黃洋達這兩位民粹主義者密切合作，黃洋達在雨傘運動中極為活躍，他帶頭反對水貨客，抗議中國遊客濫用簽證在香港掃貨免稅的日常用品再轉賣到中國牟利。這些人隨後組成本土派的保守陣營「熱普城」，聯合參與2016年的立法會選舉（Passion Times Editorial Team 2016）。由香港大學的菁英學生首度提出的香港民族自決論，不僅日漸擴散成為學生民族主義，也促使具有政治頭腦的年輕活動者循著民族主義的路線來組織群眾。至少有三個政黨公開採用民族自決論作為政綱，包括青年新政、本土民主前線和香港民族黨。2016年4月，方志恒和王慧麟發表《香港前途決議文》，獲得三十位泛民陣營的年輕活動者（包括兩位公民黨的議員）連署，走溫和路線的內部自決派也正在摸索其參與政治的形式。這些新興的民族主義團

6　二〇一三年度香港大學學生會學苑（2014）。本段落部分源自作者為該書撰寫的章節，參見吳叡人2014; Wu 2014。

體和政黨能否像蘇格蘭民族黨（SNP）、魁北克黨（Parti Quebe-cois）以及台灣的民進黨一樣，逐漸壯大並轉為成熟的議會民族主義政黨，仍有待觀察。（補充：香港局勢自國安法通過並實施後轉趨嚴峻，如今連香港的未來也無法預測了。）

　　值得注意的是，雖然香港的民族主義組織形式多樣，但它們都有個共同的社會基礎——年輕世代。在歷史上，許多民族主義運動都是由年輕的知識分子所發起與領導，例如十九世紀的青年義大利運動、青年愛爾蘭運動，以及二十世紀初反殖民主義的緬甸佛教青年協會、馬來西亞的馬來青年同盟，以及台灣青年等（Anderson 2006）。香港的民族主義也有類似的世代特徵，或可稱之為「青年香港」運動。

　　陳云根充滿創意的香港城邦論述[7]是弱小民族主義的變形，他迴避了民族主義的措詞，借用公民共治主義（civic republican-ism）來包裝他的自治主張。然而，陳云根的公民共治主義卻是建立在奇詭虛矯的歷史論證上：城邦是公民共治主義的誕生場域，而香港的殖民地制度就是城邦政治的當代表現。換句話說，他把香港身為殖民地貿易港市的歷史，與現代主權國家興起前的古典希臘城邦和中古世紀的歐陸自由市連結起來，進而發明了從古希臘、文藝復興到現代「殖民城邦」一脈相傳的城邦系譜。他把自由市的自治傳統，添上東亞上古時期的古典色彩後，騰挪到香港這座缺乏相關傳統的殖民城市身上。簡言之，陳云根把古代東亞

7　這裡是根據《香港城邦論》一書分析陳云根的主張。

和中世紀歐洲的封建語言混在一起，羅織了一套自治城邦的傳統以證成香港自治的正當性，基於這個歷史論證，他把東亞的古典封建價值，裝扮成公民共治主義確立自治政體前提的公民德行，並主張這是界定香港認同的判準，因此「香港人」的身分是基於公民價值而非文化血緣。

陳云根的城邦自治論背後，有一套不能忽略的文化理論，他把香港人描繪成中國古典華夏文化的真傳繼承者；相較之下，中華人民共和國治下的中國人，因為遭到共產主義與資本主義的污染而淪為蠻夷。這樣的論點看似自相矛盾，事實上卻是許多經受文化同化的邊陲民族常常用來區隔自己與式微的中心所採用的策略。滿清在 1644 年征服明朝後，日本出現的華夷變態論以及韓國出現的小中華思潮，就是兩個典型的案例（伊東貴之 2008）。此外，爭取美國獨立的革命者在尋求脫離英國時，也自認是在實現真正屬於英國的自由價值（Greenfeld 1992: 412–13）。

陳云根認為他的理論是現實政治的作品，因為他不支持香港獨立，且香港自治的目的在於捍衛香港的傳統，而不是挑戰中國的主權。城邦論其實是喬裝的民族主義。陳云根的論證前提預設了香港公民民族的存在，婉轉地接受了主權民族國家的規範，他的理論依舊是在學者桑尼（Ronald Suny 2001）所稱的民族論述這樣的認識論框架裡操作。陳云根在策略上選擇了前現代的政治形式，並宣稱香港才具備真正的中國性質，隱含了對「天下」這個由文化來加以定義、在政治上去中心化的古老秩序所抱持的懷舊憧憬，但事實上，這比較像是一個精打細算過的動作，以避免套

用民族的語彙來定義香港與中國時必然會出現的直接衝突。重返古老的秩序實在太烏托邦，與陳云根或任何「現實政治」的規畫完全不搭。

有別於閃爍其詞的香港城邦論，《學苑》提倡的香港民族自決論就顯得直接了當。[8] 專刊的標題「香港民族，命運自決」八個字，超越了香港人對政治想像的界線，也打開了潘朵拉的盒子，讓不可想像的變成可想像的。這是透過政治修辭來召喚行動。莎士比亞曾說：「名字有什麼重要呢？」為自己命名，只是召喚民族的第一步。《學苑》的青年理論家除了給自己命名外，還努力地描繪他們理想中的香港民族容顏。首先，香港是要成為一個進步的政治共同體，他們引述學者米勒（David Miller）的主張，強調香港實現分配正義的前提，是存在一個擁有明確邊界的香港民族，因為資源有限不可能無限分享，也因為唯有民族成員之間懷抱同胞情誼並擁有互信時，才能滋生公平分配的意願。這個主張是對中國單向移民政策日漸侵蝕香港社會福利的直接反彈。

其次，《學苑》的作者們認為，香港民族形成的歷史也是一部逐漸與中國劃清界線的歷史。這些年輕的民族主義者引用了班納迪克‧安德森（Benedict Anderson）在《想像的共同體》（*Immagined Communities*）書中的論述，主張最早的香港認同形成可以追溯到世紀之交的香港華人菁英階層（如同安德森所指出的，上一波民族主義中會說雙語的殖民地精英）；隨後在一連串與中

---

8 這裡是根據《學苑》2014年2月號的主張進行分析。

國交往的歷史經驗中，逐步形成具有廣泛基礎的香港認同；在經歷了1989年天安門事件的震撼，以及1997年以來北京對香港的干預越來越咄咄逼人之後，多數香港人最終達成「立足香港，團結拒共」的政治共識。

第三，《學苑》的作者們指出香港民族是一個獨一無二的文化共同體。他們引述安德森的印刷資本主義概念，主張電影、電視、音樂等新媒體發揮了猶如近代早期印刷資本主義的功能，向香港居民傳播以粵語為基礎的庶民文化，從而凝聚了普遍的香港認同，也將香港人與大陸人區別開來。最後，他們主張香港作為一個民族，享有民族自決的權利，應該建立擁有主權的國家。他們再次引用安德森對民族作為一個想像共同體的主觀定義，據此區辨了種族與民族，主張香港已經形成一個具有共同心理特質的共同體，其中最關鍵的特徵就是渴望脫離中共宰制的中國。

我們在研究上述的香港民族自決論時，會發現幾個特徵。首先，這是一個公民民族主義的論述，界定香港民族的，是共同的命運、共同的政治社會制度、共同的心理特質與共同的價值觀，而不是種族。這些年輕的理論家確實強調了香港民族具有共同的粵語文化，但這個語言遺產就像他們所珍惜的香港價值一樣，是可以學習得來，而且基本上是開放的。這個開放的公民民族論述，與北京官方所主張的「血濃於水」教條形成強烈的對比。其次，香港民族是在歷史過程中逐漸形成的現代建構。這些年輕民族主義者深具反思性的自覺，與北京的本質主義又是另一個鮮明的對比。第三，香港民族自決論對分配正義的關注，流露了來自

左派的影響，這意謂著傳統的左、右框架已經無法精確掌握這個新興民族主義的特質。

所有成熟的民族主義意識形態，都會包含民族史的敘事，藉此讓人民認識有助建構和形成認同的歷史意識，從而激勵、動員和引導他們的民族建構行動：這就是安德森（2006）所說的「民族傳記」。徐承恩對香港民族歷史的爬梳，就是香港民族主義已然成熟的標誌。他的《城邦舊事：十二本書看香港本土史》（2014）描繪了香港民族史的軌跡，深深地影響了《學苑》的學生民族主義對歷史的思考。隨後他在這些基礎上更周延地鋪陳敘事，撰寫了有史以來的第一部香港民族源流史《香港，鬱躁的家邦》（2017）。

徐承恩主張，香港民族的起源是生活在東亞大陸帝國東南邊緣的眾多底層化外之民，他們包括由從嶺南原住民演化而來的廣府人，具有粵、閩、贛山區原住民傳承的客家人，以及蜑家人與福佬人這類具有無政府傾向的海洋族群。山高皇帝遠，東亞大陸帝國一直都對這些化外之民鞭長莫及，而這些被視為賤民的群體也對統治者抱有敵視的態度。在十九世紀中清帝國尚未轉型成名為「中國」的現代民族國家之前，部分對帝國沒有感情的底層人民，已經決定與剛剛來到東亞的大英帝國通力合作。這些化外之民「在中國之外，處中國之旁」的獨特地緣政治環境中展開漫長的歷史旅程，最終香港在逾一個世紀的族群融合與民族形成後，在1970年代浮現日滋月益的民族意識。可是香港鄰近中國的特殊地緣環境，使羽翼未豐的香港民族意識不斷受到中國的干擾，

只得在認同錯亂的冤枉路中匍匐前進。

徐承恩去中國化的香港多族群起源論，與英國學者史密斯
（Anthony Smith 1986）民族族群起源論的觀點互相呼應。他筆下
的四個先驅族群，都承傳著壯侗族、畬族和原始南島族等原住民
族的非漢族特性，這些族群或許可以被視為構成香港民族的族群
內核（ethnic core）。徐承恩論述的政治意涵，在於把香港民族定
義為一個多族群的群體，而非漢族、非中國的元素，則為香港文
化執拗的低音（Basso Ostinato）。這樣的主張，與陳云根高度中
國化的「華夏正統城邦」論述截然不同。事實上，《香港，鬱躁
的家邦》是首本嚴正否定香港文化中國面向的嚴肅著作：徐承恩
把香港的民族文化，視為多族群、多元主義、去中國化的共融文
化，其政治意涵也與前述台灣原住民主義的話語論述互相呼應。

在「一國兩制」日漸衰敗為黨國中央集權的情況下，想要確
立香港自主性格的民族主義者，開始無法找到以運動戰正面攻擊
的空間，只得改為開展曠日持久的陣地戰。方志恒主編的《香港
革新論》（2015）就是這種陣地戰策略的典型案例。他與其他作者
為求在體制內尋求實踐自治的空間，就只得低調地淡化甚至迴避
其民族主義主張，無法像學生民族主義那樣以直言不諱的修辭自
由表達立場。

《香港革新論》借用既有體制所應允的內部自治，掩飾民族
主義的政治目標。作者群揣想的並非一般的地方自治，而是大
國內部的少數民族自治；他們所描繪的港中關係，也不是一般的
國家地方關係，反倒比較貼近藩屬國與宗主國之間的「國際」關

係。他們在提到香港時，會強調自己指涉的，是一個自治的共同體而不是一個民族。可是其自治論述的參照對象，卻是加泰隆尼亞和蘇格蘭這類「沒有國家的民族（nations without states）」。他們沒有把香港稱為國家，卻在討論香港該如何與中國交往時，引用瑞士和荷蘭等小國與強鄰打交道的經驗。《香港革新論》透過種種類比，對香港的民族地位、國家性質與自決要求做出暗示，但卻沒有援引任何有關民族與國家的概念，從而建構了一種讓民族「隱身」的民族主義理論。他們提出「在一國兩制下的永續自治」，就是透過非對稱特區達成的聯邦制度（Stepan et al. 2011）。爾後，方志恒在《香港前途決議文》中正式提出「內部自決」的主張：這是一個衍生自國際法的術語，指涉的是一種讓少數民族在不推動獨立建國的情況下，透過權力下放和民主自治達成自決的進路。（方志恒、王慧麟2016）。

3.3. 結語：沒有人是一座孤島⋯⋯

該是時候針對上述討論做出一些初步的比較觀察了。台灣與香港的邊陲民族主義都是誕生於在三個激烈競爭的強權——中國、日本和美國——相連有時重疊的邊緣地帶。兩者都在試圖建立或提升一個屬於自己的政體。兩者不僅是地理上的鄰居，在地緣政治上的處境也類似。上述這些事實構成了我們比較兩者的基礎。

我們首先來看看台、港的差異。首先，台灣的民族主義已經

整合到國家制度中，香港則是典型沒有國家的民族。其次，兩個民族主義的力量落差極大。台灣民族主義由於歷史稍長，力量也稍強，蘊含的意識形態也比較複雜；香港的民族主義固然有著炙烈的群眾情感，但作為有組織的運動還很稚嫩，蘊含的意識形態也有點薄弱。

雖然如此，台灣與香港有著根本的相似之處，反映了兩者相同的結構處境。首先，這兩個地方的民族形成有著類似的模式，都是史密斯（1991: 100–110）所描述的「從殖民地轉化為民族」。其次，這些民族形成的過程所在的政治與地緣政治上的殖民（中心—邊陲）結構，仍然持續製造出引發民族主義動員的情境。整體而言，台灣與香港的民族主義興起，應該被視為一種宏觀的歷史社會學現象，一方面源自集權的殖民與地緣政治中心在短時間內所進行的滲透，從而激起了邊陲的民族主義動員；另一方面則源自邊陲在長時間的過程中所進行的民族形成，從而創造了動員所需的社會基礎。

台灣與香港的案例，也展現邊陲民族主義若干抵抗中心的特徵。首先，我們可以觀察到：兩者都採用了原住民主義的策略、又或是強調原住民特性的論述，儘管原住民特性在台灣和香港分別發揮不同的作用。香港使用原住民特性以說明邊陲與中心的不同，像是徐承恩的非漢族民族源流敘事。台灣則利用原住民特性，來重新確立源自移民社會的台灣民族主義之正當性。兩者的差異主要來自兩地的特定族群結構，但無論如何，都反映了後殖民反思以及賦權原住民的全球趨勢。另一個特徵是，台灣和香港

都出現弱小民族主義常見的路線之爭，也就是激進分離派與務實自治派的路線分歧（Snyder 1982）。而類似的激進派與務實派之分也在台灣發生過，不過在台灣的分歧主要是在維持實質獨立還是追求法理獨立。

最後，很重要的是，這兩個案例都位在東北亞沿海的最南端邊陲，處在交疊的領域，分別面臨不同的帝國中心統治，台灣夾在美國、日本與中國之間，香港則位在中國與美國之間。這三大帝國中心的地緣政治角力一直在形塑，而且還會繼續形塑台灣與香港的民族主義發展軌跡。

不過，我們也不能小覷社會層面的互動。香港的雨傘革命有一部分是受到台灣太陽花運動的啟發，在太陽花運動後，便有香港的學生民族主義者有意與台灣夥伴結盟。支持獨立的民進黨和時代力量黨在2014年與2016年的選舉奪得亮眼的勝利，更進一步激發香港年輕的活動家跨入選舉政治，並組織了支持民族主義與自治的政黨。[9]儘管有各國的現實政治盤算阻撓，可是若果這兩個邊陲民族主義開始攜手協力，那將會如何影響事態的發展？這已經不只是個理論問題，而是非常實際的政治問題。我們必須密切關注歷史的下一頁將會如何被揭開。

9　主張自治的政黨「香港眾志」是由具有魅力的學生領袖黃之鋒領導。

〔致謝〕
本章譯文由香港歷史學家徐承恩、京都大學大學院教育學研究科博士班
陳信仲進行校訂，特此表達感謝之意。

參考文獻

中文資料

二〇一三年度香港大學學生會學苑編，2014，《香港民族論》。香港：香
　　港大學學生會。

二〇一五年度香港大學學生會學苑，2016，《香港青年時代宣言》。香港：
　　香港大學學生會。

方志恒編，2015，《香港革新論》。台北：漫遊者。

方志恒、王慧麟，2016，《香港前途決議文》，https://www.facebook.com/
　　reformhk/，取用日期：2016/6/12。

伊東貴之，2008，〈明清交替と王権論：東アジアの視角から〉。《武蔵
　　大学人文学会雑誌》39(3): 1–54。

吳叡人，2014，〈The Lilliputian Dream：關於香港民族主義的思考筆記〉。
　　收入二〇一三年度香港大學學生會學苑編，《香港民族論》。香港：
　　香港大學學生會，頁77–98。

徐承恩，2014，《城邦舊事：十二本書看香港本土史》。香港：紅出版。

徐承恩，2017，《香港，鬱躁的家邦：本土觀點的香港源流史》。新北：
　　左岸。

陳雲，2011，《香港城邦論》。香港：天窗。

陳雲，2014，《香港城邦論II：光復本土》。香港：天窗。

Fuentes, C. 著，張偉劼、谷佳維譯，2011，《墨西哥的五個太陽：千禧年的回憶錄》。台北：允晨。

英文資料

Anderson, B. 2006 (1983, 1991). *Imagined Communities: Reflections of the Origins and the Spread of Nationalism*. London: Verso.

Anderson, P. 2004. 'Stand-off in Taiwan: Greens v. Blues in the South China Sea,' *London Review of Books*, 26, 12–17.

Brass, P. R. 1991. *Ethnicity and Nationalism: Theory and Comparison*. New Delhi: Sage.

Brubaker, R. 1996. *Nationalism Reframed: Nationhood and National Question in the New Europe*. Cambridge: Cambridge University Press.

Carroll, J. M. 2007. *A Concise History of Hong Kong*. Hong Kong: Hong Kong University Press.

Casperson, N. 2012. *Unrecognized States*. London: Polity Press.

Cheah, P. 2003. *Spectral Nationality: Passages of Freedom from Kant to Postcolonial Literatures of Liberation*. New York: Columbia University Press.

Doyle, M. W. 1986. *Empires*. Ithaca: Cornell University Press.

Fong, B. C. H. 2014. 'The Partnership between the Chinese Government and Hong Kong's Capitalist Class: Implications for HKSAR Governance, 1997–2012,' *The China Quarterly*, 217, 195–220.

Gellner, E. 1983. *Nations and Nationalism*. Ithaca: Cornell University Press.

Greenfeld, L. 1992. *Nationalism: Five Roads to Modernity*. Cambridge, MA:

Harvard University Press.

Hechter, M. 2000. *Containing Nationalism*. Oxford: Oxford University Press.

Passion Times Editorial Team. 2016. 'Triumphant Return of Our City State this September, Exclusive Interview with Chin Wan,' in *Passion Times*. English Edition (2016.3.22), http://www. passiontimes.hk/article/2016-03-22/29488. Accessed on 11 June 2016.

Smith, A. D. 1986. *The Ethnic Origins of Nations*. Oxford: Blackwell.

Smith, A. D. 1991. *National Identity*. Reno: University of Nevada Press.

Snyder, L. 1982. *Global Mini-Nationalisms: Autonomy or Independence*. Westport: Greenwood Press.

Stepan, A., Linz, J. J. and Yadav, Y. 2011. *Crafting State-Nations: India and Other Multinational Democracies*. Baltimore: Johns Hopkins University Press.

Suny, R. 2001. 'History,' in J. M. Alexander (ed.), *Encyclopedia of Nationalism vol. 1*. New York: Academic Press.

Tilly, C. 2007. *Democracy*. Cambridge: Cambridge University Press.

Wu, R.-R. 2002. 'Toward a Pragmatic Nationalism: Democratization and Taiwan's Passive Revolution,' in S. Corcuff (ed.), *Memories of the Future: National Identity Issues and the Search for a New Taiwan*. Armonk: M.E. Sharpe, 196–218.

Wu, R.-R. 2013. 'Nation-State Formation at the Interface: The Case of Taiwan,' Paper prepared for the *International Conference on Taiwan in Dynamic Transition*, 2013, University of Alberta, Edmonton, Canada.

Wu, R.-R. 2014. 'Fragment of/f Empires: The Peripheral Formation of Taiwan Nationalism,' in S.-t. Lee and J. F. Williams (eds.), *Taiwan's Struggle: Voices of the Taiwanese*. Lanham, MD: Rowman & Littlefield Publishers, Chapter Two.

統計資料

HKU POP（香港大學民意研究計劃），2015，數表：「你會稱自己為香港
　　人／中國人／香港的中國人／中國的香港人」，https://www.hkupop.
　　hku.hk/chinese/popexpress/ethnic/eidentity/poll/datatables.html，取用
　　日期：2016/6/12。

PART
2

台灣與香港

4 「九二共識」的式微：比較兩次台灣總統選舉

吳介民，中央研究院社會學研究所研究員

廖美，經濟民主連合理事、紐約市立大學研究中心經濟學博士

　　宣傳戰是中國對外施展影響力的關鍵要素，就像世界各國媒體大篇幅報導的，中國透過假消息和網路戰干預台灣2020年的總統大選。然而，中國否認了這項指控，國台辦發言人表示：「大家都知道，我們從來不介入台灣選舉。」本章將提出具體的證據，反駁中國官方的說詞。

　　二十幾年來，中國政府一直在干預台灣的總統選舉。1996年台灣首次總統大選時，北京在台灣海峽試射飛彈，試圖影響選舉，但功敗垂成。從此以後，中國交替使用各式各樣影響台灣的手段。2012年1月採用的策略是典型的「以商逼政」，北京在投票前幾週，動員大批在中國有著重大利益的台商出面支持所謂的「九二共識」；在北京的定義下，「九二共識」是「一個中國原則」的具體表現。「九二共識」的宣傳活動影響了選舉結果，最終由代表國民黨參選、時任總統的馬英九勝出（湯晏甄2013; 吳介民、廖美2015）。到了2016年，北京故技重施，在台灣媒體上發起「九二共識」的宣傳攻勢，但這次似乎沒有達到預期效果。為什麼？因為風起雲湧的抗議浪潮抵銷了北京的努力，人民普遍擔憂台灣

的自主性與事實主權正在逐漸消失，於是群起抵抗國共合作。從2012年起，學生與社運人士發起了一連串的集會與遊行抗議，包括對抗親中台商掌控媒體與自我審查的「反媒體巨獸壟斷運動」、搶救被中國拘押的台灣法輪功學員，以及反對兩岸的自由貿易協定等。這些運動的能量在2014年的「太陽花運動」達到高潮，學生與公民團體占據立法院二十四天，要求馬英九政府中止即將與中國簽署的《服貿協議》。這也讓國民黨在當年年底的地方選舉潰不成軍，並在2016年兵敗如山倒，不僅丟掉總統寶座，也失去了立法院的多數席次。顯而易見的，中國長久以來是影響台灣國內政治的關鍵因素之一（吳介民 2009; Lin 2016），而台灣的選舉也成為北京透過經濟槓桿發揮影響力的場域（Fell 2016; Wu 2016）。

　　本研究把中國視為一個因素，並透過可檢測的變項來驗證中國影響力的效應。具體而言，我們測量了中國因素如何影響了選民的態度與決定，以及選民對「九二共識」的態度如何影響了他們的投票傾向；此外，我們闡釋了中國因素對國家認同的影響，進而牽動了選民態度的變化。目前有關台灣選舉研究的文獻，主要是使用傳統的變項，例如人口、國家認同、政黨傾向等。本研究將在既有的傳統模型基礎上，加入一組與中國有關的變項，以便更深入探索中國影響力的複雜問題。我們的研究方法包括了對於民意調查、整體經濟數據以及新聞媒體的內容分析。利用這些調查研究的資料，我們試圖分析兩個相關的議題：一、選民對於「九二共識」的看法與他們在2012年、2016年總統大選投票行為

的相關性；二、在目前的跨海峽經濟連帶下，選民對經濟環境的評估與其投票行為的相關性。這裡所指的評估，包括對台灣整體未來的經濟前景與選民對就業機會的看法。簡言之，我們將建立一個量化測試中國因素的模型。

4.1. 對國外選舉的中國式干預：中國影響力的操作

翻開現代歷史，強國透過軍事行動、外交與經濟手段影響弱國的例子不勝枚舉。針對想要施加影響力的弱國打造一個依賴的經濟結構，是強國慣用的策略。自從經濟崛起以來，中國也利用經濟資源在許多地區攫取了政治影響力。所有的西方強權、蘇聯（後來的俄羅斯）與中國都曾干預小國的選舉（Fatton 2002; Kelley 2012; Leininger 2010; Roessler 2005; Khamzayeva 2012; Jackson 2010; Bader, Grävingholt, and Kästner 2010）。然而，中國干預台灣選舉的方式與西方國家對第三世界的干預手法迥異，也不同於俄羅斯對鄰國與美國選舉的介入。

自從2000年代中以來，北京一直試圖擾亂台灣的政治，並在掌控兩岸關係發展上大有斬獲（Bush 2013）。早在1996年，中國就開始干預台灣選舉，試圖動用軍事力量破壞台灣歷史性的第一次總統直選。戰爭一觸即發，局勢緊張，美國派遣兩艘航空母艦通過台海周邊，阻止了中國的威脅。儘管台海上空戰雲密布，台灣仍順利舉行了選舉。從此以後，北京從未放棄對台灣重要選

舉的干預,然而台灣有政治盟友的奧援,中國的策略遂從直接施力轉向間接施力。操作經濟槓桿是北京對外施加影響力的典型招式,在中國與台灣之間的權力不對稱之下,北京運用起來更是駕輕就熟。

分析中國對台灣選舉的長期干預,我們發現了幾個醒目的特徵:首先,北京在1996年阻撓台灣的第一次總統直選時,這個小島正處於關鍵的轉型期;到了2012年,台灣已歷經兩次成功的政權移轉;國民黨在2016年敗給民進黨後,又進行了第三次的政權移轉。在這過程中,民主選舉在台灣日漸鞏固,但另一方面,台灣的政治體系也不斷承受著來自北京的壓力。其次,自1990年代到2020年,北京的策略從1996年導彈威脅所代表的「文攻武嚇」,演變成操縱經濟槓桿的「以商逼政」,2012年的「九二共識」宣傳戰便是鐵證。第三,北京堅持擁有對台灣的主權,宣稱台灣是中國「尚未統一」的省份。習近平並在2019年新年談話的「習五點」重申,北京不會放棄武統台灣的選項,但他也強調願意繼續給「祖國」的合作者優惠政策。一言以蔽之,多年來,台灣的民主化一直與中國的脅迫及壓力正面對決。

然而,從2000年代早期開始,台灣與中國在貿易與投資的關係上有了巨大的變化,從許多方面可以觀察到,這些連繫的關係逐漸影響到台灣的經濟與政治。首先,中國快速的經濟成長與雙邊貿易關係的愈加密切相互影響。2010年,中國的國內生產毛額超越日本,使之成為全世界第二大經濟體一事,登上全球媒體的頭條新聞。在那之前五年,中國已經超越美國,成為台

灣最大的出口市場。2000年，對中國（包括香港）出口占台灣出口總額的24.4%，到了2013年，台灣對中國出口的依存度攀升到40.2%。相較之下，中國（包括香港）對台灣的出口在2000年僅占出口總額的2.7%，到了2013年下滑到只有2.0%。

以貿易額占國內生產毛額的比例計算，台灣對中國的貿易依存度從1992年的8.0%急遽上升到2000年的13.8%，再飆升到2013年的32.4%。反過來看，中國對台灣的貿易依存度一直保持在低點，1992年為3.2%，2000年為3.5%，2004～2005年間達到4.7%的高峰，到了2013年滑落到2.4%。儘管雙邊貿易很大一部分是三角貿易的製造業，也就是從台灣出口半成品，在中國加工組裝後再出口，但上述數據仍明白顯示，兩岸之間相互依賴的結構極度不對稱。當台灣高度仰賴對中出口時，中國卻因為經濟規模龐大許多，合作夥伴也更加多元，所以沒有理由擔憂對台貿易的問題。在這過程中，投資中國的台商越來越仰賴當地的內需市場，這種不對稱在發生政治與經濟變化時就會造成台灣的脆弱與敏感。北京操作影響力時，善加利用了台灣的經濟依賴性，其最重要成果就是推展「以商業模式做統戰」的策略（參見吳介民在本書的章節）。

2008年總統大選期間，國民黨候選人馬英九提出「兩岸共同市場」的構想，中國政策頓時成為選舉的熱門議題。研究結果也明顯呈現，贊成對中開放並期待從中獲利者，往往支持國民黨（陳陸輝、耿曙、王德育2009）。

4.2.「九二共識」的浮現：北京如何與在地協力者共創此一名詞

「九二共識」的議題是北京對台灣發起的最猛烈宣傳戰，在這個基礎上，中共從2005年起與國民黨密切合作，利用這個所謂的「共識」脅迫民進黨政府，並且在競選期間支持國民黨候選人，如今「九二共識」已經成為台商與政治人物獲得中共認可和給予特殊待遇的通關密語。不過，「九二共識」在2000年被正式提出以來，關於它的起源與正當性引發了諸多爭議與論辯。追根究柢，我們必須回答兩個問題：中共與國民黨在1992年是否達成了共識？又是誰發明了「九二共識」這個名詞？

4.2.1. 一個爭議名詞的誕生

1992年，兩岸的「白手套機構」——台灣的海基會與中國的海協會——在香港會晤，開啟了冷戰結束後兩岸的第一輪談判。雙方環繞著關鍵的「國家問題」激辯。北京堅持，只有一個中國，也就是中華人民共和國，而台灣屬於這個中國。在此同時，代表中華民國的國民黨對於一個中國則有不同的詮釋。現在回頭看，北京從未正式承認國民黨的「一中各表」說法，因為北京心知肚明這意謂著「兩個中國」，與台灣享有實質上的獨立沒有太大的不同。儘管爭議未解，但雙方到1995年為止仍進行了一連串的談判。

事實上，「九二共識」的說詞一直到1999年才第一次出現，

而且是由北京所提出，與一般普遍認為是由國民黨官員提出的說法完全相反。不僅如此，「九二共識」的內涵還是由北京所決定，以下我們將依時序呈現相關事件以證明這個主張。

- 1999年7月9日，當時擔任總統的李登輝接受《德國之聲》專訪時提出「兩國論」，他主張，台灣與中國是特殊的國與國關係。李登輝的說法無疑讓北京大感警戒。

- 北京立刻展開一輪政治攻防，以反制李登輝的說法。7月12日，中國海協會副會長唐樹備評論了「兩國論」，他表示：「把兩岸說成國與國之間的關係，是對『一個中國』原則粗暴的破壞，海基會某些負責人把兩岸關係說成是國與國的關係，也是對一九九二年兩會（亦即海基會與海協會）共識的粗暴破壞。」[1]這番言論是「九二共識」這個名詞的先驅說法第一次出現。

- 2000年3月10日，在台灣總統大選投票日的八天前，唐樹備說：「假如台灣回到一九九二年共識，兩岸兩會就可以開始工作。但是，九二年的共識並非『一個中國，各自表述』。」[2]

- 3月18日，民進黨奪下總統寶座，在台灣政治人物與親中媒體的協助下，北京馬上展開宣傳戰。新黨立法委員馮滬祥在台北、北京與華盛頓之間來回穿梭，3月28日他在北京表

---

1 括號內文字為作者所加。見陶世安，〈海協常務副會長唐樹備在港舉行記者招待會說鼓吹「兩個中國」註定要失敗〉，人民日報1999/7/13。

2 〈唐樹備稱回到九二年共識兩會將可復談〉，中央社2000/3/10。雙引號為作者所加。

示：「目前中共官方已統一口徑……如果陳水扁在演講中宣布回到『一個中國』原則，也就是回到兩岸兩會的一九九二年共識，兩岸將順暢交流。」[3]到了4月28日，國民黨的前陸委會主委蘇起建議陳水扁：「在五二○就職演說中提出要兩岸回到『一九九二年共識』，就可能打破目前的兩岸僵局。」[4]馮滬祥則在5月12日說：「中共在發表《對台政策白皮書》之後，就開始進行軍事準備，如果陳水扁規避九二共識，沒有『一個中國』就沒有『三通』，也沒有兩會解決問題，台灣甚至可能無法在中共之後加入世界貿易組織。」[5]值得注意的是，這是「九二共識」四個中文字首次出現在新聞媒體上。

- 2005年，國民黨與中共正式宣布「國共合作」，當時擔任國民黨主席的連戰率團訪問北京，會晤中共總書記胡錦濤。會後發表的「新聞公報」指出，雙方皆反對台獨，並同意通過「九二共識」推動兩岸關係。可是國民黨與中共對「共識」卻有著不一樣的解釋。國民黨認為，所謂的「共識」是「一個中國，各自表述」；中共則強調「共識」是「一個中國原則」。對北京來說，九二共識就是「雙方各自以口頭的方式表述『海峽兩岸均堅持一個中國原則』」，[6]而北京從未同意國

---

3 〈馮滬祥稱中共可能打經貿牌對付陳水扁〉，中央社2000/3/28。雙引號為作者所加。

4 〈蘇起建議陳水扁提一九九二年共識打破兩岸僵局〉中央社2000/4/28。雙引號為作者所加。

5 〈新黨立委訪美尋求化解台海衝突危機〉，中央社2000/5/12。

6 〈李亞飛談「九二共識」口徑未變〉，中央社2010/8/11。

民黨的「一個中國，各自表述」這樣的說法。不過，即使雙方對所謂的共識內涵仍有歧見，顯然並不妨礙雙方繼續合作。

- 值得注意的是，2015年馬英九與習近平在新加坡會晤，馬英九不講「一個中國，各自表述」，儘管這是他在台灣一再堅持使用的說法。反而是，他重申「九二共識」來回應習近平對「一中原則」的強調。

- 2019年1月習近平發表「習五點」後，國台辦副主任王在希指出：「所謂的『一中各表』，嚴格意義上已經偏離了一個中國原則。這次習近平講話不僅指出九二共識是堅持一個中國原則，而且把謀求國家統一作為九二共識的一項重要內容。」[7] 北京的新政策表明了，不再「容忍」國民黨的「一中各表」，即使這種表述也不過侷限在台灣內部使用。

總而言之，「九二共識」是1999年秋天到2000年春天，北京聯合少數台灣政治人物溯及既往所杜撰的名詞，為的是壓縮台灣的國際地位。[8]

4.2.2.「九二共識」在2012年選舉粉墨登場

2000年春天正式打造出「九二共識」四個字後，台灣的親中媒體馬上大肆傳頌。從此以後，「九二共識」經過了五波媒體報導的高峰（見圖4.1）。第一波的高峰是在「九二共識」一詞的誕

---

7 〈王在希：國民黨的一中各表　非原本九二共識〉，聯合晚報，2019/2/26，取用日期：2019/2/27。

8 「九二共識」如何形成的簡史，見吳介民（2015）。

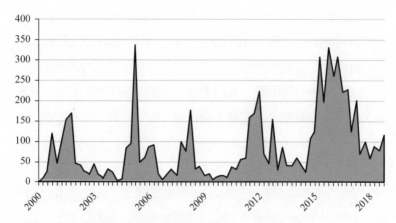

**圖 4.1「九二共識」相關報導頻次的趨勢，2000–2018
（單位：每季報導頻次）**

資料來源：計算自中央社資料庫 website: https://search.cna.com.tw/

生初期；第二波高峰則在 2005 年 4 月連戰訪問中國的「破冰之旅」
期間，他與胡錦濤正式會晤，兩人共同宣布在「九二共識」的基
礎上展開正式合作；第三波高峰是 2008 年總統大選，值得注意
的是，馬英九在 2008 年 5 月上台後，有關「九二共識」的報導迅
速減少，進入了長達三年的「冬眠期」。

2011 年中期歷經低谷之後，來到第四波高峰。戲劇性的轉
折出現在 2012 年總統大選的前幾週，數十位台灣企業的負責人
紛紛公開表示支持「九二共識」，一時之間博得大幅媒體報導。
研究指出，這些富商巨賈力挺「九二共識」的行動影響了經濟選
民，促使他們支持國民黨的候選人馬英九（湯晏甄 2013; 吳介民、
廖美 2015）。這些富商是誰？他們與中國有什麼利益瓜葛？他們

在競選期間說了什麼？表4.1羅列了十九位公開支持「九二共識」的企業集團負責人，他們在中國或者擁有大筆投資或者期待可以拓展中國市場，他們在關鍵時刻充分地發揮了自身對台灣社會的影響力。在這十九家企業集團中，有十二家名列全球總營收排行榜的前三十大企業集團（不包括金融業）。此外，十九人當中有十人名列「兩岸企業家峰會」的理監事名單，這個組織是橫跨兩岸最具影響力的企業家俱樂部。

根據國民黨的看法，兩岸關係的穩定受益於建立在「九二共識」基礎上的國共合作。還有人說，若是由反對「九二共識」的民進黨候選人勝出，將導致兩岸關係倒退或是中斷。潤泰集團尹衍樑2012年1月2日在台灣各大報頭版刊登廣告表示：

> 馬總統執政以來，兩岸在「九二共識」的基礎上，擱置爭議，務實協商，開創台灣人民安居樂業的大環境，締造六十年來兩岸關係最好的和平時刻……台灣不能再承受兩岸關係的停滯與不確定。[9]

聯華電子宣明智偕同一群科技業者發表聲明：

> 我們痛恨拿選舉來製造對立、不安、破壞勞資和諧。在當

---

9 〈張榮發等知名人士力挺「九二共識」 呼籲兩岸和平〉，中新社，2012/1/3，取用日期2019/3/11。

今經濟環境下，惟有支持「九二共識」，才能讓我們安心經營，繼續雇用、照顧員工及其家庭。[10]

威盛電子（HTC）王雪紅則以「個人名義」召開記者會，她表示：

有沒有「九二共識」，或「九二共識」的具體內容為何？那是政治人物和學者的範疇⋯⋯在「九二共識」之前，從來沒有這麼平和的兩岸社會和兩岸關係⋯⋯很難想像沒有「九二共識」的雙邊關係；也很難想像，有人對更平和的兩岸關係說不，更無法理解，有人相信沒有「九二共識」，這一切還會被造就出來，而不會改變。[11]

表4.1 2012年總統大選表態支持「九二共識」的台商

企業集團名稱	負責人	中國營收（含香港）占總營收百分比	台灣前三十大企業集團（不含金融業）	兩岸企業家峰會理監事成員
台達電子	鄭崇華	33.3	是	
頂新	魏應充	27.5		
遠東	徐旭東	24.4	是	是
燿華電子	張平沼	24.0		是

10〈宣明智串聯企業，挺九二共識〉，聯合晚報，2012年1月11日。

11〈王雪紅表態支持九二共識〉。中央社，2012年1月13日。取用日期2019/3/11。

企業集團名稱	負責人	中國營收（含香港）占總營收百分比	台灣前三十大企業集團（不含金融業）	兩岸企業家峰會理監事成員
威盛電子（HTC）	王雪紅	16.1	是	是
東元電機	黃茂雄	15.9		是
矽品	林文伯	10.7		
台塑	王文淵	10.6	是	是
聯華電子	宣明智	10.4	是	
陽明海運	盧峯海	2.0		
國泰金控	蔡宏圖	0.3		是
長榮集團	張榮發	0.1	是	
東元電機	黃茂雄	15.9		是
矽品	林文伯	10.7		
台塑	王文淵	10.6	是	是
聯華電子	宣明智	10.4	是	
陽明海運	盧峯海	2.0		
國泰金控	蔡宏圖	0.3		是
長榮集團	張榮發	0.1	是	

資料來源：營收部分根據中華徵信社資料庫計算，其他為筆者蒐集的資料。

　　總統選舉投票的兩、三週前，上述言論和其他類似的說法盤據了媒體的大篇幅報導。這些商人異口同聲表示，台海穩定的好處都是拜「九二共識」之賜。

　　毫不意外的，「九二共識」的媒體報導在2016年的總統大選前夕再度攀上高峰。不過，這次的週期在2014年第四季就展開了，比過往的週期提早許多，到了2016年1月進入白熱化狀態，

然後延續了相當長的一段時間才逐漸退潮。這次論戰之所以持續這麼久，是因為民進黨再度執政，否認「九二共識」的存在，也拒絕接受「九二共識」。綜合以上的論述，我們可以看出中共與國民黨會定期在台灣的全國大選中掀起「九二共識」的爭論，並將其「內化」為台灣政治體質的一部分。

4.3. 檢定中國因素模型：評估中國影響力運作的效應

在本節中，我們將使用多元邏輯迴歸（multinominal logistic regression）的統計方法檢定中國因素模型。台灣政治研究的相關文獻聚焦在政黨傾向、黨派競爭、族群關係、性別與國家認同等議題。很少有研究把中國因素作為自變項。[12]一般來說，「傳統模型」會選擇人口、族群、政黨認同與統獨立場作為自變項（盛杏湲2002; 鄭夙芬2009），然而中國崛起後，中國因素已經是影響台灣政治的一大要素，模型若忽略與中國相關的變項，解釋力難免有缺陷。因此，我們使用中央研究院社會學研究所中國效應研究小組（CIS）在2012年與2016年大選後立即進行的調查數據，檢定與中國因素相關的變項對總統大選投票行為的影響。表4.2與表4.3分別呈現了2012年與2016年選舉的統計迴歸分析結果，表格中的模型一為傳統模型，模型二則加入中國因素的變項，試圖

---

12 一些例外的研究，請參見陳陸輝、耿曙、王德育（2009）以及湯晏甄（2013）。

進一步驗證其對選民抉擇的影響。[13]

4.3.1. 模型一：驗證傳統模型

傳統模型檢驗的變項包括了政黨偏好（泛藍[14]、泛綠[15]與獨立選民）、統獨立場（堅決統一、堅決獨立或保持中立）、族群（閩南[16]、客家、外省人、原住民與其他）、性別、年齡、教育程度和收入。這個模型以民進黨候選人搭檔（2012年「蔡蘇配」與2016年的「蔡陳配」）[17]作為比較基準，其中有兩個依變項：「投給國民黨候選人搭檔」以及「未投票」。[18]

表4.2的模型一檢定了2012年大選的傳統模型，並預測受訪者投票給國民黨「馬吳配」[19]與未投票的「相對支持率」（relative risk ratio，簡稱RRR）。[20]這裡的相對支持率是指選擇「馬吳配」而

---

13 在建構此一模型之前，我們有逐一檢視包括政黨偏好、統獨選擇與九二共識等主要變項，以確認是否出現多重共線性的情況。結果顯示這些變項之間並無彼此共線。

14 泛藍是指，偏好國民黨、親民黨、新黨的選民，後兩個政黨分別在1990年代與2000年代從國民黨分裂而出。

15 泛綠是指，偏好民進黨、以李登輝為精神領袖的台聯黨、在太陽花運動後誕生的時代力量等。

16 閩南族群是指，祖先來自福建南方的移民。

17 「蔡蘇配」為民進黨總統候選人蔡英文搭配副總統候選人蘇貞昌，「蔡陳配」是民進黨總統候選人蔡英文搭配副總統候選人陳建仁。

18 為了簡化模型，我們排除了投給第三組候選人、廢票，或是不記得、拒答的樣本。

19 「馬吳配」為國民黨總統候選人馬英九搭配副總統候選人吳敦義。

20 相對支持率可以透過針對線性方程式的係數求冪（exponentiating）獲得，用來比較被解釋變項產生每單位變化的幅度。

表 4.2 比較投給國民黨候選人 (馬 - 吳) 和不投票者對比於投給民進黨候選人 (蔡 - 蘇) 的相對支持率 — 2012 年總統大選

| | | 投票影響因素相對率 (RRR) (以投給蔡 - 蘇爲比較基準) | | | |
| | | 模型一 | | 模型二 | |
依變項		投給國民黨 (馬 - 吳)	不投票	投給國民黨 (馬 - 吳)	不投票
中國因素					
九二共識					
	支持			7.10 ***	2.25
	不支持			0.17 ***	0.93
	不知道有九二共識			0.97	1.15
對兩岸長期經濟有好影響				2.42 **	1.78 *
失業憂慮					
	擔心失業			0.33 ***	0.51 *
	已退休 / 不適用			0.59	0.73
傳統模型					
政黨偏好					
	泛藍	28.13 ***	1.90	17.80 ***	1.56
	泛綠	0.02 ***	0.06 ***	0.02 ***	0.07 ***
統獨選擇					
	堅決統一	3.10 *	2.96 *	2.17	2.44 +
	堅決獨立	0.57 *	0.74	0.89	0.85
省籍					
	客家	1.54	1.80	1.10	1.62
	外省人	5.53 ***	4.65 **	5.21 **	4.90 **
	原住民和其他	3.92	1.77	6.13	2.11
女性		1.92 *	1.18	2.18 **	1.25
年齡		1.01	0.97 *	1.01	0.97 *
教育程度					
	高中	1.01	1.43	0.81	1.25
	專科	1.12	1.04	0.62	0.75
	大學和以上	1.24	1.19	0.63	0.82
收入		1.00	1.00	1.00	1.00
截距		0.42	2.86	0.62	3.69
分析樣本數		918			
Pseudo R2		0.419		0.472	
Log likelihood		-540.932		-491.489	

註：各變項參考組分別爲：針對是否支持九二共識回答不確定；對台灣經濟長期影響評估爲壞的影響；對失業焦慮爲不擔心；統獨選擇爲中間立場者；政黨偏好爲獨立選民；省籍爲閩南人；教育程度爲國中及以下。除年齡與收入爲連續變項，其他都爲類別變項。
統計顯著水準：+ p ≤ 0.1, * p ≤ 0.05, ** p ≤ 0.01, *** p ≤ 0.001.
資料來源：中央研究院社會學研究所中國效應研究 (CIS) 小組 2012 年調查。

表4.3 比較投給國民黨候選人(朱-王)和不投票者對比於投給民進黨候選人(蔡-陳)的相對支持率 —— 2016年總統大選

		投票影響因素相對率 (RRR) (以投給蔡-陳為比較基準)			
		模型一		模型二	
	依變項	投給國民黨(朱-王)	不投票	投給國民黨(朱-王)	不投票
中國因素					
九二共識					
	支持			1.96 *	0.74
	不支持			0.29 **	0.34 ***
	不知道有九二共識			0.81	1.06
對兩岸長期經濟有好影響				1.92 *	1.39
失業憂慮					
	擔心失業			0.83	0.56 **
	已退休/不適用			1.49	0.47
傳統模型					
政黨偏好					
	泛藍	32.26 ***	3.45 ***	20.87 ***	2.70 ***
	泛綠	0.10 ***	0.09 ***	0.13 ***	0.10 ***
統獨選擇					
	堅決統一	1.25	1.33	1.03	1.16
	堅決獨立	0.46 **	0.57 **	0.56 *	0.65 *
省籍					
	客家	1.06	1.17	1.10	1.23
	外省人	5.13 ***	2.78 **	4.24 ***	2.32 *
	原住民和其他	1.91	1.68	2.42	1.87
女性		0.70	1.10	0.61 +	0.92
年齡		1.00	1.00	0.99	1.00
教育程度					
	高中	0.80	1.47	0.71	1.52
	專科	1.32	1.79	1.06	1.80
	大學和以上	0.78	1.32	0.63	1.42
收入		1.00	1.00	1.00	1.00
截距		0.29 +	0.68	0.38	0.97
分析樣本數		948			
Pseudo R2		0.340		0.380	
Log likelihood		-637.384		-599.090	

註：各變項參考組分別為：針對是否支持九二共識回答不確定；對台灣經濟長期影響評估為壞的影響；對失業焦慮為不擔心；統獨選擇為中間立場者；政黨偏好為獨立選民；省籍為閩南人；教育程度為國中及以下。除年齡與收入為連續變項，其他都為類別變項。

統計顯著水準：+ p ≤ 0.1，* p ≤ 0.05，** p ≤ 0.01，*** p ≤ 0.001.

資料來源：中央研究院社會學研究所中國效應研究(CIS)小組2016年調查。

不是「蔡蘇配」的機率。模型一顯示,在政黨認同上,若以獨立選民為參照組,泛藍支持者投給馬吳配的相對支持率是獨立選民的28.13倍(RRR=28.13, p=0.000);而泛綠支持者投給馬吳配的機率要低得多(RRR=0.02, p=0.000)。在族群上,以閩南人為參照組,外省人支持馬吳配的機率非常顯著(RRR=5.53, p=0.000)。在統獨議題上,以保持中立者為參照組,堅決統一與堅決獨立與RRR的相關都達到統計顯著,堅決統一者偏好馬吳配(RRR=3.10),堅決獨立者則極少支持馬吳配(RRR=0.57)。女性比男性更偏向支持馬吳配(RRR=1.92)。除此之外,年齡、教育程度與收入都沒有達到統計的顯著水準。

　　表4.3的模型一則檢定了2016年大選的傳統模型,並預測了投票給「朱王配」[21]和不投票者的相對支持率。同樣的,政黨認同仍是最有預測效力的變項,泛藍支持者傾向於投給朱王配,他們的相對支持率是獨立選民的32.26倍(p=0.000);可以想見,泛綠選民投給朱王配的機率非常低。在族群上,外省人對朱王配的支持還是非常顯著,相對支持率達到5.13。不過,在統獨議題上,只有堅決獨立的變項達到統計的顯著水準。在2016年的大選中,性別、年齡、學歷與收入等變項也都不顯著。比較2012年與2016年的模型一多元邏輯迴歸分析,我們發現傳統的藍綠陣營分界線幾乎沒有變動,以傳統模型為基礎的這些發現,與過去的研究基本上吻合(例如盛杏湲2002; 鄭夙芬2009)。但如果我

21「朱王配」為國民黨總統候選人朱立倫搭配副總統候選人王如玄。

們加入中國因素的變項，會產生什麼效果？

4.3.2. 模型二：檢定中國因素模型

模型二把中國因素的相關變項加入模型一（傳統模型）當中。我們同樣以民進黨的候選搭檔為比較基準，因此兩個依變項分別是投給國民黨與不投票者。模型二加入了三個自變項來檢定中國因素的相關效應。一、對九二共識的態度（支持或不支持）；二、兩岸經濟關係對台灣經濟長期影響的評估（看好或看壞）；三、在兩岸關係下，個人對失業的擔憂（擔心或不擔心）。針對2012年與2016年大選的模型二迴歸統計結果見表4.2與表4.3，在分析中有幾個發現特別引人關注。

1. 在2012年大選，三個中國因素的變項都達到了統計的顯著性。九二共識支持者的相對支持率高達7.10，其效應甚至高過族群因素（外省人的相對支持率為5.21），這證明了九二共識的宣傳力道對2012年大選有影響。對兩岸經濟關係的評估與個人對失業的擔憂也達到了統計的顯著水準，只是效應遠低於對九二共識的態度。比較模型一與模型二，可以發現在添加中國因素的變項後，政黨認同的影響降低。此外，泛藍支持者的相對支持率也從28.13下滑到17.80。儘管如此，政黨認同仍是解釋總統大選投票抉擇的最重要變項；省籍（外省人）與性別（女性）則維持一樣的水平。出乎意料的是，統獨選擇變項（堅決統一或堅決獨立）出現了顯著的變化，在控制中國因素的變項後，統獨選擇的影響力並未

達到統計上的顯著水準。

2. 到了2016年，與中國因素有關的兩個變項——「對九二共識的態度」與「對兩岸經濟關係長期影響的評估」依舊達到統計的顯著水準，但其效應大幅降低。這一次九二共識的效應（支持者的RRR為1.96）低於省籍的效應（外省人的RRR為4.24）。個人對失業的擔憂更是不再具有統計的顯著性。至於統獨選擇變項，堅決獨立者達到統計顯著（p≤0.05），相對支持率僅有0.56；性別則沒有達到統計顯著。在模型二，政黨偏好仍是最具有預測效力的變項。

3. 比較兩屆大選的統計分析，最引人矚目的結果是中國因素的效應在2016年迅速消退，九二共識支持者的相對支持率極為明顯地從2012年的7.10大幅縮小到2016年的1.96，與其他變項相比，九二共識不再扮演關鍵角色。如同前面所陳述的，2014年3月爆發的太陽花運動對國共合作的正當性給予致命的打擊，進而削弱了九二共識的話語權。在2012年，九二共識取代了統獨選擇對選民抉擇的一部分影響；但到了2016年，公民運動對中國滲透的抵抗已經抵銷了九二共識的威力。這個轉折說明了，因為對中態度所導致的兩極化投票差異，在2016年的大選中正逐漸縮小。在這個背景下，「堅決獨立」再一次成為不利國民黨候選人的重要變項，儘管效應有限。相較之下，當中國因素的效應遞減，政黨認同的效應則在2016年再度強化，泛藍支持者的相對支持率從2012年的17.80，攀升到2016年的20.87。最耐人尋味的轉變可能

是女性對國民黨候選人的態度，從 2012 年的支持（RRR=2.18, p≤0.01）變成 2016 年的不支持（RRR=0.61, p ≤0.1）。民進黨推出女性候選人蔡英文，打出性別牌，或許是逆轉的緣由。

4. 整體而言，外省人的身分仍是一個預測投票抉擇非常有力的變項。無論中國帶來怎麼樣的衝擊，外省人始終是國民黨候選人的鐵桿支持者。此外，這個效應在兩波的調查中相對穩定，不像其他變項有著極大的起伏。

簡言之，有利於國民黨的中國因素在 2016 年的大選中影響力衰退，箇中原因很可能是被台灣的公民運動所抵銷。台灣民眾對國共合作的認知與批判越來越多，近年來方興未艾的公民運動，包括 2012 年的反媒體巨獸壟斷運動與 2014 年的太陽花運動，都重挫了國民黨的親中政策，讓民眾對其信任度大幅下滑。

4.4. 結語：影響力的操作與抵抗

本章針對中國對台灣發動宣傳戰以操弄輿論進行個案研究，並分析台灣選民如何逐漸察覺中國因素以及心態改變的過程。為了發揮影響力，北京創造了一套連結親中政策與台灣對中國經濟依賴的論述，九二共識正是實現這個期望的關鍵術語。國民黨在這場大戲中戲份吃重，負責向台灣選民傳達兩岸關係「倒退」將會導致經濟衰退、影響民生的訊息。儘管各個協作網絡的緊密程度不一，但北京在全球運用了類似的統戰商業化策略，其施展軟

實力與銳實力的重要手段之一就是，向統戰對象施予經濟誘因。

　　根據針對2012年與2016年總統大選的新聞內容質化分析以及民意調查的資料，我們探索了中國因素如何潛移默化台灣人的國家認同。與中國因素相關的變項對選民的抉擇發揮了重要的影響力，但影響程度則受當時的政治局勢牽動。在2012年的分析中，最顯著的發現是中國因素的變項（尤其是九二共識）淡化了統獨選擇的影響力，而統獨選擇在2012年以前的選舉中一直是非常關鍵的變項。受到九二共識論述所影響的經濟選民對選舉結果造成重大衝擊。他們很可能是相信，「如果不接受九二共識，和平發展之舟就會遭遇驚濤駭浪，甚至徹底傾覆。」在這篇論文中，我們探討了台灣選民對中態度的經濟理性邏輯與其侷限性，有助於深入理解中國介入其他國家的機制。

　　然而，2016年的選舉結果逆轉了2012年的趨勢，中共的九二共識宣傳戰不再左右台灣選民的抉擇。從分析中可以看出以太陽花運動為高峰的公民抵抗運動最能夠解釋兩次選舉結果的落差。公民運動大幅沖銷了九二共識所暗示的經濟穩定說詞的正當性，因此，公民運動已然是兩岸關係與選舉政治的關鍵因素，若說公民運動在2016年的選舉中擊敗了北京影響台灣的意圖，一點也並不為過（Wu 2019）。

　　2020年的總統大選是我們了解中國影響力的另一扇窗，我們看到了外國政府對影響力的操弄是有其侷限的，甚至可能自毀長城。早在2018年，國民黨提名了不在政治核心的韓國瑜參選高雄市長，並在泛綠陣營的鐵票區高雄獲得了壓倒性的勝利。這

場出乎意料的勝利震撼了台灣，當時有許多人認為，國民黨將在2020年東山再起，奪回中央政權。韓國瑜成為總統候選人，但國民黨（與北京）的光明願景卻因為運氣突然改變，以致黯淡無光。習近平在2019年1月發表的講話中，不僅呼籲要在「一國兩制」下實現統一，還警告為了達到目的可能會動用武力。蔡英文總統立即反擊並譴責習近平的談話，她還說：「台灣絕對不會接受一國兩制。」這番強硬的表態讓蔡英文的支持率從谷底翻身，而習近平的講話則重傷了韓國瑜的選情。隨後韓國瑜在3月訪問香港時，走進了中聯辦，在台灣與中國關係劍拔弩張之際，他的這個舉措觸動了敏感神經，尤其他一直被歸為親中政治人物。韓國瑜的支持度直線墜落，在短短兩個月內就被蔡英文超越。香港在6月爆發了「反送中運動」，警察血腥殘酷鎮壓抗議者，搖搖欲墜的一國兩制瀕臨崩潰，而台灣對香港的悲壯處境感同身受。這一切都激發了台灣民眾對韓國瑜的反感，越來越多人擔憂他若當選，中國將接管台灣。被挑動的集體「亡國感」對蔡英文的選情推波助瀾，大幅拉開她的領先優勢。國際媒體在2019年大篇幅報導了中國的影響力，理論上，中國這些操作都對國民黨有利。但北京這一波的宣傳與造勢未能奏效，甚至弄巧成拙。最後蔡英文以高達57.1%的選票當選，認同政治與社會上捍衛民主、自治的決心再次成為關鍵的因素（Wu 2020）。

　　台灣個案對中國介入其他國家的機制提供了一個分析的原型。在北京對台灣施展政治影響力或銳實力時，有一項要素非常突出，那就是在地協力者發揮了關鍵作用。香港是一個並列的個

案，但它已經在北京的牢牢掌控下，中共可以更直接干預選舉。無論如何，儘管面對無情的打壓，香港人仍舊奮戰不懈，讓民主陣營在2019年的區議會選舉獲得了令人鼓舞的勝利。從中國的影響力操作中，我們學到最寶貴的一課是：作用力產生反作用力。北京在世界各地盛氣凌人的作為，引發了許多反感與抵抗，不只在台灣、香港，也在發展中國家，以及西方民主國家，例如澳洲、加拿大與美國。

如今回想，為何習近平要對台灣發表咄咄逼人的講話，結果適得其反，翻轉了國民黨的命運與中共的統一路線圖？他的盤算與動機是個謎，但我們認為，地緣政治在此扮演了關鍵的角色。當美國與中國的較勁越演越烈，北京或許擔憂台灣在國際舞台上將獲得更大的揮灑空間。民進黨在2018年的地方選舉潰敗時，北京可能揣測，可以在2020年順勢給予「台獨勢力」致命的打擊。但我們知道，北京沒有如願以償。在更大範圍的地緣政治變動中，北京的銳實力反而激發了台灣社會更堅定的抵抗。

〔致謝〕
兩位作者感謝林政宇提供研究上的協助。

參考文獻

吳介民，2009，〈中國因素與台灣民主〉。《思想》11: 141–57。

吳介民，2015，〈九二共識到底怎麼被塑造出來的？〉。《新新聞》1497，11月11日。

吳介民、廖美，2015，〈從統獨到中國因素：政治認同變動對投票行為的影響〉。《台灣社會學》29: 89–132。

陳陸輝、耿曙、王德育，2009，〈兩岸關係與2008年台灣總統大選：認同、利益、威脅與選民投票取向〉。《選舉研究》16(2): 1–22。

盛杏湲，2002，〈統獨議題與台灣選民的投票行為：1990年代的分析〉。《選舉研究》9(1): 41–80。

湯晏甄，2013，〈「兩岸關係因素」真的影響了2012年的台灣總統大選嗎？〉。《臺灣民主季刊》10(3): 91–130。

鄭夙芬，2009，〈族群、認同與總統選舉投票抉擇〉。《選舉研究》16(2): 23–49。

Bader, Julia, Grävingholt, Jörn, and Kästner, Antje. (2010). Would autocracies promote autocracy? A political economy perspective on regime-type export in regional neighborhoods. *Contemporary Politics* 16(1): 81–100.

Bush, R. (2013). *Uncharted Strait: The Future of China-Taiwan Relations*. Washington, DC: Brookings Institution Press.

Fatton, R. J. (2002). *Haiti's Predatory Republic: The Unending Transition to Democracy*. Boulder: Lynne Rienner.

Fell, D. J. (2016). The China impact on Taiwan's election: Cross-strait economic integration through the lens of election advertising. In Gunter Schubert (ed.), *Taiwan and the 'China Impact': Challenges and Opportunities* (pp.

53–69). New York: Routledge.

Jackson, N. (2010). The role of external factors in advancing non-liberal democratic forms of political rule: A case study of Russia's influence on central Asian regimes. *Contemporary Politics* 16: 101–18.

Kelley, J. G. (2012). International influences on elections in new multiparty states. *Annual Review of Political Science* 15: 203–20.

Khamzayeva, A. A. (2012). Resilience of authoritarianism and its projection onto international politics: The case of Russia. Ph.D. dissertation, Department of Political Science, LUISS Guido Carli, Italy.

Leininger, J. (2010). 'Bringing the outside in': Illustrations from Haiti and Mali for the re-conceptualization of democracy promotion. *Contemporary Politics* 16(1): 63–80.

Lin, J. W. (2016). The PRC as a player in Taiwan's domestic politics: A two-level game analysis. In Gunter Schubert (ed.), *Taiwan and the "China Impact": Challenges and Opportunities* (pp. 15–35). New York: Routledge.

Roessler, P. G. (2005). Donor-induced democratization and the privatization of state violence in Kenya and Rwanda. *Comparative Politics* 37(2): 207–227.

Wu, J. M. (2016). The China factor in Taiwan: Impact and response. In Gunter Schubert (ed.), *Routledge Handbook of Contemporary Taiwan* (pp. 425–445). London: Routledge.

Wu, J. M. (2019). Taiwan's Sunflower occupy movement as a transformative resistance to the 'China Factor,' pp. 215-240 in Ching Kwan Lee and Ming Sing (eds.), *Take Back Our Future: An Eventful Political Sociology of Hong Kong's Umbrella Movement*. Ithaca, NY: Cornell University Press.

Wu, J. M. (2020). Taiwan's election is a vote about China. *The New York Times*,

Jan 11, 2020. https://www.nytimes.com/2020/01/10/opinion/taiwans-election-is-a-vote-about-china.html?searchResultPosition=3. Accessed Jan 12, 2020.

5 中國對香港立法會選舉的操縱

馬嶽，香港中文大學政治與行政學系副教授

中國政府對香港的選舉一直有著巨大的影響力。身為主權國家，中國政府是唯一能夠決定香港憲制改變的機構，有權決定和改變香港選舉的遊戲規則。中聯辦是北京在香港的代表，其影響力多年來逐步增長，並在選舉期間能夠實質協調親北京陣營。從1990年以來，香港對中國的態度是最重要的政治分歧和選舉議題。此外，香港政府推行選舉的工作也間接受到中國因素的影響，令人質疑香港選舉的公正性。

本文將回顧從1991年以來，中國對香港立法機關選舉的影響。身為中國特區的自治體系，香港的選舉很容易受到中國政府直接與間接的影響，1997年之後，中國政府更是一再介入並改寫選舉規則。中國政府的影響力與日俱增，令人質疑香港選舉的公正性。

5.1. 中國的直接影響力：決定、重新定義 並改變選舉規則

5.1.1. 中國作為規則決定者

在憲政上，中國政府對香港的政治結構握有最後的決定權。1997年以前，中國的影響力比較間接，港英政府在理論上仍可以決定香港的選舉規則，不過早從1980年代開始，中國就開始對香港選舉施加巨大的影響力。

1984年簽訂的《中英聯合聲明》明言1997年後的香港立法機關「由選舉產生」。這個承諾開展了1980年代中以來香港逐漸民主化的進程。當時港英政府可能自以為能夠控制在1997年前的改革過程。然而，中國政府公開警告，香港在1997年以前的政治發展必須與基本法銜接。在北京的壓力下，英國為了維持與中國的友好關係，拖慢了1980年代香港民主化的步伐。

1989年的天安門事件迫使英國政府給予香港更多的保護，包括人權保障與加快民主步伐。經過一連串秘密外交後，中英在1990年同意《基本法》之下的政治藍圖，以及在1991年的立法局選舉中加入18個直接選舉的席位。結果民主派贏得其中的16席，招來香港親北京陣營的抨擊，反對當時用的「雙議席雙票制」（Ma and Choy 1999）。1992年，末代總督彭定康抵達香港，打算在英國離開前為民主做出最後的努力，提出有關1995年立法局選舉的政改方案，引發極大爭議。

中英針對1994-95年的選舉談判破局後，1995年的立法局選

舉最後差不多完全依照彭定康方案進行。中國政府宣稱1995年的選舉規則違反了《基本法》，認為這是在為民主派「度身訂造」，並明言要把制度「推倒重來」。1997年，中國政府委任的推選委員會所選出的臨時立法會修改立法會選舉制度。直選的選舉制度由1995年的單議席單票制改為比例代表制；1995年「新九組方案」中功能組別的選舉人數增至一百多萬人，修改後驟減到只約20萬人。1998年負責選出10席的選舉委員會，則根據《基本法》附件一重組，成員主要來自商業與專業菁英。

這些規則的變動對九七後的政治帶來了根本改變。民主派在1991年和1995年的選舉中的普選部分囊括大約60%的選票，讓他們在複數選制（plurality formula）下贏得多數的直選席次。1995年功能組別的選民人數大增、加上選舉委員會由區議員選出，令民主派可以贏得部分功能組別與選舉委員會席次，結果是民主派在1995-97年間拿下了立法局的過半席次，政治影響力大增（Ma 2007: 108-116）。規則改變後，民主派難以染指功能界別和選舉委員會的議席。新的功能界別大多是代表與北京交好的商界與社會組織，而親北京的候選人也橫掃了新的選舉委員會席次。簡單多數決的選舉制度改成比例代表制後，親北京的政黨在直選部分拿到較大比例的議席。結果儘管香港民主派在1997年後的各屆選舉持續穩定地拿到55-60%的普選選票，卻一直是立法會的少數。表5.1呈現了從1991年以來各個陣營的得票比例與席次。

表5.1 香港兩大陣營的得票率與議席，1991–2016

	1991	1995	1998	2000	2004	2008	2012	2016
民主派 得票率	64.45%	61.49%	63.42%	57.25%	60.63%	58.27%	55.37%	54.87%
民主派 立法會 （局）議席	22	30	20	20	25	23	27	30
親中派 得票率	30.52%	35.11%	32.31%	35.42%	37.29%	39.83%	42.84%	43.37%
親中派 立法會 （局）議席	11	25	39	39	35	37	43	40
其他黨派 得票率	5.04%	3.41%	4.27%	7.33%	2.09%	1.90%	1.79%	1.76%
其他黨派 議席	6	5	1	1	0	0	0	0
委任與 官守議席	21	0	0	0	0	0	0	0
立法會 （局） 總席次	60	60	60	60	60	60	70	70

資料來源：作者彙整1991–2016年選舉資料。

　　採用比例代表制對香港的民主發展與政黨體系有著深遠的影響，由於這個選舉制度有利小黨，反對陣營很難團結一致。1995年選舉時，民主派在簡單多數決的制度下，有辦法在多數選區協

調出單一候選人；但在1997年引進比例代表制後，民主陣營經常同室操戈。民主運動最近幾年陷入死胡同，也變得越來越激進，新興的團體挑戰歷史悠久的民主黨，認為他們的主張過度溫和，令民主進程停滯不前。親北京陣營也有派系過多的問題。比例代表制造成了政黨體系碎片化，政治生態的兩極化和激進化，以及議會的碎片化（Ma 2014）。低度發展又碎裂化的政黨體系則進一步弱化公眾對香港選舉制度和政黨政治的信心。

5.1.2. 重新定義規則：重新解釋與直接談判

在1997年之後，北京不止一次介入重新定義香港的選舉規則，其中有兩個指標性的案例，第一個是在2004年解釋《基本法》，另一個則是2010年直接與香港民派談判。

《基本法》承諾，香港特首與立法會所有席次最終會由直選產生，但沒有明言實施時間。2003年7月1日五十萬港人上街遊行後，民主派動員爭取2007年特首和2008年的立法會選舉全由直選產生，氣勢大盛，北京擔心全面民主化會讓民主派掌權，因此在2004年4月6日公布人大常委會對《基本法》的釋法，規定更改特首與立法會選舉方式的提案只能由香港特首提出，這個提案在立法會得到三分之二的支持後，還需要人大常委會的最終同意才能生效。香港人稱新規定為「政改五部曲」。

人大常委會在2004年的釋法，是在1997年之後第二度改寫香港的選舉規則。《基本法》沒有列明改革如何開始，也沒有要求必須在北京同意後才可以開始。但人大常委會的釋法意味北京

握有憲政改革的提議權與最終拍板權。只要是北京無法接受的提案，注定無法放上檯面討論，更遑論通過。人大常委會在4月26日通過另一決議，規定2007年的特首選舉不採取直選，2008年立法會選舉由普選選出的議席比例（一半）不變。較早前的釋法並沒有表示香港做出任何提案前，人大常委會有權列明哪些可以做、哪些不能做。4月26日的釋法變成一個先例，讓人大常委會在香港政府做出任何提案前就可以劃出框框，規定是次改革可以討論的幅度。

第二宗顯示北京的直接影響力的事例，是2010年直接與民主派代表談判。人大常委會在2007年12月決議，2012年的特首選舉不會採取普選，但在2017年「可以用普選的方式選出」特首。2009年時，民主派對於如何繼續推展運動出現嚴重分歧。公民黨與社會民主連線發起「五區總辭」的變相公投運動，主張五名在不同選區的民主派立法會議員辭職，以產生五個空缺席位，然後讓全香港的合格選民投票補選，這次補選將被視為一次民主公投，提議者認為如果五人的得票率衝高、投票率衝高，那麼將對北京形成龐大的壓力。以民主黨為首的溫和民主派認為這個行動過於挑釁而且效果有限，他們認為全盤民主化的希望在於縮小與北京的政治鴻溝以及雙方進行協商。民主派與北京經過一連串談判後達成協議，同意新增五個直選議席和五個功能界別議席，後者將由區議員提名，由全港選民一人一票選出（Ma 2011）。

2010年協議的象徵意義超過實質意義，對於民主進程沒有太大實質貢獻，但在當時被視為北京與香港泛民派的一次破冰（Ma

2011）。這次的談判反映北京對香港政治的干涉更為深入，北京與香港的反對派直接接觸，香港政府只能靠邊站。

5.1.3. 推翻選舉結果

2016 年的立法會選舉令中國對香港選舉的直接影響力達到新高點。鼓吹香港獨立的候選人當選立法會議員，迫使北京介入，（再度）重新詮釋《基本法》，取消某些當選人的資格，變相推翻了香港的（部分）選舉結果。

2014 年的雨傘運動為香港人帶來了新的政治認同，在年輕族群中特別強。傘運的徒勞無功令很多人非常失望，以至於認為在中國主權之下或是「一國兩制」之下，不可能實現真正的民主與自治，對中國更有疏離感，令不少年輕人開始支持不同程度的「本土派」或「港獨」思想。

「反中的本土派」（見下文）在 2016 年的選舉拿得大約 10% 的選票，贏得 3 個議席。2016 年 10 月 12 日宣誓就職時，本土派青年新政的兩名議員秀出 Hong Kong is not China（「香港不是中國」）的標語，並以貶義的「支那」兩字來稱呼中國，結果被立法會主席裁決宣誓無效。宣誓風波顯然觸怒了北京，全國人大常委會迅速就《基本法》的第 104 條釋法，表示公職人員宣誓時，必須莊重、一字不差地宣讀誓詞，如果宣誓人未能履行規範，將不得再次宣誓，也無法就職。這項釋法有溯及力，因此兩名青年新政議員的宣誓無效，議席也被取消。香港政府隨後向高等法院申請司法覆核，要求褫奪另外四位民主派議員的議席。法院在 2017 年 7

月宣布,這四名議員的宣誓無效,導致2016年的選舉共有六名反對派的議員失去資格,共代表185,727張選票。

這次取消當選人資格,是北京第一次透過改變規則,以(部分)扭轉已經出爐的選舉結果。1997年以前,北京或許會對1995年的選舉結果不滿意,但也無能為力。從1997到2016年間,北京可能還是會對不同的選舉結果不滿意,但選擇遵守「一國兩制」的規範。然而,崛起的分離主義思想成了改變遊戲規則的關鍵,迫使北京出手推翻香港的選舉結果,並劃下紅線:支持香港獨立或自決的政治人物不得擔任立法會議員,甚至不得參與立法會選舉。

2016年的釋法對其後的選舉有甚大影響。該項釋法把《基本法》第104條所規範的「依法宣誓」,變成一段670個字的內容,不只規定了宣誓的細節,也對公職人員設下新的標準。釋法的內容指出:「第104條規定的『擁護香港特別行政區基本法,效忠香港特別行政區』,既是該條規定的宣誓必須包含的法定內容,也是參選或者出任該條所列公職的法定要求和條件。」這個內容看似無可厚非,但它變相令「支持基本法」成為參選的必要條件,從而打開了政治審查候選人資格的大門。

取消六名議員的資格後,立法會在2018年3月進行補選時,又有三名候選人被取消參選資格,地方選區的選舉主任根據三位候選人過往的言論與行動,認定他們不支持《基本法》。其中最引人矚目的是代表香港眾志參選的周庭。作為雨傘運動後的年輕政治組織代表,她嘗試奪回因香港眾志主席羅冠聰被取消資格而

失去的議席。選舉主任以眾志的綱領支持「民主自決」，並主張如果香港能夠舉行公投，獨立是其中的一個可能選項，而裁定其不支持基本法，但羅冠聰 2016 年競選時，香港眾志的黨綱已經是這樣寫，但羅卻可以參選。

人大常委在 2016 年 11 月的釋法為香港立法會議員的參選資格設下了政治前提，讓政府得以篩選候選人，但標準卻不大明確。在 2016 年時，是排拒有支持獨立傾向的候選人；到了 2018 年，支持「自決」的候選人也被排除在外。政治審查大門一開，政府便可以將某些不喜歡的黨派人士排拒在參選大門外，變相影響了選舉的公平性。

5.2. 中國的間接影響力：從吸納在地協力者到形塑政治脈絡

中國對香港選舉的間接影響力主要有兩種形式。在實際的操作上，中聯辦收編、協調、整合在地協力者，為親北京的政黨與候選人助陣。中國的主權則是最重要的政治脈絡因素，形塑了香港的政治討論與競選議題。中國的間接影響力，在香港政治發展的不同階段各有不同的重要性。

5.2.1. 透過中聯辦動員在地協力者

對香港人而言，中國共產黨就在日常生活中，而不是遠在北京的事物。中共於 1947 年在香港設立了工作委員會，負責在港

事務；到了 1955 年，整併為中共港澳工作委員會。在 1997 年前，中共港澳工委就位在新華社香港分社的辦公室內，新華社的香港分社社長也就是黨委書記（Burns 1990）。1997 年後，中聯辦取代了新華社的角色。

從 1949 年起，中共就在香港建立了相當龐大的「左派」組織網絡，由中共港澳工委透過幹部任命制度統率；到了 1980 年代，又透過不同的吸納手法進一步延伸統一戰線（Wong 1997; Goodstadt 2000; Ma 2007），政治菁英、商人、不同領域的專業人士和社會領袖紛紛被吸納到各種組織機構裡，以下是統戰網絡中的主要架構：

- 香港工會聯合會（工聯會）統屬的親北京工會；
- 以新界鄉議局為首的鄉事組織；
- 「群眾組織」，包括各類文娛體育組織、婦女組織、同鄉會等；
- 居民組織，例如業主委員會、互助委員會、業主立案法團、關注特定議題的居民團體等。這些團體又會加入較大地區層級的更大組織作成員。

這些網絡在選舉時成了龐大的動員機器。不同性質的團體會透過提供物質利益、會員服務和社會活動等方式來吸引會員，有支薪的職員負責繁重的組織和聯絡工作。各團體會以禮物、廉價旅遊或飲食等吸引會員，以及資助不同的文化康樂或社區活動。民建聯作為最大的親中政黨，和這些團體都會利用跟中聯辦及政府的關係，提名不同專業人士、商人和有意參與政治的人加入政府的各種委員會。這有助於他們曝光，建立社會服務的紀錄和關

係，擦亮自己的履歷以準備未來參與選舉（區諾軒 2015）。這些團體長久經營下來，建立了綿密的網絡，吸納了各行各業各階層的人士，有助推廣親政府、親中國的意識形態。

在 2003 年七一遊行後，北京擔心民主派擴大影響力，因而加強介入香港事務（Cheng 2009），這類親中團體的網絡從 2003 年得到了大量的資源挹注，可以在各個層級擴大舉辦活動、拓展關係以及招攬會員，迅速擴展。親北京陣營在 2007 年與 2011 年的區議會選舉大有斬獲，贏得 70% 以上的議席，大大削弱了民主派政黨的地方基礎以及與民眾的連結，令地方上的資源差距進一步拉大。

這類地區組織能力在立法會選舉時給予親中政黨莫大助力（Wong 2015），因為強大的組織和動員力令他們可以精準計算支持選票而有效配票。香港立法會的比例代表制採取黑爾數額的最大餘額計票法，不利大黨取得額外席次，也會造成類似以前台灣與日本所採用的多議席單票制（SNTV）的效果（Cox and Shugar 1995; Pachon and Shugart 2010）。在這樣的選舉制度下，策略重點是提名多少名單，以及如何把支持票大約平均的分配給不同的名單。在中聯辦的積極協調下，民建聯、工聯會和其他親北京團體以不同旗幟參選，以吸引不同階級背景或意識形態的選民。各親北京團體都會建立「戶口簿」（區諾軒 2015），相當精準地推估每個選區的潛在支持者，然後透過不同的團體為不同名單動員，而達到有效的「配票」。在 2012 年，親北京陣營的配票策略執行得幾近完美，以 41% 的選票獲得 35 個直選議席當中的 17 席

（48.6%）。雖然親北京陣營在五個選區當中有三個選區的普選票少於民主派，然而拜有效配票之賜，他們在這些選區所取得的席次卻多於民主派。

中聯辦在協調親北京的候選人上扮演重要的角色。在採取簡單多數決的區議會選舉中，勝選關鍵在於協調出一名候選人，以避免選票分散。在採取比例代表制的立法會選舉中，則是要避免過度提名。親北京陣營的候選人最後是由中聯辦拍板定案；各自為政的民主派則由於缺少跨黨派的協調機制，因此經常提名過多候選人，以致在2012年雖然獲得56%的選票，但只拿到35個席次當中的18席（51.4%）。

內地移民近年對香港選舉影響漸大，而中聯辦在其中也扮演了關鍵的角色。自1997年後，持有「單程證」的合法內地移民以每天一百五十人次的速度湧入香港，每年下來便超過五萬人。他們在香港居住七年後可以成為永久居民，年滿十八歲可以註冊為選民。近來的研究顯示，這些內地移民較傾向支持親北京政黨與候選人（Wong, Ma and Lam 2018）。中聯辦握有這些潛在移民的資訊，抵港後便會有在香港的同鄉會聯繫他們，提供物資及各種協助，並邀請他們加入各種群眾組織。以2010年成立的「新家園協會」為例，該會專門援助剛剛抵達的移民，為他們組織各式各樣的活動，到了2015年其會員人數已經超越十萬人。

2015-16年選舉期間所發生的兩起事件，標示著中聯辦對香港選舉的介入越來越深。2015年區議會選舉期間，一名宣稱來自中國統戰部的男子表示願意金援青年新政的成員參選，藉此分

散民主派的票源，這名男子最終遭到起訴並判刑入獄。到了2016年的立法會選舉，建制派的自由黨候選人周永勤在電視直播的選舉論壇表示，有自稱來自中聯辦的人要他退選，以幫助同屬建制派的候選人何君堯，若是不從，他的家人與朋友可能會遭到不測。投票日的十天前，周永勤宣布退選並離開香港。自由黨主席田北俊後來在電台節目上承認，中聯辦確曾施壓要他勸退某些候選人，以免親北京陣營的選票分散。

多年來，中聯辦對香港選舉的影響與介入越來越直接，香港選民開始習以為常。香港的反對派的真正對手並不是香港在地的政黨，而是無所不能的黨國。

5.2.2. 中國因素作為政治裂隙

劉兆佳與關信基認為，香港政黨成立的時代背景是為了回應過渡期的政治轉型（Lau and Kuan 2000）。這些「建黨時刻」（foundation moment）決定了對中國政府的態度成為香港政治光譜上的主要政治分歧（Ma 2002），一邊是香港的民主派，崇尚民主、自由、法治與香港自治等價值；另一邊則是親北京的保守派，對民主、人權的態度保守，並強調必須與北京維繫良好關係。

梁世榮在1993年首次把「中國因素」視為一個歷史、結構和社教化因素。在1991年的立法局選舉中，對1989年天安門事件的態度成了投票時的主要決定因素（Leung 1993）。在1995年的選舉中，親北京的候選人在競選時的號召是：更多親北京人士當選有助改善與中國政府關係和平穩過渡；民主派則主打會站穩香

港人立場力抗北京干預。當年的民調顯示，對中國較缺乏信任的選民傾向於投票給民主派（Leung 1996）。

對中國的態度一直是香港政界的最重要政治分歧。在後九七時期之初，北京對香港的選舉和施政介入都較少，而且亞洲金融危機帶來的不景氣，令選民集中關注經濟議題。直到2003年反對《基本法》第23條立法的大遊行以及要求政治改革風起雲湧，中國因素才又成為競選議題。對民主派而言，每次立法會選舉都是展現香港人支持民主的意志的時刻。自中國政府在2004年透過人大釋法否決07/08雙普選，以及對香港事務的介入越來越頻繁，對中國的態度便一直是香港競選議題的重心。

5.2.3.「反中情緒」與本土派的興起

數十年來，香港人一直擁有雙重認同。即使香港意識在1970年代開始發酵，多數香港人仍認定自己是中國人。戰後香港是個難民社會，不少香港人都是逃脫中共統治跑到香港，因此本質上對中共有排拒，但他們仍認定自己是中國人。2003年之後，各種身份運動培育了新的香港認同意識，而中國的政治形象則在2008年之後變壞。

2008年後迅速蔓延的「反中情緒」是一個複雜與多面的現象。政治上，2008年後對國內異見人士的打壓以及對香港事務的介入，都令中國政府的形象變壞。經濟上，越來越多香港人質疑與中國的經濟整合所帶來的衝擊，擔憂越來越深的整合會破壞香港的特色和生活模式。從內地湧入的資本與旅客導致香港租金

與物價飆漲。特首對北京在權力上的依賴，則讓越來越多香港人相信，港府的資源分配與政府政策會更傾向保護內地的利益，而不是香港的利益。上述背景導致了「反中情緒」在香港興起（Ma 2015），而這股情緒不只是針對中共政權，也針對來自內地的旅客和移民。隨著反中情緒上升，一些對中國採取敵對或激進立場的候選人在2012年的選舉中有不俗成績。

2014年「雨傘運動」沒有帶來「真普選」，把反中情緒推進一個新的階段，不少年輕人愈來愈感對中國疏離。過去香港認同與中國認同並行不悖，但從2008年起，越來越多香港人覺得這兩種認同是扞格不入的（Steinhardt, Li and Jiang 2018）。不同勢力的本土派崛起，在年輕族群中尤其受到歡迎，他們通常認為香港應有不同於中國的政治身份，甚至認為中國對香港政治與經濟上的控制，以及內地移民和遊客，是香港所有問題的根源，較激進的會支持香港獨立的主張（見Kaeding 2017）。

2014-16年間興起的本土主義與港獨主張，從根本上改變了香港選舉的格局。2016年2月的立法會補選共有七名候選人參加，傾向港獨的梁天琦出人意表地拿下15%的選票。梁後來被禁止參與2016年9月的立法會選舉。部分本土派被取消參選資格，以及本土派的崛起，令香港獨立成了2016年選戰的主要議題之一。親北京的候選人一致譴責港獨，認為這是不可接受的想法。傳統的民主派則陷入了兩難，他們一方面不想與本土派站在同一陣線，因為主流社會對港獨的接受度很低；但他們也不想公開譴責港獨，因為可能會失去本土派年輕選民的支持。

陳允中與司徒薇（Chen and Szeto 2015）區分兩種本土派，一種是「基進的本土派」，另一種是「反中的本土派」，這兩股本土派在2016年的選舉共拿下了15%的選票，計有六名候選人當選，表現極為搶眼。因而反對陣營中在本土派與傳統民主派之間有一個次級的裂隙。本土派的支持者譴責主流民主派，像是民主黨、公民黨與工黨，認為他們過於溫和、過於民族主義，必須為過去數十年來香港民主運動的失敗負責。

5.2.4. 選擇性執法：撤銷參選人資格

過去數十年來，香港立法會的選舉通常是在自由與公平的狀態下進行，不多見有系統性的舞弊或操弄，但近年來有更多關於舞弊與操弄的媒體報導與學術研究，例如有關傑利蠑螈式（gerrymandering）的選區劃分等。2016年的立法會選舉是香港選務公正性的分水嶺。

在2016年2月的補選中，郵局拒絕寄送梁天琦的選舉傳單，理由是傳單內容「違反《基本法》」。郵局這種做法毫無法律依據，因為沒有任何法律授權郵局可以審查選舉傳單的內容或因此拒絕寄送。郵局在同年度9月的立法會選舉又故技重施，拒絕郵遞任何含有「自決」字眼的傳單，一些候選人只好更改措詞，郵局才收件寄送。

選舉管理委員會在2016年的立法會選舉添加新規定，要求所有的候選人簽署「確認書」，明示他們「擁護《基本法》及保證效忠香港特別行政區」。這個確認書同樣沒有任何法源。多數反

對派候選人拒絕簽署確認書。傾向港獨的梁天琦最終簽署並公開表示他不支持香港獨立。六名候選人其後被取消參選資格，選舉主任表示，根據梁天琦與香港民族黨召集人陳浩天的言論與行為判斷，「不相信他們會真心擁護《基本法》」。這是在香港第一次有人出於政治理由被剝奪立法會議員的參選資格，但絕大部分沒有簽署確認書的民主派卻仍可以如常參選。

2016年選舉與2018年的補選共有九名候選人被取消參選資格，但當局一直沒有清楚說明「擁護《基本法》」的標準。有些傾向獨立的候選人得以在2016年參選，其中有兩人贏得議席，之後發生宣誓風波令其被取消議員資格。然而什麼才是反《基本法》的言語和行動，並沒有白紙黑字的說明，變成一項讓行政機關得以任意用來排除掉「不討喜」的候選人的規定。

沒有直接證據顯示，上述的取消資格操作來自北京的「直接影響」，因此這些事件在本文被歸類為「間接影響力」。顯而易見的是，港獨思想的崛起意味著2016年之後的香港選舉規則（或潛規則）已經永遠被改變了。

5.3. 反中影響力的動員：反操弄的抵抗和偏限

支持民主的反對派可說是無力抗衡北京的介入。多年來，他們在香港仰賴「認知動員」（cognitive mobilization）（Kuan and Lau 2002）或是透過意識形態動員選民，而不是藉由物質利益或是完

整的政策政綱。相較之下，有黨國作為後盾的親北京陣營資源豐沛，民主派難望其項背。憲制上，中國政府擁有香港主權，有權定義或重新定義所有的規則。各種在香港的常規抗議，很難撼動北京的決策。

最近幾年，民主派漸漸意識警覺到各種可能的操控行為，例如「種票」及傑利蠑螈選區劃分等。「種票」指有人把非屬某選區的居民登記為該區選民，到時動員出來投票。由於選民清冊通常在選舉前幾個月公布，泛民的政黨會檢驗是否有可疑的案例，或是某區的選民數字暴增等。他們會公布關於懷疑舞弊或傑利蠑螈選區劃分的案例，藉引起群眾關注來博得選民同情。他們也會向選舉管理委員會舉報疑似舞弊的案例。

然而，反對派處在相對不利的位置，因為行政機關掌握了調查舞弊案和執法的關鍵權力。根據選舉法規，選舉舞弊必須向廉政公署舉報。廉政公署負責偵查及起訴，但偵查不公開，而且可能經年累月。候選人若自認因為舞弊或選舉不公而敗選，可以向法院提出選舉呈請，但這只能在選舉結束後進行。候選人必須負擔訴訟的費用，而且即使勝訴，任期也往往已經過了大半。呈請勝訴代表原來選舉無效，但也無法確保被不公對待的候選人贏得補選。

2016年的取消參選資格事件就是個好例子。候選人被選舉主任禁止參選，只能以選舉呈請向法院申訴。2018年法院駁回了陳浩天針對2016年被取消資格的申訴案。香港眾志的周庭在2018年3月立法會補選被拒參選後，向高院提選舉呈請而勝訴，但結

果是當時取代她參選在補選中勝出的區諾軒卻變成「非妥為當選」。補選被裁定無效，議席懸空而反對派無法收復議席；勝訴並不代表勝選。

5.4. 結語：香港選舉公正性的流失

從1990年代開始，香港的選舉就承受了中國的強大影響力，無論是直接的或是間接的。從1991年到2016年的二十五年中，中國政府分別在1997、2004、2010和2016年改寫香港的選舉規則四次，中聯辦加上中共在香港本地的龐大網絡對選舉的影響力日增。中國因素已經成為香港立法會選舉最重要的政治脈絡，形塑了政治分歧與選舉議題。隨著中國的介入與影響力越來越深入，與中國的關係將會持續盤據香港選舉的主軸。

理論上，立法會選舉是香港的「內部事務」，但中共在權力的考量下踰越了「一國兩制」的底線，直接介入香港的選舉。中共的介入助長了反中情緒，讓香港的意見極端化，並進一步拉大香港與中國的政治鴻溝。

2019年的反送中運動根本上改變了香港政治，包括讓香港的自由與選舉成為國際矚目的議題，國際上也越來越關心中國對香港選舉的干涉。也許是西方政府的這些關切讓香港政府有所忌憚，沒有取消或延遲2019年的區議會選舉，也沒有大規模褫奪候選人的資格。從選舉結果來看，中國因素所帶來的意識形態面向是左右選舉的關鍵，因為港府被親北京網絡的強大動員能力給

威嚇了，導致選民感到忿忿不平，結果投票率達到了歷史新高的71%，泛民派在452個議席中奪下了389席。泛民派的壓倒性勝利讓北京芒刺在背，新任中聯辦主任駱惠寧因此把2020年的立法會選舉視為「政權保衛戰」。這意謂著，北京將再度直接和間接地影響2020年立法會選舉。

參考文獻

Burns, John. 1990. "The Structure of Party Control in Hong Kong." *Asian Survey* 30(8): 748–765.

Chen, Yun-chung and Szeto, Mirana. 2015. "The Forgotten Road of Progressive Localism: New Preservation Movement in Hong Kong." *Inter-Asia Cultural Studies* 16(3): 436–453.

Cheng, Jie. 2009. "The Story of a New Policy." *Hong Kong Journal* 15. http://www.hkjournal.org/archive/2009_fall/1.htm (last accessed on 11 October, 2016).

Cox, Gary and Shugart, Mathew. 1995. "In the Absence of Vote Pooling: Nomination and Vote Allocation Errors in Colombia." *Electoral Studies* 14(4): 441–60.

Goodstadt, Leo. 2000. "China and the Selection of Hong Kong's Post-colonial Political Elite." *The China Quarterly* 163: 721–741.

Kaeding, Malte. 2017. "The Rise of Localism in Hong Kong." *Journal of Democ-*

racy 28(1): 157–171.

Kuan, Hsin-chi and Lau Siu-kai. 2002. "Cognitive Mobilization and the Electoral Support for the Democratic Party in Hong Kong." *Electoral Studies* 21: 561–582.

Lau, Siu-kai and Kuan Hsin-chi. 2000. "Partial Democratization, 'Foundation Moment', and Political Parties in Hong Kong." *The China Quarterly* 163: 705–720.

Leung, Sai-wing. 1993. "The China Factor in the 1991 Legislative Council Elections: the June 4th Incident and the Anti-communist China Syndrome." In Lau Siu-kai and Louie Kin-shuen (eds.), *Hong Kong Tried Democracy: The 1991 Elections in Hong Kong*. Hong Kong: Hong Kong Institute of Asia-Pacific Studies, Chinese University of Hong Kong, pp. 187–236.

Leung, Sai-wing. 1996. "The China Factor and Voters' Choice in the 1995 Legislative Council Elections." In Kuan Hsin-chi, et al. (eds.), *The 1995 Legislative Council Elections in Hong Kong*. Hong Kong: Hong Kong Institute of Asia-Pacific Studies, Chinese University of Hong Kong, pp. 201–244.

Ma, Ngok. 2002. "Changing Political Cleavages in Post-1997 Hong Kong: A Study of the Changes through the Electoral Arena." In Ming Chan and Alvin So (eds.), *Crisis and Transformation in China's Hong Kong*. New York: M.E. Sharpe, pp. 111–138.

Ma, Ngok. 2007. *Political Development in Hong Kong: State, Political Society and Civil Society*. Hong Kong: Hong Kong University Press.

Ma, Ngok. 2011. "Hong Kong's Democrats Divide." *Journal of Democracy* 22(1): 54–67.

Ma, Ngok. 2014. "Increased Pluralization and Fragmentation: Party System and Electoral Politics and the 2012 Elections." In Joseph Cheng (ed.), *New Trends of Political Participation in Hong Kong*. Hong Kong: City University Press, pp. 185–209.

Ma, Ngok. 2015. "The Rise of 'Anti-China Sentiments in Hong Kong and the 2012 Legislative Council Elections." *The China Review* 15(1): 39–66.

Ma, Ngok and Choy Chi-keung. 1999. "The Evolutions of the Electoral System and Party Politics in Hong Kong." *Issues and Studies* 35(1): 167–194.

Pachon, Monica and Shugart, Mathew. 2010. "Electoral Reform and the Mirror Image of Interparty and Intraparty Competition: The Adoption of Party lists in Columbia." *Electoral Studies* 29: 648–660.

Steinhardt, Christoph, Chelan Linda Li, and Yihong Jiang. 2018. "The Identity Shift in Hong Kong since 1997: Measurement and Explanation." *Journal of Contemporary China* 27(110): 261–276.

Wong, Stan Hok-wui. 2015. *Electoral Politics in Post-1997 Hong Kong: Protest, Patronage and the Media*. Singapore: Springer.

Wong, Stan Hok-wui, Ngok Ma, and Wai-man Lam. 2018. "Immigrants as Voters in Electoral Autocracies: The Case of Mainland Chinese Immigrants in Hong Kong." *Journal of East Asian Studies* 18: 67–95.

Wong, Wai-kwok. 1997. "Can Co-optation Win Over the Hong Kong People? China's United Front Work in Hong Kong Since 1984." *Issues and Studies* 33(5): 102–137.

區諾軒，2015。〈選舉威權下的民主倒退：香港回歸後政權鞏固及精英攏絡工程〉。香港：香港中文大學政治與行政學系碩士論文。

6 陸客來台觀光的政治經濟學[1]

蔡宏政，國立中山大學社會學系教授

　　有關中國經濟改革的討論通常環繞著吸引大量外資、國內生產毛額（GDP）飛快成長，以及日新月異的「紅色供應鏈」。在古典經濟學家的理想化眼光裡，中國以自身的比較優勢融入世界分工的架構中，外資推動技術進步、帶來訂單，中國的工業在全球的供應鏈中逐步打下促進經濟成長的穩固基礎。進一步的推論則是，經濟專業化與能力的快速成長，將推動社會內部分工與多元主義，這些將有助於推動自由民主。換句話說，中國將會像許多西方國家熟悉的發展進程一樣，在經濟的自由化之後，展開民主化的過程。畢竟，台灣已經成為現代化理論下一個令人刮目相看的典範，見證了在接受經濟自由化之後，接著走上了政治民主化。

　　然而，事實證明這些自由派政治學者的預測只是一場空想。相反的，越來越多人開始討論，中國的經濟增長是否會給全世界的政治均衡帶來新的外部性。在最糟的情況下，中國的經濟成長

1　本章部分改寫自作者已發表的一篇文章，見蔡宏政2017。

甚至是增強了對內政治壓迫、經濟剝削與社會控制的國家職能。同時，中國也可以系統性地施展「經濟外交」，把欣欣向榮的經濟力量轉換為政治與社會影響力，把中國模式的威權主義投射到全球各地。[2]

為了理解這類威權主義的政經權術，分析中國經濟改革歷史演變過程中的幾個關鍵點是相當有用的。如果鄉鎮企業是中國在1980年代推動經濟力量下放、分散的主要改革力量，那麼在天安門事件後的1990年代，中國的資本積累可以說步上了集中化的方向。中國透過兩大政策工具充分發揮了東亞（尤其是香港與台灣）資本的特色，完成了轉型為東亞地區由政黨或政府領導的資本主義發展模式。

第一項政策是1994年推出的分稅制改革，中央政府在全國各地設置地方稅務局，改變地方政府向中央上繳稅款的制度，並把中央與地方的稅收分成從4:6改為6:4，將經濟快速成長的成果大量匯聚到中央。分稅制的實施強化了中央的財政能力，也增強了中央政府計畫性調動資源以促進發展的能力，特別是在填補國有企業虧損的缺口上。可是分稅制也迫使地方政府必須另闢財源，並促使地方政府與商業勢力結盟，發展所謂的「地方國家統合主義」（Oi 1995）。由於地方政府的運作猶如公司般，在強制發展的理性下，一些政府的重要職能，像是教育、醫療、養老等，

2　對於中華文明偉大榮光的懷舊情懷，融合到與中國在歷史上擴張完全相反的淨化描述中，假設中國和平建構了統治的分支體系，而不像西方霸權一般，建立在軍事力量上。例如，Arrighi, *Adam Smith in Beijing*, 2007。

不是被耽誤就是完全被犧牲了。陳元（2012）認為，這種制度化的邏輯後來直接造成了地方政府與銀行合作的新形式，以「銀政合作模式」為名驅逐農民並從事房地產的金融炒作。

第二項重大政策是國有企業的轉型，簡言之是「抓大放小」。中央政府下放十一萬七千多家地方型的國有企業給地方政府，在這過程中這些企業歷經了債務重組、私有化或是關閉。同一時間，國家牢牢控制了最大的國有企業，這群「中華人民共和國的長子」經歷過幾番的管理層人事改革以及打消壞帳後，再透過華爾街投資銀行高盛（Golden Sachs）和摩根史丹利（Morgan Stanley）的品牌包裝和金融技術的修整，以嶄新的面貌在紐約與香港上市亮相，成為《財富》五百強的耀眼新星。中國移動通信集團公司就是個典型的例子。中國郵電部在高盛的協助下成立一系列紙上公司，把在香港上市募集的四十五億美元資金轉移到中國移動通信集團公司，然後利用這筆錢併購了六家省級的電信公司，打造了一家排除地方競爭對手、真正全國壟斷的行業龍頭，實現了「紅色資本主義」下的「國家冠軍隊」（Walter and Howie 2012）。

因此可以說，中國在1990年後的發展模式是政府利用銀行體系支持的債券市場來撐起「國家冠軍隊」的不良信用，並透過它們展開一系列的基礎建設投資，以維持因為不斷投資而造成的高經濟成長率。這類的經濟成長模式有兩大作用，首先是支撐了高就業率，然後人們的工資會透過納稅以及存放在由政府壟斷的銀行而回報給政府。其次，中國龐大市場的繁榮景象有助於吸引

外資與外國股票進入國內市場，對資本起了重要的推波助瀾作用。以上兩個作用都讓政府的銀行平衡了「國家冠軍」的壞帳，進而提升了中國經濟的未來價值。

國家壟斷的銀行、產業的「國家冠軍」，以及西方金融界的配合，不僅協助私營部門與全球經濟合作，進而為黨國菁英帶來驚人的財富，私營部門與外國資本扶植的經濟成長也起了加持中共的作用，讓中共被讚譽為現代生產力的先鋒。國家機器在2000年之後重新控制了私營部門，運用了市場經濟而不是毛主義的動員，有效地控制了中國公民社會並重構了統治合法性的基礎。

國內資本的流通是以中共黨國為核心，同樣的邏輯也套用在國際資本的流通上。在銀行體系的支持下，國有企業大規模地採購原物料以穩固工業所需要的投入，同時以躁進的速度攫取新技術。在國際上，中國為了實現政治戰略或是軍事目標，不僅提供巨額的基礎建設資本給其他國家，甚至提供買家信貸。一個典型的案例是，中國在2017年7月提供為期九十九年的十一億美金貸款給斯里蘭卡，用於建設漢班托塔（Hambantota）深水港。關於這種具有「中國特色社會主義市場經濟」的國內、國外資本流通模式，請見圖6.1。

在審度中國威權主義的政經權術時，台灣是一個極具啟發性的例子。在接下來的篇幅，我們將以中國的觀光業為案例，解釋中國政府如何以最小的經濟代價換取政治紅利。不過，正因為中國的政經權術如此成功地控制了觀光業的所有面向，結果反而引起台灣公民社會的反彈，加深台灣人對於與中國建立更緊密關係

的疑心。

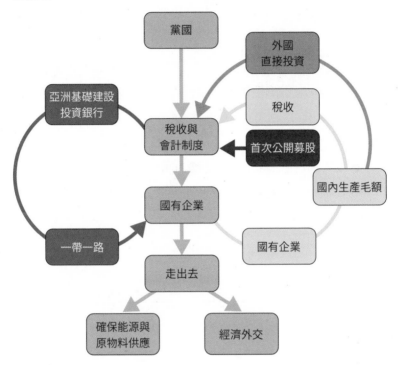

圖6.1 中國國家資本主義的資本循環

6.1. 背景：陸客觀光的歷史

陸客到台灣觀光可分成三個歷史階段。第一階段是2000年以前，此時陸客來台人數是零，既無陸客觀光經濟利益，自然也沒有影響衝擊可言。第二階段是2000–2008年，當時的民進黨

政府在2001年11月23日行政院院會通過《開放大陸地區人民來台觀光推動方案》，開啟陸客觀光首頁。不過當時中國政府不願意把這個「利多」給民進黨政府當政績，所以一直到民進黨執政結束，陸客人數大致只維持在二、三十萬人之間。2008年之後的第三階段呈現戲劇性變化，在馬政府「商機無限」的宣稱下，陸客由2008年的329,204人，到2009年一下子躍升為972,123人，此後持續以一年六十多萬人的速度增加。2014年陸客人數達到3,987,152人，占每年來台觀光人數40%以上，以超乎尋常的速度成為台灣觀光客最大來源，遠遠超過第二、三、四名的日本、港澳與東南亞。（參見圖6.2）

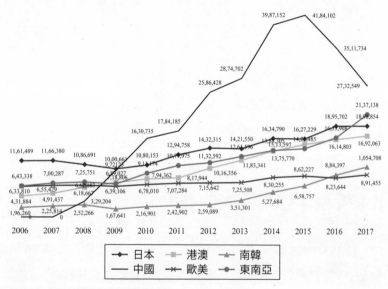

圖6.2 來台遊客的主要來源國，2006–2017

　　觀光統戰的最終目標原本就是要造成台灣對中國的經濟依賴，短期內可通過經濟槓桿施加政治影響力，長期而言則可達到經濟上的實質統一。因此，對台旅遊政策必須通過嚴密的行政控制，以確保陸客輸台可以達到此一依賴效果。也正是在這個戰略目標下，中國政府對2001年民進黨的陳水扁政府提議開放陸客觀光的政策反應冷淡，卻在2005年對時任國民黨主席連戰的訪中之行張開溫暖的雙臂，陸客來台人數也在2008年代表國民黨的馬英九上任之後，呈現井噴式成長。

　　其次，這種嚴密的政治控制成功地造成台灣業者對中共黨國體制的順服，以及對台灣政府的政治壓力；也形塑出一個中國政府指揮的買方市場，通過這個買方市場，中方業者建立起一條龍的運作模式，讓最大範圍內的利潤掌控在自家人手上。一條龍的模式整合了遊覽車、旅館與伴手禮店等，方便對陸客進行實際行動與意識形態的控制。

6.2. 中國的直接影響力：兩岸融合下的台灣觀光業，經濟引誘與威懾

　　中國旅遊業，尤其是出境旅遊的發展受到國家旅遊局的嚴格監管，該局於2018年3月19日併入文化部，成為文化旅遊部，直接隸屬於國務院。國家旅遊局除了在各省設立區域分支機構與海外辦事處之外，還在旗下發展了名為「中國國際旅行社總社有限公司」的企業，並與黨內的其他旅遊業者、國有企業、源自國

有企業的大型民營企業一起組成了「中國旅遊協會」，成為「輸出」陸客的主要載體。這些機構宛如一般民間組織，但實際上與國家旅遊局及其分支掛勾，掌握了審批的權力。事實上，是國務院與中共在背後直接控制著陸客的流量。

這個龐大的黨國企業集團壟斷了觀光的客源，從而建立了買方市場。在經濟層面上，中國的旅行社可以把成本壓到匪夷所思的超低水平，並盡可能把利潤握在自己手裡。在政治層面上，中共則是透過控制旅遊人數的份額，把觀光業變成為政治目的服務的工具。

在 1979 年改革開放前，中國人民基本上無法出境旅遊；經濟改革後，入境旅遊被視為創匯的重要來源，但 1983 年也只有先開放港澳探親旅行團。一直到 2002 年施行《中國公民出國旅遊管理辦法》，出境旅遊才逐漸獲得全面性開放，但第 2 條仍舊明白規定，開放哪些國家、進行什麼活動，都必須經由國務院審批：

> 出國旅遊的目的地國家，由國務院旅遊行政部門會同國務院有關部門提出，報國務院批准後，由國務院旅遊行政部門公布。任何單位和個人不得組織中國公民到國務院旅遊行政部門公布的出國旅遊的目的地國家以外的國家旅遊；組織中國公民到國務院旅遊行政部門公布的出國旅遊的目的地國家以外的國家進行涉及體育活動、文化活動等臨時性專項旅遊

的，須經國務院旅遊行政部門批准。[3]

　第6條進一步規定，中央、省、自治區與直轄市都可以對組織出國旅遊進行人數上的控管，而這個一條鞭主要的權力則掌控在國務院手上：

　　國務院旅遊行政部門根據上年度全國入境旅遊的業績、出國旅遊目的地的增加情況和出國旅遊的發展趨勢，在每年的二月底以前確定本年度組織出國旅遊的人數安排總量，並下達省、自治區、直轄市旅遊行政部門。

　　省、自治區、直轄市旅遊行政部門根據本行政區域內各組團社上年度經營入境旅遊的業績、經營能力、服務質量，按照公平、公正、公開的原則，在每年的三月底以前核定各組團社本年度組織出國旅遊的人數安排。

　　國務院旅遊行政部門應當對省、自治區、直轄市旅遊行政部門核定組團社年度出國旅遊人數安排及組團社組織公民出國旅遊的情況進行監督。[4]

3　參見《中國公民出國旅遊管理辦法》第2條，資料來源：中華人民共和國國家旅遊局，http://www.cnta.gov.cn/zwgk/fgwj/xzfg/201506/t20150610_17563.shtml，取用時間：2016/7/21。

4　同前註，第6條。

　　既然早期的入境旅遊被視為創匯重要來源，出境旅遊自然會被視為造成外匯損失。國務院的宏觀調控有一個重要的目的，就是在出境旅遊的外匯損失與入境旅遊的創匯上維持平衡；因此，組團社能夠分配到的出境旅遊人數份額，必須視「上年度經營入境旅遊的業績」來決定。在這個前提下，也無怪乎中國政府會將對外旅遊國家及開放旅遊人數，視為對目的地國家的讓利。這也衍生出對目的地國家的旅遊讓利要符合最大投資報酬率的操作策略；也就是說，要用最少的「旅遊經援」達到相同的政治目的。這正是陸客一條龍的商業模式及其背後的政治邏輯。

　　既然開放哪些國家、開放多少旅客數量、旅客能進行什麼活動，都得由政府審批，並配合政府的政治行動而定，自然也就不難理解，出境觀光旅遊這種在民主國家被視作公民社會的商業活動，但在中國列寧式威權體制運作下，就成為涉外政治的延伸。因此，1990年代開放東南亞、韓國、日本與澳洲，是為了建立「中國－東協自由貿易區」，強化當時「東協+3」的區域經濟影響力；2000年開放土耳其是為了交換中國購自烏克蘭的航空母艦得以順利通過博斯普魯斯海峽；2004年中國拒絕了進入最終談判的《中加雙邊旅遊協議》，以報復加拿大總理馬丁（Paul Martin）與達賴喇嘛會晤，以及不肯將被控貪腐的賴昌星引渡回中國（范世平2010）。

　　這個邏輯也充分顯露在對台的旅遊開放政策。2002年，台灣電商金融出現危機，當時民進黨政府希望通過觀光客倍增計畫提振經濟，因此開放大陸民眾來台旅遊。這項政策雖然可以增強兩

岸經貿連帶，但中國政府無意以旅遊「經援」傾獨的民進黨政府。2004年，民進黨再度贏得總統大選，胡錦濤政府一方面在2005年3月通過《反分裂法》，另一方面則在4月邀請落敗的國民黨主席連戰赴中，進行國共內戰五十年後首次的兩黨領導人會面，並在會後宣布開放中國民眾來台旅遊的利多政策。

2008年馬英九政府上任，政治顧忌盡去，陸客旅遊在「經濟讓利交換政治讓步」的戰略性目標下急速展開，進入了前述的第三階段。為了正當化如此急速的開放，國民黨智庫當時宣稱，

根據觀光協會估計，若台灣每天開放三千名的大陸旅客，一年一百萬名，每位大陸人士來台停留七至十天，每人在台灣的消費約五萬元（不含機票在內），則對台灣旅遊業產值的直接貢獻約為五百億元新台幣，若再乘上消費所引發的乘數效果，可使台灣服務業產值增加至少一千億元以上。」[5] 這個數字，占當時 GDP 的 0.8%。

這個 GDP 的占比到了 2015 年仍繼續膨脹，《中國時報》社論就強調「2008年僅有 32.9 萬人次，2014年已高達 398.7 萬人次，成長幅度超過十倍。而在經濟效益方面，單純計算團進團出的陸客創匯效益，粗估已為台灣帶來 4745 億元新台幣的觀光外匯

5　財團法人國家政策研究基金會，2008年5月8日，http://www.npf.org.tw/1/4186。擷取時間：2016/7/21。

收入，占GDP比重將近三個百分點」。[6]這個數字若以一般八天七夜環島遊，匯率以1美元兌換30元台幣計算，平均陸客每人每天的消費高達495.9美元，是官方統計數字的1.88倍。這種明顯的虛假宣傳，點出了支持統一的台灣政治勢力如何扮演中國因素的「在地協力者」角色，也證明了中國對台觀光統戰成效卓著。

6.3. 中國的間接影響力：扶植與動員中共在台灣旅遊業的在地協力者

據筆者訪談的旅行社業者表示，2008年一開始來台的陸客大多為公務團與參訪團，團費甚至購物費大多是公款支出，加上從未來過台灣，處處透露著新鮮，消費力出乎原先預期。以此消費模式與水準若擴大規模，的確商機無限。於是在馬政府的政治偏好以及旅遊業者的利益期待之下，陸客來台人數急遽增加；但之後的發展並不如業者原先的預期。主要的問題就是列寧式威權體制運作，加上「以商業模式做統戰」的結果。

在1984年旅遊業對外聯絡的限制鬆綁前，對外旅遊業務實際上由中國國際旅行社總社（前身隸屬國務院）、中國旅行社總社（華僑服務旅行社）、中國青年旅行社（共青團）三大系統壟斷，它們基本上就是從事政治目的的對外接待。旅遊權下放之後，除

6　http://www.chinatimes.com/newspapers/20150822001090-260310，取用日期：2016/7/21。

了原來的三大系統，其他辦理旅遊業務的單位也是由黨與國有事業單位下的旅遊部門，以及少數的大型企業集團升格而來。[7]對外旅遊基本上是政治行動的延伸，只是採取了商業的形式，而且是一個刻意由國家寡占的市場。這並不是說中國所有的出境旅遊都是政治活動，但是在必要的時候，出境旅遊會成為國家政治行動的有力工具，以確保商業行為最終絕對不會違反政治意志。

根據1998年通過的《中外合資經營旅行社試點暫行辦法》，外商與台商不能經營中國公民出國、赴港澳台之旅遊業務；2010年開始，中方雖然願意在試點的基礎上，逐步開放外商投資的旅行社經營中國內地居民出境旅遊業務，但第4條仍特別載明，「大陸居民赴台灣地區旅遊的除外」。[8]

《大陸居民赴台灣地區旅遊管理辦法》第2條清楚規定：「大陸地區居民赴台灣地區旅遊，須由指定經營大陸赴台旅遊業務的旅行社組織，以團隊形式整團往返，參遊人員在台灣期間須集體活動。」（編按：陸客自由行是2011年6月28日開始實施，全中國共47個城市分批開放。）換言之，對台旅遊業務是禁區中的禁區，外資與台資皆不得涉入，形成了中國官方指定的少數旅行社，寡占台灣出境旅遊的特許經營權。

當台灣的旅遊服務、飯店、遊覽車等承包的業務都掌握在中

---

7 其中的「北京台灣會館國際旅行社」更是直接由中央統戰部營運（蔡俞姍 2013）。

8 http://www.cnta.gov.cn/zwgk/fgwj/bmfg/201506/t20150610_17588.shtml，取用日期：2016/8/9。

國授權的代理商手裡，這個寡占結構遂衍生出三大後果：第一、政治上，它讓中國政府可以如臂使指地決定在什麼時候、以什麼方式、放出多少旅客到哪個國家，以及在什麼時候、以什麼方式將這些「旅遊利益」抽回，以施壓目的地國家，達到其政治目的。第二、經濟上，它讓中國少數的組團社掌握出團的分配權，形成買方市場，藉以壓低地接社的價格，甚至指定某些特定的旅行社、飯店、遊覽車業者與購物店，形成一條龍經營，將利潤極大化回流到中國組團社。回收利潤的方式包括壓低團費，或是向台灣這邊的飯店、餐廳與禮品店抽取佣金或回扣，在這情況下，陸客猶如大批的肥羊。第三、社會控制上，一條龍經營可以將出國的中國人盡可能地控制在固定的行程中，易於管理，同時避免與當地社會接觸，維繫對中國社會的意識形態與集體迷思（group thinking）的掌控，尤其是與「台灣分離主義」有關的議題。

但這種安排直接造成台灣旅行社以低團費或零團費削價競爭，然後轉向購物站抽佣金作為利潤貼補的商業模式。根據觀光局的《來台旅客消費及動向調查》歷年資料，2009–2014年陸客來台年平均人數約為230萬人，每人每天平均消費為256.80美元。與過去占台灣觀光客最大宗的日本相比：2009–2014年，日本觀光客每年來台平均人數約為104萬人，每人每天平均消費為352.60美元。可見陸客的消費力並未高於他國，而是走廉價觀光路線，但整體仍以「人海戰術」取勝。此外，與日本遊客相比，陸客的消費主要集中在珠寶與玉器類。

根據《新新聞》在2016年8月14日第1369期的報導，鳳凰旅

遊董事長張金明表示，每名陸客的成本約 60 美元，但扣除中國組團社的抽成，台灣業者實際上收到的可能僅約 40 美元，有些業者甚至會以 15 到 20 美元承接生意。但「接陸客團有個好處，就是客源穩定，若中國官方不刻意阻擾，每天進來台灣旅遊的陸客就是幾千人」（林哲良 2013）。

蔡俞姍的分析也得到類似的利潤分配。在典型的八天七夜環島行中，每人餐費約 2,400 元新台幣（一餐以 150 元的合菜為主），住宿費為 4,900 元（三星級，兩人一房，每人 700 元），機票、遊覽車、火車等交通費約 9,050 元，景點門票約 1,150 元。如此計算下來，每人團費為 17,500 元，約合每日 73 美元。但在地接社削價競爭的結果下，每人每日的費用竟然可以低到 15 到 20 美元（蔡俞姍 2013: 42–45）。換言之，約三分之二的團費都留在組團社手中，而台灣旅行社平均每團要賠 20 多萬。事實上，許多導遊是先自己付錢給旅行社，再利用強迫推銷抽佣的方式回補；有時候十團中可能九團都賠 20 萬，但只要最後一團可以做到 500 萬，以退佣 60% 來算，就可以倒賺 120 萬。這導致台灣旅行社接團像在賭博，也形成某些地區來的肥羊團變成組團社、地接社與導遊之間的搶手貨。

6.4. 反中國影響力的動員：來自台灣社會的反作用力

陸客觀光在台灣的經營模式，展現了中國政府如何透過政治

權力的壟斷，牢牢控制到台灣的陸客，表面上雖是市場經濟，但在北京的計畫中，是用最小的經濟成本來發揮最大的「政治外部效應」。這種商業模式會造成幾個結果：第一、低團費的觀光行程直接導致服務品質下降，所謂「起得比雞早，吃得比豬差，跑得比馬快」；而導遊逼迫團員購物以達到業績，也易引發導遊與遊客之間的爭執。第二、陸客一直用比定價貴上數倍的價格在購物站消費，對此也了然於胸，以至於有所謂「沒來台灣終生遺憾，來過台灣遺憾終生」的評語。[9]第三、購物集中在少數購物站，陸客團的消費實際上並不能惠及觀光景點周圍的一般商家，而少數得到賞光的商店常常是中國投資者間接買下的商家；事實上，一些中國利益團體還在旅遊景點附近建造了整座的商場。第四、承上三點，陸客觀光的結果經常是加重在地環境清潔的負擔、交通惡化、生活習慣衝突，乃至於對其他觀光客產生排擠效果。這些

9　觀光局 2011 年《來台旅客消費及動向調查》，其中「旅遊決策分析」一項，官方明白指出，「由主要市場觀察，旅行社安排大陸旅客的購物次數以5-6次為最多（占43.25%），非大陸旅客的購物次數以3-4次為最多（占54.56%）。大陸旅客對於旅行社安排購物的物品價格觀感以「貴」為最多（占47.62%）」。有趣的是，2011 年之後的調查不再區分大陸與非大陸，只說明認為購物價格「實在」的人占最大比例，但在2014年的《來台旅客消費及動向調查》卻又特別說明：「103 年大陸觀光團體旅客在台每人每日平均消費為265.34 美元，較102 年增加0.34%；消費細項中除購物費成長 6.96% 外，其餘各項皆略呈減少；而購物類別中，花費在珠寶玉器類者之比重已呈下滑趨勢（由 102 年占35%降至 103 年的30%），其他各類物品購買金額則多為上升，顯示觀光局推動優質團措施，對帶動觀光相關產業發展達致雨露均霑，已顯現其正面效益。」這無疑是由官方證實了陸客的購物費偏高，以及購物集中在某些業者的問題。

問題使得陸客人數衝高的同時，實際上卻逐漸壓縮台灣在地的觀光經濟利益。[9]

但這種實際上壓縮台灣整體觀光利益的行為，在媒體上卻成為「占GDP比重將近三個百分點」的經濟重點，政治實務上的操作也導向地方政府不敢「讓中國不高興」，二者相加，形成對中央政府施壓的「廣大民意基礎」。這種權力槓桿的放大作用之所以可行，主要有賴一群台灣的在地協力者。

熱比婭事件是個代表案例。當時高雄市長陳菊決定不顧中國的反對，在2009年9月播映涉及新疆分裂主義的電影《愛的十個條件》，也就是熱比婭的個人傳記。中國政府以阻斷陸客進入高雄市作為報復的手段，台灣內部也立刻有中央與地方的民意代表、台商組織，與旅館公會同步對高雄市政府施壓。在我們對高雄市政府官員的訪談中，這位綠色執政的一級主管也頗為無奈地表示，這些壓力以兩種方式呈現，一種是「某些業者是民意代表的金主」，「特別是在選舉期間」得以將一己的商業利益轉換成政

---

10 針對這種利益分潤不均的問題，中國方面也開始推出高端團來回應。2015年5月27日，無錫中國旅行社以「奢華啟航，食宿俱尊」為號召，推出「獨家VIP至尊台灣旅遊團」。台灣的觀光局還特別幫忙指出，高端團須在行前付清團費，因此大陸組團社須在行前提出付款水單，台灣接團社也提出已收到貨款的切結書才得放行，「行程中全程無指定購物店，團員能依照自身意願前往特色商圈、商場、百貨公司等地自由購物，展現高消費實力」。而這些報導其實正是從反面證實了之前低團費、高抽成，與購物站消費型態的問題。李緣，《大紀元》，〈陸客高端團首發2團來臺暢遊寶島〉，https://www.epochtimes.com/b5/15/5/28/n4445249.htm，取用日期：2018/2/28。

治壓力；另一種則是「藝品店、旅館業與某些在地商家雇用許多在地人口」，一旦這些人失業，就會形成與論，構成一定的選票壓力。

陸客旅遊業從看似互利、自願性的商業行為開始，逐漸構作一條依賴的路徑，讓台灣社會退出的成本越來越高，逆轉回原先狀態的可能性越來越小，而個人、短期的利益則逐漸累積為集體、長期的不利。看似公民社會的自由交往，長期下來卻逐漸限縮台灣社會未來自由的選項。

6.5. 結語：台灣的調適、新的威脅

民進黨在 2016 年再度執政後，中國政府宣布凍結自由行來台旅遊的核可。隨後蔡英文政府推動了替代方案，東南亞、日本、南韓、香港與澳門等地來台灣的遊客日漸增長，陸客占國際遊客的比例從 40% 下降到 24%。這也使得陸客從主導台灣旅遊業的角色變成五大主要地區中的四分之一。然而，Covid-19 疫情衝擊了台灣旅遊業，親中的台商又有機會重新在台灣的旅遊業奪回一席之地。這場拉鋸戰還沒落幕。

參考文獻

林哲良，2013，〈鳳凰老闆無奈告白陸客沒利潤！〉。《新新聞》1369，6月4日，http://www.new7.com.tw/coverStory/CoverView.aspx?NUM=1369&i=TXT201305291528521H0，取用日期：2016/8/14。

范世平，2010，《大陸觀光客來台對兩岸關係影響的政治經濟分析》。台北：秀威資訊科技。

陳元，2012，《政府與市場之間：開發性金融的中國探索》。北京：中信出版社。

蔡宏政，2017，〈陸客觀光的政治經濟學〉。收入吳介民、蔡宏政、鄭祖邦主編，《吊燈裡的巨蟒：中國因素作用力與反作用力》。新北：左岸，頁217–240。

蔡俞姍，2013，《兩岸旅行業在陸客來台上的合作動態與機制》。新竹：國立清華大學社會所碩士論文。

Arrighi, Giovanni. 2007. Adam Smith in Beijing: Lineages of the Twenty-First Century. New York: Verso.

Oi, Jean C. 1995. The Role of the Local State in China's Transitional Economy. The China Quarterly, 144, Special Issue: China's Transitional Economy (Dec., 1995), pp. 1132–1149.

Walter, Carl, and Fraser Howie. 2012. Red Capitalism: The Fragile Financial Foundation of China's Extraordinary Rise. New Jersey: John Wiley & Sons.

⎡7⎤ 自由行如何改變香港經濟生態

葉國豪，香港大學社會學博士

　　傳統上，中國大陸的旅客可以持商務簽證或參加指定的大陸旅行社所組成的旅行團到香港旅遊。根據香港旅遊發展局的統計，1997年有2,364,224名陸客到香港，占遊客總數的20.97%，這個數字在隨後的幾年持續增長。到了2003年，陸客占了遊客總數的大半（54.5%），達到8,467,211人（圖7.1）。然而，2003年初，嚴重急性呼吸系統綜合症（SARS）爆發以及一連串的經濟衰退重創了香港旅遊業。2003年5月，飯店入住率由前一年度的84%下滑到18%，遊客人數則驟降了68%（《香港年報》2003年）。

　　2003年6月29日，中國與香港簽署了《內地與香港關於建立更緊密經貿關係的安排》（CEPA）作為推動經濟復甦的方案。旋即又推出了「自由行」，允許陸客以個人身分到香港旅遊，最初僅開放廣東省的四個城市（東莞、中山、江門與佛山），現在已經包括49個一線與二線城市。當來自其他地方的旅客逐漸減少時，前往香港的陸客卻是大幅增長。例如在2004年，來港陸客超過了1,220萬人次，年增長率高達44.6%。2009年4月，由於全球經濟衰退，加上中港兩地跨境的經濟融合，北京推出「一簽多

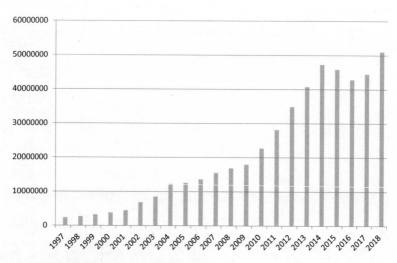

圖7.1 到港陸客人數，1997-2018

行」簽注，來港旅客人數應聲暴漲，對香港的商業帶來了正面的影響，但也產生了一些社會與政治衝擊。

　　旅遊業是香港經濟相當重要的部門。圖7.2與7.3分別顯示旅遊業的附加價值占香港本地生產總值的比例，以及旅遊業相關從業人員占總就業人口的百分比。圖7.2清楚說明了，2009年推出深圳戶籍居民可以在一年間不限次數往返香港的「一簽多行」簽注後，旅遊業的附加價值占本地生產總值的比例便急遽攀升，到了2018年，旅遊業占香港本地生產總值達到了4.5%（我此處仍使用2018年數據，因為2019年受新冠肺炎影響香港旅遊業大受衝擊，許多相關統計數據並不能反映正常的情況）。旅遊業的從業人員也出現了相似的趨勢，CEPA簽署後的2004年，旅遊業從業

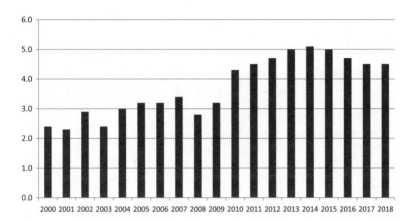

圖7.2 旅遊業的附加價值占香港GDP的比例，2000–2018

人員占總就業人口的4.7%，「一簽多行」簽注推出一年後的2010年成長到6.2%，到了2018年又攀升到6.6%。這一連串的數字說明了，相關的旅遊政策如何刺激了旅遊業令人刮目相看的成長。

7.1. 中國的直接影響力：CEPA之下中共黨國體制所提供的經濟誘因

中國政府透過文化和旅遊部、商務部、公安部、國務院港澳事務辦公室等中央部會，以及地方政府的相關機構與部門，對香港旅遊業施展影響力。

時任香港財政司司長的梁錦松在2002-03年的政府財政預算案中，首次肯定「四大支柱產業」的重要性，「因為它們可以帶

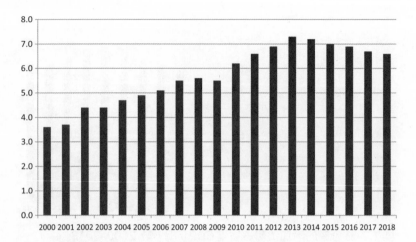

圖7.3 旅遊業從業人員占總就業人口的比例，2000–2018

動其他產業的發展，推動整體經濟，促進就業。」其中，旅遊業是最小的一根支柱，對香港GDP的貢獻大約在2002年的2.9%到2012年的4.7%之間。CEPA因此被旅遊業視為拓展市場的良機。[1]

2003年12月19日，中國與香港簽署《加強內地與香港更緊密旅遊合作協議書》，承諾推動旅遊業發展並增加互動。可是，在爆發打黑工、賣淫與香港承接旅客的能力有限（例如飯店與客房短缺）等意料之外的社會問題之後，中央政府暫停了進一步的開放。這說明了，旅客人數的管控權在中央政府，而不是香港地方政府（表7.1）。

---

[1] 直到2012年6月，合法的內地與香港合資旅行社在中國只能經營包括香港與澳門的對外旅遊。

　　香港在2008年中受到全球金融危機衝擊，經濟重創，許多中小企業倒閉，股市一瀉千里。時任中國總理的溫家寶表示，北京一定會在危機時刻支持香港。其中一個手段就是擴大自由行的涵蓋面（《明報》2008年10月29日）。當時瀰漫著一股氣氛，認為香港經濟只有仰仗中國才能克服困難。香港政府與中央政府及廣東省在2008年12月開始合作，增加陸客來港旅遊的人數（香港特別行政區政府新聞公報2008年12月8日）。與此同時，國家發改委也公布了《珠江三角洲地區改革發展規劃綱要》，更進一步推動香港與廣東省的旅遊業發展。

表7.1　香港主要旅遊業團體簡介

名稱	主要功能
香港旅行社協會	成立於1957年，主要宗旨是提供一個討論問題的平台，目前是香港旅遊議會的成員
香港旅遊業議會	成立於1978年，主要目的是保障旅行社的利益，必須具有香港旅遊業議會的會員資格才能申請旅行社執照
香港旅遊發展局	2001年根據《香港旅遊發展局條例》設立，由政府挹注資金，負責在全球行銷和宣傳香港旅遊業
旅遊事務署	1999年成立，隸屬於香港商務及經濟發展局，由旅遊事務專員領導，負責制定旅遊業的相關發展政策與策略

資料來源：作者整理

　　在深圳與香港政府的鼎力支持下，2009年4月1日推出了上述「一簽多行」的自由行簽注。[2]這個新措施大力刺激了香港經

濟，餐飲業、零售業與店鋪出租等行業尤其受惠良多；2010年4月簽署的《粵港合作框架協議》又進一步對人員、貨物、資訊與資金等關鍵要素的跨境流動更加便利。到了2010年12月，又有約四百萬名符合條件的深圳戶籍但非廣東戶籍的居民（包括所有政府聘僱人員、企業員工和個體工商戶業主）取得前往香港的自由行簽注。

「一簽多行」政策的實施影響巨大。拜這項政策之賜，推出一週年期間（2009-10年）有超過450萬陸客到訪香港，零售業的年成長率達10%（《東方日報》2010年1月4日;《文匯報》2010年4月1日）。到了2011年，共有4192萬旅客到香港，其中2800萬人為陸客（年增長率達24%），又有65%的陸客是自由行，其中的30%受惠於一年可多次入境的「一簽多行」（《大公報》2012年1月6日）。回顧過去幾年的數據，我們發現2012年是香港自由行的分水嶺，之後的內地與香港衝突則限制了自由行的進一步發展。當時香港市民開始關注自由行的社會後果，並要求政府取消自由行。「雙非嬰兒」越來越多，[3]跨境駕駛問題也越演越烈，迫使梁振英政府在2012年中暫停了讓更多中國城市可以申請來港自由行的措施。在現實生活中，香港人對自由行的態度相當矛盾，一方面廣泛承認陸客對經濟的正面影響，但另一方面也很擔憂商品價格和租金的飆漲以及社會安全問題。自由行沒有增加內地人與

---

2 深圳的人均國內生產毛額在大陸的城市中位居榜首。2009年時，擁有當地戶籍的居民計230萬，另外還有740萬名非本地居民。

3 「雙非嬰兒」是指在香港出生、但雙親都不是香港永久居民的嬰兒。

香港人之間的互信，反而讓香港人對陸客的印象惡化（香港亞太研究所2012）。自由行的邊際效應令人質疑，從而成為梁振英政府的「政治炸彈」。

　　為了舒緩強烈的反對聲浪，香港政府強化對邊境小鎮上水的管理，防止陸客攜帶水貨，[4]並宣布從2013年1月起實施「零雙非」政策，禁止本人與丈夫都不是香港居民的內地孕婦到香港分娩。2013年3月起，媒體爭相報導香港政府可能暫停「一簽多行」的自由行簽注，最終並沒有實施，因為這項政策涉及內地的不同地方政府（尤其是深圳），一旦政策中止，恐怕很難再度啟動。此外，雖然民調顯示約有六成受訪者認為應該減少自由行的人數並取消「一簽多行」，但這些建議卻遭到零售業和旅遊業相關從業人員的激烈反對（香港大學民意研究計劃2014年6月）。為了淡化自由行的負面影響，各界廣泛討論了許多方案。2015年3月，香港特首梁振英前往北京，正式建議中央政府限制「一簽多行」的政策。同一時間，一項民意調查指出，63.3%的受訪者認為，陸客自由行的數量已經超過香港的承載能力，66.7%認為應該減少自由行的人數，70.4%認為應該要取消自由行（香港亞太研究所2015）。整體的局勢相當明白，顯示相關政策遲早會有變動。到了4月13日，中央政府終於正式推出新措施，將香港自由行的「一簽多行」改為「一周一行」（表7.2）。

4　2012年有一百萬名的水貨客，超過九成是持有多次入境的自由行簽注（《明報》2013年1月1日、2日）；不過，香港保安局估計，六成的水貨客是香港人（《成報》2013年1月20日）。

表7.2 支持香港旅遊業的主要措施，2003–2017

時間	措施	主要內容
2003年6月	內地與香港關於建立更緊密經貿關係的安排（CEPA）	陸客可以到香港自由行
2008年7月	內地與香港關於建立更緊密經貿關係的安排補充協議五	允許香港永久性居民中的中國公民參加內地導遊人員資格考試
2009年1月	珠江三角洲地區改革發展規劃綱要	支持廣東省與港澳地區人員往來便利化
2009年4月	「一簽多行」的自由行	深圳戶籍居民可以持「一簽多行」的簽注到香港旅遊
2009年5月	內地與香港關於建立更緊密經貿關係的安排補充協議六	促進內地與香港的旅遊業推出「一程多站」的旅遊產品
2009年12月	進一步放寬自由行	非廣東籍的深圳居民可以透過自由行到香港旅遊
2010年4月	粵港合作框架協議	促進人員、貨物、資訊與資本等主要要素跨境交流
2010年12月	進一步放寬自由行	非廣東籍的深圳居民可以透過自由行到香港旅遊
2011年2月	粵港合作第十六次工作會議	加強旅遊合作、協商與通訊機制，促進粵港旅遊業整體發展計畫
2012年6月	內地與香港關於建立更緊密經貿關係的安排補充協議九	允許香港旅行社在內地設立獨資或是合資旅行社，經營到香港與澳門的團體旅遊
2012年9月	進一步放寬自由行	410萬名非深圳本地居民可以申請自由行
2015年4月	取消「一簽多行」的自由行	調整「一簽多行」，改為「一周一行」
2017年8月	關於進一步深化內地與香港旅遊合作協議	進一步加強雙方在旅遊業發展的交流與合作

資料來源：作者彙整

　　相較於地方政府著眼於短期、立即的經濟效應，希望以最大的幅度擴張自由行的規模，擁有最終決策權的中央政府在調節訪港陸客的過程中扮演了重要角色。擴大自由行的決策需要得到公安部與國務院港澳辦的批准。中央政府根據香港的承載能力與客流量靈活調整旅客配額，在他們看來，逐步擴大自由行的計畫是在為香港的繁榮與穩定而努力。香港的經濟也因此逐漸走上了依賴發展的路徑。

7.2. 中國的間接影響力：吸納並動員中共在香港旅遊業的協力者

7.2.1. 新的在地協力者網絡

　　陸客到香港旅遊的第一個後果，是立法會選舉中不斷壯大的中國影響力。香港是一個部分民主的社會，立法會選舉包括了地區直選與功能界別，[5]旅遊業在1991年開始成為功能界別之一，並由團體（大部分是旅行社和航空公司）投票選出代表旅遊業的議員。換句話說，只有企業擁有投票權，員工不能參與選舉（Ma 2016）。[6]1997年起，旅遊業的功能界別長期由建制派主導。1998

年，香港的旗艦航空公司國泰航空的總經理、資深市政局議員楊
孝華同額競選；[7]2000年與2004年，楊分別以45.07%與48.20%的
支持率成功連任。到了2008年，楊以考慮退休為由拒絕再選，
導致本屆選舉的競爭空前激烈。[8]在四位出馬角逐的候選人中，
2004年曾參選旅遊界卻落敗的親建制派資深律師謝偉俊，以僅
僅36.69%的得票率勉強當選；[9]值得注意的是，有媒體指出中聯
辦給其屬意的候選人提供協助（《蘋果日報》2008年8月26日；馬
嶽2013: 110）。不過，謝偉俊的勝出其實是個意外。到了2012
年，香港中國旅行社副董事長姚思榮據說獲得中聯辦的加持，因
此在選舉中勝出。至於謝偉俊，則是在結束短短四年的旅遊界
議席後，轉戰地區直選，最後在中聯辦的援助下勝選（《蘋果日
報》2012年12月31日）。[10]到了2016年的選舉，姚思榮獲得625票
（60.86%）連任成功（表7.3）。

---

7 國泰航空隸屬於太古集團旗下。太古是一個多角化經營的全球集團，被視為香
  港旅遊業最有影響力的公司。

8 2008年退選後，楊孝華隨即被北京任命為港區全國政協委員，繼續發揮其政治
  影響力。

9 其他三位主要競爭者是香港旅遊業議會的執行董事董耀中，得票率35.67%；香
  港旅行社協會主席葉慶寧，得票率18.46%；社運人士司馬文，得票率9.17%。
  謝偉俊被其他人批評說他並不屬於旅遊業者。

10 謝偉俊公開承認中聯辦給他奧援，除了幫他介紹重要的社會團體與人士，還動
  員了所屬網絡與資源。

表7.3 立法會旅遊業功能界別議員背景，1997–2016

時間	代表	職業	政治傾向	得票狀況	競選人數
1998–2000	楊孝華	商業	自由黨	自動當選	1
2000–2004	楊孝華	商業	自由黨	274 (45.07%)	3
2004–2008	楊孝華	商業	自由黨	349 (48.20%)	3
2008–2012	謝偉俊	律師	獨立候選人、親建制派	324 (36.69%)	4
2012–2016	姚思榮	商業	獨立候選人、親建制派	523 (56.48%)	2
2016至今	姚思榮	商業	獨立候選人、親建制派	625 (60.86%)	3

資料來源：選舉管理委員會、香港特別行政區歷年資料

　　仔細分析1991年以來的旅遊業功能界別的選舉，我們可以發現在中國的影響力之下，一個地方協力者的網絡逐漸成形，而且具有以下的特點。

　　太古集團的影響力江河日下：太古集團是一家多角經營的英國公司，也是國泰航空的主要股東。[11] 從1991年起，太古集團支持的候選人即主宰了旅遊界，候選人很難在沒有太古集團支持的情況下勝出。然而這個態勢在2004年起了變化，與太古集團沒

---

11 太古集團持有國泰航空的45%股份，另一個重要的股東是中國國際航空公司，持有29.99%的股份。請參閱太古集團網站 goo.gl/Kfk5bF，取用日期：2021年10月31日。

有直接關聯的謝偉俊參選，並對現任議員楊孝華構成威脅。到了2008年，太古集團即失去對旅遊業功能界別選舉的主導權。太古集團的逐漸式微，說明了傳統的英國公司在香港正慢慢地失去影響力。[12]

中聯辦的角色旭日東昇：2008年選舉期間，中聯辦和中資公司利用籌辦宴會來支持他們屬意的候選人董耀中（馬嶽2013: 110）。雖然這樣的支持並未確保選舉結果，但已經可以看出中聯辦逐漸介入旅遊業功能界別的選舉。[13]到了2012年，中聯辦終於順利地把隸屬中共的香港中國旅行社副董事長姚思榮送入立法會。[14]此後，這些與中國過從甚密的候選人在立法會中逐漸成為具有影響力的團體（《蘋果日報》2012年7月24日）。

政治分歧：「泛民主派vs建制派」的論述並不是旅遊業功能界別選舉的主要政治分歧。由於香港資本家的政治立場通常趨於保守，泛民主派甚至找不到合適的參選人。[15]此外，功能界別的選民人數相對較少（因此候選人不需要透過政黨的支持來接觸和

---

12 到了2017年，太古集團的成員之一，成立於1948年的太古旅遊，出售給一家中國地產開發商公司合景泰富。

13 謝偉俊並沒有在2004年選舉時和中聯辦的「高層」有所溝通；另外報導指出，中聯辦並沒有支持特定的候選人（《香港經濟日報》2004年8月26日）。

14 姚思榮否認，他的公司具有中資背景會對他的競選有所助益（《星島日報》2012年5月17日）。

15 根據馬嶽的研究（2013: 120），從1985年到2008年間，在28個功能界別的議席中，民主派只參與了其中的13個功能界別。司馬文是泛民主派公民黨的創黨成員之一，他在2008年參與旅遊業功能界別選舉，是罕見之舉。

動員選民），也更著重於產業利益而不涉及全港政策。所以，政治黨派對旅遊業功能界別的選舉無關緊要。自由黨主要是靠功能界別的選舉來贏得席次。2008年立法會選舉時，董耀中代表自由黨參選，只是他在競選期間並不強調所屬政黨。有傳言指出，在2012年選舉時，自由黨有意推出香港旅遊業議會的前主席何栢霆參選，但在姚思榮宣布參選後，何栢霆沒有繼續與之競爭。一言以蔽之，旅遊業功能界別選舉的政治分歧更多是大型旅行社與中小型旅行社之間的對立。

7.2.2 建構經濟依賴的論述

如上文所描述的，從2003年7月迄今的自由行，以及從2009年4月到2015年4月間的「一簽多行」，讓香港的旅遊業嚴重依賴陸客。不少學者認為這些政策有助於香港在金融危機時提振疲軟的經濟，所以是「穩賺不賠」（《香港商報》2009年1月14日）。身為一個小型的經濟體，香港的政府採取依賴發展的策略來面對中國巨大的經濟規模。這類思維低估了因此所造成的社會與政治負面效應，把陸客當成解決眼前經濟危機的萬靈丹，加深了香港政府的依賴地位。換句話說，香港越是依賴北京，在雙邊的經濟關係裡就越趨弱勢。

可是，香港政府仍積極強化這種依賴的地位，強調中國現代化過程中這些「新機遇」的重要性。香港特首每年的施政報告是預測和了解政策運行的有效方式。董建華在2003年的施政報告談到廣東的自由行，表示：「這些措施不僅會刺激香港的旅遊業，

鞏固香港的旅遊中心地位，而且有利於進一步加強香港與廣東省的聯繫，擴大兩地合作的空間。」迅速從SARS的疫情恢復後，董建華在2004年的施政報告說，將進一步擴大自由行的規模，並「加強與內地尤其是珠三角的合作，聯手進行旅遊推廣活動」。到了2005年，董建華在施政報告時重申：「我們會積極採取措施，鞏固既有優勢，繼續發展潛力」，「使香港成為更具吸引力的購物天堂」。很明顯的，董建華政府對於實施CEPA立即帶來的經濟貢獻抱持正面的評價。2006年進入曾蔭權擔任特首的新時代，在第一次的施政報告中，他表示將加快中、港融合的進程，強調中國「十一五」規劃帶來的機遇，其中明確包括了支持香港發展旅遊業的措施。曾蔭權在2007年的施政報告則強調一些跨境基礎建設，包括連結廣州、深圳與香港的高鐵，港珠澳大橋，還有香港與深圳機場的合作等，所有這些規模龐大的計畫都是為了促進香港與旁邊的深圳、珠江三角洲進一步融合。曾蔭權在結語強調中、港關係緊密，他說：「我們要用整個國家的視野去看香港，從這個高度去看香港，我們才會看得見未來」（127段）。很明顯的，這是曾蔭權政府對香港人設立的「新方向」。2008年起，隨著全球經濟衰退，香港加速與內地經濟一體化。為了應對迫在眉睫的挑戰，曾蔭權政府加強與珠江三角洲地區的經濟融合，嘗試打造聯合香港與深圳的國際大都會，以及增加與廣東的合作。在2009年的施政報告中，港府再次尋求中央政府的援助，認定陸客是更進一步推動旅遊業發展的有效策略（15段）。2010年雖然旅遊業表現亮麗，前八個月累計有2300萬人次的遊客，但也伴

隨著許多充滿爭議的劣質經營手法以及品質問題（103段），因此政府理當推出更多的監管手段。此外，為了確保香港在國家「十二五」時期能進一步發揮其獨有的優勢和功能，這次的施政報告再次提及廣東與香港的合作。沿襲這個思路，「把握內地的新機遇」成為2011年施政報告中確保香港競爭力的策略。曾蔭權政府繼續檢討旅遊業的運行與管理架構，可是不但沒有減少陸客的數量，反而推出更多的旅遊設施或是擴建。梁振英與前面兩任的特首不同，在2013年首次發表施政報告時，制定了全面的產業政策，設立了更高層級、跨部門的經濟發展委員會，下設多個小組（包括「會展及旅遊業」小組）負責向政府提出具體建議。報告亦提及推動廣東與香港兩地全方位合作，包括旅遊業（23及26段）。在2014年的施政報告中，梁振英首次承認「過量或過於集中的旅客會對香港構成壓力」，所以「因應本港經濟及社會狀況適度有序吸引內地旅客」很重要（22至23段）。暫時凍結新增自由行試點城市數量還有「一簽多行」許可範圍的措施，雖然來得太遲，但至少緩和了香港承接陸客的壓力。梁振英在2016年的施政報告中指出，香港「要求平穩、健康及長遠的發展」，並加強向海外，特別是在東南亞的推廣力度（17至18段）。2017年7月就任特首的林鄭月娥，在第一份施政報告中，把吸引更多高消費力的過夜旅客列為重要任務，並召開了旅遊事務高層統籌會議以推動各項措施（107及109段），2018與2019年的施政報告則重申了上述的工作。在2020年的施政報告中，因為受到社會抗爭與新冠疫情的連番打擊，才趁機審視香港的旅遊地位，開拓本

地文化與綠色旅遊以重振旅遊業，然而林鄭月娥仍積極爭取中央政府對兩地旅遊合作的支持（65及66段）。在2021年的施政報告中，則更強調繼續深化與大灣區城市的合作（76段），並且積極的配合中國大陸的防疫安排，以期早日實現中港兩地通關挽救香港經濟。整體而言，在香港與內地經濟融整合的背景下，歷任特首都強調陸客的重要角色，尤其是在經濟困難的時刻。圖7.4顯示，在施政報告特別著重旅遊業之後，2003年、2005年、2009到2010年，以及2014年以後的旅客人數都顯著增加。如此一來，中央政府是施予者與控制者、香港是積極主動的求助者這樣的依賴地位逐漸確立。相較於不斷關注自身「環境承載能力」的澳門，

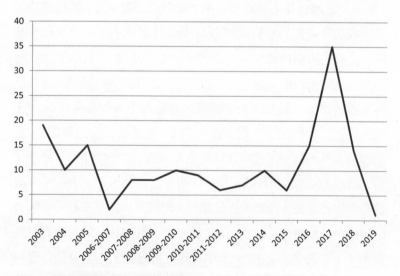

圖7.4 施政報告提到旅遊業的頻率，2003–2019

香港政府顯然忽略了這些影響。[16] 香港政府到了 2012 年 9 月才宣布將評估「環境承載能力」，包括海關、旅遊景點、公共運輸、飯店住宿，以及自由行的經濟效應、整體的社會影響等。2013 年 12 月終於公布的評估報告做出結論，表示香港是個自由港和小規模外向型的經濟體，但不能也不該限制旅客人數（商務及經濟發展局 2013）。這份姍姍來遲的報告因為沒有涵蓋社會承載力而引發廣泛批評。實際上，早在 2003 年自由行啟動前，當時擔任中國副總理的吳儀就發出警告，她說，打開閘門很容易，問題在於香港能不能承受得起大批湧入的陸客（《信報》2014 年 5 月 2 日）。

　　雖然經濟學者早已大聲疾呼，香港不該只仰賴陸客，應該要開拓其他新興市場，像是越南、印度等（《新報》2014 年 6 月 4 日），但經濟的考量仍是香港延續依賴狀態的主要原因。有經濟學者估計，如果減少當日來回的「一簽多行」自由行旅客，香港旅遊業一年將損失 100 億港幣，造成一萬人失業。如果減少二成的過夜旅客，損失則高達 718 億港幣（《明報》2015 年 5 月 28 日）。於是，有評論者用「資源詛咒」的概念來形容 1997 年之後的香港旅遊業發展，並主張香港應該提高旅遊業的品質而不是一再追求數量（《明報》2015 年 4 月 14 日）。

---

16 例如旅遊研究所接受澳門特區政府委託，對澳門旅遊業的社會最適承載力進行了多次調查。

7.3. 反中國影響力的動員：從光復運動到立法抗議

陸客數量暴增帶來的社會問題長期被低估，香港政府卻無法妥善處理，於是引發了一連串反中國影響力的抗議活動。

2012年1月，上千名憤怒的抗議者在網路上串連，隨後前往尖沙咀包圍Dolce & Gabbana的旗艦店，抗議這家義大利精品公司的歧視行為，只允許外國人與陸客在店裡拍照。禁止拍照事件甚至引起平等機會委員會的關注，要求該公司解釋，Dolce & Gabbana最後對於冒犯香港人表示遲來的「衷心致歉」。這起事件突顯了中港關係的敏感程度，也反映了香港人對陸客的反感。不少學者認為自由行對香港是一把「雙面刃」，例如黃子為、鄭宏泰與尹寶珊的研究發現，近年來推行「一簽多行」的自由行簽注後，香港人的政治信任感迅速滑落（Wong, Zheng and Wan 2016）；呂大樂（2015）則批評入境香港的旅遊業問題主要是因為香港特區政府過於仰賴內地市場，而香港有必要提升服務、增加自身的競爭力；游秋萍與鄺健銘則認為，香港與內地社會、經濟的快速融合威脅到香港人的獨特感，激化他們對同化的抗拒情緒（Yew and Kwong 2014）。

由於積極抵抗中國試圖控制公民自由，香港正逐漸成為中國境外一個活力四射的公民社會。在1997年之後，抗議、遊行與集會已經是香港的日常行為（Hung and Ip 2012）。隨著中國的影響力持續蔓延，凸顯香港自治與核心價值的公民社會反動員，成

了各種社會運動的政治基礎。其中最直接的反動員就是反內地情緒。在這個背景下，跨境問題讓香港陷入分裂的局面。一連串反水貨客運動展開，抗議者宣稱要從內地人的手中「光復」香港。2015年2月，「熱血公民」與「本土民主前線」等團體率領數百人到屯門遊行，示威者對著陸客大喊「滾回內地」、「還我屯門」等口號，抗議水貨客的衝擊（SCMP 2015年2月9日）。一個禮拜後，示威者再度於網上串連，並到另一個「水貨天堂」沙田抗議，結果爆發衝突，數百名抗議者對陸客表達憤怒，要他們「喝自己的奶粉」。抗議人群中，有人揮舞著港英時期的旗幟，也有人高喊著「港獨」、「梁振英下台」（SCMP 2015年2月16日）。香港政府仍舊未能有效處理失控的水貨客問題，2015年3月，元朗再度發生暴力抗議事件。激烈的反內地情緒演變成混亂的對峙，導致數十人被捕與受傷。一些學者批評政府只在乎旅客數量，忽視品質，呼籲要全面檢討自由行等相關旅遊政策（Zheng et al. 2015）。

在這些反動員的過程中，不同的政黨與團體也趁機壯大自身的影響力，例如2013年成立的「香港本土」組織了拉著行李箱示威的「拖篋」運動，呼籲當局限制進入香港的陸客人數。另一方面，建制派發起的「保衛香港運動」、「愛港之聲」則和反水貨客運動分庭抗禮、引發沸沸揚揚的論辯。選舉期間跨境經濟的融合成為爭議話題，也出現了類似的反中動員。2012年立法會選舉時，反對黨多認為自由行是來自中國的威脅，有人擔心香港將淪為「中國殖民地」，反對「香港赤化」。2016年的立法會選舉期間，一些高舉本土主義的團體熱烈參與競選，其中立場激進的熱血公

民和青年新政都有贏得席次。

　　這些反動員運動激化了香港與內地的對峙，也強化了香港的本土主義與在地認同。根據一項貫時性長期民調顯示，2017年有28.3%的受訪者對中國人抱持負面觀感，高於對美國人的11.4%與對日本人的8.1%。但是，在同一份調查中，受訪者對台灣人有負面觀感的只有3.6%。[17]正如方志恒（2017）的觀察，本土主義與本土認同的興起是對中國影響力不斷擴大的反動員。吳介民（2014）也認為，北京刻意在中、港之間打造經貿的依賴關係，然而，當中國的干預不斷加強時，也引發了更多的公民反抗運動。從2008年年中以來，香港人對中國的民族認同感日漸下滑，在年輕族群尤其明顯。例如，2008年6月時有38.6%的受訪者自認為「中國人」，但到了2021年6月只剩下13.2%的受訪者抱持一樣的認同；相反的，分別有44.0%和28.5%的受訪者認為自己是「香港人」，或是「在中國的香港人」。[18]雖然有許多研究試圖解析上述香港人認同轉變的現象（例如趙永佳2016; Yew and Kwong

---

17 請參閱香港大學民意研究計劃https://www.hkupop.hku.hk/chinese/popexpress/people/datatables/datatable21.html，取用日期：2018年4月29日。最新的調查結果 (2021年1月) 顯示，對大陸人民反感的有22%，對台灣人民反感的有5%。請參閱香港民意研究所https://www.pori.hk/wp-content/uploads/2021/07/pr_2021feb09.pdf，取用日期：2021年10月31日。《港區國安法》通過後對相關議題的影響值得另文關注。

18 請參閱香港民意研究所 https://www.pori.hk/pop-poll/ethnic-identity/q001.html，取用日期：2021年10月31日。在2008年4月另有一份類似的民調指出，41.5%的受訪者表示他們是中國人。請參閱趙永佳，2016。

2014），但到目前為止仍缺少一個適切的解釋。香港人認同轉折的背後原因之一可能是 2009 年 4 月推出的自由行「一簽多行」。一簽多行是香港本土認同感不斷強化的深層制度因素，本土認同可能又影響了眾人對於旅遊業發展的態度（Ye et al. 2014）。反中國影響力運動的崛起和強大的反作用力，終於促使中央政府調整了自由行政策。

7.4. 結語：來自香港陸客旅遊業的教訓

本文的主旨在於勾勒香港陸客旅遊業的狀況與其後果，從討論 2003–19 年的自由行整體發展趨勢開始，本文描繪了中國如何影響香港的旅遊業，尤其是對旅遊業在立法會選舉的衝擊。接著進一步分析跨境的經濟融合如何建構了香港的依賴地位，最後本文討論了香港公民社會的反動員運動。

本研究具有幾項實際的意涵。首先香港身為一個「周邊自治體」，在跨境旅遊蓬勃發展之際，逐漸削弱了自主性，形成依賴的地位。其次，香港應該減輕陸客旅遊所帶來的副作用。第三，對於那些面對中國影響力不斷擴大的社會與國家而言，本文及時提供一個具體實例，分析在經濟融合過程中的跨境旅遊及其可能產生的社會影響。2017 年 8 月簽署的《關於進一步深化內地與香港旅遊合作協議》，目的在於更進一步強化雙方在旅遊業發展的交流與合作。林鄭月娥政府顯然對於自由行的態度較為謹慎，但考慮到對社會的影響，目前仍沒有改變自由行的計畫。2019 年年

中以來，香港因為「反修例」運動帶來動盪不安，到了2020年初又爆發了新冠肺炎疫情，導致前往香港的陸客人數驟降97.8%，來到歷史低位，旅遊業陷入前所未有的低迷。人們再度引頸期盼，希望跨境旅遊可以拯救香港經濟（《信報》2020年4月10-13日）。有一點可以肯定的是，一旦「經濟融合」的概念盤據了舞台中心，隨著中國的影響力不斷擴大，這件事就會一直成為香港民主派動輒得咎的敏感議題。

參考文獻

方志恒，2017，〈香港的本土化浪潮：中國因素氣旋下的抵抗動員〉。《中國大陸研究》60(1): 1–17。

立法會秘書處資料研究組，2015，〈香港的四大支柱及六大產業：回顧與展望〉。研究簡報 RB03/14-15。

吳介民，2014，〈中國因素氣旋下的台港公民抵抗運動〉。收入謝政諭、高橋伸夫、黃英哲主編，《東亞地區的合作與和平》。台北：前衛，頁130–144。

呂大樂，2015，〈香港的入境旅遊業：問題與挑戰〉。《港澳研究》2015(4): 77–83。

香港亞太研究所，2012，《市民對自由行態度矛盾》。香港：香港中文大學，9月28日。

香港亞太研究所，2015，《逾半人不認同反自由行行動　三分二市民贊成收緊自由行》。香港：香港中文大學，3月4日。

馬嶽，2013，《港式法團主義：功能界別25年》。香港：香港城市大學。

商務及經濟發展局，2013，《香港承受及接待旅客能力評估報告》。香港：香港特別行政區政府。

趙永佳，2016，〈解讀港人「人心背離」之謎〉。《明報》，4月19日。

Hung, Ho Fung and Iam Chong Ip. (2012). "Hong Kong's Democratic Movement and the Making of China's Offshore Civil Society," *Asian Survey* 52(3): 504–527.

Ma, Ngok. (2016). "The Making of a Corporatist State in Hong Kong: The Road to Sectoral Intervention," *Journal of Contemporary Asia* 46(2): 247–266.

Wong, Kevin Tze-wai, Victor Zheng and Po-san Wan. (2016). "The Impact of Cross-Border Integration with Mainland China on Hong Kong's Local Politics: The Individual Visit Scheme as a Double-Edged Sword for Political Trust in Hong Kong," *The China Quarterly* 228: 1081–1104.

Ye, Haobin Ben, Hanqin Qiu Zhang, James Huawen Shen, and Carey Goh. (2014). "Does Social Identity Affect Residents' Attitude toward Tourism Development? An Evidence from the Relaxation of the Individual Visit Scheme," *International Journal of Contemporary Hospitality Management* 26(6): 907–929.

Yew, Chiew Ping and Kwong Kin-ming. (2014). "Hong Kong Identity on the

Rise," *Asian Survey* 54(6): 1088–1112.

Zheng, Victor, Fanny Cheung, Stephen Chiu, Po-san Wan. (2015). "Hong Kong Must Find a Rational Way to Ease Tensions Over Mainland Visitor Influx," *South China Morning Post*, March 11.

[8] 中國跨國媒體審查在台灣的蔓延[1]

黃兆年，國立政治大學國家發展研究所助理教授

　　隨著中國的經濟崛起，國際社會也越來越關注中國威權體制對全球人權與民主的潛在影響，其中對新聞自由的衝擊是最受矚目的議題之一。在這個議題上，台灣的經驗尤其值得借鑑。儘管在歷經二十多年的民主化之後，台灣的媒體自由有所改善，但從1990年代開始，當台灣與中國的經濟聯繫日漸加深，台灣的新聞自由也從2000年代末期逐漸遭到侵蝕（見圖8.1）（Reporters Without Borders 2020a）。這些現象將是本章的探索重點：中國真的有對境外的台灣媒體發揮影響力嗎？如果有，又是用什麼方法？在探究這個問題之後，本章將接著討論台灣如何因應北京對媒體的控制。

　　有關中國對台灣媒體發揮影響力的既有文獻，提供了充足與詳細的分析（川上桃子 2017; 黃兆年 2017; Cook 2013; Hsu 2014），然而，這些研究很少提出一套理論，把北京對其他國家的媒體施

1　本文係科技部專題研究計畫之部分研究成果，計畫編號：MOST 110-2636-H-004-001-。

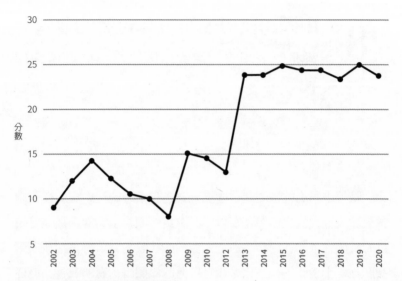

圖8.1　台灣新聞自由度指標

加影響力的機制予以系統化。以「抽象階梯」（ladder of abstraction）的角度來看（Sartori 1970），這些研究所區辨的機制大多仍停留在事實描述的層次，若要套用於分析其他國家，則需要進一步形成更抽象的理論。為了填補這個理論的空白，本章提出「中國媒體審查的跨國擴散」此一理論架構，藉此來系統化分析中國政府透過哪些機制，把威權制度擴張到境外的媒體。

　　「中國媒體審查的跨國擴散」此一理論架構整合了科藍茲克（J. Kurlantzick）與林培瑞（P. Link）的「審查商業化」模型（Link 2002; Kurlantzick and Link 2009）與吳介民的「中國因素」模型（Wu 2016）。在這個框架下，中國把媒體審查「外包」給國外的私營

媒體企業，涉及三個分析層次上的三個步驟（圖8.2）。首先是在
國際層次形成不對稱的經濟結構，讓標的國家在經濟上逐漸依賴
中國這個聲勢鵲起的區域霸權。其次是在產業層次收編媒體資本
家，透過提供在中國發行、廣告、資本等市場上的商業利益，讓
他們成為中共在標的國的協力者。第三個則是在企業層次上執
行，讓「外導型自我審查」（external-oriented self-censorship）常規
化，讓標的國的媒體企業及市場結構屈從於北京的大眾傳播政策。

在上述的框架下，本文主張，當某境外媒體企業所在的國
家對中國產生經濟依賴，且該企業與中國市場逐漸建立商業連結
時，該企業便會對中國敏感議題實施自我審查。為了驗證這個理
論，本文對台灣媒體的經驗進行「過程追蹤」（process tracing）的

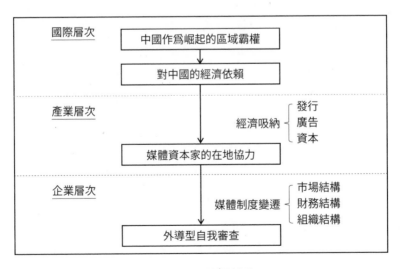

圖8.2 理論架構：中國媒體審查的跨國擴散

個案研究，並透過立意取樣與配額取樣，選擇了旺旺中時媒體集團、聯合報系、三立電視與民視作為主要研究對象，因為前兩者代表親中、支持統一的媒體，後兩者則是傾向台灣本土的媒體。主要的研究素材包括了官方檔案、二手文獻，以及針對台灣新聞工作者的半結構式訪談。

8.1. 中國的直接影響力：中共黨國體制對台灣媒體的引誘與威懾

　　邁入二十一世紀後，台灣對中國的經濟依賴越來越嚴重：在2000年代與五個拉丁美洲邦交國（巴拿馬、尼加拉瓜、薩爾瓦多、宏都拉斯、瓜地馬拉）簽訂一系列的自由貿易協定（FTA），2010年和中國簽署了《海峽兩岸經濟合作架構協議》（ECFA），2013年分別與紐西蘭、新加坡簽署了自由貿易協定；另外，在2011年與日本簽署投資協議，並持續與美國進行貿易投資架構的談判。在這些國家中，中國對台灣經濟發展的影響力最大，從2005年起，中國即取代美國與日本，成為台灣最大的貿易夥伴。例如在2015年時，中國占台灣貿易總額的22.67%，美國與日本則分別占11.92%與11.39%，新加坡、紐西蘭與五個拉丁美洲邦交國則分別占4.79%、0.25%、0.16%（經濟部國貿局2021）。中國早在2004年就超越美國成為台灣最大的出口市場。如圖8.3所示，2000年時美國占台灣出口總額的23.42%，中國僅占2.89%；到了2005年、2010年與2015年，美國在台灣出口總額的占比則降為14.67%、

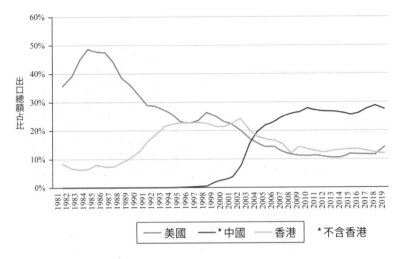

圖8.3 台灣出口比例，1981-2019

11.46%與12.21%；中國的占比則迅速攀升到21.99%、28.02%與
25.40%（財團法人經濟資訊推廣中心2020）。一言以蔽之，中國
成為台灣貿易順差的主要來源。在資本方面，台灣與中國的聯繫
也與日俱增，例如台灣政府1991年鬆綁台商對中國投資的限制
後，中國慢慢成為台商最青睞的投資地點。如圖8.4所示，台商
對中國的投資從1991年起不斷成長，在2002年到2015年之間，
甚至超過台商在其他國家的投資總額。另一方面，台灣政府在
2009年逐步開放中國資本來台投資特定產業後，越來越多中國資
本開始流入台灣（經濟部投審會2020）。

　　中國亟欲加深台灣對中國經濟依賴的結構，做法是把台灣納
入中國主導的國際經濟秩序當中。身為崛起中的區域霸權，中國

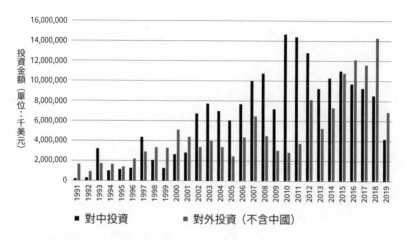

圖 8.4 台灣對外投資，1991–2019

從 2000 年代起便試圖建立另一套世界秩序，以對抗美國霸權。中國政府在 2003 年提出「和平崛起」的說詞，以描述該國在二十一世紀的國家發展藍圖。隨後的 2004 年則改稱「和平發展」，以淡化人們對中國崛起將危及世界秩序的擔憂。不過，「和平發展」仍被理解為中國的國家發展新戰略，也就是在中國內部建立一系列具有中國特色的、「和諧」的政治、經濟與社會制度，並在外部挑戰美國的霸權地位以建立一套新的國際秩序。中國並沒有接受美國和其他亞太國家所提倡的開放式區域主義的願景，像是加強東亞與其他區域的合作、推動金融與貿易自由化等。相反的，中國致力於推動另一種區域主義，也就是聯合東亞國家合作以對抗美國主導的開放式區域主義與全球化（蕭全政 2004）。長久以來，中共把「以經促統」作為對台統戰策略之一，儘管從未放棄

以武力統一台灣的企圖。因此，為了斷絕台灣與國際間的聯繫，並把台灣吸納到中國主導的國際經濟秩序中，在整個2000年代，中國政府不僅阻撓台灣與重要貿易夥伴簽署自由貿易協定，並且在2010年以「讓利」的方式鼓勵台灣與其簽署《海峽兩岸經濟合作架構協議》（童振源2011）。

正如不對稱的經濟結構，兩岸之間也形成了不對稱的資訊結構。為了強化中國對台灣的媒體戰，2004年8月12日，中國前國家主席胡錦濤在中央人民廣播電台對台灣廣播五十週年紀念會上表示，對台宣傳的新原則是「入島、入戶、入腦」。為了達到這個目的，北京運用三種直接影響力以施壓台灣媒體。首先，中國政府壓縮台灣媒體在國際機構、國際活動的參與空間，導致近年來聯合國及其附屬組織的相關活動屢屢在中國壓力下拒絕台灣記者採訪。據國台辦表示，台灣在2017年與2018年沒有獲得世界衛生大會（WHA）的邀請，是因為執政的民進黨拒絕承認「九二共識」（周慧盈2018）。無國界記者組織（Reporters Without Borders 2018）指出，「過去幾年，中國以各種方式遊說，試圖在國際舞台上孤立台灣，包括阻止台灣記者的採訪工作」。即使2019–2020年間新冠肺炎造成全球大流行，但「世界衛生組織（WHO）仍在中國的壓力下，繼續禁止台灣媒體機構與記者參加活動與記者會」（Reporters Without Borders 2020b）。

其次，中國政府竭盡所能與台灣媒體機構及其高層主管建立交流網絡，促使台灣媒體適應並融入中國媒體圈的遊戲規則。自2009年起，中國官方媒體，像是福建日報報業集團、中央電

視台等，幾乎每年都會與旺旺中時媒體集團、聯合報系等台灣媒體企業一起舉辦「海峽媒體峰會」。台灣的許多主流媒體，像是TVBS、東森電視台、商業周刊及新新聞等，都會定期派出代表與會。即使是台灣官方的中央通訊社，以及一些立場親近台灣本土的媒體企業，像是三立電視台、美麗島電子報、綠色和平廣播電台等，也分別曾在2009年、2011年、2013年與2014年派員參加（楊琇晶2014）。在這些高峰會上，與會者不只討論帶著中華文化與民族主義色彩的議題，還簽署了聯合聲明或共同倡議，把兩岸媒體的角色定位為「促進兩岸關係和平發展」、「提升中華文化軟實力」、「增加華文媒體話語權」與「宣揚中華民族核心利益」等（Huang 2019a）。除了海峽媒體峰會之外，還有其他類似的媒體論壇也經常舉行。

第三，北京試圖發動假訊息宣傳戰，以干擾台灣媒體運作、操縱輿論方向。中共在2014年成立「中央網絡安全和信息化領導小組」，並由國家主席習近平親自擔任小組長，制定和執行網路相關政策。中國的人民解放軍則在2015年成立「戰略支援部隊」，負責太空、網路與電子戰。近來也有媒體報導，中共的中宣部與中央網信辦共同成立了「對台工作小組」，專門制定對台灣散播假訊息的指導方針（中央社2018a）。還有報導指出，解放軍的戰略支援部隊是假訊息、內容農場的管理者，有系統地對台發動假訊息戰（中央社2018b）。台灣的記者、網民或一般民眾出於商業、政治或情緒等諸多原因，在媒體平台或是社群媒體上散播由中國官方媒體或內容農場製作的假消息，不僅削弱了台灣媒體提

供具有公信力新聞的能力，也弱化了台灣人民形成真正民意的能力。例如中共官媒《環球時報》在2018年4月12日起，連續發布多篇新聞與社論，宣稱4月18日將在台灣海峽舉行非例行性的大規模實彈軍事演習，以回應當時台灣行政院長賴清德自稱是「台獨工作者」的言論（郭媛丹2018; 環球時報2018）。台灣的主流媒體隨後跟進，推出一系列相關報導，甚至還有媒體派出記者到泉州的演習現場採訪（TVBS新聞2018），使得台灣民眾擔憂兩岸關係不穩，導致股市在4月17日應聲下跌。但事後證實，這次演習只是一次例行性、小規模的炮火射擊演習，而且僅限於泉州沿海區域（顧荃2018）。2018年的地方選舉與2020年的總統大選期間，這類假訊息在台灣廣為流傳，嚴重破壞了台灣的新聞自由與民主（Huang 2019b）。

8.2. 中國的間接影響力：吸納與動員中共在台灣媒體的協力者

隨著台灣在經濟上越來越依賴中國，從2000年代開始，台灣的媒體企業也逐漸加強與中國市場的商業連結。在2000年代中期，有38.4%的台灣媒體業者曾向海外擴展業務，其中超過90%曾經與中國有業務往來。平均而言，海外業務占媒體企業總業務量的34%，中國業務又占海外業務量的40%。簡言之，中國已經成為台灣媒體最重要的海外市場（陳炳宏2006）。台灣媒體企業從2000年末期以後，越來越渴望從中國大陸獲得資金以改

善自身的財務狀況。原因在於2008年的金融危機造成來自台灣私人企業的廣告收入驟減，加上2011年起又立法禁止台灣政府在媒體進行「置入性行銷」（鍾年晃2012）。

這樣的情況為中國政府收編台灣媒體企業製造了更多的機會，透過提供在中國爭取發行、廣告與資金的機會，或是威脅不准進入有利可圖的中國市場，讓台灣媒體成為宣揚中國霸權以及對台統一的工具。身為一個嚴格實施媒體審查的威權政體，中國政府一方面全力阻撓國內媒體報導一些禁忌話題（像是天安門事件、台獨、西藏與新疆的自治、法輪功等），另一方面則是殫精竭慮引導編輯與記者報導政府偏好的價值觀（例如激勵人們對黨的認同、愛國主義，以及勾起對外部威脅的敵意）（Kurlantzick and Link 2009）。許多台灣媒體無論統獨立場如何，為了確保在中國的商業利益，都開始配合北京的傳媒政策，按照有利於中國政府的「潛規則」調整新聞的編採原則（作者訪談呂東熹2014; 作者訪談馮賢賢2014）。一般而言，台灣媒體不鼓勵發表那些可能激怒中共的敏感議題報導（如前述的禁忌話題），相反的，則是鼓勵宣揚中國政府推崇的觀點，像是社會和諧、兩岸交流、相互理解與和平發展等（作者訪談何榮幸2014; 作者訪談胡元輝2014）。

8.2.1. 發行

有鑑於中國是一個擁有13億人口的廣大市場，許多台灣媒體有意爭取到中國設點、發行報紙、販售電視節目、曝光網站的

機會，以賺取更多的訂閱費、版權費，乃至於隨之而來的廣告收入（作者訪談李志德 2014; 作者訪談陳曉宜 2014）。不過，北京當局會明示或暗示台灣媒體，不管在中國或台灣都要遵守其媒體審查的遊戲規則，以換取在中國發行的營收與隨之而來的廣告收入，這些條件同樣適用於平面與電子媒體。

　　例如台灣的老牌報紙《中國時報》與《聯合報》，早在 1990年代就爭取報紙在中國市場發行。《聯合報》甚至爭取到從 2006年 4 月 1 日起，在中國東莞直接印刷、發行報紙的特權（中國時報 2012a）。為了享有國台辦給予的特權，兩大報都必須避免其新聞報導和評論觸怒中國當局，《聯合報》甚至經常在大陸版替中國地方政府刊登置入性行銷（中國時報 2012b）。儘管享有特殊待遇，這兩份報紙在中國的訂閱與發行仍被侷限在特定地區、機構與人員，例如台商企業、外資公司、五星級飯店、從事台灣研究的學術機構等（作者訪談蘇正平 2014）。

　　電視媒體也不乏類似的例子。台視前總經理胡元輝表示，2001 年台視曾計畫到北京與其他中國城市增設據點，但當時的中國當局透過台視記者傳遞了一項明確的訊息給該公司高層：除非台視停播某個正在播出的法輪功節目，否則新增據點的申請案不會被核准。結果是，這檔法輪功節目持續播出時，該申請案遭到拖延，在法輪功節目依原定時程下檔後，所申請的據點才獲得核准（作者訪談胡元輝 2014）。這個事件導致許多有意拓展中國市場的台灣媒體都會盡可能不碰觸有關法輪功的議題。

　　即使是立場傾向台灣本土認同的電視台，像是民視與三立，

在2000年代末期到2010年代中期也曾經試圖把台灣的電視節目與連續劇的版權賣到中國，以增加電視台的收入。民視甚至一度爭取與中國央視合作，希望把台語連續劇以普通話配音在中國播放。也許是為了合作順利，民視還刻意避免播放可能惹惱北京當局的新聞報導或電視節目（作者訪談匿名者2014）。例如，身為民視創辦人且時任民進黨中常委的蔡同榮，在2009年的某次民進黨中常會上，拒絕由民視採購並播放一部關於新疆獨立運動精神領袖熱比婭的紀錄片《愛的十個條件》（Hsu 2014）。

同樣的，三立電視台也在2008年之後努力把電視劇推銷到中國，總經理張榮華甚至為此在2011年12月自創「華劇」一詞，取代較為政治敏感的「台劇」，以方便拓展在中國的業務。儘管如此，中國國家廣電總局仍暗示三立高層，若希望電視劇順利取得在中國播出的許可，必須砍掉立場親台、反中的人氣政論節目《大話新聞》。最終，在北京當局的壓力下，《大話新聞》在2012年5月遭到停播（孫曉姿2012; 鍾年晃2012）。

類似的現象也出現在網路媒體。根據一份在2015年1月12日到4月1日進行的網路實測調查，台灣媒體網站在中國被封鎖的程度基本上反映了該媒體對中國政府的友善或敵意程度。例如，被視為獨派的《自由時報》和反共的《蘋果日報》網站，在中國被封鎖的比例分別是95%與92%。而被視為統派的《聯合報》和《中國時報》被封鎖的比例則分別是67%和0%（楊棋宇、蔡欣潔、金少文2015）。台灣媒體在網路上似乎必須避免涉及北京的敏感關鍵字，以保持來自中國的高流量，以及接踵而來的廣告收

益（作者訪談李志德2014）。

8.2.2. 廣告

中國政府也會透過廣告市場收編台灣媒體。從2000年代晚期開始，國台辦與中國各省市政府就經常購買台灣媒體版面，進行有關招商及觀光的置入性行銷（作者訪談倪炎元2014; 作者訪談何榮幸2014），等於是把這些媒體當作在台宣傳管道。儘管這樣的廣告刊登是台灣法律不允許的，但根據監察院（2010）的調查報告，《聯合報》和《中國時報》一直都有在收受中國各省市政府的資金，並且以置入性行銷為中國各地旅遊進行宣傳。

旺旺集團甚至在北京成立一家名為「旺旺中時文化傳媒」的廣告代理商，專門承接中國當局提供的廣告案，再轉包給台灣其他媒體。正如《新頭殼》調查報導所揭露，旺中集團透過旺旺中時文化傳媒收受福建省政府和廈門市政府經費，於2012年3月福建省長訪台期間配合其宣傳活動，在《中國時報》和集團其他報紙大篇幅刊載相關的置入性行銷新聞（林朝億2012）。

8.2.3. 資本

中國政府還透過資本市場收編台灣媒體。值得注意的是，北京當局曾試圖以官方資金購買台灣媒體的所有權。根據《博訊新聞》在2010年底的報導（祁林2010），國台辦曾經準備至少三億美元，明確指出要用來購買某些台灣媒體的股份，包括TVBS電視台與聯合報系的分支機構。不過，這筆鉅款最後疑似遭到盜

用，並在2007年前流向台灣、香港等地。

此外，中國政府也鼓勵一些利益在中國的台商收購台灣媒體的所有權。台灣資本家有意願這麼做，不是因為希望從經營媒體賺錢，而是因為他們認為，購買台灣媒體有助於拉抬自身的政治影響力，以獲得中國政府施與的特權和恩惠（作者訪談陳曉宜2014; 作者訪談蘇正平2014）。以旺旺集團為例，該集團最早是在台灣製作米果發跡，從1989年起把食品事業拓展到中國市場，成為全中國最大的米果與乳酸飲料製造商，之後也在中國投資飯店、醫院、保險、房地產等事業。出乎意料的是，旺旺在2008年突然買下《中國時報》，並在2009年進一步併購中視和中天電視。旺旺集團創辦人蔡衍明在一次訪談中否認自己是被北京指派去購買《中國時報》的代理人，但就他所知，國台辦確實曾經試圖找人買下《中國時報》（田習如2009）。然而，根據一位台灣政府高階官員的說法，事實上國台辦是在中共中宣部的指示下，與某位國民黨領導高層合作，說服蔡衍明買下中時集團，以免讓傾向反共的壹傳媒捷足先登（Hsu 2014）。蔡衍明在2008年11月買下中時後，隨即在同年12月與國台辦主任王毅會面，會中蔡衍明告訴王毅：「此次收購的目的之一，是希望借助媒體的力量來推進兩岸關係的進一步發展。」王毅則回應，將全力支持旺旺集團食品本業及媒體事業的發展（林倖妃2009）。

收購案完成後，旺旺公司的子公司「中國旺旺」得到了中國政府更多的補貼（Nikkei Asian Review 2019）。旺中集團也施展媒體影響力向中國政府爭取特殊待遇，例如中國國務院在2014年

11月發布《六十二號文》，旨在取消並收回所有未經中央政府事先核准而地方政府卻給予外資的租稅優惠。旺中集團與台灣六大工商團體、中國各地的台商協會，以及海基會合作，要求北京當局保留或至少補償那些地方政府早先已經同意給予台商的租稅優惠。旺中集團的具體作為是，在2015年4月舉辦台商論壇，並在所屬的平面與電子媒體大篇幅刊登相關報導。中國國務院的回應則是在2015年5月決議回復所有地方政府已經給予或已經同意給予台商的優惠。

可能是受到蔡衍明經驗的激勵，其他一些利益在中國的台商也開始涉足台灣媒體業。例如，生產與銷售都有賴中國市場的手機公司宏達電（HTC）總裁王雪紅在2011年6月大量收購了TVBS集團的股票，到了2015年1月則進而全面掌控該集團。其他的例子還有，旺旺集團在2011年試圖收購中嘉網路系統，以及蔡衍明在2012-2013年企圖與另外兩名台商合作買下壹電視；到了2014年，中國最大的泡麵製造商「頂新集團」也計畫併購中嘉。甚至有一些外商，例如美國DMG娛樂集團執行長、曾與兩名中國商人在中國共同創辦DMG印紀傳媒的丹密茨（Dan Mintz），也在2015年表示有意收購東森電視。不過上述四個收購案，因為公民團體與監管機構擔憂中國對台灣媒體控制可能產生的負面衝擊，最後都未能順利完成（Huang 2019c）。

8.2.4. 外導型自我審查的日常化

許多台灣媒體企業，無論立場是統是獨，由於鑲嵌在中國的

發行、廣告與資本市場中，都有動機去調適自身的企業結構與市場結構，以服膺北京對大眾傳播的遊戲規則。這些結構變遷，又進一步促成台灣媒體把自我審查日常化，從而產生對中國政府有利的新聞偏差。

在財務結構方面，猶如前述，在2008年與2011年的關鍵發展之後，台灣媒體企業越來越依賴源自中國的財務收入。民視與三立等電視公司都致力於把電視節目賣到中國播映，反過來看，旺中集團與《聯合報》則是從中國當局獲取發行收入、廣告費，乃至其他的特殊利益，例如旺旺集團更收取中國官方的補貼。

在組織結構方面，編輯部面臨越來越多必須與媒體老闆、業務部或節目部配合的壓力，導致編輯自主性的部分受限，以及對中國官方敏感議題的自我審查，以確保能夠繼續獲得中國的財務資源。例如旺中集團就在2008年併購中時後的兩年內，把跑兩岸新聞的人員和業務編制，從原本的「政治組」轉移到「大陸新聞中心」，以便媒體老闆與高層直接控制相關新聞報導（作者訪談黃哲斌2014）。此外，旺中集團還在2009年8月成立新報紙《旺報》，專門提供有關中國和兩岸的資訊，並促進台灣與中國的相互理解。

在新聞編製過程中，則出現了兩種自我審查模式。第一種是由上而下，媒體老闆透過每個星期的行政會議或是非正式的溝通管道，向總編輯、總主筆以及其他高層主管明示或暗示新聞編輯的方針。第二種則是由下而上，也就是記者與編輯自行揣摩上意，製造出迎合老闆喜好的新聞內容和觀點。一開始，無論是由

上而下或是由下而上，都是基於老闆掌握了員工去留與晉升的生殺大權（作者訪談倪炎元 2014; 作者訪談王健壯 2014）。然而，透過在公司層級制度下日復一日的社會化過程，這種自我審查慢慢演變成一種文化，記者與編輯逐漸習以為常、認為理所當然，最後自然而然順服於這種文化（川上桃子 2017）。

隨著企業結構的調整，許多台灣媒體產出的內容漸漸局部傾向於中國政府。這種新聞取向在已經鑲嵌於中國市場的媒體企業尤其明顯，例如，相較於另外兩家大報，《中國時報》與《聯合報》在報導中國領導人及官員訪台的新聞時，往往傾向於以更詳細、更正面的方式加以詮釋（張錦華 2011）。在報導新疆衝突事件時，《中國時報》與《聯合報》也經常採用中國官方新聞來源，相較於其他兩大對手報紙來說，更偏向於採用「中國官方維穩框架」（張錦華、陳莞欣 2015）。言論版的情況甚至更為嚴重，《中國時報》的時論廣場在過去一直被視為台灣公共討論的自由園地，後來卻淪為「中國政府的傳聲筒」，立場越來越呼應中國官方觀點，不只維護北京政權的形象，甚至還回過頭來反駁台灣主流社會的觀點（作者訪談蔡其達 2014; 作者訪談王健壯 2014）。

類似的現象也出現在所謂的獨派媒體。根據一名三立資深編輯的說法，管理高層為了避免北京拒絕讓該台的電視劇在中國播出，從 2008 年起暗中指示新聞部盡量減少有關天安門、藏獨、法輪功的新聞報導（作者訪談匿名者 2014）。一份學術研究印證了上述說法，從 2010 年到 2014 年間，三立對天安門的報導頻率確實逐漸減少（洪耀南、楊琇晶、陳俊瑋 2014）。

從市場結構面來看，親中台商在媒體所有權的擴張，強化了台灣媒體集中化和跨媒體整合的趨勢。尤其是旺旺集團已經在2008-2009年併購中時、中視與中天了，又在2011年進一步提出併購中嘉的計畫，雖然後來在2013年遭到國家通訊傳播委員會（NCC）駁回，但旺中仍然成功地成為一個跨媒體集團。這樣的整併與收購讓許多人擔憂台灣公共資訊的多樣性將受到威脅（林惠玲等2012）。

8.3. 動員反中國的影響力：台灣政府與公民社會的抵抗

面對中國對台灣媒體的干預，台灣政府與公民社會最遲自2010年開始採取行動，以抵制這些影響力。在2016年前，主要是由公民社會而不是政府站在第一線，民間發起的社會運動偶爾會與在野的民進黨維持有默契的合作，一起向當時執政的國民黨施壓，要求政府改變應對中國影響力的政策。兩場社會運動與隨後引發的政府回應，特別值得關注。第一場是反媒體壟斷運動，學術圈、公民團體、學生組織與記者協會在2012年7月到2013年1月期間，聯手反對旺旺中時集團併購中嘉集團，最後促使國家通訊傳播委員會在2013年2月宣布否決這項合併案，並在2013年4月推出《反媒體壟斷法》草案，然而立法程序至今還未完成。太陽花運動是第二場關鍵的社會運動，這個主要由學生團體與公民組織匯聚而成的運動，在一定程度上沿襲反媒體壟斷運動。

2014年3月到4月間，當時執政的國民黨在沒有逐條審查的情況下，在立法院迅速通過《兩岸服務貿易協議》，引爆了抗議活動。這項協議同意對中國資本開放台灣的印刷、流通、零售與廣告等產業，令人擔憂台灣的言論、出版和新聞自由將更進一步暴露在中國的干預下（林元輝等2014）。為了回應這場運動，台灣政府在2014年4月承諾，在監督兩岸協議的立法通過前，暫緩對《兩岸服務貿易協議》進行審議。到了2016年以後，政府與政黨相較於民間社會，在抵抗中國的影響力時，往往發揮了更大的作用，因為前兩個社會運動的領袖在2015年陸續成立了時代力量與社民黨等新政黨，時代力量並在2016年順利進入立法院；民進黨也在同一年，從國民黨手中奪回中央政府的執政權。

相應於北京擴大對台灣媒體影響力的三個步驟，台灣政府與公民社會在對抗北京對媒體的控制時，也致力於從國際、產業與企業三個層面著手。在國際層面上，台灣試圖減少對中國的經濟依賴。國民黨在2010年與中國簽署《海峽兩岸經濟合作架構協議》深化兩岸經濟關係，但四年後太陽花運動攔阻了《兩岸服務貿易協議》的簽署，讓台灣偏離與中國進一步經濟整合的道路。此外，民進黨在2016年5月再度執政後推出了「新南向」政策，試圖讓台灣的貿易夥伴和投資對象更加多元化，加強台灣與東南亞、南亞、大洋洲共18國的合作與交流。從2016年到2019年，台灣對中國出口仍占台灣出口總額的26-29%（財團法人經濟資訊推廣中心2020）。從2002年到2015年間，台灣對中國的投資額超過了台灣在其他國家投資額的總和，但從2016年到2019年間，

台灣對中國的投資金額逐漸下滑，減少到低於台灣對其他國家投資額的總和（見圖8.4）。相較之下，台灣對「新南向」18個國家的投資個案在2015年到2019年間成長了2.6倍，金額則達到28億美元，占台灣在2019年對外投資總額的40.7%（經濟部投審會2020）。

在產業層面上，台灣試圖遏止媒體企業過度融入中國的發行、廣告與資本市場。政府與公民社會尤其努力避免一些台灣的在地協力者與疑似由北京主導的資金合作，例如反媒體壟斷運動迫使國家通訊傳播委員會拒絕旺旺中時集團收購中嘉網路系統的申請案，攔阻該集團進一步掌控台灣的媒體市場。太陽花運動則施壓政府，拖延了有意對中國開放台灣印刷、發行、零售與廣告產業的《兩岸服務貿易協議》，確保台灣的言論、表達與新聞自由不受北京的潛在干預。為了回應公民社會的要求，政府不只更加謹慎審查媒體的投資與併購案，也試圖建立一套管理媒體投資、防止媒體壟斷並促進新聞自由的制度。其中尤其值得注意的是，國家通訊傳播委員會從2013年起，提出多個版本的《媒體多元維護與壟斷防制法》草案。以2019年的版本為例，其中幾項規範就是為了避免國內外具有影響力的投資人對台灣媒體的不當控制，包括：一、防止金融及保險業過度投資媒體業；二、限制媒體所有權的過度集中以及跨媒體的過度整合；三、當投資人或資金有來自中國、香港與澳門的嫌疑時，國家通訊傳播委員會必須諮詢相關機關（國家通訊傳播委員會2019）。在防止中國的經濟吸納之外，台灣也致力於反制北京的假訊息。公民社會在2018

年7月發起非營利的「台灣事實查核中心」，是台灣第一個事實查核組織，隨後還有其他類似機構成立。國家通訊傳播委員會也自2018年底起，陸續針對一些違反《衛星廣播電視法》中事實查證原則的電視公司發出警告或是祭出裁罰；甚至在2020年底，基於違規頻仍、自律機制失靈、新聞製播遭不當干預等理由，駁回中天新聞台的執照換發申請（國家通訊傳播委員會2020）。此外，台灣政府也提議修改《數位通訊傳播法》，要求社群媒體公司必須擔起責任，在社群媒體平台上建立假訊息的檢舉與管理機制（Huang 2019b）。最新的進展則是在2020年1月實施的《反滲透法》，禁止任何受境外敵對勢力指示、委託或資助者，在台灣為候選人、公投案進行宣傳，或參與其他任何民主活動（法務部2020）。

　　在企業層面上，台灣試圖強化每個媒體組織抵抗自我審查的能力。毫無疑問的，公民社會仍然發揮了重要的作用。當蔡衍明在2012年接受《華盛頓郵報》訪問時，針對天安門事件發表了親北京立場的不實言論（Higgins 2012），眾多學者與專欄作家為了表達他們的不滿，發起拒絕中時運動，鼓吹專欄作家不要為《中國時報》撰稿、讀者不要購買《中國時報》（澄社、台灣守護民主平台2012）。2012年之後許多資深記者也因為不滿《中國時報》對中國敏感話題或涉己新聞的偏差報導而選擇辭職或被解雇。其中有些人創辦或加入新媒體，像是《風傳媒》、《報導者》與《端傳媒》等，讓大眾在老舊、習慣自我審查的媒體之外，有了更多的選擇（作者訪談何榮幸2014; 作者訪談王健壯2014; 作者訪談游

婉琪2014）。不過，政府比公民社會更有潛力直接協助媒體抵抗自我審查，可能的做法是建立有助於媒體實現財務自主與編輯自主的制度。例如國家通訊傳播委員會在2019年提出的《媒體多元維護與壟斷防制法》草案，便要求政府獎勵或補貼有助於文化多樣性與新聞專業的媒體機構，作為一種有別於國內外政治與商業力量之外的資金來源，以提高台灣媒體的財務自主性。草案也要求媒體機構建立獨立編審制度、新聞編輯室公約、新聞倫理委員會，以及涉己事件報導及評論之製播規範等。這些規範都有助於強化媒體企業的編輯自主性，以確保編輯活動與決定不會受到業務部門、節目部門和媒體老闆的不當干預。另一方面，文化部則在2018年提出《公共媒體法》草案，希望透過建立文化發展基金以強化公廣體系的財務自主性，藉由修改董事會成員的選任制度來加強其決策自主性，以及通過全民共同監督的機制來提高新聞公共性（Huang 2019c）。

8.4. 結語：來自台灣媒體業的啟示

本章從台灣個案研究出發，嘗試建立一套理論，以系統化分析中國政府對境外媒體的影響力運作機制。本研究發現，除了公然和直接的影響力之外，中國還透過以下三個步驟對台灣媒體施展較為隱蔽且間接的影響力。一、在國際層面上讓台灣對中國產生經濟依賴；二、在產業層面上以經濟利益收編台商，使其成為中共在台灣的在地協力者；三、在企業層面上讓台灣媒體的財務

和組織結構迎合中國的遊戲規則，並將北京引導的自我審查日常化。本章也發現，台灣政府與公民社會陸續透過以下方式致力於反抗中國對台灣媒體的干預：一、在國際層面上降低台灣對中國的經濟依賴；二、在產業層面上避免台灣媒體業過度融入中國市場；三、在企業層面上加強台灣媒體機構抵抗自我審查的能力。

　　本章在理論上融合科藍茲克與林培瑞的「審查商業化」模型與吳介民的「中國因素」模型，將前者的分析框架從中國延伸到國際層次，並將後者的架構用於分析台灣媒體。本章所提出的理論架構可與國際關係批判理論中的「核心—邊陲」觀點相互呼應。在經驗層面上，如果中國崛起確實對世界範圍內的自由生活方式帶來威脅，那麼台灣身為中國特別關注的對象，必然是最早受到影響的國家。由此觀之，本文的價值不僅限於台灣，還值得其他國家參考，因為隨著與中國經濟往來的增加，他們的媒體自由也可能日漸籠罩在中國霸權的影響之下。

參考文獻

川上桃子，2017，〈中國影響力對台灣媒體的作用機制〉。收入吳介民、蔡宏政、鄭祖邦主編，《吊燈裡的巨蟒：中國因素作用力與反作用力》。新北：左岸，頁449–484。

中央社，2018a，〈讀賣回顧關西機場事件　台灣面臨假新聞危機〉，
　　https://www.cna.com.tw/news/aopl/201810060004.aspx。

中央社，2018b，〈假消息來自解放軍　國安局：已收到情資〉，https://
　　www.cna.com.tw/news/aipl/201811010397.aspx。

中國時報，2012a，〈聯合報享特權　大陸特批代印〉。

中國時報，2012b，〈聯合報聘大陸記者　寫置入新聞〉。

田習如，2009，〈「臺灣人民變中國人民，沒有降級」，蔡衍明：國台辦
　　有找人買中時，但不是我〉，《財訊》325: 70-71。

祁林，2010，〈北京市公安局長搶先中紀委插手對台辦　3億美元
　　巨資去向不明〉。《博訊》，https://www.boxun.com/news/gb/chi-
　　na/2010/12/201012191327.shtml，取用日期：2017/3/7。

周慧盈，2018，〈台灣參加WHA受阻　陸國台辦指九二共識是關鍵〉。
　　《中央社》，https://www.cna.com.tw/news/acn/201805070262.aspx。

法務部，2020，《反滲透法》。全國法規資料庫，https://law.moj.gov.tw/
　　LawClass/LawAll.aspx?pcode=A0030317。

林元輝、陳儒修、胡元輝等，2014，《【連署名單】傳播學術界反對服貿
　　協議開放廣告服務業及印刷業》。「反什麼服貿啦！」網誌，https://
　　tinyurl.com/2spxjjax。

林倖妃，2009，〈報告主任，我們買了《中時》〉。《天下雜誌》416。

林惠玲、林麗雲、洪貞玲、張錦華、黃國昌、鄭秀玲，2012，〈拒絕媒
　　體酷斯拉！WHY? 12個Q&A〉，國立臺灣大學公共政策與法律研究
　　中心：https://tinyurl.com/45srzpcb。

林朝億，2012，〈福建置入中時　陸官員：發票來了　錢就匯過去〉。《新
　　頭殼》，http://newtalk.tw/news/view/2012-03-30/23697，取用日期：
　　2017/3/7。

洪耀南、楊琇晶、陳俊瑋，2014，〈中國效應如何影響台灣媒體〉。台北：國家發展研究所「通訊傳播實務研究」報告。

孫曉姿，2012，〈鄭弘儀跟《大話新聞》說拜拜！〉。《新新聞》，http://www.new7.com.tw/NewsView.aspx?i=TXT20120523165353UMQ。

財團法人經濟資訊推廣中心，2020，AREMOS台灣經濟統計資料庫。http://net.aremos.org.tw/，取用日期：2020/5/29。

郭媛丹，2018，〈海軍南海軍事訓練提前結束　台海實彈演習即將開啓！〉。《環球時報》，http://mil.huanqiu.com/world/2018-04/11839001.html。

陳炳宏，2006，〈台灣媒體企業之中國大陸市場進入模式及其決策影響因素研究〉。《新聞學研究》89: 37–80。

國家通訊傳播委員會，2019，《媒體多元維護與壟斷防制法草案》，https://www.ncc.gov.tw/chinese/files/19060/3926_41499_190603_1.pdf。

國家通訊傳播委員會，2020，〈國家通訊傳播委員會決議予以駁回「中天新聞台」衛廣事業執照換發申請〉，https://www.ncc.gov.tw/chinese/news_detail.aspx?site_content_sn=8&sn_f=45332，取用日期：2021/12/30。

張錦華，2011，〈從van Dijk操控論述觀點分析中國大陸省市採購團的新聞置入及報導框架：以台灣四家報紙為例〉。《中華傳播學刊》20: 65–93。

張錦華、陳莞欣，2015，〈從人權報導觀點分析五地10報新疆衝突報導框架〉。《新聞學研究》125: 1–47。

童振源，2011，〈ECFA的爭議與成效〉，《國家發展研究》11(1): 97-130，https://www.tandfonline.com/doi/abs/10.2753/CES1097-1475470303.

黃兆年，2017，〈新聞自由中的美國因素與中國因素〉。收入吳介民、

蔡宏政、鄭祖邦主編，《吊燈裡的巨蟒：中國因素作用力與反作用力》。新北：左岸，頁395–448。

楊琇晶，2014，《台灣媒體的中國因素——香港經驗參照》。台北：國立臺灣大學國家發展研究所碩士論文。

楊棋宇、蔡欣潔、金少文，2015，〈中國防火長城下的台灣媒體〉。《聯合新聞網》，http://p.udn.com.tw/upf/newmedia/2015_data/20150327_udnfirewall/udnfirewall/，取用日期：2017/3/7。

經濟部投審會，2020，《109年4月份核准僑外投資、陸資來臺投資、國外投資、對中國大陸投資統計月報》，https://www.moeaic.gov.tw/news.view?do=data&id=1434&lang=ch&type=business_ann。

經濟部國貿局，2021，《中華民國進出口貿易國家（地區）名次表》（報表名稱：FSC3040），https://cuswebo.trade.gov.tw/FSCP040F/FSCP040F，取用日期：2021/12/30。

監察院，2010，《糾正案文099教正0022》，http://www.cy.gov.tw/sp.asp?xdurl=./CyBsBox/CyBsR2.asp&ctNode=911，取用日期：2017/3/7。

澄社、台灣守護民主平台，2012，《「拒絕中時」運動聲明》。「拒絕中時運動」網誌，http://rjcts2012.blogspot.tw/2012/02/blog-post.html。

蕭全政，2004，〈論中共的「和平崛起」〉。《政治科學論叢》22: 1–29。

環球時報，2018，〈社評：不錯，軍演是衝"台獨"和賴清德去的〉，http://opinion.huanqiu.com/editorial/2018-04/11845172.html。

鍾年晃，2012，《我的大話人生》。台北：前衛。

顧荃，2018，〈共軍台海軍演　行政院：陸誇大例行演習〉。《中央社》，https://www.cna.com.tw/news/firstnews/201804180055.aspx。

TVBS新聞，2018，〈解放軍今8至24點　台灣海峽海域實彈演習〉，

https://news.tvbs.com.tw/politics/903997。

Cook, S. (2013). *The Long Shadow of Chinese Censorship: How the Communist Party's Media Restrictions Affect News Outlets Around the World*. [online] Washington, DC: The Center for International Media Assistance, National Endowment for Democracy. Available at: http://www.cima.ned.org/resource/the-long-shadow-of-chinese-censorship-how-the-communist-partys-media-restrictions-affect-news-outlets-around-the-world/.

Higgins, A. (2012). Tycoon Prods Taiwan Closer to China. *The Washington Post*, [online]. Available at: https://www.washingtonpost.com/world/asia_pacific/tycoon-prods-taiwan-closer-to-china/2012/01/20/gIQAhswmFQ_story.html [Accessed 7 March 2017].

Hsu, C.-J. (2014). China's Influence on Taiwan's Media. *Asian Survey*, 54(3), pp. 515–539.

Huang, J.-N. (2019a). Between American and Chinese Hegemonies: Economic Dependence, Norm Diffusion and Taiwan's Press Freedom. *China: An International Journal*, 17(2), pp. 82–105.

Huang, J.-N. (2019b). External Threat and Internal Defense: Freedom of the Press in Taiwan 2008-2018. In T. Burrett and J. Kingston, eds., *Press Freedom in Contemporary Asia*. London: Routledge, pp. 129–144.

Huang, J.-N. (2019c). *The Political Economy of Press Freedom: The Paradox of Taiwan Versus China*. London: Routledge.

Kurlantzick, J. and Link, P. (2009). China: Resilient, Sophisticated Authoritarianism. In C. Walker, ed., *Undermining Democracy: 21st Century Authoritarians*. [pdf] Washington, DC: Freedom House, pp. 13–28. Available at: https://freedomhouse.org/sites/default/files/UnderminingDemocracy_

Full.pdf.

Link, P. (2002). The Anaconda in the Chandelier: Chinese Censorship Today. [online] *The New York Review of Books*. Available at: http://www.nybooks.com/articles/archives/2002/apr/11/china-the-anaconda-in-the-chandelier/.

Nikkei Asian Review (2019). Chinese Subsidies for Foxconn and Want Want Spark Outcry in Taiwan. *Nikkei Asian Review*. [online] Available at: https://asia.nikkei.com/Business/Companies/Chinese-subsidies-for-Foxconn-and-Want-Want-spark-outcry-in-Taiwan [Accessed 31 May 2020].

Reporters Without Borders (2018). RSF Calls on the UN to Accredit Taiwanese Journalists. [online] Available at: https://rsf.org/en/news/rsf-calls-un-accredit-taiwanese-journalists.

Reporters Without Borders (2020a). 2020 World Press Freedom Index. [online] Available at: https://rsf.org/en/ranking.

Reporters Without Borders (2020b). Coronavirus: WHO Urged to Lift Ban on Taiwanese Reporters. [online] Available at: https://rsf.org/en/news/coronavirus-who-urged-lift-ban-taiwanese-reporters.

Sartori, G. (1970). Concept Misformation in Comparative Politics. *The American Political Science Review*, 64(4), pp. 1033–1053. https://doi.org/10.2307/1958356.

Wu, J.-M. (2016). The China Factor in Taiwan: Impact and Response. In: G. Schubert, ed., *Handbook of Modern Taiwan Politics and Society*. New York: Routledge, pp. 425–445.

[9] 網民獵巫台獨的行為邏輯

廖美，經濟民主連合理事、紐約市立大學研究中心經濟學博士

電影院裡的觀眾氣勢高亢凜然。看完《戰狼2》，有人唱起國歌，有人起立不停地鼓掌。電影最後畫面展示一本中國護照的封底，上面寫著「中華人民共和國公民：當你在海外遭遇危險，不要放棄！請記住，在你身後，有一個強大的祖國！」[1]一句古老諺語注入當下語境也被用來作為電影宣傳——「犯我中華者，雖遠必誅。」如此承諾更激發中國電影觀眾強烈的愛國情緒，導致晚近有些中國人在國外遇到困難時，的確會到中國大使館求援。某些評論者指出，這樣的行為是種「戰狼式維權」。[2]

吳京在2015年執導第一部《戰狼》，[3]當時粗率草莽的敘事方式沒有打動觀眾。到了2017年拍攝第二部，他參與劇本撰寫，

---

1 一位上海知名書店的老闆在訪談時跟我說，有些觀眾看完《戰狼2》後，回家查看自己的護照，發現封底沒有那些文字，其中有些人乾脆自行寫上，結果導致證件失效。

2 一篇在2018年12月初發表的文章提到，計畫開拍的《戰狼3》已暫停，因為禁止拍攝涉外軍事題材，這篇轉述媒體的貼文也提到了「戰狼式維權」一詞。請參閱：https://mp.weixin.qq.com/s/WJMar_e94vRcPQDrdFbyMg

3 請參閱：https://en.wikipedia.org/wiki/Wolf_Warrior

加入更多具有娛樂性的情節。[4]吳京飾演的男主角冷鋒,曾在中國人民解放軍的特種部隊服役。退役後,他在某個非洲國家的中資工廠擔任警衛,當這個國家陷入內戰,一些西方惡徒趁虛而入,加上叛亂團體試圖奪取政權。冷鋒於是挺身而出,打敗西方惡棍,救出受困的平民百姓,打算護送他們到中國大使館。當冷鋒一群人通過叛軍交戰區,他把中國國旗纏在手臂上,叛軍遠遠看到中國國旗就高喊:「是中國人,停止射擊!停止射擊,是中國人!」充分展現中國國旗具有不戰而屈人之兵的威力。

吳京在拍攝電影時獲得中國解放軍的協助,其中一些硝煙彈雨的戰鬥畫面營造了震撼的視覺效果。《戰狼2》的豐功偉業讓它成為中國直到2020年為止最賣座的電影,[5]劇中的英雄不只打破歷年的票房紀錄,更打敗了「傲慢的西方人」。《戰狼2》燃起許多人對中國電影產業邁向工業化的期待。然而,後來發生出乎意料的變化。一些長期支持與中國交往的中國問題專家提出警告,論說中國圖謀破壞美國社會的民主價值,[6]這讓北京感到警醒,迅即下令類似《戰狼2》的電影需要克制,不要太渲染中國的軍事力量,另外,電影也不該把西方描繪成假想敵。[7]然而,2020年

4　吳京在2015年第一次嘗試執導的《戰狼》是部拙劣的動作片,劇情高潮是他力戰電腦合成的狼群。不過,這部電影仍獲得極佳的票房,只是比不上《戰狼2》。

5　《戰狼2》(2017) 在中國國內票房約56.89億人民幣,到了2021年才被另一個主旋律韓戰電影《長津湖》(2021) 的 57.76億人民幣超越,目前排名有史以來第二。

6　見 *Chinese Influence and American Interests: Promoting Constructive Vigilance*, Hoover Institution Press.

7　參見註2。

新冠肺炎大流行之際，北京卻鼓勵中國外交官在推特上使用所謂「戰狼」外交的犀利手段，以掌控闡述病毒的話語權（Zheng 2020）。

9.1. 研究謎面：在中國陰影下的影視產業

本文試圖探討有關影視產業的一系列問題。這些問題在民主社會中並不常見，但在與中國遭遇的過程，這些問題卻成了新常態。

1. 在提倡戰狼式愛國主義的環境中，來自其他國家的電影、電視等從業人員如何融入這個意識形態主導的社會中？尤其是兩岸關係陷入日益緊張的政治對抗時，台灣藝人如何生存？

2. 當台灣影視藝人面對中國難以跨越的意識形態鴻溝時，他們如何調整創作內容？或許最終作品可以儘量符合中國的審查標準，但他們如何安置個人信仰與日常言論自由？

3. 此外，台灣明星在中國可能需要表明自己的國家認同。他們會不會內化自己的中國認同並對粉絲宣告？由於政治制度的差異，台灣與中國粉絲有著不一樣的意識形態立場，這些差異會影響明星的事業發展嗎？

4. 兩岸交流最後會對台灣影視產業發生哪些影響？

本文開場白多少已揭示台灣藝人在中國承受的意識形態壓力，也提出他們不得不面對的難題。第二節將描繪國家與網民在獵殺台獨嫌疑份子時所扮演的角色。第三節討論「獵巫」發起人

與娛樂資本之間的相互作用。第四節則闡述中國對正能量敘事的
要求，以及中國如何利用國家政策來達成目標。最後一節則討論
台灣影視產業面臨的挑戰作為結尾。

9.2. 獵巫行動中的國家與網民：中共國家機器下的影視產業

　　中國在 2001 年加入世界貿易組織之後，成為亞洲與部分好
萊塢電影人的重要戰場。由於沒有語言障礙的束縛，台灣的娛樂
公司與藝人很早就進入中國影藝市場。雖然 2000 年代末期中國
有短暫的審查制度鬆綁，但在習近平 2012 年上台後，北京政府
對內容的審查越來越嚴苛。此後便有許多台灣藝人遭到群情激憤
的中國網民追殺，要求他們表明對「祖國」的忠誠，任何鼓吹「台
獨」的藝人都會面臨圍剿，他們在中國的演藝事業也會戛然而止。

　　在兩岸合資拍攝以清末民初為背景的賀歲電影《健忘村》裡，
中國演員王千源飾演的田貴有個寶物「忘憂神器」可以清除一個
人的記憶。外來的田貴說服了村民讓他洗去不愉快的記憶，好讓
所有村民從此過著快樂的日子。可是，當村民失去記憶時，也失
去了批判性的常識，難以預料的危險隨之而來。《健忘村》把刪
除記憶當作主題，對國家的洗腦行為發出警訊，並點破國家如何
建構那些太完美的謊言。電影中的造火車、拆學校、反擊土匪、
外來道士稱霸等，都是國家政治局勢與地位的象徵。然而，或許
擔憂在政府的審查下無法過關，或遭到觀眾抵制，上述觀點都只

是輕描淡寫，缺少反諷的力道，當觀眾以為即將揭露更深刻的批判時，敘事突然轉調，批判消失得無影無蹤。這突顯了當一部電影有希望在中國上映時，電影人需要面對兩難的抉擇：要不享受創作的自由但沒有廣大的觀眾，要不犧牲創作的熱情來吸引觀眾。中國政府在考慮電影院可以放映什麼片之際，從來沒有鬆動過對電影製作諸多方面的控制，而且越來越肆無忌憚、越發無孔不入。因此，中國製作的電影幾乎不會碰觸敏感的社會問題，而中國的電影政策也只會鼓勵那些彰顯政府光明形象的作品。

圖9.1顯示對中國電影生產的控制與大眾監督。過往，在中國發行的每部電影均受到政府嚴格；晚近，更無法逃避大眾進行的監督。圖上的雙箭頭串起整個電影的生產鏈，而在監督上，則分強力、中度、低度監督等三個層次。政府監管機構幾乎對生產過程的每個步驟都可施加規定，包括檢查國有或私人電影公司設立的合法性，審核電影項目的建立，決定剪接完成的電影是否合適放映，並在電影放映期間密切注意有否不當行徑。在此電影生產鏈中，只有拍攝過程比較能逃脫政府機構的積極監控。

自1978年改革開放以來，中國透過四十年不間斷的經濟增長，成為全世界第二大經濟體（Word Bank 2019）。如今，中國也是全球第二大的電影市場。當全球票房對電影的營收越來越重要，中國儼然是個難以抗拒的市場，不僅好萊塢，包括印度寶萊塢和其他國家，電影製片人和投資者絡繹於途，展現與中國合作製作電影的意願。「合拍片」讓中國電影走上國際，也是外國電影進入中國的捷徑。雖然合拍片在數量上只占每年度電影數量的

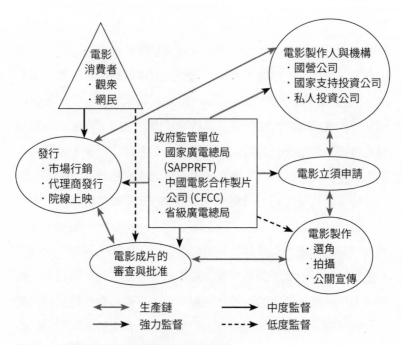

圖9.1 中國電影生產的控制與大眾監督

一小部分，但在整體票房收入卻占了非常大的比例，[8]而且合拍片被視為「中國製造」，與國產電影享有同等待遇。比起進口電影，國產電影享有更好的發行、更優惠的政策，收入也更為豐厚。可是，合拍片也面臨許多挑戰，諸如版權的歸屬、文化的差異和工作方式的不同等。[9]中國政府不會全然開放好萊塢或其他外國電

8　例如，2014年合拍片僅占所有在中國上映電影數量的6%，卻占總票房收入的50%左右。

影想要的中國市場，直到前幾年，每年仍舊只有20部外國電影可以在中國放映，到了2012年終於增加到34部，不過增加的14部影片必須以3D或是超大銀幕（如IMAX）製作，才能得到額外配額。為了確保電影可以在中國上映，美國電影和外國電影製片公司都在嘗試另一種策略——尋求與中國電影公司合拍，只要是合拍片，就不會被歸類為進口片，可以迴避一年只有34部外國電影的配額。中國特別成立中國電影聯合製作公司（CFCC），主要就在監督合拍業務。

在眾多層級的監管機構中，權力最大、影響最深的是國家新聞出版廣播電視總局（簡稱「廣電總局」）。廣電總局是中國最高級別的影視娛樂產業監管機構，由中共官員領導並擁有廣泛的權力，擔負著捍衛黨國利益的使命。多年來，中共不只加強管控台灣影視娛樂公司應該怎麼做，還規定進入中國市場的好萊塢電影公司應該如何拍出適合中國觀眾的電影。中國多少了解，它在國外的形象並不如自己所預期的正面，故而企圖塑造國家形象。緣於強大經濟實力，中國成為好萊塢電影的重要金主，不過，因其要求以積極方式描繪中國，也讓中國與好萊塢的關係變得緊張。此外，由於缺乏電影分級系統，廣電總局對內容的審查很任意，凡是對中國觀眾有所冒犯的內容一概不通過，在這樣的審查標準

9　目前多數的合拍片都是著眼中國市場。2015年初上映的《狼圖騰》是中、法聯合製作的電影，片中運用了許多中國元素，主要場景也在中國拍攝，演員幾乎都是中國人，西方資源主要用在導演和內容創作。中外合資無疑可分散投資風險，《狼圖騰》在中國市場大有斬獲，票房達七億人民幣。

下，官員可以施行有效的控制，相對而言，導演和演員的創作自由就很受限。

廣電總局對電視節目的審查更緊密，因為電視更容易進入每一家庭，影響廣大的中國民眾。2015年12月31日，廣電總局在「中國電視劇製作產業協會」的網站發布一份長達8頁的《電視劇內容製作通則》，針對電視劇中不得出現的具體內容有所規定，其中在不能「渲染淫穢色情」方面，給電視劇的審查員創造很大的解釋空間，比如不能表現非正常的性關係和性行為（包括亂倫、同性戀、性變態、性侵犯、性虐待及性暴力），不能展示不健康的婚戀觀（如婚外情、一夜情、性自由），也不能表現未成年人的早戀（包括師生戀），已經把電視劇最常表現的主題一概扼殺。還列出電視劇禁止的各類主題，包括損害國家形象，提倡奢侈生活，宣揚封建迷信或破壞民族團結等。[10]

除了電視劇協會，網絡視聽節目協會也跟進實施擴大範圍的自我審查。成立於2011年8月的「中國網絡視聽節目服務協會」屬於中國互聯網領域最大的行業協會，也是中國民政部批准唯一國家級的行業組織。會員包括央視、央廣、湖南電視台、浙江電視台等廣電播出機構，人民網、新華網、中國網等國家級媒體網站，還有阿里巴巴、騰訊、百度、優酷、愛奇藝、搜狐等互聯網企業，以及中興、華為等科技公司。這個協會成立的宗旨美其名強調行業自律，說穿了，是自我審查。協會在2017年6月30日

---

10 請參閱：http://www.ctpia.com.cn/index/xhzcq/detail?id=178

通過《網絡視聽節目內容審核通則》,[11] 除了多數審核項目與電視劇協會重複,更增加其他項目,洋洋灑灑列出68項應審內容。儘管這個協會並不是政府單位,而是受廣電總局和民政局監管的企業協會,但他們所發的《通則》卻對會員有實質的規範作用。

不管產業協會或廣電總局,都因頻繁發布的「規範性」文件而臭名昭彰。從1994年到2018年11月,在網站總共發布了792份此類文件,平均每月發布3份。儘管它們只是規範性,不是法律規定,但卻不能被影視公司忽視,畢竟一旦審查機構拿出規範性文件,就有綁住影視作品的能力。

在控制中國公眾輿論的鬥爭中,中共當局認為台灣演藝人員如果支持獨立,就是對中國統一與穩定的威脅。風行草偃,中國網民常常以「國家統一」為藉口,搜捕涉嫌支持獨立的台灣商人與藝人。這種狂亂追殺的遊戲經常失控,網民甚至誤將一位在台灣參加會議的中國學者判定為台獨支持者,只因他在會議上討論了台獨議題。這個案例表明,當公眾混淆國家意識形態和現實,荒謬的事情就可能發生。網民未經證實的指控,也進一步損害娛樂產業的創作自由。

民進黨在2016年重新執政後,兩岸關係起伏不定。政治上的較勁集中在公開發言,無論高調或低調;企業投資表面看似風平浪靜,實則暗潮洶湧。唯有娛樂產業大相逕庭,演藝人員被用

---

11 網絡視聽節目協會發布的《通則》內容請看 https://web.archive.org/
web/20170630135640/http://www.cnsa.cn/2017/06/30/ARTI0Qg4cp7jtd-
1Z5o0RnfzM170630.shtml 。

放大鏡檢視，即使雞毛蒜皮小事也會成為鎂光燈焦點。加上北京從未輕看太陽花運動，一旦網民透露任何演藝人員對太陽花運動的支持，他們就會立刻受到「懲罰」。

附錄表9.A羅列近年來中國發起的「獵巫」事件。表中列出的演藝圈人物，包括導演、製片人、演員或歌手，大多是被中國網民發現他們支持太陽花運動或是表達了對台灣的熱愛。在中國網民的理解或是中共官方的看法，太陽花運動代表十惡不赦的罪名，誰支持它，誰就被貼上支持台獨或是企圖分裂中國的標籤。凡牽涉獵巫行動的台灣藝人，如果還想在中國賺錢，都必須表明自身的中國認同，以及支持統一的立場。

從圖9.1，我們也了解，作為消費者的中國網民並沒有像廣電總局那樣緊盯著影視產業，因為他們沒有在影視製作各個階段的相關信息，只有當作品完成，才有機會透過口耳相傳或媒體的報導，在公開發行前預覽部分內容。只有等到戲院放映，才能看到完整的影片和演員表現。有些網民可能搜尋「不忠誠」的台灣明星，因為對中國的不忠誠，這些明星可能遭受打擊或進一步被禁止在中國演出。相對的，一些願意做出讓步和道歉的藝人則贏得肯定與青睞。簡言之，每個中國網民都有觸發「台獨」指控的能力。然而，北京政府似乎更喜歡採取「胡蘿蔔與棍棒」的方法——一方面嘉獎，另一方面懲罰——用以規範台灣藝人的行止得宜。

9.3. 獵巫發動者與娛樂資本的交互作用： 中國影響力的操作

過去十年來，針對「涉嫌台獨」的獵巫行動中，主要有兩個相互作用的力量。如果我們檢查

1. 誰發起獵巫行動？中國政府或是網民？

2. 是否涉及中國娛樂資本的投入？

根據上述兩個變項，可以預測兩股勢力交互影響後產生的四種獵巫後果，如表9.1顯示：（一）有限禁令，（二）完全禁令，（三）快速懺悔，（四）遲緩道歉。

表9.1 對涉嫌支持台獨藝人的獵巫類型與後果

		獵巫發動者	
		中國政府	中國網民
是否有中國娛樂資本介入	是	（一）局部封殺	（三）即時懺悔
	否	（二）完全封殺	（四）遲來的道歉

第一類結果是「有限禁令」，結合了由中國政府發起的獵巫行動與中國娛樂資本（無論是國營或民營企業）的參與，這類「涉嫌台獨」藝人無法在影片中出現，他們參與演出的作品會經過修飾，製片人可能找一位替代演員，重新拍攝「污點藝人」的相關片段，剪接成最終作品。由於影片有中國資本參與，最終可以公開上映。

第二類結果是「完全禁令」，由中國政府發起獵巫行動，但沒有中國娛樂資本的參與，結果是藝人在一段時間內完全從中國的表演舞台消失。如果是電影明星就不得出現在中國上映的電影中；如果是歌手就不能舉辦演唱會或在電視上表演，他們的歌曲也不得在廣播電台播放，代言的廣告也無法在電視或平面媒體出現。

第三類結果是「快速懺悔」，主要由中國網民發起獵巫，而且有中國娛樂資本（無論是國營或民營）的參與。為了降低對中國資本的傷害，被懷疑是台獨分子的台灣藝人要立刻懺悔，火速發表聲明或是公開露面表示自己「其實」是中國人，不是台灣人。這一類型因有中國資本涉入，但指控來自網民，不是源自政府，有機會避開嚴厲的懲罰；為避免減少利潤或失去有利條件，立即道歉進行止血是關鍵。

第四類結果是「遲緩道歉」，雖由中國網民發起圍攻，但沒有中國娛樂資本參與。由於沒有中國資本投入，在中國方面沒有立即損失，遇到這類情況，藝人通常會以「冷處理」等待一段期間，如果指控沒有冷卻跡象，再發表聲明或是親自出面說明，進行比第三類後果明顯延宕的道歉。

獵巫吃瓜群眾可以期待的劇碼是，先是有人提出指控，接著是對「被告」不利的圖片在網路上瘋傳，隨後有指控者在影片中斥責，平面媒體、網路媒體跟進報導，發布新聞，找出舊檔案中的影像，然後是聲明，影音。「獵巫記」交織了以上所有的情節，把旁觀者、讀者、觀眾和聽眾一起推到一個充滿緊迫感與即時性

的時空中。在這過程中，中國政府的頑強固執與網民咄咄逼人、歇斯底里的情緒有時會讓狂熱一發不可收拾，直到被譴責的藝人遭到禁演，或是迅速認罪和道歉，一切才會停止。以下一些「範例」，提供對類型的佐證。

9.3.1. 第一類：有限禁令

2016年6月底，當台灣資深演員戴立忍得知中國網民指責他支持台獨，他沒有太在意。[12] 幾天後，他在微博發文否認這個指控。但中國共產主義青年團利用微博發動一系列攻擊，質疑戴立忍的國族認同，事情就升級了（Zhuang 2016）。中國的愛國網民在網路上持續施壓超過兩星期後，導演趙薇決定撤換戴立忍在《沒有別的愛》片中的角色，因為這部中國愛情喜劇已經變成一齣政治大戲。戴立忍當時更像時運不濟，剛好遇上國際常設仲裁法庭宣布不利中國主張的南海問題裁決（Page 2016）。有傳言指出，電影製作團隊面臨中國愛國勢力的巨大壓力，網民在社群媒體上抗議，如果不排除戴立忍，就拒看這部電影。得到阿里巴巴影業等私人企業投資的電影製作團隊最後發表聲明，表示導演和投資者都對戴立忍之前的澄清不滿意，因此決定撤換他的角色。他們為「用錯人」道歉（Lin 2016），該聲明還說了：

---

12 戴立忍是兩岸家喻戶曉的演員，在2015到2016年間，他至少參與十一部電影的演出，並在2009年以《不能沒有你》獲得金馬獎最佳導演。

> ……不管導演還是整個團隊完全只有一顆中國心，那就是我們為自己的祖國自豪，不想任何人質疑和誤解。……我們都是中國人，堅決維護祖國統一大局，國家利益高於一切。……尤其在國家和民族大義上來不得半點虛假，也不容許任何模棱兩可。

製作團隊用上述的語氣道歉，試圖討好充滿敵意的網民。當時《沒有別的愛》已經殺青，並開始後製工作，撤換戴立忍意謂著大量片段必須重新拍攝。不過，他不是第一個因為與中國權力當局站錯邊而失去電影角色的台灣演員。中國奇幻電影《捉妖記》在2015年獲得很好的票房，其主要演員柯震東因吸食大麻被捕，電影關於他扮演的部分只好重拍後才上映。

9.3.2. 第二類：完全禁令

演唱台灣國歌要付出代價，這樣的情節發生在流行歌手張惠妹身上。2000年，卑南族的張惠妹在陳水扁總統的就職典禮上唱了國歌後，中共中央宣傳部下令禁止張惠妹到中國表演，不僅不能在中國電視上唱歌，代言的廣告被取消，她的歌甚至不允許在電台播放。這個禁令長達四年。類似劇碼在2004年再度上演，紀曉君和視障歌手蕭煌奇一起在總統就職典禮演唱國歌。隨後，紀曉君在中國工作的申請被拒絕了一段時間。

即使對於業餘表演者，中國對在台灣總統就職典禮上唱歌的人的待遇都是相同的。2016年，來自排灣土著的兒童合唱團對國

歌進行改編，加入傳統排灣歌曲的元素，在蔡英文總統的就職典禮上演唱，之後，他們被迫取消原定的中國之旅，其廣東演唱會的組織者說，唱出「國歌」後，兒童合唱團已經變得「過於敏感」。

9.3.3. 第三類：快速懺悔

台灣演員宋芸樺在2015年接受採訪時曾說，台灣是她最喜歡的國家，當時她從未想過，有天必須為這個答案道歉。主要是她在一部名為《西虹市首富》的中國電影中擔任主角，這部電影根據1985年美國喜劇《布魯斯特的百萬富翁》（*Brewster's Millions*）改編而成，在票房上大放異彩。但賣座的同時，也伴隨來自中國網民的指控，他們揭露宋芸樺在採訪中曾說過的話。

網民群起攻之的當天，宋芸樺沒有片刻遲疑，馬上表達悔意，她在微博上發文，表示「我是中國人，一個90後的中國女生」，「台灣是我的家鄉，中國是我的祖國。……祖國大陸是我實現夢想的地方……」的語句。在台灣人眼裡，宋芸樺的反應完全是向錢看。不過，她的發言確實安撫了群情激憤的中國網民，《西虹市首富》的票房繼續賣到25.48億人民幣，統計到2021年為止，成為中國賣座排名第20名的電影。完全由中國投資的《西虹市首富》卻面臨中國網民的獵巫行動，而且這些攻擊開始出現時，票房已經相當成功，為了控制損害，團隊毫不猶豫做出反應。事後證明，迅速的懺悔策略奏效，如有必要，其他藝人會複製相同的快速反應。

9.3.4. 第四類：遲緩道歉

我們可以把宋芸樺的案例與2016年1月周子瑜事件做個比較。周子瑜是韓國女團TWICE的台灣年輕歌手。當她在韓國電視節目揮舞著中華民國國旗的視頻被大陸網民搜出來，她後來為此道歉。不過，台灣人認為周子瑜是被強迫的，相對上，則認為宋芸樺為了賺錢「出賣自己的國族認同」。儘管實際上，兩人之間的行為並沒有太大差異。

不過，這兩個案例有一個根本區別：周子瑜的案例沒有涉及中國資本。TWICE團體可能有進入中國市場賺錢的野心，但她們的老闆是韓國人，在沒有立即金錢損失的情況下，周子瑜花了好些時間才反應，畢竟她在韓國的公司不得不考慮的現實是——取悅中國的任何舉動可能激怒韓國人和台灣人。

可以發現，在台獨獵巫中，嫌疑者通常以上述四種方式之一作出回應，一旦事件在國家層面得到關注，不管是官方組織還是其外圍政治團體，被告嫌疑人都沒有改變自己命運的餘地。演員柯宇綸被指控支持台獨的立場就是一例。當國台辦發言人安峰山在記者會上說，台灣電影《強尼·凱克》將不會在中國上映，因為「有關機構」已確認男主角柯宇綸與時代力量的關係匪淺，而時代力量是支持台灣獨立的政黨。

> 如果這些台灣藝人認識到台灣獨立的錯誤和弊端，並改變他們的思想和行為，我們將表示歡迎。目前，該電影在大陸

的發行已被擱置。

（王敏 2018）

然而，柯宇綸從未針對國台辦的指控做出任何回應或發表聲明。主要是《強尼·凱克》是一部台灣電影，沒有中國資本參與，需要取悅中國觀眾的壓力比較小。

9.4. 中國的正能量敘事與政經權術：中共黨國如何控制電影市場

截至 2022 年的統計，中共有超過九千萬名黨員（*Global Times* 2022），在不同的黨齡群體中，年輕的民族主義者在網路上特別活躍。眾所周知，許多年輕人入黨是為了爭取工作機會或謀求婚姻紅利。就像無所不在的廣告招牌一樣，一頭熱的憤青也在網路四處流竄。習近平的強硬民族主義更是激發了新一輪的熱血愛國主義者，強調要讓中國被正面理解——「講好中國故事，傳播好中國聲音」。由於政策規範電影必須展現政府的光明形象，於是中國拍攝的電影幾乎不觸及敏感的社會議題。

以「主旋律」為主題的中國電影最能彰顯意識形態，對於不同世代的觀眾而言，這可能是歡愉或悲傷的根源。[13] 主旋律電影

---

13 根據官方的說法，「主旋律」是訴說 1840 年鴉片戰爭以來西方帝國主義的侵略，1921 年中共成立到 1949 年中華人民共和國建立期間的重大革命事件與歷史，以及 1949 年之後的重要現實議題。

通常有著明確的政治意圖，像是宣揚共產主義革命的英雄主義，吹捧共產主義的領袖，或是有利於共產體系的社會寫實主義。1991年設立的精神文明建設「五個一工程獎」就包括了褒揚主旋律電影，而中國政府統籌的「電影華表獎」更是特別保留來讚揚這類電影。[14]

　　光是頒發特別獎項還不夠，中國還動用其他方法推動主旋律電影。廣電總局在2018年1月30日頒布的文件表示，將在全國挑選5,000家電影院成立「人民院線」，[15]根據每個省、市、區的影廳數量按照全國的比例分配，目的在於進一步深挖放映資源，提高綜合上座率，做好優秀主旋律電影發行放映工作。事實上，以愛國主義為題材的主旋律電影在中國的票房通常比不上好萊塢影片（至少在2017年前）。廣電總局不只要求雀屏中選的電影院要「專廳專用」播放主旋律電影，還鼓勵組織觀看、優惠票價。由此觀之，如果沒有國家機構的諸多協助，一部主旋律電影不可能順利完成從製作到放映的所有環節。然而，政府提供過多的援助，可能也會產生意想不到的副作用。儘管《戰狼2》在2017年夏天創造了票房紀錄，總收入達約57億人民幣，但在美國的票房收入只有260萬人民幣，占總數的0.3%。主旋律的主題如果旨在炫耀

---

14 中國三大電影獎包括政府主辦的電影華表獎；由電影製片、電影專家、電影歷史學者等組成評審團的金雞獎；以及由中國觀眾每年票選的百花獎。

15 根據新浪娛樂網，廣電總局將挑選無違規行為、有多廳的影院、座位數超過一百個的影廳作為「人民院線」，請參閱：http://ent.sina.com.cn/zz/2018-02-09/doc-ifyrkzqr0690448.shtml

中國，倡導其英雄主義，對外國觀眾的吸引力必定很低。

　　同時，好萊塢也在探索如何在一部好電影中融入以中國觀眾為目標的要素。無論如何，外國公司要適應中國的環境並不容易。美國媒體注意到，中國對好萊塢電影過度干涉，強迫好萊塢粉飾太平、淨化有關中國的故事。[16]這些發現並非空穴來風，比如好萊塢影星布萊德‧彼特（Brad Pitt）於1997年在《西藏七年》（*Seven Years in Tibet*）裡飾演一名同情達賴喇嘛的角色後，便遭禁止進入中國。丹尼爾‧克雷格（Daniel Craig）在2012年上映的《空降危機》（*Skyfall*）中飾演007探員詹姆斯‧龐德（James Bond），為了順利通過審查，電影製作人不得不剪掉一名殺手在上海金融區的摩天大樓上向警衛開槍的片段，因為中國的審查人員認為，這個橋段讓中國看來很軟弱，他們不贊成把中國人描繪成沒有自衛能力的形象。好萊塢在中國的發展並不如人意，另一方面，中國在好萊塢也是進展有限。有些中國娛樂公司看到以漫畫人物為原型的美國超級英雄電影在中國大賣座後，表示有興趣共同投資或是聯合製作。可是他們頂多只能和一些二線或是更低檔次的美國公司合作，因為漫威工作室（Marvel Studios）和DC影業（DC Films）都傾向獨立製作。由此可知，中國公司想要買通好萊塢超級英雄掌控的宇宙絕非易事（魏建梅2019）。

---

16 十八位美國眾議員和參議員在2016年去函相關政府部門，對中國企業入侵美國媒體表示擔憂，並要求負責機構（負責審查、評估與調查並協助國會的機構）研究在貿易審查中，是否應該納入有關媒體，以及其他軟實力宣傳與媒體控制的項目。

9.5. 結語：台灣面臨的更多挑戰

2020 年 4 月底，中國優酷、騰訊及愛奇藝等幾個串流平台與影視公司簽訂買賣版權合約，加了一項新規，要求台灣與香港藝人簽署保證至少為期十年的「政治正確」，確保不因政治取向遭中國封殺其作品。[17] 一旦被揭發「政治不正確」，藝人必須賠償因此造成的損失。儘管這不是正式法律，無疑產生了同等的效果。隨著中國成為影視界的霸主，台灣需應對挑戰：即台灣影視產業如何避開中國施加的自我審查？

台灣的電影業不受國家控制，而是面臨全球競爭。附錄圖 9.A 所呈現的 1990 年到 2018 年的數據證明了這一點，我們可以看到台灣電影所占的票房比例幾乎都只有個位數，有時候甚至連 1% 都不到；相較之下，大多數的收入都給外國電影拿走了。台灣與中國一樣都在 2001 年加入世界貿易組織，台灣從那時開放電影市場的自由競爭，對於進口影片沒有任何數量或類型的限制，而中國一直維持一定外國電影進口的數額。要改變台灣影視產業發行的困境，政府顯然應該參酌韓國如何協助其國內影視產業制定相對有利的環境。

附錄表 9.B 進一步呈現了台灣電影產業的危機與契機。左方的表格比較了從 2009 年到 2018 年國產電影占整體票房收入的比

---

17 請參閱《蘋果日報》2020 年 4 月 29 日：https://tw.appledaily.com/entertainment/20200429/AHSWHRFEVOTFREV3SJF6VMNLPM/

例，與英國、中國、南韓及日本相比，台灣的數據顯然遠遠落後。其他亞洲國家國產電影的票房比例約在43%到66%之間，也就是說，這些國家比較偏好國產電影，尤其是在日本與南韓，但台灣國產片的票房比例只在2.3%到18.7%之間，仍有相當大的提升空間。在表9.B的右方表格，以看電影的觀眾人次分析，南韓無庸置疑是贏家。根據這個指標，中國雖然沒有勝出，但趨勢正往上攀升，前景可期。台灣也有向韓國看齊的觀影空間。

簡言之，台灣影視產業面臨的挑戰不只從內容創意吸引台灣觀眾，也涉及影視作品如何走出台灣，應對非中國市場的競爭。影視產業正遭遇諸多挑戰，政府必須在制度與資金上投注，給予支持；另一方面，台灣影視產業也必須做出吸引全世界目光的作品，而不只是放眼中國。

附錄圖表

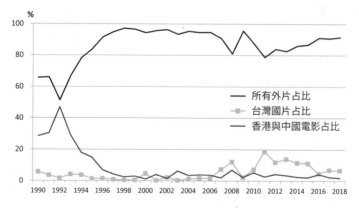

圖9.A 台北市首輪電影票房市場占有率，1990-2018

附錄表9.A 中國政府與網民的獵巫行動

時間	人物	職業	事件	受影響作品	行動發起者	資金來源	備註
2020年4月	台灣與香港	所有演員	必須簽署為期十年的「政治正確」聲明。	違規者必須賠償製片與發行公司的損失	中國政府	中國	
2019年12月	波特王	網紅	台灣網紅波特王在訪問蔡英文時，稱呼她為「總統」，被譴責是台獨支持者。	波特王的中國合作者泰洋川禾旗下網紅公司Papitube宣布與波特王解約。	中國網民	中國	
2018年8月2日	宋芸樺	演員	宋芸樺被問到最喜歡哪個國家時，回答「台灣」。中國網民指控，她的回答是支持台獨。	《西虹市首富》	中國網民	中國	在宋芸樺迅速回應她是中國人後，這部中國電影的上映不受影響。
2018年3月28日	柯宇綸	演員	被指控支持太陽花運動與台獨，並且「反服貿」。	《強尼·凱克》	中國政府	台灣	台灣電影
2018年1月7日	林心如	演員製片	中國網民指出，《我的男孩》接受台灣文化部的補助，助長台獨勢力。廣東省廣電局停播這齣偶像劇。	《我的男孩》	中國網民	台灣	台灣偶像劇
2017年8月	鄭有傑	導演	由於劇情涉及太陽花運動與台獨而被停播。該劇原本也在台灣愛奇藝播出，但這家中國資本投資的公司在毫無預警的情況下決定不再播出第二集。	《他們在畢業的前一天爆炸2》	中國網民與政府	台灣	台灣連續劇

時間	人物	職業	事件	受影響作品	行動發起者	資金來源	備註
2017年1月5日	陳玉勳	導演	中國網民指控陳玉勳曾參與反服貿和太陽花運動，導致該片在中國遭到抵制。	《健忘村》	中國網民	中國與台灣	合拍片
2016年7月6–17日	戴立忍	演員	中國官媒與網民指責戴立忍的政治立場。	《沒有別的愛》	中國政府	中國	中國電影
2015年11月–2016年1月16日	周子瑜	歌手	周子瑜在南韓的電視節目上說，她來自台灣並揮舞中華民國國旗。親中的台灣藝人黃安在微博上指責，周子瑜的作為是支持台獨。	周子瑜原本預計在安徽電視的演出被取消，她也被禁止與同團成員在中國演出。	中國網民	無	周子瑜在影片中對中國大陸網民道歉。
2015年11月	盧廣仲	歌手演員	黃安與中國網民指責盧廣仲「反服貿」並支持台獨。盧廣仲被迫退出東莞的南方草莓音樂節，並推遲北京與西安的演唱會。	盧廣仲參與演出的《花甲男孩轉大人》被禁止在中國的騰訊網播出。	中國網民	無	演唱會與台灣連續劇
2004年5月20日	紀曉君蕭煌奇	歌手	紀曉君在陳水扁的就職典禮上唱國歌後，有一段時間被禁止在中國演出。	有一段時間紀曉君申請在中國的工作證遭到駁回。	中國政府	無	演唱會與演出
2000年5月20日	張惠妹	歌手作曲家	張惠妹在陳水扁就職為中華民國總統的典禮上唱國歌，觸怒中華人民共和國政府。	張惠妹被禁止在中國演出長達數年。	中國政府	無	演唱會與演出

表9.B 國內電影占市場份額和每人每年上電影院次數：與英美和一些亞洲國家比較，2009-2018

	國內電影占市場百分比（%）					每人每年進電影院次數					
	台灣	中國	南韓	日本	英國	台灣	中國	南韓	日本	英國	美國
2009	2.3	43.4	59.4	58.8	19.6	0.94	0.13	3.10	1.26	2.83	4.63
2010	7.3	43.0	57.0	53.6	24.9	0.95	0.21	2.92	1.37	2.80	4.33
2011	18.6	46.4	50.3	55.0	39.4	1.38	0.54	3.10	1.13	2.70	3.90
2012	11.9	51.3	57.5	65.7	34.3	1.21	0.56	3.83	1.27	2.70	4.10
2013	14.0	45.7	58.6	60.6	23.6	1.30	0.86	4.17	1.22	2.60	4.00
2014	11.5	54.5	49.3	58.3	26.8	1.28	0.61	4.19	1.27	2.40	3.70
2015	11.1	61.6	51.3	55.5	44.3	1.46	0.87	4.22	1.31	2.65	3.80
2016	5.9	58.3	53.2	63.1	35.9	1.34	1.00	4.20	1.43	2.57	3.75
2017	6.7	53.8	51.4	54.9	41.2	1.93	1.17	4.25	1.37	2.58	3.60
2018	7.5	62.2	50.3	54.8	--	1.96	1.23	4.18	1.34	2.67	3.70

資料來源：各年度「影視廣播產業趨勢研究調查報告」統計，文化部影視及流行音樂產業局出版。參見網站 https://www.bamid.gov.tw/informationlist_243.html

參考文獻

王敏，2018，〈《強尼・凱克》主演有「台獨」言論　國台辦：不會允許影片在大陸上映〉。《環球網》，https://www.weibo.com/ttarticle/p/show?id=2309351000144222494876802147&u=1974576991&m=4222528060477940&cu=2091405597，取用日期：2020/5/7。

魏建梅，2019，〈中國資本的美漫之路〉。《一起拍電影》，https://

mp.weixin.qq.com/s?__biz=MzA3MjI5NDgzMQ==&mid=2650931878
&idx=2&sn=1128bd913b79c771b971a1119ddc4f57&chksm，取用日期：
2020/5/7。

Global Times (2022). People's Voice: Whole-process People's Democracy
Shows CPC's Consistent Philosophy of Putting People First. August 14,
2022. Available at https://www.globaltimes.cn/page/202208/1272923.
shtml [Accessed September 14, 2022].

Lin, L. (2016). Taiwanese Actor Leon Dai Loses Part in Zhao Wei Film after
Political Pressure in China. *Wall Street Journal*, July 18, 2016. Available at
https://blogs.wsj.com/chinarealtime/2016/07/18/taiwanese-actor-leon-
dai-loses-part-in-zhao-wei-film-after-political-pressure-in-china/ [Ac-
cessed 7 May, 2020].

Page, J. (2016). Tribunal Rejects Beijing's Claims to South China Sea: Court
in The Hague Says "Nine-Dash" Line Contravenes U.N. Convention on
Maritime Law. *Wall Street Journal*, July 12, 2016. Available at https://www.
wsj.com/articles/chinas-claim-to-most-of-south-china-sea-has-no-legal-
basis-court-says-1468315137 [Accessed 7 May, 2020].

World Bank. (2019). Gross Domestic Product 2017. Available at: http://data-
bank.worldbank.org/data/download/GDP.pdf [Accessed 7 May, 2020].

Zheng, S. (2020). China's Wolf Warrior Diplomats Battle on Twitter for Con-
trol of Coronavirus Narrative. *South China Morning Post*, March 23,
2020. Available at: https://www.scmp.com/news/china/diplomacy/ar-
ticle/3076384/chinas-wolf-warriors-battle-twitter-control-coronavirus.
[Accessed 7 May, 2020].

Zhuang, P. (2016). China's Communist Youth League Joins Witch-Hunt of

Film Director Zhao Wei for Using "Pro-Taiwan-Independence" Actor. *South China Morning Post*, July 8, 2016. Available at https://www.scmp.com/news/china/policies-politics/article/1987148/chinas-communist-youth-league-joins-witch-hunt-film [Accessed 7 May, 2020].

[10] 中國市場虹吸香港電影的靈魂

李家盈，香港社會及流行文化學者

　　合拍電影對於百年全球電影工業並不陌生。在華語電影歷史上，中港台合拍電影也常有發生。但是隨著中國在世界政治經濟舞台崛起，中港合拍片的形式和內容也發生著變化。本文將追溯中港合拍片的歷史，並集中探討在過去二十年間中港合拍片的趨勢和發展。

　　2016年，好萊塢與中國以史無前例的大手筆聯合製作《長城》一片，震撼了全球電影圈。許多人認為，這是中國擴大全球市場占有率、發揮影響力的華麗登場。香港無法自外於這個趨勢，近幾十年來，中國的崛起對這片小小的領土發揮帶來了間接與直接的影響力，電影業就像其他社會部門一樣，也無可避免地必須面對中國的影響。近年來，超過十三億人口的市場對香港開放，讓中國成為陷入困境的香港電影業的「救世主」。然而，除了物質誘因之外，我們還可以從各種非物質層面看到中國的間接影響力。

　　香港的主權在1997年7月1日由前宗主國英國移交給中國。從中國影響力橫跨中心—周邊的分析框架來看，香港位於三層同心圓當中的周邊自治區這一層。本章將聚焦於香港文化產業的核

心支柱——電影業，討論中國如何成為香港電影製作過程中無所不在的因素。更具體而言，本章要討論的問題是：影響香港電影產業的中國因素究竟是什麼？這些影響力又是如何對電影產業與相關工作人員發揮了作用？

10.1. 香港電影業的低谷

在一百多年的電影業發展過程中，海外市場一直是香港的命脈，因為這個只有幾百萬人的前英國殖民地很難單獨撐起一個繁榮的產業。然而，這條命脈從1980年代逐漸變得衰弱，直接影響到香港電影的市場收益。海外市場的式微，一開始是因為多國政府緊縮進口香港電影的措施（主要是東南亞國家），接著是來自台灣的資金在1980年代末期漸漸撤離，嚴重打擊了香港電影業（Liang 1997; Chan, Fung and Ng 2010; Chiu and Shin 2013）。1994年是第一次分水嶺，大銀幕上播放的香港電影數目驟降（表10.1）。此外，香港電影在香港的市占率也每況愈下（圖10.1）。

表10.1 香港電影概況

年份	香港電影的上映數	非香港電影的上映數
1990	121	222
1991	126	384
1992	210	294
1993	234	273
1994	187	318

年份	香港電影的上映數	非香港電影的上映數
1995	153	337
1996	116	312
1997	93	374
1998	88	385
1999	145	298
2000	151	278
2001	126	257
2002	92	241
2003	97	176
2004	64	180
2005	55	184
2006	51	180
2007	53	181
2008	50	179
2009	51	217
2010	54	232
2011	56	220
2012	53	250
2013	42	268
2014	51	259
2015	59	273
2016	61	287
2017	53	278
2018	53	300
2019	49	280
2020	34	184

資料來源：由作者彙整相關資料，包括：陳清偉（2000: 91—92）、鍾寶賢（2011），香港票房有限公司，以及香港影業協會提供的數據。

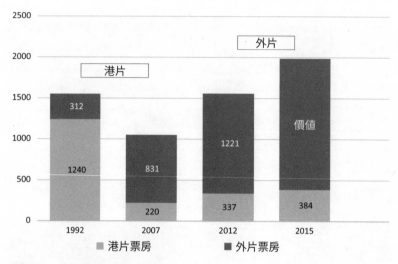

圖10.1 香港電影票房

　　1998年，香港深陷亞洲金融風暴，這個空前的危機讓香港電影人更是一籌莫展。隨後在2003年爆發的SARS疫情讓香港經濟再次低迷，但也是在這一年，香港電影業迎來關鍵的轉折，因為香港政府與中國政府簽署了《內地與香港關於建立更緊密經貿關係的安排》（CEPA），在這個計畫之下，中國市場大範圍對香港電影業者開放，並鼓勵中、港兩地在商業與文化方面深入合作。

　　然而，回顧香港電影史，合拍片並非新鮮事。自從電影業在香港誕生以來，這個前殖民地匯聚了來自四面八方的財力與人力，也孕育了香港電影的百年輝煌歷史。在當代，尤其是文革之後的1979年推出新文化政策，更是鼓舞了中、港、台三地的電影人交流。

　　中國文化部在1979年成立了中國電影合作製片公司以促進
海外合作拍攝。1986年，文化部改制為廣播電影電視部（廣電
部），成為大眾流行文化產品的監管部門。香港和台灣的資金看
上了中國多樣的自然地貌和人文風景、低廉的勞動力，紛紛在
1980年代湧入中國，這些來自海外的投資也為計畫經濟下的中國
國有電影製片廠帶來了一線生機（Hu 2000）（表10.2）。

表10.2 中國與香港、台灣合作的拍片數量

年份	數量
1979	1
1980	0
1981	2
1982	2
1983	4
1984	4
1985	2
1986	6
1987	7
1988	6
1989	17
1990	8
1991	28
1992	50
1993	26
1994	21

年份	數量
1995	33
1996	19
1997	14

資料來源：鍾寶賢（2011: 360），引自 'An overview of co-production and aiding of films in China (1979–1998)', in Asian Films Connections, March 20, 2000

10.2. 中國的直接影響力：CEPA之下的經濟誘因

　　CEPA簽署前，香港與中國合拍影片主要是為了利用中國的電影業資源和勞動力，很少是尋求創業投資金援。但到了2000年代，局勢反轉，在CEPA引導下的合拍片成為陷入空前低迷的香港電影業一帖救命藥方（Chan 2017: 122–123）。在這個計畫的指引下，中國對香港電影業的直接影響變得很顯然易見，一方面，中國龐大的市場和持續成長的經濟吸引了香港創作人到中國尋求資金，甚至把工作的基地轉移到中國；另一方面，香港電影無可避免地必須接受中國當局的審查。前者主要影響了電影的數量，後者則為香港電影帶來內容上的影響。

10.2.1. 經濟誘因：進入中國市場的優勢

　　在更深入討論CEPA對香港電影業的影響之前，我們必須先簡單回顧一下CEPA的歷史。CEPA是由中國商務部與香港工業貿易署負責主管，雙方在2003年締約，而那一年是歷史上的里

程碑，不只是因為當時適逢經濟轉折點，更因為埋伏了暗潮洶湧的政治變動。

2003年，被香港人簡稱為「非典」的SARS疫情肆虐，[1]並重創當地經濟。一般認為，CEPA意謂著中國有心協助香港提振非典帶來的經濟頹勢。然而，一些隱匿的動機更值得關注。透過CEPA，香港的確更快速地進入中國市場，但同一時間，中國也實現了2001年加入世界貿易組織的諾言（Bradsher 2003a）。CEPA對香港經濟的重要性經常被提起，但也不能忽略，CEPA吸引了香港的資源與人才，對中國的經濟發展貢獻良多（Bradsher 2003b）。

2003年的香港政治暗潮洶湧，當時的特首董建華試圖透過立法會來訂立相關國安法規，結果遭到公民社會的強烈抗議。一般認為，CEPA是中國為了舒緩香港社會的緊張局勢而表達的「善意」和「公關活動」（Bradsher 2003a）。綜合上述種種動態因素，可以看出CEPA的多面性，揭露了在香港與中國在建立更緊密的經濟夥伴關係時，中國政府發揮了積極的作用。

CEPA最顯而易見的措施之一是大幅降低香港與中國在貨物、服務的貿易壁壘，讓兩地之間的貿易更加便利。整體而言，

1　2003年，全名為「嚴重急性呼吸系統綜合症」（SARS）的疫情在一些亞洲地區爆發，根據世界衛生組織（WHO）的定義，香港被列入疫區。請參見香港旅遊發展局，2004, The Year in Review 2003–04 https://www.discover-hongkong.com/content/dam/dhk/intl/corporate/about-hktb/annual-report/03-04pdf/2003-2004-05.pdf

CEPA適用於電影業的措施包括了，電影院相關的服務業、華語電影的合作拍攝與電影的發行等。

在CEPA的架構下，中國大幅鬆綁了過去對電影製作、電影進口與開設電影院的嚴格管理。其中最誘人的是，一部由香港製作的華語片如果被歸類為「合拍片」，那就不再被視為外國電影。中國每年對非國產電影設有配額（例如2003年為20部，2018年為34部），所以在CEPA之前，香港電影必須與好萊塢等來自許多國家的電影競爭。由於CEPA的實施，更多港片可以享受到跟其他中國國產電影一樣的優待，尤其是可以在巨大的市場分一杯羹，比外國電影擁有更大的獲利空間。[2]2003年開始實施CEPA之後的下一年，香港電影人得到更多的彈性，像是可以自由在中國境外進行後製的剪接與發行；在獲得中國政府的許可並提供字幕的狀況下，得以在中國放映電影的粵語版。此外，香港的電影投資者也有了更大的揮灑空間，可以在中國成立公司或是興建電影院。[3]

中國這種循序漸進的貿易自由化策略證明奏效。CEPA的實施，加上中國電影院、大銀幕與看電影的人數、電影的產量一飛沖天，讓許多香港電影人覺得來到了「流著奶與蜜的應許之地」。

---

2 中國國產電影的製片方可以得到映演收益的約40%，電影院則可以分得約50%；相較之下，外國電影的製片方只能獲得13–25%。

3 有關在CEPA之下，關於電影院服務、華語影片的合作拍攝等資訊，請參閱香港工業貿易署：https://www.tid.gov.hk/english/cepa/tradeservices/av_cinema_picture_lib.html

從表10.3與表10.4可以看出在香港上映的電影已經是以合拍片為主，而且合拍片的票房也超越了本地製作的電影。

表10.3 CEPA簽署後，在香港上映的電影數（包括合拍片與本地製作）

年份	香港電影上映總數*	香港本地電影	合拍片	合拍片所占比例
2004	60	28	32	53%
2005	48	28	30	42%
2006	47	24	23	49%
2007	48	25	23	48%
2008	53	24	29	55%
2009	51	22	29	57%
2010	54	24	30	56%
2011	56	19	37	66%
2012	52	17	35	67%
2013	43	17	26	60%
2014	52	23	29	56%
2015	59	23	32	54%
2016	61	27	34	56%
2017	51	19	32	63%
2018	52	27	25	48%

資料彙整自：香港電影資料館—1914–2010香港電影片目，香港影業協會，以及創意香港—香港電影業資料彙編。

- 根據香港影業協會的定義，香港電影包括了香港本地製作與合拍片，請參閱：http://www.mpia.org.hk/content/about_definition.php

表10.4 香港電影票房

年份	進入票房前十大的香港本地電影	進入票房前十大的合拍片
2009	3	6
2010	3	6
2011	4	7
2012	7	3
2013	3	7
2014	4	5
2015	3	6
2016	4	7
2017	4	6
2018	2	8
2019	4	6
2020	8	2

資料來源：作者彙整香港影業協會提供的資訊，以及國際影片資料庫（International Motion Database）。

對於電影人而言，能夠獲得多少資金拍片是個關鍵問題，而來自中國的投資者與巨大的市場有著舉足輕重的份量。一部劇情片的平均成本大約是一千萬港幣，僅僅在人口七百萬的香港放映很難達到收支平衡（Yeh and Chao 2018）。此外，1980年代以來，連鎖電影院的業者相繼撤資，海外投機客也見風轉舵，使得募集資金成為香港電影業的一大難題（Chiu and Shin 2013）。儘管自2007年開始，香港電影發展基金成為最重要的資金來源之一，

但每部電影得到的挹注很少超過三百萬港幣。由於這些政府補助只能作為電影預算的一部分，以致電影人必須尋求其他的外部援助。從2013年起，港府推出「首部劇情電影計劃」，得到補助的電影人必須在政府所提供的額度內把電影拍完，但每部影片的補助金最多不會超過二百萬港幣。不少電影工作者為了突破捉襟見肘的困境，轉向利用CEPA尋找較有前景的投資金額。近年來，投資金額超過五百萬港幣的電影，幾乎都是合拍片（Yin and He 2009）。

香港導演歐文傑拍過兩部獲獎的本土影片，他在受訪時證實，中國的製作費和導演工資是香港的兩到三倍。[4]另一位年輕導演陳志發因為在2017年香港電影金像獎獲「新晉導演」提名而聲名鵲起，他也說這樣的名氣讓他獲得許多在中國發展的工作機會。[5]巨額的金錢回報與市場潛力令人難以抗拒，但這位年輕導演也不得不面對接踵而來的難題：審查制度。

10.2.2. 電影審查制度

香港觀眾偶爾會對CEPA之下所製作的電影流露輕視的態度，質疑這樣的電影失去了香港特色、加快內地化。

根據CEPA的規範，與電影相關的服務業進入中國市場時，必須遵守中國有關部門頒布的規定。2018年以前，包括在CEPA

4　作者訪談，2018年4月6日。

5　作者訪談，2018年5月5日。

架構下的合拍片等與電影相關的服務業，都是由國家廣播電影電視總局（簡稱廣電總局）負責監管。根據《中華人民共和國電影管理條例》，嚴格禁止加工、製作、放映、進口或出口含有下列成分的影片：違背中國憲法原則；危害國家統一、主權和領土完整；宣揚迷信、淫穢、賭博、暴力、犯罪；詆毀民族文化；還有一些其他標準。[6]國家廣播電影電視總局在2018年改制為國家廣播電視總局，從此之後，電影與出版業務從原本的廣電總局抽離，改由隸屬於中宣部的國家電影局直接管理。

除上述《電影管理條例》，2017年3月1日開始實施的《中國電影產業促進法》，進一步在第14條規定：「法人、其他組織經國務院電影主管部門批准，可以與境外組織合作攝製電影；但是，不得與從事損害我國國家尊嚴、榮譽與利益，危害社會穩定，傷害民族情感等活動的境外組織合作。」[7]

因此，若要進入中國電影業與其龐大的市場，香港電影人必須牢記國家相關部門之間疊床架屋的規範與限制。

首先，合拍片為了獲得中國相關部門的核准、爭取最大的市占率，必須避免涉及鬼怪、黑幫等禁忌題材。諷刺的是，這些類型正正是傳統香港本土電影在過去幾十年來得以在國際舞台脫穎

6　有關電影的審查標準與程序，請參閱中華人民共和國國家電影局電影管理條例，2001年12月25日：http://www.chinafilm.gov.cn/chinafilm/contents/785/3661.shtm

7　中華人民共和國《中國電影產業促進法》請參看 http://www.npc.gov.cn/zgrdw/npc/lfzt/rlyw/node_28552.htm

而出的原因（陳志華 2012; 沈褘 2012）。香港影人為了讓合拍片順利過關，遂更偏向製作喜劇片、浪漫通俗片、動作片，以及背景設在某個古代的史詩片等。這些確保票房的主流大片包括 2006 年的《霍元甲》、2008 年的《赤壁》、2010 年的《孔子》等。

其次，電影製片時常會針對不同的市場製作不同的版本，甚至會在編寫故事時進行自我審查。據了解，揚名國際的情慾藝術片《色戒》於 2007 年在中國上映時刪減了大量性愛鏡頭，結果導致許多內地影迷蜂擁到香港觀看完整版。從此以後，一部要在中國上映的電影就再也不能拍攝多個版本了。再往後，希望進入中國市場的電影人都會刻意迴避一些可能被中國審查的情節（廣電總局 2001）。由於某些合拍片是以警匪大戰為主題，像是 2009 年的《竊聽風雲》、2013 年的《毒戰》等等，都得依循廣電總局的標準修改劇本。至於 2005 年的《黑社會》與 2009 年的《新宿事件》，則因為過度暴力、渲染黑幫的英雄角色而失去在中國放映的資格（Yin and He 2009; Chan 2017）。

10.2.3. 中國市場的雙面刃

《中國電影產業促進法》於 2017 年正式公布，但早自 2014 年起，進入中國市場的香港電影從業人員就慢慢地感受到那些沒有明說的審查。2014 年香港爭取民主的「雨傘運動」觸動了中國政府的敏感神經，[8] 一些公開表達支持運動的藝人據說因此被列入黑名單，影星葉德嫻也在其中。她在 2017 年上映的電影《明月幾時有》當中飾演一名抗日游擊隊的支持者，即使這部合拍片的主

要投資方包括了中國電影巨擘博納影業集團，而且劇情還是在講述對日抗戰時中國人的愛國事蹟，但電影在中國宣傳時，演員名單還是刪除了葉德嫻的名字（王雅蘭 2017）。

　　文化與政治終究是無法分離的。在很大程度上，香港的文化工作者，尤其是有參與政治事務的人，面臨著兩難的抉擇，一邊是擁抱中國市場，但對政治保持沉默；另一邊則是堅定追求民主，然後被列入中國市場的「黑名單」。引發爭議的《十年》在2016年入圍香港電影金像獎的最佳影片，不過這個決定卻導致頒獎典禮無法按照原計畫在中國直播（朱雋穎、何永寧 2016），儘管這部影片最終奪下最佳影片大獎，但中國媒體完全沒有報導相關的消息（李思朗 2016）。到了2017年，中國再度對《樹大招風》祭出雷同的伎倆（立場新聞 2017）。這兩部電影雖然分別拿下2016年與2017年香港電影金像獎最佳影片大獎，但都無緣在中國上映。

　　香港電影業的景況，甚至是更大範圍的文化產業，似乎印證了學者所預言的兆頭，一旦登上中國的旗艦，就是無法回頭的旅程。中國的市場力量與政治價值體系迫使文化工作者在中國與其他地方二選一（Szeto and Chen 2012）。

8　示威群眾佔領香港三大商業區長達七十九天，抗議中國政府設下的香港特首選舉框架，要求推行「真普選」。

10.3. 中國的間接影響力：扶植與動員協力者

我們可以從上述例子看到，文化工作者往往需要在為香港發聲或是擁護中國之間做出抉擇。

2003 年以來，香港的民主運動風起雲湧，觸動了中國政府的敏感神經。北京開始從不同層面加強對香港的管治。除了在政策層面的干涉（例如人大的釋法）之外，也在公民社會中廣泛建立親政府、親中的網絡與組織，授予更多香港公民中國的官方頭銜，以形成一條「收編」民間力量的管道（方志恒 2017）。

促進香港藝人在中國發展的「香港演藝人內地發展協進會」於 2018 年 3 月 21 日成立，中國廣電總局副局長周建東受邀在成立典禮上致詞，擔任副會長的資深藝人汪明荃在致詞時也表達了對中、港進一步融合的強烈渴望。此外，該協會的成立也呼應了「粵港澳大灣區」發展的願景。在十一名創始會員中，六位擁有中國的官銜（全國、省級或市級政協委員）（明報 2018），主席成龍是全國政協委員、副會長汪明荃長期擔任香港的人大代表與全國政協委員，還有曾志偉是廣州政協委員、王祖藍則是廣西壯族自治區政協委員。導演劉偉強在 CEPA 之下參與多部膾炙人口的電影製作，他在 2017 年拍攝的《建國大業》受到中國軍方肯定。（見表 10.5 與表 10.6）。

表10.5 擔任全國政協委員的香港藝人

年份	屆別	香港政協人數	香港電影圈人士
1993	第 八 屆	106	夏　夢
1998	第 九 屆	121	夏　夢、汪明荃
2003	第 十 屆	176	汪明荃
2008	第十一屆	203	汪明荃
2013	第十二屆	206	汪明荃、成龍、林建岳
2018	第十三屆	156	成　龍、李國興[9]

資料來源：香港友好協進會、新華社。

表10.6 擔任政協委員的香港電影演員

名字	職位與期間
汪明荃	全國人大（1988–1997年） 全國政協（1998–2017年）
成　龍	全國政協（2013年至今）
曾志偉	廣東江門政協委員（2011–2015年） 廣東廣州政協委員（2016年至今）
周星馳	廣東省政協委員（2013–2020年）
陳小春	廣東惠州政協委員（2014年至今）
王祖藍	廣西壯族自治區政協委員（2018年至今）

資料來源：作者彙整新聞資料與各級人民代表大會網站。

9　根據各種新聞報導，大約有二百多名香港公民被任命為全國政協委員。但筆者
　　根據《文匯報》與《新華社》的報導計算，實際數字為156人。表10.5中提到的
　　李國興，是美亞娛樂資訊集團的創辦人與主席。

　　我們可以從上面的表格看出，自 2010 年代開始，越來越多香港藝人「多棲」發展，身兼藝人與政治人物。我們也不難發現，這些受到中國認可的電影明星在中國市場的人氣很高。成龍經常受邀參加具有指標意義的央視春節聯歡晚會；知名諧星曾志偉在 2000 年之後大量參與中國電影和合拍片，像是《建黨偉業》（2011）、《捉妖記》第一集與第二集（2015, 2018）。周星馳所執導的電影在中國是票房常勝軍，自 CEPA 實施之後，他推出的都是合拍片，像是 2004 年的《功夫》、2008 年的《長江七號》、2013 年的《西遊‧降魔篇》，以及 2016 年的《美人魚》。

　　香港在 2014 年爆發大規模爭取民主的雨傘運動時，上述參與政治的藝人當中便有一些公開表達反對意見。成龍表示，佔領中環的活動嚴重損害香港經濟，一小群人傷害了幾百萬香港人的情感（東方日報 2014）。汪明荃曾在北京參與全國政協會議時，提議敦促香港特區政府加快真普選的諮詢步伐；針對 2014 年的雨傘運動，她則呼籲學生停止佔領行動（毛 2014）。

　　這些影政雙棲的藝人也公開譴責某些有政治爭議的電影，例如獲得 2016 年香港金像獎最佳影片的《十年》。這部電影不僅被中國媒體杯葛，在香港也遭到一群親中香港電影業者與商人的攻訐。老牌喜劇演員同時也是電影公司老闆的黃百鳴，公開嘲諷《十年》的獲獎意謂著「香港電影倒退十年」（明報 2016）。立場親中的黃百鳴擁有天馬影視文化，一直在積極尋找與中國同行合作的機會。另一位曾經擔任政協委員、在演藝圈深具影響力的大亨林建岳，也強烈反對香港金像獎把最佳影片頒給《十年》，他說：

「《十年》得獎是香港電影界的不幸，代表政治綁架了專業，把電影獎項的評審活動政治化。」（葉靖斯 2016）林建岳橫跨香港電影與流行音樂界，在中國市場以一連串成功的合拍片展現了自己的實力（王志強、吳迦 2015）。

無庸置疑的，《十年》是香港電影金像獎的「里程碑」。資深電影人、金像獎評選事務前主席文雋認為，香港電影金像獎就是從 2016 年起開始引起中國當局的密切關注（佘漢姬 2017）。

自 CEPA 在 2003 年簽署、2004 年實施以來，香港與中國之間的往來交流已經超過十年。整體審視 CEPA 之下的香港電影業，可以看到中國影響力是以一種循序漸進的螺旋模式影響著香港電影業的發展（圖 10.2）。在 CEPA 實施的最初十年中，中國透過降低貿易壁壘提供給香港電影人經濟誘因，導致合拍片的數量暴增、本地票房收入增加，看起來是振興了香港電影業。然而，同一時間，以中國市場為目標的香港電影也面臨了內容審查的壓力，無論這個壓力是來自官方由上而下的要求，或是製片人的自我審查。話雖如此，審查的範疇仍僅限於電影內容。到了 2013 與 2014 年間，對電影從業人員個人政治立場隱晦不明的審查也變得可見。

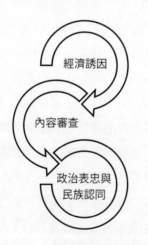

圖 10.2 中國的螺旋式影響力

10.4. 結語：來自香港電影業的教訓

透過探索三種環繞著香港電影業的影響力，本章試圖更進一步地理解CEPA之下合拍片的機制。中、港合拍影片並非這個世代的新事物，但令學者與電影業者警惕的是，隨著中國的經濟與政治實力蒸蒸日上，CEPA成為一把雙面刃，一方面為香港電影業帶來龐大的市場潛力，但另一方面，全方位的審查制度也接踵而至。中國的經濟誘因漸漸影響了香港電影業的創作，甚至是電影製作的人事安排。

2014年的雨傘運動拉開了以政治態度篩選電影工作者的序幕，2019到2020年間由香港市民所發動的大規模「反送中」運動此一重大政治事件，則持續成為文化力與政治力之間互動激烈的舞台。2020年5月，中國人大通過香港的小憲法《基本法》納入國家安全法，引發香港市民議論紛紛。在激烈的爭辯中，包括上文提到的成龍、曾志偉、汪明荃等二千六百多位社會名人簽署了支持人大決議的連署書（China Daily 2020）。此事再一次證明，香港的文化產業與對中國效忠是緊緊綑綁在一起。

話雖如此，在CEPA合拍片逐漸改變香港電影的面貌時，一幅充滿動力的景象逐漸浮現。香港電影人或是刻意或是自然地運用各種策略，以確保香港電影的形象得以延續並自行發展。回看表10.4，在2020年香港電影票房的前十位當中，本地電影超越了合拍片。這些本地電影鮮有龐大資金支持，卻在小成本製作中娓娓道來屬於香港人香港地的故事，例如《金都》、《叔。叔》不僅

在華語市場備受矚目，更通過影展中登上國際舞台。歸根究柢，「求生本能加上一些『手段』」是最佳的時代精神，「讓香港電影得以鬆散地培育自己有別於他人的獨特認同。」（Tan 1994: 57）

參考文獻

毛依文，2014，〈汪明荃籲學生多了解歷史〉。《大公報》，11月11日，http://news.takungpao.com/paper/q/2014/1111/2820685.html。

王志強、吳迦，2015，〈劉進圖 x 林建岳　香港娛圈三大出路〉。《明周》，11月14日，http://bit.ly/1Ot62zg。

王雅蘭，2017，〈葉德嫻支持佔中　許鞍華不怕封殺「最多不拍嘛」〉。《鏡週刊》，7月9日，https://goo.gl/nhyAg1。

立場新聞，2017，〈《樹大招風》奪5金像獎成大贏家　大陸傳媒禁提〉。4月9日，https://goo.gl/5HfRTG。

朱雋穎、何永寧，2016，〈入圍金像獎內地禁播頒獎禮《十年》監製：大會角色被動〉。香港《蘋果日報》，2月21日，https://goo.gl/xpqp59。

佘漢姬，2017，〈揭曉信寫得清楚　文雋：我們不會犯奧斯卡的錯〉。《香港01》，4月4日，https://goo.gl/3KeqEE。

沈禕，2012，〈內地80後影評人眼中的香港電影〉。《今天文

學雜誌》99: 71–81。

李思朗，2016，〈騰訊新浪公布得獎名單　獨缺《十年》〉。《香港01》，4月4日，https://goo.gl/XfFfHQ。

明報，2016，〈稱未看過《十年》　黃百鳴評獲獎是「笑話」、「極大錯誤」　令香港電影倒退十年〉。4月4日，https://goo.gl/qfqhx5。

明報，2018，〈香港演藝人內地發展協進會成立　成龍任會長　汪明荃譚詠麟任副會長〉。3月21日，https://goo.gl/JYYNcs。

東方日報，2014，〈成龍談佔中〉。12月25日C06版。

陳志華，2012，〈大國陰影下的香港警察故事〉。《今天文學雜誌》99: 99–105。

陳清偉，2000，《香港電影工業結構及市場分析》。香港：電影雙周刊出版。

葉靖斯，2016，〈香港親北京陣營批評《十年》成金像獎最佳電影〉。《BBC News中文》，4月4日，https://goo.gl/8embs8。

鍾寶賢，2011，《香港影視業百年》。香港：三聯。

Bradsher, Keith. 2003a June 10. Hong Kong and China near pact on trade, *The New York Times*. Retrieved from https://goo.gl/ZuimgT

Bradsher, Keith. 2003b June 14. Hong Kong says trade deal won't break W.T.O. rules, *The New York Times*. Retrieved from https://goo.gl/W4sjUX

Chan, Joseph Man, Fung, Anthony, and Ng, Chun-hung. 2010. *Policies for the Sustainable Development of the Hong Kong Film Industry*. Hong Kong: Hong Kong Institute of Asia-Pacific Studies.

Chan, Ka Ming. 2017. Trivisa or amphetamine? Hong Kong-China cinema co-production during the first ten years of CEPA, *Social Transformation in Chinese Societies*, 13(2), pp. 118–136.

China Daily. 2020 May 30. 2,600 celebrities back national security legislation for HK. Retrieved from https://www.chinadailyhk.com/article/132217

Chiu, Stephen Wing Kai and Shin, Victor Kei Wah. 2013. *The Fall of Hong Kong Movies*. Hong Kong: Hong Kong Institute of Asia-Pacific Studies.

Davis, Rebecca and Chow, Vivienne. 2019 August 14. As Hong Kong protests continue, stars get caught up in the vitriol, *Variety*. Retrieved from https://variety.com/2019/film/news/hong-kong-china-protests-jackie-chan-denise-ho-tony-leung-ka-fai-1203302040/

Fong, Brian C. H. 2017. One country, two nationalisms: Center-periphery relations between Mainland China and Hong Kong, 1997–2016, *Modern China*, 43(5), pp. 523–556.

Hu, Ke. 2000. Hong Kong cinema in the Chinese Mainland (1949–1979), in *The 24th Hong Kong International Film Festival: Hong Kong Cinema Retrospective – Border Crossings in Hong Kong Cinema*. Hong Kong: Leisure and Cultural Services Department, pp. 18–25.

Liang, Hai-chiang. 1997. Hong Kong cinema's Taiwan factor, in *Fifty Years of Electric Shadows*. Hong Kong: The Urban Council of Hong Kong, pp. 159–163.

Scott, Matthew. 2017 March 17. New film law casts shadow over giant chinese market, *Variety*. Retrieved from https://goo.gl/FRRNfj

Szeto, Mirana and Chen, Yun-chung. 2012. Mainlandization or Sinophone translocality? Challenges for Hong Kong SAR New Wave cinema, *Journal of Chinese Cinemas*, 6(2), pp. 115–34.

Tan, See Kam. 1994. Hong Kong cinema: Double marginalization and cultural resistance, *Southeast Asian Journal of Social Science*, 22, pp. 53–69.

Yeh, Emilie Y. and Chao, Shi-yan. 2018. Policy and creative strategies: Hong Kong CEPA films in the China market. *International Journal of Cultural Policy*. doi:10.1080/10286632.2018.1448805

Yin, Hong and He, Mei. 2009. Chinese films after the period of co-production: The historical development of Mainland-HK co-production in the Chinese movie industry, *The Chinese Journal of Communication and Society*, 7, pp. 31–61.

跨海峽做媽祖信仰[1]

古明君，國立清華大學社會學研究所副教授
洪瑩發，國立政治大學華人宗教研究中心博士
後研究員

在中華人民共和國國家肇造的過程中，經由其與宗教領袖的互動，中國共產黨領導人逐漸形成了對「宗教問題」的關注，以期能治理一個民族多樣與宗教多元的國家。（Goossaert and Palmer 2011; Yang 2011）。從1950年代起，中共中央統戰部便針對宗教與民族展開調查以制定相關政策。中共中央統戰部下設有宗教處，以監管宗教事務。到了改革開放時期，1982年的《十九號文件》與1991年的《六號文件》都再次確認了宗教是統一戰線的重要組成部分（Potter 2003; Yang 2011: 66-85）。不過，這些文件中「宗教」指涉的是羅馬天主教、新教、伊斯蘭教、佛教與道教等五大宗教。琳瑯滿目的民間宗教並非統戰工作的主要對象，因為在官方的宗教論述中，民間宗教並不被認定為「宗教」。本章所介紹的媽祖信仰，就是民間宗教之一，在宗教互動交流的過程中成為兩岸政治焦點。本文將討論從1970年代末期以來，兩岸媽祖信仰群體間的互動對宗教發展、政治與宗教關係的意涵，並

1　本章部分改寫自作者已發表的一篇文章，見古明君、洪瑩發 2017。

從統戰工作的角度探討兩岸宗教交流的政治效應。

當我們關心中國對台灣的影響力時，基於下列因素，媽祖信仰的個案有其顯著重要性：

1. 在兩岸交流的政治協議尚未正式達成前，台灣的媽祖信眾早在1970年代末期開始到中國大陸進香、參訪宮廟，並參與各種儀式和宗教活動；

2. 台灣媽祖信仰社群的頭人，以宗教直航等議題為由，把宗教交流推上了兩岸關係的政治議程上；

3. 媽祖信仰社群的兩岸交流互動過程中，發展出協會對口的模式，這個模式後來被其他民間宗教採用。台灣的民間宗教之組織與協會通常是自發性的社會團體，相較之下，中國大陸的民間宗教協會則多具有半官方的性質；

4. 中國政府和統戰部門逐漸認識到，媽祖信仰對台灣社會的重要意涵以及其對兩岸政治的影響力，進而讓媽祖信仰社群的宗教交流成為擴大成為中國對台灣發揮影響力的官方工具。

11.1. 背景：1970年代以來，媽祖信仰的宗教生態演變

在歷史上，媽祖信仰是在清朝移墾時期隨著移民進入台灣，當時是由具有地域性的宗教社群組成（張珣2003）。學者們也注意到，台灣的媽祖宮廟「香火階序」具有層級位階的象徵意義（洪瑩發2005; 張珣2003）。台灣在1960年代開始工業化與城市化

之後，媽祖也離開了原屬的社區，隨著信徒的遷徙進入了工業區（張珣 2005; 洪瑩發 2005: 81–85），這些信徒在台灣國內的遷徙重新塑造了原本以地域為基礎的宗教社群，許多重要的民間信仰開始出現去地域化的趨勢，信徒不再侷限於特定的地區，並產生了許多具有全台性質的大廟（張珣 2005）。作為台灣知名的媽祖廟之一，大甲鎮瀾宮的管理委員會在 1978 年改制為財團法人制度下的董事會，並由地方派系成員和企業負責人擔任要角。在董事會的領導下，宮廟事務的管理與過去的傳統模式大相逕庭，董事會與信仰社群之外的社會力量連結，並引入媒體採訪報導、學術研究、企業贊助，並積極邀請地方與中央的政治人物參與進香等相關儀式（洪瑩發 2005: 34–39）。鎮瀾宮在全台推廣媽祖信仰之際，發展出交雜著金錢、情感與權力的宗教實作。

台灣的文化政策在 1980 年代轉向本土化，官方開始把大型的民間信仰祭典儀式視為本土代表文化，大力推廣。1987 年，北港朝天宮以媽祖成道千年為名義，得到台灣省政府的補助舉辦「媽祖文化節」的活動。得到來自政府的贊助與認可的宮廟可以此強化其象徵地位，但也引發其他許多知名媽祖廟宇的不滿，激化媽祖廟宇之間的緊張關係，許多媽祖廟宇因而各自舉辦相關的節慶與紀念活動（洪瑩發 2005: 44）。就在這樣的緊張關係下，鎮瀾宮的信徒決定突破當時兩岸交流的政治限制，組團到中國的湄洲島參與媽祖昇天千年祭（洪瑩發 2005: 45）。除了進香，鎮瀾宮也迎回湄洲媽祖神像等宗教聖物到台灣，這個行動象徵了鎮瀾宮的香火直接來自湄洲媽祖祖廟，進而提升了該宮廟在台灣媽祖

廟之間的香火階序位置。在1987年成功到湄洲媽祖祖廟進香後的隨後數年間，鎮瀾宮董事會每年會舉辦好幾場跨海峽的進香活動，並在1990年代持續與福建幾間有名的媽祖廟宇交往互動，這些努力和成功辦理跨海峽進香所展現的能力，奠定了鎮瀾宮董事會成員在台灣媽祖信仰圈中的名聲與地位。

　　2000年，適逢台灣的總統大選年，鎮瀾宮董事會帶領了數千名信徒前往湄洲進香（Yang 2004）。這次的進香活動讓兩岸「宗教直航」成為大選的熱門議題，總統候選人與眾多政治人物相互叫陣。媽祖進香不只成為台灣內部政治權力鬥爭的話題，也引起中國媒體的關注並報導，將該事件解讀成台灣民眾對三通高度期待，或是渴望兩岸和平發展。媽祖信仰成為交纏著兩岸政治角力的象徵符號。在2000年以後，尤其逢選舉年時，鎮瀾宮董事會在大甲媽祖進香活動中，邀請全國層級的政治人物參與大甲媽祖進香的起駕儀式，媽祖儼然成為台灣政治的超級助選員。鎮瀾宮的董事會還在2001年發起成立「台灣媽祖聯誼會」，該聯誼會的廟宇成員從一開始的18間，發展到目前已百餘間，但會址一直設在鎮瀾宮。雖然各家宮廟仍個別舉辦前往中國大陸的進香活動，但聯誼會促成了兩岸廟宇間的互動新形式，也就是組織大規模的進香，或是以宗教文化交流的名義邀請大陸人士來台，為大陸的媽祖廟宇修繕捐款、參加兩岸論壇，到北京拜訪國台辦、全國政協等。台灣其他的民間信仰頭人也開始仿效這種聯合眾多廟宇的集體形式，代表信仰社群來組織各種聯誼會，以聯誼會來推動兩岸宗教交流。

「台灣因素」一直是中國大陸媽祖信仰復振的重要因素之一。1970年代末期，儘管中國官方對民間宗教的態度仍未鬆動，但一些地區的信徒已經開始修建廟宇，並獲得海外信仰社群的支持，尤其是來自台灣與東南亞信徒的參與（Goossaert and Palmer 2011: 241-269; Madsen 2010; Chau 2006: 2-4）。就像其他在中國一度遭到禁止的民間信仰一樣，媽祖信仰在1970年代末期多變的政治氣氛下復振，媽祖信仰社群的頭人甚至不顧政治風險，努力重建遭到毀損的媽祖廟（鄭振滿2010）。根據Dean（1998）的研究，包括台灣在內的海外宗教社群，高度參與了中國東南部的民間信仰復振，台灣信徒的參與包括捐款襄贊廟宇的修復或重建、以及參與各種日漸恢復的宗教祭典儀式。

最具代表性的媽祖信仰復振的案例之一，即是重建在文革中遭到摧毀的湄洲媽祖祖廟。直到1970年代末期，民間信仰仍被官方認定為「封建迷信」，因此相關活動並不合法。不過，從1978年開始，不少信仰社群的頭人致力於重建湄洲媽祖祖廟，對此，黨國不同部門間的反應不一，地方層級的黨領導、地方政府、軍方、與其他國家機關，在祖廟重建上表達出不同的態度。為了避免廟宇遭到軍方拆除或是參與者遭到囚禁、鎮壓，參與湄洲媽祖祖廟重建的宗教頭人在不同的部門間尋求支持，並逐漸與地方政府中抱持同情和支持態度的對台辦公室、文化部門等建立了聯繫（Ku 2015）。湄洲島在1980年代非軍事化，且兩岸關係也逐漸發生變化，台灣關係在地方政治發揮了巨大的作用。湄洲媽祖祖廟頭人強化與台灣媽祖廟宇的聯繫，而台灣信仰社群則提供在大

陸重建廟宇的資金。在地方政府文化部門與對台辦公室的支持下，湄洲媽祖祖廟在1983年修復重建後恢復祭祀活動，並以「信仰文化」與「對台交流」等官方論述來強調這些活動具有正當性（張珣 2014: 144-145; 鄭振滿 2010: 128; 古明君 2019; Ku 2015）。1987年，湄洲媽祖祖廟擴大舉辦媽祖昇天千年儀式，透過莆田市對台辦公室邀請海外的媽祖廟宇參與此活動，特別是向台灣的媽祖廟宇發出了數千張的邀請函（古明君、洪瑩發 2017）。

　　1987年的千年祭確立了湄洲媽祖祖廟董事會在兩岸交流中擔任國家助手以及在地活動主辦者的角色，成功地與省級、市級的對台辦公室官員合作，邀請並接待來自台灣的信徒。從1987年起，湄洲島每年舉辦兩場大型祭典活動，包括於媽祖誕辰舉辦的媽祖祭儀、以及於秋季舉辦的媽祖升天海祭（Ku 2015）。1988年，湄洲島正式被列為對外開放的旅遊度假區，官方在島上大興土木打造旅遊基礎建設（古明君、洪瑩發 2017），不僅用來促進湄洲島的地方發展，也成為非軍事化之後兩岸交流的平台（古明君 2019）。在同一時間，湄洲島不斷投入開發，為了順利舉辦1987年的千年祭，興建了湄洲跨海輸變電工程，鋪放海底電纜，確保湄洲島供電無虞（古明君、洪瑩發 2017）。1994年，福建省旅遊局與莆田市政府聯合舉辦文化旅遊節，湄洲媽祖祖廟也因此獲得政府資金進行修繕，並且安排至山東考查祭孔儀式以將湄洲媽祖祭典正式化（古明君、洪瑩發 2017）。此外，2009年起中國舉辦海峽論壇，活動之一即是「媽祖文化活動週」，以此邀請台灣宮廟以進香名義帶團參與並出席論壇。如今，中國的媽祖信仰

不再是歷經政治壓迫而續存且具有韌性的宗教傳統，而是被諸多非宗教行動者使用，朝向特定經濟或政治目的之文化工具。

　　從1970年代晚期以來，湄洲媽祖祖廟逐漸確立了其作為兩岸媽祖交流重要基地的角色，以此增加了媽祖信仰的合法性，以及定位了湄洲媽祖祖廟董事會作為國家的在地助手的角色。與政府互動過程也重塑了信仰社群領袖的樣貌（Ku 2015）。1986年，在市級的黨／政府領導的指導下，湄洲媽祖祖廟的管委會改組為董事會，董事長人選是黨領導支持且也被信仰社群頭人信任的市政協主席（張珣2014: 144; Ku 2015）。原任湄洲媽祖祖廟管委會主委的，是一名具有克里斯瑪領袖氣質的當地女性，她在1970年代組織信徒修建祖廟並且重啟媽祖祭儀，在此過程中展現了其宗教虔信、毅力、以及在世俗世界中與不同部門運籌周旋的能力，因此受到當地信眾的支持以及海外媽祖信仰社群的認可，在重組董事會時她被政府指派為副董事長，仍然掌握廟內的財務與實質決策權（古明君、洪瑩發2017; Dean 1998: 264）。指派董事會成員既具有象徵性也是具有功能性的行為。它象徵了信仰社群領袖的組成是可接受黨／政府的指導與塑形，但它同時也是功能性的：由於其市政協主席的身份，這位被委派的祖廟董事長可以制度性地扮演政府與宗教社群之間的溝通管道。這一任董事長與副董事長任期長達十年，當他們兩位都因年長而雙雙卸任後，接任董事長的人選是上一任女性副董事長的兒子，任命人選的過程是由市委常委作出的決定（古明君、洪瑩發2017）；此外，湄洲島黨工委、對台辦公室這些基層黨與國家部門，也各派出代表成為新任董事

會的一員（古明君、洪瑩發2017）。如今，湄洲媽祖祖廟的董事會有著多重業務，包括經營旅館、車隊、旅行社、文化影視圈等。董事會也是一個混雜著權威與職能的組織，融合了宗教領導、文化與旅遊經濟、以及地方行政等權力（古明君、洪瑩發2017）。

　　1970年代末期到1980年代初期，台灣媽祖信仰社群的捐獻是中國媽祖信仰社群最直接的經濟資源，投注在重建或修整廟宇建築以及附近環境等。雖然當時中國的民間宗教仍面臨著政治風險，但在兩岸互動逐漸非軍事化且重啟交流的時代裡，來自台灣的捐款以及其與台灣的關係，成為信仰社群頭人借力使力的槓桿，增加民間信仰的合法性。在地方政府的支持下，湄洲的媽祖信仰社群頭人逐漸把宗教活動轉化為具有正當性的半官方活動，像是「閩台宗教文化交流」。到了1990年代末期，視媽祖信仰作為兩岸交流之象徵意涵，此一定位在在官方論述中逐漸確立，具有企圖心的廟宇頭人得以運用「媽祖祭典」、「媽祖文化旅遊節」、「媽祖信仰非物質文化遺產保護」、「媽祖文化生態保護區」等官方論述框架，爭取市級、省級到國家級的經費與政策支持。由於當地已經不乏經商有成者，信徒的捐款不再仰賴台灣信仰社群的捐獻。至此，中國當地的信仰頭人更加傾向與地方政府密切合作，為國家的對台工作效力。

11.2. 中國的間接影響力：動員與扶植台灣 媽祖信仰社群成為在地協力者

11.2.1. 宗教交流是中國影響台灣的槓桿

本章已描述了 1970 年代末迄今，台灣與中國媽祖宗教社群的頭人試圖透過強化兩岸的廟宇交流以提高自身的地位，以及媽祖信仰的宗教生態變遷。我們也指出，信仰頭人的行動策略鑲嵌在其所身處的國家與民間宗教關係中，而此關係在台灣與中國各自不同。在本節中，我們將討論兩岸宗教交流的後果之一，也就是，兩岸交流成為的中國影響台灣社會的槓桿。正如本章一開頭提到的，中共統戰工作原本不把媽祖信仰等民間宗教列入官方的「宗教」，因此原本並非以統戰的架構來治理民間宗教。然而，歷經數十年的兩岸宗教交流，包括進香、廟宇間的往來、參訪宮廟、舉辦或合辦各類會議、文化活動與論壇等，慢慢彰顯了民間宗教作為統戰工具的可能性。由於媽祖信仰等民間宗教對台灣地方政治有著一定的影響力，也在兩岸宗教交流中有一定的份量，讓中國地方政府、國台辦系統與統戰部逐漸認知了民間宗教具有的統戰意涵。

1980 年代以來，海外的尤其是來自台灣的信徒，紛紛到中國尋找民間宗教的祖廟。對於這些祖廟的尋根之旅，中國地方政府發展出以下的應對策略。首先，有些地方政府為這些民間的神祇修建祖廟，但這些廟宇在歷史上於該地未必真實存在過，作為一種被發明的傳統，祖廟被紛紛重建。其次，地方政府可能協助祖

廟邀請台灣信徒、宮廟和各種團體前往參觀。雖然邀請函是由廟宇的管理者發出，但可能是由地方層級的對台辦公室參與安排。本文作者在參與觀察時發現，對台辦公室會以當地代表的角色出席典禮，或是以在地主人的身份舉辦晚宴。統戰工作常常是在正式典禮之外或發生於酒酣耳熱的晚宴中，以交換名片為始的一連串社交互動、並且帶入介紹投資商機與政策利多等方式來進行。第三，政府積極促成當地相關的信仰團體或文化組織與台灣的民間信仰團體合辦文化活動，有時候，統戰工作透過這些文化活動的名義進行。例如海峽論壇期間的「媽祖文化活動週」，共同主辦單位也包括台灣的大型媽祖廟宇組織，也以此邀請台灣的媽祖廟帶團赴湄洲島參與盛會。

以宗教交流為名的廟宇間互訪，是強化中國與台灣兩地廟宇關係的常見方式，而這常常也會被運用作為對台統戰工作平台（古明君、洪瑩發 2017）。在中國，只有部分城市的居民可以赴台灣旅遊，因此對於許多中國大陸廟宇的董事會成員與信眾而言，赴台交流並不是宗教苦旅，而是以此制度管道得以便利至台灣走走看看的旅遊通道。此外，以「祖廟神祇巡台」為名義的赴台參訪另也具有宗教上的象徵意義，有些台灣信徒認為來自祖廟的神明具有更高的靈力，而且，神明到轄境出巡也確認了神祇的靈力範圍包括台灣。值得注意的是：來台參訪的活動並不完全是由大陸廟宇董事會自行安排，也可能是由具有半官方性質的協會主導行程、組織參訪團成員、或安排赴台後的參訪對象。在參觀宮廟之外，這些參訪交流團的行程有時還包括拜訪台灣的草根組織或

是在地的代表性人物。因此，這些宗教文化交流，不只強化了廟宇間的互動，也建立起兩岸在地方層級的社會聯繫。此外，這些參訪交流團的成員往往還包括了官方媒體與負責對台事務的官員，因此可以接觸到具有影響力或是有代表性的台灣當地人物，可以於未來進一步深化交往。

隨著兩岸媽祖信仰群體互動的日漸熱絡，慢慢浮現了政治、經濟因素相互糾結的複雜叢結，特定的台灣政治人物與廟宇董事會成員在其中占據關鍵位置，並從中獲得不同類型的紅利。以下就節點、活動、規模與動力等面向，描繪兩岸的媽信仰交流產生的政治經濟叢結。

11.2.2. 節點：中華媽祖文化交流協會與台灣媽祖聯誼會

2004 年 11 月初，在政府支持下，中國官方與湄洲媽祖祖廟董事會成立了「中華媽祖文化交流協會」，海外各地的媽祖廟董事會成員紛紛應邀參與成立典禮，但主要的對象仍以台灣的媽祖廟為主。從官方的賀詞，可以看出中國官方對該協會的期待：

> 媽祖文化是中華優秀傳統文化的重要組成部分，是團結海內外中華兒女、促進海峽兩岸交流與合作的重要橋樑與紐帶。……中華媽祖文化交流協會……在弘揚傳統文化、擴大世界影響、團結中華兒女、促進海峽兩岸交流等方面，取得新的更大成績。[2]

該協會辦理了一系列與媽祖信仰有關的兩岸宗教交流活動，並以促進媽祖文化為名義舉辦赴台交流參訪，或邀請台灣宮廟或相關組織赴大陸參訪；一些台灣媽祖廟宇的董事會成員也透過該協會建立其在中國的關係，進一步拓展他們的政商網絡。中國的統戰部門也可能透過中華媽祖文化交流協會與台灣媽祖廟董事會成員或相關人士搭建了關係。

中華媽祖文化交流協會在台灣的主要對口單位，是由鎮瀾宮在2001年成立的「台灣媽祖聯誼會」。雖然不是所有的台灣媽祖廟宇都是會員，但該聯誼會仍是兩岸媽祖文化交流的要角。大陸赴台的媽祖文化交流之旅，通常是由中華媽祖文化交流協會或其他的半官方組織辦理，一般都會得到台灣媽祖聯誼會的接待，也一定會拜訪大甲鎮瀾宮。這些交流團的成員不全是媽祖信徒，還包括了官方媒體、地方或中央層級的對台事務官員或是海協會人員等。台灣媽祖聯誼會儼然成為中國對台灣媽祖信仰社群傳遞訊息或公開活動的重要場域。台灣媽祖聯誼會雖是非政府組織，但政治立場親國民黨，曾為馬英九等國民黨候選人舉辦造勢晚會，且支持相關活動。此外，該聯誼會也與中國政府保持友好關係，經常接待來訪的各層級中國政府官員。雖然部分成員秉持不同的政治立場，但台灣媽祖聯誼會的領導層，也就是大甲鎮瀾宮的董事會，公開表明了上述的政治傾向。

2　參見中國政協主席賈慶林在中華媽祖文化協會成立大會上所發出的〈賀信〉。摘自 *China Mazu*, 1: 6。

11.2.3. 活動：進香動員

　　兩岸的政治人物與官員都注意到媽祖進香在台灣是重要的宗教活動，因此試圖運用進香儀式達成政治目的，有些進香活動更得到了官方的支持以期達到政治動員的目標。經過幾十年的演變，媽祖信仰社群出現了與信徒自動自發組成的進香活動截然不同的「進香動員」。例如每年在福建舉辦的海峽論壇期間，同時也會安排「媽祖文化活動週」，媽祖進香儀式已經成為該文化活動週最具象徵性的活動，因此政府邀請廟宇組織進香團參與，並請他們出席海峽論壇。即使參與其中的信徒與民眾可能只是單純參與宗教與觀光活動，但大規模的進香動員常被中國宣傳為「心慕祖國」的活動。除了媽祖誕辰等大型儀式活動的進香動員之外，中國也想透過更基層的交流，以「結對子」的方式促進對台灣基層的了解與掌握。因此，過往的模式主要是透過媽祖廟宇大規模進行進香動員，但新的趨勢是，透過村與村、組織與組織、或是中小型廟宇之間的複合式動員策略，舉行一些小型的交流活動。因此進香動員模式的發展與改變，將是值得繼續觀察的議題。

11.2.4. 深入地方基層的網絡

　　在獲取台灣輿論的工具以及對台灣社會溝通渠道上，對台事務官員與統戰部早期仰賴與國民黨高層或是退休官員的聯繫。但經過幾十年的兩岸互動後，中國發現這些工具與渠道只能接觸到特定的社會階層，為了更深入、更廣泛接觸台灣基層，中國官

員與不同的社會部門建立聯繫。其中頗值得關注的是，在兩岸長期交流之下，透過媽祖信仰交流建立的社會連結逐漸深入民間基層。2016 年的總統大選透露了端倪，大陸海協會長陳德銘在投票前一個月來台，直奔鎮瀾宮，與當地的村里領袖閉門會談。[3] 本文作者之一透過訪談部分與會者得知，陳德銘雖然沒有直接提到總統大選的支持對象，但希望大家「考量兩岸關係，做出最佳選擇」。換句話說，他走訪這些廟宇，是為了透過兩岸的媽祖信仰交流來深入台灣的民間基層。

除了直接走訪基層傳遞訊息之外，中國相關部門也透過各種會議、活動或新聞傳遞中國官方的態度與訊息，進而影響台灣媒體。2016 年的總統大選後，可以看到中國或是親中媒體的特別報導，像是「北京會議一帶一路下兩岸宮廟的文化體系」的論壇會議，強調了「共同信仰、很難割捨」，並引述台南新和順保和宮總幹事楊宗佑的說法指出：「兩岸宮廟交流歷史悠久，雙方在宮廟的歷史連結上有著臍帶關係，許多神明都是自大陸供奉到台灣祭拜，這是不爭的事實。兩岸間許多事情還是別過於政治化，尤其是宗教交流屬於兩岸共同信仰，是很難割捨的。」[4] 另一則值得關注的媒體報導是陸客遊覽車在台灣起火事件，媒體特別採訪了鎮瀾宮的代表人物顏清標，他說：「事故既然是在台灣發生，就要給大陸民眾一個交代，在累積了許多情緒後，大陸政府強硬

---

3 參見《聯合報》2015 年 12 月 1 日 A12 版。

4 蔡浩祥，〈兩岸宮廟文化面臨斷層隱憂〉。《旺報》2016 年 7 月 19 日，http://www.chinatimes.com/newspapers/20160719000841-260302

是免不了的事，蔡政府一定要拿出誠意妥善處理，事情拖越久，家屬會越不滿。但兩岸政府都要思考，不能阻擋兩岸民間交流往來的需求。」[5] 這兩則新聞的背後意涵頗耐人尋味，透過地方廟宇頭人的發言，塑造蔡英文政府阻擋兩岸民間交流的印象，並暗示透過神緣所建立的兩岸交流關係與網絡是無法斬斷的。不管新聞製播單位的立場為何，或這些報導內容是否如實呈現受訪者的發言，從這類新聞報導可以發現一種新的趨勢，也就是把地方廟宇組織塑造為代表「民間」的「輿論」，創造了一種形象，既可以用於對中國內部宣傳，也可以用在台灣內部的政黨間博弈。

11.2.5. 動力：台灣信仰社群頭人的宗教紅利

兩岸關係的演進讓台灣一些媽祖廟宇的董事會成員，尤其是具有全國性知名度的大型宮廟，可以透過扮演協力者的身分獲得政治與經濟的紅利。雖然尚無相關研究證實，中國地方政府對擔任媽祖廟宇董事的台商給予政治性的協助與優待，但是從新聞報導與作者的觀察顯示，有相當一部分的台灣大型媽祖廟董事，透過媽祖信仰各類交流製造的機會，建立了兩岸政商網絡，有助於拓展他們在中國的事業。從媒體報導可以發現，台灣三間重要媽祖廟都在中國興建廟宇：大甲鎮瀾宮在天津、北港朝天宮在廈門、鹿港天后宮在崑山，都建有分靈廟。在中國修建廟宇涉及龐

---

5 〈顏清標答中評：蔡英文須重新思考兩岸未來〉，《台灣中評網》2016年7月23日，http://www.crntt.tw/doc/1043/2/0/7/104320741.html?coluid=93&kindid=2910&docid=104320741

大的土地資源，必須為廟宇預留土地，而這三起分靈廟的案例也都涉及周邊龐大的商業開發利益。這三起案例都需要強而有力的地方網絡以及官方支持，以獲得土地開發許可和其他的資源。兩岸媽祖信仰交流，除作為宗教與文化的互動往來外，也形成了社會與商業網絡。部分具有企圖心的台灣媽祖廟董事會成員，尤其是那些長期往來中國經商者，透過與大陸的媽祖廟與互動過程中，建構在地的社會與商業網絡，瞭解政策利多，以提升自己在中國的事業，或是尋找當地商業機會。本文作者之一在田野調查時，曾觀察到目前有些中國媽祖廟宇的董事會有台灣人的席次，其擔負的任務是安排或接待台灣廟宇團體或香客的參訪，這些台灣董事有更多機會獲得地方上的政治和經濟利益。媽祖廟猶如一個社會空間，積極的社會行動者在其中與其他行動者以及政府互動，強化與當地具有影響力者的聯繫，也得知內部消息，像是接觸地方政府人員、感知地方政府的傾向。而他們返台時，也往往以此名義進行生意相關的人際往來。透過他們的台灣身分、以及在中國廟宇的董事身分，在兩岸分別累積個人的社會資本，藉由身為台灣人又擔任中國媽祖廟董事的雙重身分，這些廟宇頭人累積了跨越兩岸的社會資本。所以有台灣人透過捐款等各種方式，企圖得到中國廟宇董事等相關位置以增加社會資本，方便自己的事業和經商發展。

11.3. 中國的直接影響力：中共黨國機構對台灣宗教界的干涉

　　從上述媽祖信仰建構的跨海峽政治經濟叢結中，我們亦可以發現中國針對台灣特定社會部門施加直接影響力的機制。中國在數十年來，透過宗教交流動員媽祖信仰社群，並從中培育台灣在地的協力者。在兩岸宗教交流的舞台上，最引人矚目的角色是廟宇，以及和媽祖相關的社會組織，很難看到中共國家機器直接施加影響力的蛛絲馬跡。但如果貼近觀察，將會發現隱藏在媽祖相關社會團體背後的國家意圖，例如仔細分析中華媽祖文化交流協會，就可以察覺中共黨國的存在。

　　中華媽祖文化交流協會是正式註冊的國家層級社會團體。如同中國多數的「官辦非政府組織」（GONGO），中華媽祖文化交流協會緊密地與政府合作。在 2004 年成立以來，該會會長由統戰組織「台盟」主席擔任，台灣的知名媽祖廟也都受邀加入團體會員，並保留幾個副會長的位置給台灣會員。2004 年，在六位副主席中有兩位是台灣媽祖廟的董事，分別來自鎮瀾宮與朝天宮；現在則有五位台灣人擔任副會長，從副會長名單上安排的台灣廟宇席次與人選，我們可以判斷：該協會對台灣媽祖信仰社群生態、以及不同的台灣媽祖廟宇的勢力平衡，都有幾本的了解與掌握（古明君 2019）。

　　在組織上，中華媽祖文化交流協會是由文化部監督，但同時與市級、省級的對台辦公室合作，負責台灣媽祖信徒的進香活動

等。該協會位處中共黨國機構由上而下與台灣媽祖信仰社群接觸渠道的末端，但有了這個社會團體作為渠道，中共的黨國機器便可以隱身幕後，無須在舞台上亮相，但仍舊可以指揮兩岸宗教交流的演出。這個施展影響力的模式隱晦不顯，但相當有效用。事實上，透過國家掌控的社會組織進行管理，是中共在宗教領域統戰工作的慣用手法。

11.4. 結語：跨海峽兩岸的「做民間宗教」

歷經數十年的兩岸媽祖信仰交流，形成了交互影響與共構下的宗教發展。但由於兩岸政治社會性質的差異，這樣的宗教發展在中國與台灣呈現了不一樣的政治意涵。由於兩岸的國家與民間信仰關係有著明顯差異，台灣與中國的媽祖信仰社群頭人各自衍生了不一樣的行動策略。

在本章，我們闡述了兩岸的媽祖信仰社群互動不只是具有宗教性質的社會實踐，也是兩岸關係變動下的政治行動。在台灣尚未解嚴時，鎮瀾宮的董事會在1987年組團前往湄洲進香，衝撞了當時的政治約束；此外，他們也代表台灣廣大的媽祖信徒，讓民間信仰議題浮現在兩岸關係的政治議程上。在台灣的媽祖廟宇董事會，可以在台灣選舉的脈絡下，將其在地方事務上的影響力轉化為地方選舉的表現，伴隨著民主化的過程，這樣的政治實力逐漸突破地方的層次，董事會成員邀請全國層級的政治人物前來參與儀式，也讓政治人物透過打「媽祖牌」來與信徒搏感情爭取

選票，代表了廣大信徒的信仰社群頭人，在特定的歷史時機中，可以對兩岸政策表示態度；在特定議題上透過與兩岸政府之間借力使力，以神明之意與政府協商甚而挑戰政策限制。

在海峽對岸，湄洲媽祖祖廟的信仰社群頭人逐漸透過與政府的接觸與合作，來增強自身的正當性。猶如其他中國民間信仰個案研究所披露的，與地方政府、中央政府和黨的關係，是影響宗教復振與發展的關鍵因素。媽祖信仰在中國的復振過程呈現了民間宗教與國家共舞的宗教發展之路，在這樣的宗教發展中，原來由信仰社群自發形成的領導組織樣貌，逐漸在與黨／國的共舞過程中重新塑形，成為融合宗教、地方行政、國家政策目標等的多功能混合體，並且為黨和國家的對台交流效力，成為國家的助手。中國大陸的媽祖廟宇董事會，也在兩岸交流數十年的歷程中，將其對自身宗教發展的渴望，融合在政府對台政策的意圖中。

歷經長達幾十年的宗教交流，圍繞著兩岸民間信仰形成了複雜的政治經濟叢結，盤據其中的宗教社群頭人、政治人物、商人等充滿企圖心的行動者，希冀在交流中獲得各式紅利。兩岸媽祖信仰社群的交流往來，不只涉及社群頭人之間的關係與互動，還牽涉到兩岸的國家與民間宗教關係。由於台灣與中國的國家與宗教關係動態差別甚大，中國政府也利用兩岸在政教關係上的不對稱結構，發展出其發揮境外影響的戰略：將民間信仰作為接觸與影響台灣信仰社群甚至是基層社會的工具，以此發揮間接或直接的影響力。

參考文獻

古明君，2019，〈作為中共發揮海外影響力工具的媽祖文化〉。《中國大陸研究》62(4): 103-132。

古明君、洪瑩發，2017，〈媽祖信仰的跨海峽利益〉。收入吳介民、蔡宏政、鄭祖邦主編，《吊燈裡的巨蟒：中國因素作用力與反作用力》。新北：左岸，頁289-324。

洪瑩發，2005，《戰後大甲媽祖信仰的發展與轉變》。台南：國立臺南大學台灣文化研究所碩士論文。

張珣，2003，《文化媽祖：台灣媽祖信仰研究論文集》。台北：中央研究院。

張珣，2005，〈光復與解嚴──從進香儀式看台中縣大甲地區的發展〉。發表於「區域再結構與文化再創造研討會」。

張珣，2014，〈中國大陸民間信仰的變遷與轉型：以媽祖信仰為例〉。《科技部人文與社會科學簡訊》15(2): 142-149。

鄭振滿，2010，〈湄洲祖廟與度尾龍井宮：興化民間媽祖崇拜的建構〉。《民俗曲藝》167: 123-150。

Chau, A. Y. 2006. *Miraculous Response: Doing Popular Religion in Contemporary China*. Stanford: Stanford University Press.

Dean, K. 1998. *Lord of the Three in One: The Spread of a Cult in Southeast China*. Princeton: Princeton University Press.

Goossaert, V. & Palmer, D. A. 2011. *The Religious Question in Modern China*. Chicago: University of Chicago Press.

Ku, M.-C. 2015. Local strategies of popular religious community engaging the state: The culturalization and heritagization of the Mazu belief. *The Conference on 'Interactive Governance and Authoritarian Resilience: Evolving*

State Society Relations in China'. Taipei.

Madsen, R. 2010. Religious revival. In Hsing, Y.-T. & Lee, C.-K. (eds.), *Reclaiming Chinese Society: The New Social Activism*. London: Routledge.

Potter, P. B. 2003. Belief in control: Regulation of religion in China. *The China Quarterly*, 174, 317–337.

Yang, F. 2011. *Religion in China: Survival and Revival under Communist Rule*. New York: Oxford University Press.

Yang, M. M.-H. 2004. Goddess across the Taiwan strait: Matrifocal ritual space, nation-state, and satellite television footprints. *Public Culture*, 16, 209–238.

PART
3

印太地區個案

[12] 左右為難的東南亞
莊嘉穎，新加坡國立大學政治學系副教授

　　隨著中國在全球的地位扶搖直上，它對東南亞地區的影響力也穩步成長。由於地理位置緊緊相鄰，還有歷史上密切的政治往來，中共黨國在東南亞施展直接與間接的影響力不足為奇，況且這也呼應了該地區希望受惠於中國龐大市場與資本出口能力的渴望。然而，在這些好處之外，中國的影響力的確也對東南亞帶來嚴峻的挑戰，而該地區對於這些挑戰的反應經常充滿矛盾。關於中國是不是會擾亂國際秩序，又會在多大程度上擾亂國際秩序與破壞穩定的相關爭論屢見不鮮，中國所投資的大規模基礎建設是否會導致「債務陷阱外交」，也是經常甚囂塵上的熱門話題（Chellaney 2017）。

　　儘管中國承諾要為東南亞帶來經濟成長與繁榮，但它的影響力仍有可能加劇該地區的不確定性，讓既有的社會裂縫承受更大的壓力，造成更多的動盪不安。對於中國利益和行動的擔憂，不僅限於中國藉由經濟優勢獲取的商業利益，還涉及更深層的問題，擔心東南亞制度和政治的穩定會搖搖欲墜。可想而知，北京尋求在這裡推展自己的利益，並試圖扭轉那些可能產生的

負面影響，但中國對這些目標的追求可能削弱東南亞國家聯盟（ASEAN，簡稱「東協」）推動區域合作的能力，讓凝聚東南亞社會的共識面臨壓力。與中國越來越密切的接觸，帶來了利益、成本與風險的不均衡，東南亞國家必須謹慎處理隨之而起的效應，才能確保穩定和可長可久的合作。

12.1. 背景：中國對東南亞政策的演變

由於地理位置鄰近，而且當地有許多華人定居，中國竭盡所能影響東南亞的政治與社會並不是新的現象。從十九世紀末以來，中國的政治團體就不斷試圖動員東南亞的華人社群，反滿清的革命分子和清朝的改革倡議者都在這裡招募支持者與募集資金（Suryadinata 2017），包括同盟會及其繼承者國民黨。中國共產黨則從1930年代開始，展開與東南亞共產黨的緊密聯繫與合作（Owens 2015）。

中共在文化大革命前後支持了東南亞共產黨的革命運動，但在1970年代末走上改革開放後，這些支持就慢慢減少。中共在印尼共產黨於1965年遭到肅清前與其保持緊密關係；中共也和柬埔寨的赤棉交好，並在物資上支援泰國與緬甸的共產黨（Ang 2018; Mertha 2014）。中共在與東南亞的共產主義者建立關係時，通常會動員當地的華人社群參與（Ang 2018; Suryadinata 1997）。中國在1970年代開始經濟改革後，意謂著需要與鄰國建立更多的合作關係，這促使北京更專注於和華人社群建立商業連結，但

不是為了政治目的（Suryadinata 2017）。在過去，中共除了與台灣有關的議題之外，很少介入東南亞國家的內政。

　　往昔的黨派之爭、殖民主義與隱隱作祟的族群緊張關係，讓東南亞一直對中國懷著厭惡感，整個地區對中國的憂慮也始終揮之不去。越南的心態尤其矛盾，其民族認同有一部分源自抵抗中國入侵，而且曾經在1979年與中國在邊境上打仗（Ang 2018）。華人社群的動盪與暴力歷史，以及他們與中國顯而易見的連結，都讓印尼、馬來西亞和新加坡的少數族裔非常注意北京的動向。如果未能適切處理華人社群與政府、以及與其他族裔之間的關係，很可能引發反彈。當中國試圖操弄東南亞的國內政治時，被殖民主義剝削的記憶經常在當地引發不安。

12.2. 中國的直接影響力：經濟與外交機制

12.2.1. 經濟影響的機制，經濟巨人的槓桿作用

　　東南亞國家在與全球第二大的經濟體打交道時，對北京的偏好非常謹小慎微。東南亞在以中國為核心的全球生產網絡中占有一席之地並從中獲利，從商品到零件、從成品到服務都以廣大的中國市場為目標（Kim 2015: 134–66）。中國企業有很多是國營，是東南亞資本的重要來源，尤其是對那些渴望引入大型基礎建設的經濟體而言，因為這些投資通常需要承擔數十年才能獲得回報的風險（Wang 2017）。東南亞國家與中國之間的經濟動態，很像該地區與歐洲、日本與北美的實質關係，不過，北京還試圖利用

商業與經濟議題推進政治目的，這讓當地政府與企業對於東南亞與中國的分歧越來越小心翼翼。

中國已經是東協的最大貿易夥伴，也是每一個東協成員國與非東協國家之間的最大貿易夥伴，這支撐了中國在東南亞的影響力，圖12.1說明了這個事實。

這類貿易主要是中國工廠利用東南亞的生產投入與零件，組裝成品之後銷往北美、歐洲與日本的消費市場（Kim 2015）；驅動貿易的另一股力量則是巨大且日益增長的中國內需市場。結果是，儘管東協國家之間的貿易額仍超過東協與中國之間的貿易額，但政府與企業都認為破壞與中國的貿易要付出高昂的代價。

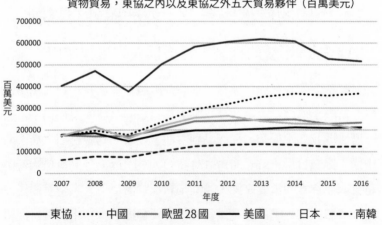

圖12.1 東協的主要貨物貿易夥伴，2007–2016。
資料來源：ASEAN Statistical Yearbook（2016/2017）

由於擔憂經濟損失，東南亞政府與企業不敢採取讓中國不開心的立場，而且常常對北京利用經濟手段成功迫使對手讓步的紀錄視而不見。

此外，東南亞是北京「一帶一路」的主要投資地點，這項倡議順利把中國過剩的資本輸出到亟須基礎建設的低度開發經濟體。儘管如此，中國在東南亞的投資總額仍低於歐洲、日本與美國（參見圖12.2與圖12.3），而且主要是私人部門的投資。不過，在解讀這些數據時仍要注意，有關「一帶一路」並沒有精確的投資數字（Hillman 2018）。

雖然不是全部，但中國的投資經常有政府介入，而且集中在大型的基礎建設，像是高速公路、鐵路、機場、海港與水壩，或是物業開發方案（Wang 2017）。許多東南亞國家認為這些投資項目攸關長期發展，這使得他們對於讓北京不悅的問題更加謹言慎行。經濟上的利益讓當地政府在靠攏北京立場時振振有詞，況且中國資本通常不像歐洲、北美與日本的資本，會對當地政府提出種種條件。

舉例來說，新加坡政府與企業擔心如果在《聯合國海洋法公約》（UNCLOS）適用於南海的立場上與北京迥異，可能會對雙方的貿易帶來負面效應（Tan 2016）。國際仲裁法庭的南海判決出爐後，新加坡與北京對於該法庭與該判決的約束力一直各執己見（中國外交部 2014, 2016; Singapore Foreign Ministry 2016）。於是從2012年到2017年長達五年的時間裡，由中國官方在背後支持的媒體多次攻擊新加坡的立場，並獲得網民的一致叫好，最終導致

圖12.2 東協的外資來源國,以價值計算,2007-2016。
　　資料來源:ASEANStats

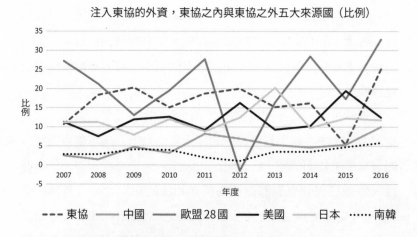

圖12.3 東協的外資來源國,以比例計算,2007-2016。
　　資料來源:ASEANStats

新加坡送往台灣演習的裝甲車在香港遭到扣留（BBC News 中文 2016; 胡錫進 2016; 網易新聞 2022）。與中國關係劍拔弩張，讓新加坡企業和政府支持的官方主流媒體憂心北京可能施壓當地企業與投資項目，報導中偶爾會提及南韓、日本與台灣所遭受的中國制裁（Kausikan 2016）。儘管新加坡仍堅持南海問題必須依循「法治」和「基於規則的秩序」，但官員仍避免具體指出違反這些準則的行為究竟為何（Ng 2018）。

　　東南亞國家與中國的發展計畫有著千絲萬縷的關係，是他們在與北京互動時戒慎恐懼的另一個理由。例如中國在湄公河等主要河流的上游興建大型水壩，很可能影響東南亞的環境與生計（Ho 2014）；此外，中國也有參與的「大湄公河次區域經濟合作」（GMS）開發計畫，其中包括了柬埔寨、寮國、緬甸、越南、泰國，北京仰仗著雄厚的經濟實力，甚至逼迫寮國、緬甸與泰國政府同意讓中國擁有跨境到湄公河流域聯合巡邏的執法權（*Bangkok Post* 2013; *China Daily* 2018）。至於高度仰賴商品出口的汶萊與寮國，更是把中國視為主要的出口市場，兩國皆小心翼翼避免與北京產生摩擦（ASEAN Secretariat 2018b）。汶萊由於石油與天然氣蘊藏量正逐漸枯竭，更是敞開雙臂歡迎中國的「一帶一路」投資，這很可能也是該國蘇丹對中國的南海主張採取低調反應的原因（Jennings 2018）。

　　北京在東南亞綿密的經濟觸角正以間接、複雜的方式引發摩擦。例如，南海的緊張局勢部分來自中國與東南亞國家（主要是越南、菲律賓與印尼）的漁船相互對峙，從而助長了各方的民

族主義情緒（Etzler 2013）。這些衝突的背後原因是南海北部海域的漁獲資源銳減，使得各國的漁業爭奪加劇（Tsirbas 2017）。過度撈補，加上缺少適切的漁業監管架構，一些商業漁船逐漸航向南方水域——尤其是中國與越南船隊，最後進入了印尼的經濟海域。印尼的漁民與政府認為中國、菲律賓、馬來西亞和越南在侵占他們的傳統漁場，於是試圖扣押或是擊沉這些漁船，儘管印尼仍舊希望「一帶一路」能帶來鐵路、高速公路等基礎建設（*Associated Press* 2018; *Jakarta Post* 2018）。

12.2.2. 外交影響力：調整或是翻轉外交準則？

　　隨著經濟與政治地位日益壯大，中國也逐漸對東南亞各國之間得以維繫合作的國際法律、規則、制度與規範發揮影響力。第二次世界大戰結束後，東南亞順利融入以美國為支柱的國際自由經濟與安全秩序，並分享了蓬勃的經濟繁榮（Ikenberry 2001）。首先是有了關稅與貿易總協定，同時又有國際貨幣基金（IMF）促進了金融穩定；另一方面則有聯合國體系和美國在亞洲的安全聯盟，以及在前線的軍事部署。以上的安排讓東南亞避開嚴重的區域衝突，即使爆發了相當血腥、悲慘並具有毀滅性的韓戰以及中印戰爭，但這些戰事都被侷限在一定的地理範圍內。美國與日本的市場和資本，又得以讓汶萊、印尼、馬來西亞、菲律賓、新加坡與泰國等東南亞國家雨露均霑。

　　美國打造的國際體系成為中國與東南亞、世界其他地區建立經濟聯繫的基礎，尤其是在北京決定改革、開放之後（Ikenberry

2012）。隨著融入世界體系的過程中獲得不少經濟上的利益，北京一度顯得安於現狀，願意接受既有的規則、規範與慣例。另一方面，北京搭上了美國建構的安全體系便車，並無須擔憂自己的國家安全受到挑戰。

不過，現在北京似乎有意在既有的國際秩序留下自身的烙印。除了贊助中國、巴西、俄國、印度與南非等「金磚國家」組成的新開發銀行（NDB）以及亞洲基礎建設投資銀行（AIIB），試圖調整當前金融體系的運作模式（Griffith-Jones 2014）之外，北京還設立了國際法庭以仲裁在「一帶一路」計畫中因為與現行通用的法律制度有所扞格而衍生的糾紛（Xinhua 2018）。與亞投行以及一帶一路相關的國際法庭，對高度參與一帶一路的東南亞國家尤其重要，特別是當關乎招標、合約執行和解決爭端的方式偏離了既有的國際慣例，例如對透明度的要求。

除了挑戰既有的經濟制度，中國看似也要開始質疑其他國際體系的關鍵支柱。中國拒絕參與菲律賓針對南海爭議所發起的國際仲裁庭程序，並且質疑、批評整個審理過程的合法性，顯示北京正在挑戰既有的國際體系（中國外交部2014; 2016）。根據中國外交部長王毅的說法：

> 仲裁庭做出的所謂裁決侵犯了中方的合法權利，挑戰了尊重主權和領土完整的國際準則，損害了國際海洋法律制度的嚴肅性和完整性，衝擊了以《南海各方行為宣言》（DOC）為基礎的地區規則。仲裁庭的成立缺乏合法性，對本案不具

管轄權，其裁決明顯擴權、越權，不可能產生任何法律效力。

（Wang Yi 2016）

仲裁庭表示，中國在南海填海造地的人工島不符合《聯合國海洋法公約》的十二海浬領海規範，但北京反駁裁決內容並堅持自己的法律解釋（Ali and Blanchard 2018; Mensah et al. 2016），儘管該仲裁庭是依循《聯合國海洋法公約》所設立的爭端解決程序，而中國本身也簽署並批准了這項公約。上述行為說明，當美國沒有像先前那樣持續參與該地區的活動，中國便趁機改變當地的國際秩序。

12.3. 中國的間接影響力：收編並動員中共網絡的協作者

12.3.1. 扶植在地的掌權者

隨著中國在東南亞的經濟地位水漲船高，北京在這個地區對政治人物、政黨和其他政治行動者的支持模式也予以翻新。北京為什麼會與當地的政治人物合作，甚至加以支持的理由並不難理解，因為在法制脆弱的環境中，與掌權者合作是確保合約得到遵守、投資得到保障的一種方式。在中國主要大城以外的地區工作的人，對這種合作模式並不陌生。事實上，隨著東南亞地區的經濟與中國的聯繫越來越緊密，中國企業和政府與當地政治行動者的合作也越來越密切。

關於中國在東南亞投資的政治效應，柬埔寨或許是最具代表性的例子。中國不只是柬埔寨在東協以外的最大貿易夥伴，該國的許多基礎建設以及房地產所帶動的經濟發展都源自中國的資金（ASEAN Secretariat 2018a; 2018b）。中國似乎特別支持總理洪森（Hun Sen）所領導的柬埔寨人民黨（CPP），自該黨執政以來，北京即大力協助該國興建政府辦公大樓，軍隊與警察的現代化以及公務員的培訓（中國外交部2018）。甚至有證據顯示，北京在2018年的柬埔寨大選期間支持了洪森與人民黨（Allard and Thul 2018）。根據揣測，北京的這些投資是導致金邊政府在一些讓中國難堪的議題上打破東協共識決慣例的原因之一，例如在2012年與2016年，柬埔寨便發表聲明阻止其他國家聲索南海主權（Shanmugam 2012; Baliga and Sokheng 2016）。

菲律賓與中國的經濟合作和特定的政治支持之間有著密切關係，這樣的關係雖然很少有人直接承認，但我們仍可以觀察到蛛絲馬跡。前總統杜特蒂（Roderigo Duterte）曾經證實，他在2016年競選期間所獲得的金援，部分來自與中國有關係的商人（Frialde 2016）。在他就職後，中國即透過「一帶一路」的倡議提供給菲律賓價值不菲的低利貸款，儘管有人質疑這些承諾是否有辦法兌現（Estrada 2018; Koutsoukis and Yap 2018）。更重要的是，北京與馬尼拉之間的安排是因為雙方相互理解，要「擱置」2016年南海仲裁的判決（Duterte 2016a），這項判決釐清了北京在這個海域利用單方主張的「九段線」把該地區視為中國內海的爭議（Mensah et al. 2016）。此外，在杜特蒂擔任總統期間，馬尼拉也

在北京的慈惠下，逐漸淡化菲律賓與美國長久以來的安全與政治關係（Duterte 2016b; Newman and McCarthy 2020）。

馬來西亞的遭遇和菲律賓雷同。中國透過「一帶一路」的倡議提供馬來西亞許多基礎建設的低利貸款，來自北京的投資與財政奧援支持了馬來西亞納吉（Najib Razak）政府的發展計畫（Lee 2018b），並惠及與執政黨國民陣線（Barisan Nasional）關係良好的商業團體。一般以為，這是馬來西亞在南海議題相對沉默的主因，即使相關的爭議也牽扯到馬來西亞的利益（Free Malaysia Today 2017）。據說來自北京的資金和商機幫助納吉填補了因為貪污所累積的數十億美元虧空（Venkat and Carew 2015），不過，這些原本該用來維持國民陣線和選民支持的資金，許多都被納吉本人、他的家人與親信挪用以中飽私囊。

對東南亞某些政治人物明目張膽的支持，還有對大型基礎建設的闊綽貸款，看似讓北京稱心如意達成了一連串的目標。北京在外交與經濟上援助泰國軍政府，包括興建高鐵，除了讓泰國在南海議題上抱持沉默是金的態度，也對中國和維吾爾族的異議人士在該國境內遭到綁架緘默不語（Hewison 2016; Yuvjevwattana and Worrachate 2018）。此外，北京先是與緬甸的軍政府合作，接著與翁山蘇姬（Aung San Suu Kyi）的全國民主聯盟打交道，以便在緬甸興建港口、輸油管等大型基礎建設，獲得另一個讓中國可以出海的機會（Aung 2017）。北京似乎也對緬甸武裝團體跨過中緬邊境睜一隻眼閉一隻眼，例如緬甸軍機在2015年越境投下炸彈，引爆了一場小型的紛爭（BBC News 2015）。

中國致力與各國的在地政治行動者合作以確保自身利益，這是大國政治常見的舉措，也呼應了中國歷史上眾多政權的作為。冷戰期間，美國和蘇聯都與各國在地的政治人物、政黨和團體合作，以保護美、蘇在不同地區的利益，正如中國在安哥拉、莫三比克、坦尚尼亞和尚比亞的作為（Taylor 2007）。十九世紀末到二十世紀初，歐洲強權與日本也對那些能夠提升他們在亞洲和非洲地位的當地人另眼相待。清朝在十九世紀末分別支持了阮氏王朝與朝鮮王朝，以確保在越南與朝鮮的主導地位。如今北京擴大聲援各國的在地政治行動者，以推進並捍衛自身的利益，也只是強權國家的老調重彈。

12.3.2. 文化與族群的力量

中國在東南亞發揮影響力的另一個因素是利用次國家（subnational）的訴求來吸引當地的華人社群。僑辦與各地的大使館、領事館竭盡所能與當地的華人社群建立關係，探索商機、徵求意見，有時還動員他們來聲援中國的主張（Suryadinata 2017: 23–50）。僑辦納入統戰部的管轄後，中國在動員華人社群推動有關中國的利益時，更是明顯地染上濃厚的政治色彩（李源潮 2013; 中國國務院僑務辦公室 2018）。中共動員海外華人擁護中國的政治目標，遙遙呼應了十九世紀末到二十世紀中葉同盟會與國民黨的海外活動，以及中共在冷戰期間的革命輸出（Suryadinata 2017: 3–22）。拉攏東南亞華人社群的基礎建立在文化和語言的親近性，以及源自十九世紀末以降的跨國民族主義。

　　當代的北京政府得以明目張膽地吸納華人社群，根源自長久以來把中華文化、漢族認同與對中國國家忠誠這三件事予以結合的本質。透過管控對「中國屬性」的詮釋，一次又一次動員全球華人社群，來推翻滿清帝國、對抗日本帝國侵略，並為毛澤東的革命事業拋頭顱灑熱血，獻上財富支持（Suryadinata 2017: 3–22）。如今，很明顯的，北京的目標是削弱違反中國利益的力量，像是主張南海與台灣的主權、鎮壓西藏與新疆的少數民族，以及牽制美國在亞洲的軍事部署。北京一再強調中華文化的獨特性，三不五時透過大使館與領事館，把境外的中國少數族群與中國境內的省、市、縣等行政區搭上線（中國歸國華僑聯合會 2016: 5, 10, 31, 41）。北京還推出一種長期簽證，提供海外的華人居住、教育與就業的便利措施（中國公安部 2018），類似提供給中國宣稱是他們國民的香港人「回鄉證」與台灣人「台胞證」。

　　馬來西亞與新加坡的華人數量最為龐大，分別占總人口數的23%與75%，而中國對東南亞華人社群的文化宣揚工作，在這兩個地方做得最到位（Malaysia Department of Statistics 2018; Singapore Department of Statistics 2017）。北京公開表達對馬來西亞華人的親密感，致力於創辦華語學校，安排華人返回中國探訪祖先的村落，並在精神上支持前執政黨國民陣線的華裔友黨——馬來西亞華人公會（Chan 2017c; Ignatius 2017）。2015年中秋節期間，在預期即將有一場紅衫軍遊行可能會引發族群衝突的情況下，當時的中國駐馬來西亞大使黃惠康訪問了吉隆坡的唐人街，說明北京試圖把自己塑造為馬來西亞華裔的捍衛者（Chan 2017c; Latiff

2015）。到了2018年大選期間，中國外交官與國民陣線、馬來西亞華人公會的政治人物聯袂出席，讓許多人的揣測更加繪聲繪影，認定北京試圖利用文化的代表性動員馬來西亞華裔支持來國民陣線的候選人（Chan 2017c）。

中國利用文化滲透新加坡的手法，與在馬來西亞如出一轍，透過宮廟網絡、商業協會、宗族、鄉親會等，還有一些協助中國新移民的協會，一方面與中國的縣級與省級政府保持聯繫，另一方面與新加坡的政治人物、政府相關機構保持關係（Leong 2016）。中國統戰部與中共官員前往新加坡探訪華人社群時，不僅會出錢出力幫助年輕一代的華裔返鄉尋根、探訪祖先居住的村落，這些官員偶爾還會表示歡迎華人到他們的辦公室，他們樂意提供任何協助（Qin 2018; 新加坡宗鄉會館聯合總會 2014; 新加坡同安會館 2013）。至少有一位新加坡的華人社群領袖，在統戰部的支持下參與了中國人民政治協商會議，並定期以中星橋樑的角色出現在中國的官方媒體上，這些手法無疑是中國對香港與台灣進行滲透的翻版（王麗麗 2018）。此外，至少有兩個在新加坡登記的智庫是站在親中立場，其背後很可能有中國支持。

在2012年到2017年之間，新加坡與北京的關係出現緊張，一些與特殊機構有關聯的人士不時在媒體上公開聲明或是私底下呼籲，不要過度張揚與中國分歧的立場。他們認為，新加坡是一個華人占多數的社會，必須諒解北京的立場，即使不能表態支持，也不該把問題複雜化（網易新聞 2022）。更有人暗示，若與北京唱反調，加上與美國的國防合作過於密切，新加坡可能面臨

商業損失（Ai 2016; Tianya 2009）。在習近平要求推廣中國文化的政策下，新加坡中國文化中心於 2015 年成立，新加坡則以成立新加坡華族文化中心（SCCC）作為回應（南洋視界 2015）。新加坡總理李顯龍在新加坡華族文化中心的開幕儀式和週年慶典上強調，新加坡有著「獨一無二」的華人文化，他也在新加坡最早創刊的《聯合早報》九十五週年時，再度表達同樣的說法（Lee 2017; 2018a）。

由於疆域接壤毗鄰，中國的文化滲透工作在泰國北部和緬甸也非常活躍。中國內戰結束後，一些國民黨的殘餘勢力撤退到泰北與緬甸，從那之後，中共和國民黨競相爭取這些地區的華人對己效忠（Han 2017）。台北和美國中情局經常利用留在這些地方的國民黨孤軍侵擾中國，但隨著台灣越來越專注於本土政治，這類影響力逐漸江河日下。相反的，隨著中國的影響力與日俱進，這些地區成為北京滲透泰國與緬甸商業與文化的橋頭堡，這些影響力有時會迂迴婉轉地暗示曼谷與仰光政府，在處理與北京相關的商業和邊界問題時必須如履薄冰。

12.4. 東南亞的反中動員：風險、回報與不確定性

中國在東南亞施展影響力的動機源自北京在該地區的利益。首先是要確保中國與東南亞夥伴攜手的貿易與投資順利進行，北京與東道國的政治人物、政黨、地方政府與社團等保持關係，以

避免「一帶一路」倡議下大張旗鼓的投資在財務上、合約上以及工程上遭遇困難。不只如此，北京似乎有意利用與各國政府以及知名政治人物的關係來攔阻不利於中國的趨勢，所使用的手段包括：干擾東協達成共識，以免中國在處理南海議題時更加棘手，或是煽動東南亞本地的輿論批評與中國不一樣的立場，甚至阻撓該地區與華盛頓在安全議題上合作。

　　北京為了確保和推動自身在東南亞的利益所採取的行動並不令人意外，但這些行動卻有可能會危害到該地區。由於東協內部存在著歧異並且仰賴共識以達成決議，中國遂挑撥各方嫌隙以攔阻東協在南海議題上達成一致的立場，從而破壞東協形成更緊密合作的機會（Chan 2017a）。東協內部的分歧一再被反覆操弄，使得東協的運作陷入僵局，而且越來越沒有效率；在這樣的背景下，東協很難凝聚成一個有能力討價還價的平台，團結起來面對在該地區強大的行動者，例如中國。這樣的發展軌跡也弱化了東協管理該地區事務的能力，削減了東協在中美競爭時作為緩衝的能力，導致華盛頓與北京之間的較勁更加直接，更加針鋒相對，更有可能提高對峙。

　　遊說東道國是常見的外交行為，但北京意圖更直接、更積極地支持東道國的政治行動者，可能會對當地的穩定造成破壞。中國慫恿緬甸政府完成密松大壩（Myitsone Dam），但導致當地居民唯恐流離失所而集體抗議，進而威脅到該國原本就已經相當不穩定的局勢，結果興建工程陷入停擺（S. Chan 2017b）。中國針對基礎建設所提供的低廉貸款掩蓋了納吉政府的腐敗與掏空，引爆

了馬來西亞對中國干涉內政的指控，進而導致國民陣線政府的垮台（Han 2018）。在柬埔寨、泰國與菲律賓，中國輕率地為政黨、政治人物提供政治與財務上的支持，結果反而破壞了當地穩定，引發了政治動盪。殖民時代與冷戰時期的教訓告訴我們，涉入他國的地方政治可能帶來一波又一波料想不到的後果，即使這樣的干涉帶來有益的基礎建設和其他經濟項目。諷刺的是，中國似乎正在重蹈覆轍。

北京急於利用族群議題在東南亞推動自身利益並施壓當地政府與社會，尤其令人憂心。多樣性是東南亞的強項，但若處理不當，很容易造成騷亂，甚至引發暴力，特別是這個地區與華人族群間的歷史錯綜複雜（Suryadinata 1997）。1960年代，馬來西亞、新加坡與印尼都爆發過華人與其他族群之間大規模的暴力事件，1998年在印尼再度點燃衝突。（Suryadinata 2017: 3–65）。北京苦心積慮動員華人來博取支持，但若管理不當或稍有閃失，反而會加深族群間的裂痕，讓人更加懷疑當地華人社群是中國試圖顛覆當地的第五縱隊，導致族群關係更加緊繃，甚至引起暴力事件（Zhou 2015）。因為對中貿易與「一帶一路」的投資項目在印尼挑起反華和反中情緒，還有馬來西亞2018年大選的紛爭，以及來自中國的新移民在新加坡造成的緊張，都是針對北京利用族群延伸其影響力所發出的警訊（ASEAN Today 2018; Gelling 2010; Jacobs 2012）。

東南亞與中國之間的經濟接觸與盤根錯節的關係有其害處。降低貿易壁壘等於讓便宜的中國製造商大量湧入，排擠當地人，

進而讓本地企業破產、失業率飆升。無論這樣的擔憂是否成真，都會加深當地人對北京的敵意，例如東協與中國的自由貿易區（ACFTA）生效後，印尼就爆發了抗議活動（Gelling 2010）。不管是貸款條件、就業狀況、補償金額、工程品質或是進度，只要中國在東南亞的投資沒有帶來預期的效果，就會在當地造成摩擦。中國在泰國與印尼投資的高鐵便是其中的兩例（Chaitrong 2017; Suzuki 2017）。這些事件未必都是北京的錯，但是經濟合作項目的不透明且缺乏理解，加上仲裁和爭端解決程序沒經過檢驗，還有中國在政治經濟上的優勢地位，都讓它成為當地人洩憤的對象。

如今，無論是規模還是範圍，北京在東南亞的影響力已經無所不在。可以理解，就像其他大國一樣，中國為了自身利益，希望透過自己的能力影響區域關係、國家政策與社會觀感；但回顧中國歷史，也可以很明顯看出，這些作為將面臨當地的批評聲浪。這些關切會涉及到針對南海的主張、如何處理少數族群的問題、如何面對與台灣和香港的友好關係，以及如何拓展國內外商機等。儘管北京的本意並非如此，但它的行動可能會危及東南亞當地的穩定，並抵銷經濟與外交往來的正面效果。一旦在有意無意間觸發了對北京的猜疑或厭惡，就算在當地再投入更多的金錢或提供更多的商機，這些反感也不會憑空消失。

上面所描述的局勢發展，是在北京僅局部支持國際規則、規範與運作，也就是在一個充滿不確定性的大背景下發生的。中國竭盡所能改變國際金融與爭端的管理方式，尤其是涉及「一帶一路」的重大投資，讓參與其中的東南亞國家意識到，必須在陌

生的方法與法規下運作。類似的情況也發生在南海爭端,當《聯合國海洋法公約》等較為公平的國際法對成員國的約束力逐漸鬆動,這表示東南亞國家在面對中國如此強大的國家時,很容易落入不利的地位。某些希望化解與中國立場分歧的安排,像是《南海行為準則》的實質與有效性也反映出嚴重的權力不對稱(Thu 2018; Thayer 2018)。川普(Donald Trump)所領導的美國政府對國際法、多邊安排,以及強調國與國之間司法地位平等的聯合國組織抱持高度懷疑的態度,更進一步讓東南亞國家居於劣勢。

12.5. 強權爭霸:中國與美國在東南亞的競爭

隨著中國在全球經濟與政治地位的扶搖直上,北京的作為對東南亞的影響方式也跟著越加多樣,影響程度也跟著越加增強。當美國對國際事務的介入變得更加不確定,北京的影響力就相對變大了。家財萬貫的北京擁有五花八門的能力,相差懸殊的結構優勢讓它對東南亞的影響力遠超過東南亞整體對中國社會、政治、經濟或外交的影響力。除了美國,東南亞最在意的國家就是中國,不管做了什麼,或是不做什麼,東南亞國家都會仔細關切、權衡、分析、批評與回應北京的一舉一動。也許北京對這樣熱烈的關注感到不適,甚至排拒,但這是身為卓越大國的特徵。中國把自己佯裝成「發展中經濟體」的做法已經失靈,北京應該謹言慎行,了解自己的行為勢將帶來第二波、第三波的連續效應。

北京在東南亞發揮影響力的動機與機制,及其引發的效果,

戳破了中國特殊主義的說法。中國顯然是無所不用其極地引誘、懇求、鼓勵，甚至脅迫東南亞各國政府採取符合北京利益的行為。北京的行動模式從常規的外交手段到動員當地的政治行動者和民間團體，無一不違背中國明白宣稱的「不干涉他國內政」的原則（Brown 2013）。例如，當被問到「一帶一路」的投資讓發展中國家背上了沉重的債務，並讓北京有了可以高度操作的政治槓桿時，中國官員堅稱這些投資純粹是為了促進發展，「不涉及政治利益」（肖千 2018）。然而，中國為了確保「一帶一路」成功所投入的要素，猶如以往歐洲、北美與日本等強權利用興建基礎建設累積的債務，來導引清廷或民國政府的政策，並確保其戰略權益。

　　如果中國繼續當前的行為模式，隨著北京與華盛頓展開史無前例的對峙，東南亞勢必陷入更加動盪不安與不穩定的狀態，即使東南亞國家試圖避免在美國與中國之間「選邊站」，但因為各國的行為缺少協調，最終很難避免在不斷升級的強權摩擦中遭到池魚之殃，尤其是當美中之間的共同利益已經越來越少（Chong 2018）。東南亞國家若能排除彼此間的競爭，將會有助於形成更有效的措施。可是，中國的行動削弱了當地的團結，加上美國對這個地區的缺乏關心與長期的低度投資，使得東南亞無法做好萬全準備以應對越來越勢如水火的中美博弈。即使是捍衛最基本的利益，東南亞政府也應該以對待其他在當地爭奪優勢的強權一樣的標準來應對中國。問題是，受限於該地區集體行動的能力，以及鋪天蓋地的中國影響力，東南亞各國政府是否有能力這麼做仍

然充滿變數。

2018年以來，美國與中國之間的對峙與摩擦越來越顯而易見，東南亞國家也越來越進退維谷。華盛頓與北京投入一場日益尖銳且不斷升級的貿易戰，雙方給對方商品課徵的關稅高達數千億美金（Pong et al. 2018）。美中兩國的軍艦和軍機在南海與其他爭議海域的相互挑釁也更加肆無忌憚（Goddard 2018）。根據一些官方文件與雙方的軍事部署顯示，兩國正在把對方視為敵手，在美國，這似乎已經是跨越黨派的共識。2018年11月的亞太經濟合作組織（APEC）高峰會上，時任美國副總統的彭斯（Mike Pence）與中國國家主席習近平的演說，把兩國的劍拔弩張攤在世人眼前，北京試圖阻撓發表聯合聲明的舉措尤其囂張（Rogin 2018）。

12.6. 結語：東南亞國家要如何立足？

如果中國在2018年的亞太經濟合作組織（APEC）的高峰會上，試圖施壓巴布亞紐幾內亞的行為是個指標的話，其中的意含便是北京可以在它享有強大影響力的國家內施展它所握有的各式各樣手段。如同在東南亞的許多經濟體，中國在巴布亞紐幾內亞有大筆的投資與大量的貿易，而且當地有著相當數量的華人群體，這些條件顯然讓中國信心滿滿，自認能夠迫使巴布亞紐幾內亞屈服。既然如此，很難相信北京不會在東南亞使出一樣的伎倆。

一個東南亞國家若落入中美交鋒的十字路口，很可能將同時

面臨中美各自透過直接與間接的影響力來干擾該國政府的決策，而中美雙方的行動很可能會嚴重破壞該國的國家與社會關係。由於東南亞的政治、經濟與社會層面與中國的交往廣泛，該地區的政府從現在起必須詳加思考該如何應對這些壓力與國際現實。

　　無論如何，整個東南亞地區開始出現對中國影響力的本質越來越警惕與不安的跡象（Stromseth 2019），這些憂心呼應了美國對該地區重新燃起的焦慮（Kliman 2019）。由於複雜交錯的政治、社會與經濟因素持續不變又顯而易見，這樣的趨勢會以何種形式發展、以及又會發展到什麼程度，現在仍然屬於未知。從中國爆發的新冠肺炎演變成全球疫情，帶來重大的經濟與社會後果，又因為是中國官方一開始掩蓋了真相，才導致疫情一發不可收拾，這讓東南亞未來應該如何與中國交往更顯得混沌未明（Hamid 2020）。各國政府與社會最後可能還是要仰賴中國的援助，但也可能會引發對中國更深的懷疑，進而匯聚成更團結一致的抵抗。

參考文獻

中國公安部，2018，〈公安部集中推出八項出入境便利措施解讀〉，1 月 22 日，http://www.mps.gov.cn/n2254098/n4904352/c5983401/content.html。

中國外交部，2014，〈中華人民共和國政府關於菲律賓共和國所提南海

仲裁案管轄權問題的立場文件〉，12月7日，https://www.mfa.gov.cn/nanhai/chn/snhwtlcwj/t1368888.htm。

中國外交部，2016，〈中華人民共和國政府關於在南海的領土主權和海洋權益的聲明〉，7月12日，https://www.mfa.gov.cn/nanhai/chn/snhwtlcwj/t1380021.htm。

中國外交部，2018，《柬埔寨：重要文件》，https://www.fmprc.gov.cn/web/gjhdq_676201/gj_676203/yz_676205/1206_676572/1207_676584/。

中國國務院僑務辦公室，2018，〈國務院僑辦召開全辦幹部大會　傳達學習三中全會精神和《深化黨和國家機構改革方案》〉，3月23日，http://www.gqb.gov.cn/news/2018/0323/44601.shtml。

中國歸國華僑聯合會，2016，《中國僑聯改革方案解讀增刊》（《中國僑聯工作》2016年增刊）。[連結失效]http://www.chinaql.org/BIG5/n1/2018/0624/c420266-30079245.html

王小貝，2017，〈"一帶一路"倡議助力東南亞國家基建　項目穩步推進升級方案初具雛形〉。《中國一帶一路網》，8月24日，https://www.yidaiyilu.gov.cn/xwzx/roll/24727.htm。

王麗麗，2018，〈專訪：為實現中國夢貢獻一份力量——訪即將列席全國政協十三屆一次會議的新加坡華源會會長王泉成〉。《新華網》，3月3日，http://www.xinhuanet.com/politics/2018lh/2018-03/03/c_1122481843.htm。

肖千，2018，〈駐印度尼西亞大使肖千："一帶一路"倡議為世界帶來共同發展的機遇〉。中國外交部，10月12日，https://www.mfa.gov.cn/web/dszlsjt_673036/t1603619.shtml。

李源潮，2013，〈團結動員廣大歸僑僑眷和海外僑胞為實現中華民族偉大復興的中國夢作出獨特貢獻——在第九次全國歸僑僑眷代表大

會上的祝詞〉。《中國共產黨新聞網》，12月2日，http://cpc.people.
com.cn/n/2013/1203/c64094-23722538.html。

南洋視界，2015，〈新加坡兩大華族文化中心"打擂台"〉，11月21日，
http://news.nanyangpost.com/2015/11/21_1.html。

胡錫進，2016，〈胡錫進給新加坡駐華大使羅家良的覆信〉。《環球時
報》，9月27日，https://m.huanqiu.com/r/MV8wXzk0OTAwMzZfM
TM4XzE0NzQ5NTQzODA=?pc_url=http%3A%2F%2Fworld.huanqiu.
com%2Fexclusive%2F2016-09%2F9490036.html。

新加坡同安會館，2013，〈廈門翔安統戰部長一行拜訪會館〉，7月10日，
[連結失效] http://www.tungann.org.sg/中文-廈门翔安统战部长一行
拜访会馆/。

新加坡宗鄉會館聯合總會，2014，〈中國尋根之旅冬令營〉，https://www.
facebook.com/465210310165012/posts/844347932251246/。

網易新聞，2022，〈新加坡：華人佔70％人口的發達國家，為什麼與中
國並不親近？〉，6月16日，https://c.m.163.com/news/a/HA0JKJJ-
K0552N09V.html。

BBC News 中文，2016，〈從台灣運返　香港扣押新加坡軍方裝甲車〉，11
月24日，https://www.bbc.com/zhongwen/trad/china/2016/11/161124_
hongkong_singapore_military_vehicle。

Ai, Jun. 2016. "Singapore's Hypocrisy Exposed by Seized Military Ve-
hicles." *Global Times* (November 27), http://www.globaltimes.cn/con-
tent/1020583.shtml.

Ali, Idris and Ben Blanchard. 2018. "Exclusive: U.S. Warship Sails Near Dis-
puted South China Sea Island, Officials Say." *Reuters* (March 23), https://
www.reuters.com/article/us-usa-china-southchinasea/exclusive-u-s-

warship-sails-near-disputed-south-china-sea-island-officials-say-idUSK-BN1GZ0VY.

Allard, Tom and Prak Chan Thul. 2018. "Cambodia's Hun Sen Has an Important Election Backer: China." *Reuters* (July 28), https://www.reuters.com/article/us-cambodia-election-china/cambodias-hun-sen-has-an-important-election-backer-china-idUSKBN1KI01U.

Ang, Cheng Guan. 2018. *Southeast Asia's Cold War: An Interpretive History*. Honolulu: University of Hawaii Press.

ASEAN Secretariat. 2018a. "Flow of Inward Foreign Direct Investment (FDI) by Host Country and Source Country (in million US$)." *ASEANStats*, https://data.aseanstats.org/fdi-by-hosts-and-sources.

ASEAN Secretariat. 2018b. "ASEAN International Merchandise Trade Statistics (IMTS), in US$." *ASEANStats*, https://data.aseanstats.org/trade.

ASEAN Today. 2018. "Barisan Nasional's Political Gamble on Malaysian Anti-Chinese Sentiment." *ASEAN Today* (June 20), https://www.aseantoday.com/2018/03/barisan-nasionals-political-gamble-on-malaysian-anti-chinese-sentiment/.

Associated Press. 2018. "Indonesia Sinks 125 Mostly Foreign Illegal Fishing Vessels." *Associated Press* (August 22), https://www.apnews.com/adf-6b8342a874823abb5a4998eb7ff6a.

Aung, Shin. 2017. "Myanmar to Receive Revenues from Myanmar-China Oil Pipeline." *Myanmar Times* (July 27), https://www.mmtimes.com/business/26982-myanmar-to-receive-revenues-from-china-myanmar-crude-oil-pipeline.html.

Baliga, Ananth and Vong Sokheng. 2016. "Cambodia again Blocks ASEAN

Statement on South China Sea." *Phnom Penh Post* (July 25), https://www. phnompenhpost.com/national/cambodia-again-blocks-asean-statement-south-china-sea.

Bangkok Post. 2013. "Chinese Police Present Mekong Safety Plan." *Bangkok Post* (March 3), https://www.bangkokpost.com/news/local/338513/chinese-police-present-mekong-safety-plan.

BBC News. 2015. "Protests Over 'Deadly Myanmar Border Raid." *BBC News* (March 14), https://www.bbc.com/news/world-asia-31885318.

Brown, Kerry. 2013. "Is China's Non-interference Policy Sustainable?" *BBC News* (September 17), https://www.bbc.com/news/world-asia-china-na-24100629.

Chaitrong, Wichit. 2017. "China's Loan Terms Rejected." *The Nation* (August 14), http://www.nationmultimedia.com/detail/national/30323682.

Chan, Francis. 2017a. "China Criticized for Apparent Attempt to Divide ASEAN." *Straits Times* (April 26), https://www.straitstimes.com/asia/china-criticised-for-apparent-attempt-to-divide-asean.

Chan, Sze Wan Debbie. 2017b. "Asymmetric Bargaining between Myanmar and China in the Myitsone Dam Controversy: Social Opposition Akin to David's Stone against Goliath." *Pacific Review* 30(5), 674–91.

Chan, Xin Ying. 2017c. "China-Malaysia Relations: The Three Dilemmas of Malaysian Chinese." *Commentaries* (August 21), https://www.rsis.edu.sg/rsis-publication/rsis/co17152-china-malaysia-relations-the-three-dilemmas-of-malaysian-chinese/#.W7zlxi-B3OQ.

Chellaney, Brahma. 2017. "Debt Trap Diplomacy." *The Edge Singapore* (February 13), https://www.theedgesingapore.com/article/dangers-china's-debttrap-diplomacy.

China Daily. 2018. "New Joint Patrol Starts on Mekong River." *China Daily* (June 26), http://www.chinadaily.com.cn/a/201806/26/WS5b-31fa6ba3103349141dee30.html.

Chong, Ja Ian. 2018. "ASEAN and the Challenge of a Multipolar World." *East Asia Forum* (September 12), http://www.eastasiaforum.org/2018/09/12/asean-and-the-challenge-of-a-multipolar-world/.

Duterte, Roderigo Roa. 2016a. "Speech: President Roderigo Roa Duterte during the Commemoration of the National Heroes Day, August 29, 2016." *Official Gazette* (August 29), http://www.officialgazette.gov.ph/2016/08/29/speech-president-rodrigo-roa-duterte-during-the-com-memoration-of-the-national-heroes-day/.

Duterte, Roderigo Roa. 2016b. "Speech of President Rodrigo Roa Duterte during the Philippines-China Trade and Investment Forum, Great Hall of the People, Beijing, China, 20 October 2016." *Presidential Communications Operations Office, Republic of the Philippines.* (October 20), https://pcoo.gov.ph/oct-20-2016-speech-of-president-rodrigo-roa-duterte-during-the-philippines-china-trade-and-investment-forum/.

Estrada, Darlene V. 2018. "China's Belt and Road Initiative: Implications for the Philippines." *FSI Insights V:3* (March), http://www.fsi.gov.ph/chinas-belt-and-road-initiative-implications-for-the-philippines/, accessed September 20, 2018.

Etzler, Tomas. 2013. "Fishermen Caught Out by Politics of South China Sea." *CNN* (February 13), https://edition.cnn.com/2013/02/18/world/asia/phil-ippines-china-scarborough-fishermen/index.html?no-st=9999999999.

Free Malaysia Today. 2017. "Najib: China Offers Huge Opportunities for Our Businessmen." *Free Malaysia Today* (May 16), https://www.freemalaysiatoday.com/category/nation/2017/05/16/najib-china-offers-huge-opportunities-for-our-businessmen/.

Frialde, Mike. 2016. "Duterte Says Unknown Donor Paid for His Pre-Campaign Ads." *PhilStar News* (March 10), https://www.philstar.com/headlines/2016/03/10/1561872/duterte-says-unknown-donor-paid-his-pre-campaign-ads#VSukujbsl8R86miT.99.

Gelling, Peter. 2010. "Economic Worries in Indonesia? Blame the Chinese." *PRI* (January 10), https://www.pri.org/stories/2010-01-10/economic-worries-indonesia-blame-chinese.

Goddard, Stacie E. 2018. "The U.S. and China and Playing a Dangerous Game. What Comes Next?" *Washington Post* (October 3), https://www.washingtonpost.com/news/monkey-cage/wp/2018/10/03/from-tariffs-to-the-south-china-sea-beijing-is-pushing-back/?utm_term=.14fa87f695e1

Griffith-Jones, Stephany. 2014. "A BRICs Development Bank: A Dream Coming True?" *UNCTAD Discussion Papers 215*, United Nations Conference on Trade and Development.

Hamid, Shadi. 2020. "China is Avoiding Blame by Trolling the World." *The Atlantic* (March 19), https://www.theatlantic.com/ideas/archive/2020/03/china-trolling-world-and-avoiding-blame/608332/.

Han, David. 2018. "China-Malaysia Relations and the Malaysian Election." *The Diplomat* (May 8), https://thediplomat.com/2018/05/china-malaysia-relations-and-the-malaysian-election/.

Han, Enze. 2017. "Bifurcated Homeland and Diaspora Politics in China and

Taiwan Towards the Overseas Chinese in Southeast Asia." *Journal of Ethnic and Migration Studies*, doi: 10.1080/1369183X.2017.1409172

Hewison, Kevin. 2016. "Thailand's Crackdown on Chinese Dissidents Reinforces Coalition of Authoritarians." *The Conversation* (October 7), http://theconversation.com/thailands-crackdown-on-chinese-dissidents-reinforces-the-coalition-of-authoritarians-66634.

Hillman, Jonathan E. 2018. "How Big is China's Belt and Road?" Center for Strategic and International Studies (April 3), https://www.csis.org/analysis/how-big-chinas-belt-and-road.

Ho, Selina. 2014. "River Politics: China's Policies in the Mekong and Brahmaputra in Comparative Perspective." *Journal of Contemporary China*, 23(85), 1–20.

Ignatius, Dennis. 2017. "The MCA's Dangerous Dance with the CCP." *Free Malaysia Today* (May 14), https://www.freemalaysiatoday.com/category/opinion/2017/05/14/the-mcas-dangerous-dance-with-the-ccp/.

Ikenberry, G. John. 2001. *After Victory: Institutions, Strategic Restraint, and the Remaking off Order after Major War*. Princeton: Princeton University Press.

Ikenberry, G. John. 2012. *Liberal Leviathan: The Origins, Crisis, and Transformation of the American World Order*. Princeton: Princeton University Press.

Jacobs, Andrew. 2012. "In Singapore, Vitriol against Newcomers." *New York Times* (July 26), https://www.nytimes.com/2012/07/27/world/asia/in-singapore-vitriol-against-newcomers-from-mainland-china.html.

Jakarta Post. 2018. "Indonesia Offers $13.2b Infrastructure Projects to

China." *Jakarta Post* (August 28), http://www.thejakartapost.com/
news/2018/08/28/indonesia-offers-13-2b-infrastructure-projects-to-
china.html.

Jennings, Ralph. 2018. "Rich but Running Low, Tiny Brunei Joints China's
Grand Belt and Road Design." *Forbes* (April 11), https://www.forbes.
com/sites/ralphjennings/2018/04/11/rich-but-strapped-for-income-tiny-
brunei-hooks-up-with-china/#50946f58c50c.

Kausikan, Bilahari. 2016. "Bilahari Kausikan's Speech on ASEAN & US-China
Competition in Southeast Asia." *Today* (March 30), https://www.todayon-
line.com/world/bilahari-speech-us-china.

Kim, Soo Yeon. 2015. "Regionalization in Search of Regionalism: Production
Networks and Deep Integration Commitment in Asia's PTAs." In *Trade
Cooperation: The Purpose, Design, and Effects of Preferential Trade Agree-
ments*, edited by Andreas Dür and Manfred Elsig. Cambridge: Cambridge
University Press.

Kliman, Daniel. 2019. "Addressing China's Influence in Southeast Asia: Ameri-
ca's Approach and the Role of Congress." Center for New American Secu-
rity (May 8), https://www.cnas.org/publications/congressional-testimony/
addressing-chinas-influence-in-southeast-asia-americas-approach-and-
the-role-of-congress.

Koutsoukis, Jason and Cecilia Yap. 2018. "China Hasn't Delivered on its $24
Billion Philippines Promise." *Bloomberg* (July 26), https://www.bloom-
berg.com/news/articles/2018-07-25/china-s-24-billion-promise-to-
duterte-still-hasn-t-materialized.

Latiff, Rozanna. 2015. "Wisma Putra to Summon Chinese Ambassador Tomorrow." *New Straits Times* (September 27), https://www.nst.com.my/news/2015/09/wisma-putra-summon-chinese-ambassador-tomorrow.

Lee, Hsien Loong. 2017. "PM Lee Hsien Loong at the Official Opening of the Singapore Chinese Cultural Centre." Prime Minister's Office (May 19), https://www.pmo.gov.sg/newsroom/pm-lee-hsien-loong-official-opening-singapore-chinese-cultural-centre.

Lee, Hsien Loong. 2018a. "Transcript of PM Lee Hsien Loong's Speech." Delivered in Chinese, at Lianhe Zaobao's 95th Anniversary Gala Dinner on 6 September 2018, Singapore Prime Minister's Office (September 6), https://www.pmo.gov.sg/newsroom/pm-lee-hsien-loong-lianhe-zaobaos-95th-anniversary-gala-dinner.

Lee, Hsien Loong. 2018b. "Transcript of the Speech by Prime Minister Lee Hsien Loong at the Bo'ao Forum for Asia Opening Plenary on 10 April 2018." Singapore Ministry of Foreign Affairs (April 10), https://www.mfa.gov.sg/content/mfa/overseasmission/beijing/press_statements_speeches/2018/201804/Press_20180410.html.

Leong, Weng Kam. 2016. "Chinese Networks Play Wider Role: Chun Sing." *Straits Times* (November 21), https://www.straitstimes.com/singapore/chinese-networks-can-play-wider-role-chun-sing.

Malaysia Department of Statistics. 2018. "Current Population Estimates, Malaysia 2017–2018." (July 31), https://www.dosm.gov.my/v1/index.php?r=column/cthemeByCat&cat=155&bul_id=c1pqTnFjb29HSnNYNUpiTmNWZHArdz09&menu_id=L0pheU43NWJwRWVSZklWdzQ4Tlh UUT09.

Mensah, Thomas A., Jean-Pierre Cot, Stanislaw Pawlak, Alfred H. Soons, and

Rüdiger Wolfrum. 2016. "In the Matter of the South China Sea Arbitration before an Arbitral Tribunal Constituted under Annex VII to the United Nations Convention on the Law of the Sea between the Republic of the Philippines and the People's Republic of China: Award." *PCA Case* No. 2013-19. (July 12).

Mertha, Andrew. 2014. *Brothers in Arms: China's Aid to the Khmer Rouge, 1974-1979*. Ithaca: Cornell University Press.

Newman, Scott and Julie McCarthy. 2020. "Philippines Says It Will End U.S. Security Agreement." *National Public Radio* (February 11), https://www.npr.org/2020/02/11/804751958/philippines-says-it-will-end-u-s-security-agreement.

Ng, Eng Hen. 2018. "Speech by Minister for Defence Dr Ng Eng Hen at the Fifth Plenary Session on "Raising the Bar for Regional Security Cooperation" at the Shangri-La Dialogue on 3 June 18." Singapore Ministry of Defence (June 3), https://www.mindef.gov.sg/web/portal/mindef/news-and-events/latest-releases/article-detail/2018/june/03june18_speech.

Owens, Norman G. 2015. *The Emergence of Modern Southeast Asia: A New History*. Honolulu: University of Hawaii Press.

Pong, Jane, Cale Tilford, Joanna S Kao, Ed Crooks, Robin Kwong, and Tom Hancock "What's at Stake in US-China Trade War?" *Financial Times* (July 19, 2018), https://ig.ft.com/us-china-tariffs

Qin, Amy. 2018. "Worries Grow in Singapore Over China's Call to Help 'Motherland.'" *New York Times* (August 5), https://www.nytimes.com/2018/08/05/world/asia/singapore-china.html.

Rogin, Josh. 2018. "Inside China's 'Tantrum' Diplomacy at APEC." *Washington*

Post (November 20), https://www.washingtonpost.com/news/josh-rogin/wp/2018/11/20/inside-chinas-tantrum-diplomacy-at-apec/?utm_term=.d39e2fc036a6

Shanmugam, K. 2012. "MFA Press Release: Transcript of Minister for Foreign Affairs K Shanmugam's reply to Parliamentary Questions and Supplementary Questions, 13 August 2012." Singapore Ministry of Foreign Affairs (August 13), https://www.mfa.gov.sg/content/mfa/overseasmission/asean/press_statements_speeches/2012/201208/press_20120813.html.

Singapore Department of Statistics. 2017. *Population Trends 2017*. Singapore: Department of Statistics, Ministry of Trade and Industry.

Singapore Foreign Ministry. 2016. "MFA Spokesman's Comments on the Ruling of the Arbitral Tribunal in the Philippines v. China Case under Annex VII to the 1982 United Nations Convention on the Law of the Sea (UNCLOS)." (July 12), https://www1.mfa.gov.sg/Newsroom/Press-Statements-Transcripts-and-Photos/2016/07/MFA-Spokesmans-Comments-on-the-ruling-of-the-Arbitral-Tribunal-in-the-Philippines-v-China-case-under.

Stromseth, Jonathan. 2019. "The Testing Ground: China's Rising Influence in Southeast Asia and Regional Responses." Global China, Brookings Institution (November), https://www.brookings.edu/wp-content/uploads/2019/11/FP_20191119_china_se_asia_stromseth.pdf.

Suryadinata, Leo. 1997. *Chinese and Nation-Building in Southeast Asia*. Singapore: Singapore Society of Asian Studies.

Suryadinata, Leo. 2017. *The Rise of China and the Chinese Overseas: A Study of Beijing's Changing Policy in Southeast Asia and Beyond*. Singapore: ISEAS-Yusuf Ishak Institute.

Suzuki, Jun. 2017. "Indonesian Rail Project Goes Off Track Over Land Acquisition." *Nikkei Asian Review* (August 10), https://asia.nikkei.com/Business/Indonesian-rail-project-goes-off-track-over-land-acquisition.

Tan, Weizheng. 2016. "S'pore Businesses Quizzed by Chinese Counterparts over Stand on South China Sea." *Today* (October 9), https://www.todayonline.com/business/spore-businesses-quizzed-chinese-counterparts-over-their-stand-south-china-sea-issue.

Taylor, Ian. 2007. *China and Africa: Engagement and Compromise*. London: Routledge.

Thayer, Carl. 2018. "A Closer Look at the ASEAN-China Single Draft South China Sea Code of Conduct." *The Diplomat* (August 3), https://thediplomat.com/2018/08/a-closer-look-at-the-asean-china-single-draft-south-china-sea-code-of-conduct/.

Thu, Huong Le. 2018. "The Dangerous Quest for a Code of Conduct in the South China Sea." Asia Maritime Transparency Initiative, Center for Strategic and International Studies (July 3), https://amti.csis.org/the-dangerous-quest-for-a-code-of-conduct-in-the-south-china-sea/.

Tianya. 2009. Xinjiapo-yige Hanjian guojia de lishi yv weilai. Tianya Shequn (October 8), http://bbs.tianya.cn/post-outseachina-31211-1.shtml

Tsirbas, Maria. 2017. "Saving the South China Sea Fishery: Why It's Time to Internationalise." *APPS Policy Forum* (July 4), https://www.policyforum.net/saving-south-china-sea-fishery/.

Venkat, P.R. and Rick Carew. 2015. "China's Clout in Malaysia Set to Grow after 1MDB Deal." *Wall Street Journal* (November 24), https://www.wsj.com/articles/chinas-clout-in-malaysia-set-to-grow-after-1mdbdeal-1448362952.

Wang, Yi. 2016. "Remarks by Chinese Foreign Minister Wang Yi on the Award of the So-called Arbitral Tribunal in the South China Sea Arbitration." Chinese Foreign Ministry (July 12), https://www.fmprc.gov.cn/mfa_eng/wjb_663304/wjbz_663308/2461_663310/t1380003.shtml

Xinhua. 2018. "China Inaugurates Two International Commercial Courts." *Xinhua* (June 29), http://www.xinhuanet.com/english/2018-06/29/c_137290628.htm.

Yujevwattana, Suttinee and Anchalee Worrachate. 2018. "Thai Junta Eyes Chinese Investment for $51 Billion Spending Plan." *Bloomberg* (July 12), https://www.bloomberg.com/news/articles/2018-07-11/thai-junta-eyes-chinese-investment-for-51-billion-spending-plan.

Zhou, Taomo. 2015. "Ambivalent Alliance: Chinese Policy toward Indonesia, 1960–1965." *China Quarterly* 221(March), 208–228.

［13］ 在中印關係的陰影下

齊提吉・巴吉帕義（Chietigj Bajpaee），
挪威國家石油公司亞洲政治風險顧問

本章將討論中國的直接與間接影響力在南亞的運作機制，以及該地區的大國如何反應中國日漸擴大的影響力。本章也將討論，北京遇上當地的阻力後如何調整其影響力機制。南亞國家的內部發展往往成為對抗中國影響力的制度性屏障，值得注意的是，即使一些南亞國家的民主制度還不完善、不夠自由，但這些國家仍試圖透過選舉程序，以及媒體和當地公民團體的發聲來抵制不斷蔓延的中國影響力。

印度長久以來即反對中國在南亞擴張勢力，因此南亞各國的反動員或說「核心與邊陲的拉鋸戰」，就會常常因為中、印之間的齟齬而火上添油。中國與南亞的互動猶如透過中、印關係的稜鏡折射而益加複雜糾葛（Garver 2001），一些原本單純的商業、文化或是民間交流，也因此沾染了地緣政治的色彩。身為南亞的地緣政治核心，印度常常是抗衡中國在該地區影響力日益壯大的樞紐。有時候印度的作為比較含蓄，例如新德里會帶頭發起地區性倡議，而將中國排除在外；但有時候印度則是挑明了要抵抗中國，像是直言反對中巴經濟走廊（CPEC）。

　　另一方面，隨著印度的實力投射力道逐漸增強，新德里也想擴大對「周邊延伸」地區的影響力，而這些「周邊」包括與中國的邊陲交接的地區（Scott 2009），例如長期與中國不睦的國家，越南。印度有能力強化自身在東亞的角色以抗衡中國在南亞蒸蒸日上的影響力，促使北京必須調整對該地區施展影響力的途徑。當印度的實力與影響力與日俱增，中國與南亞個別國家的往來，就會越來越被更大範疇的中、印關係所牽動。

　　本章首先討論在冷戰結束後，促使北京與南亞接觸的原因，以及支撐這些往來的直接與間接影響力機制。隨後探討南亞當地對中國影響力的反動員，這些動作經常會籠罩在中、印互動的陰影下。最後，本章將討論北京在面對當地阻力後，如何重新校準影響南亞的路徑。

13.1. 背景：中國在南亞的利益

　　中國與南亞的互動源遠流長（Singh 2003）。冷戰期間，中國基於三個原因與南亞保持接觸：希望發展中國家的利益與其一致，穩固自己的疆界，以及在毛澤東思想被奉為圭臬的時期輸出革命。冷戰結束後，中國在強化與南亞的往來時加入了新的外交政策目標。首先，在中國的經濟要過渡到成長速度放緩、朝向永續的消費與服務業為主的「新常態」之際，試圖輸出過剩的工業產能；北京也希望如此一來可以把國營企業培養成「國家隊」並「走出去」（*The Economist* 2018）。在「一帶一路倡議」（包括「絲

綢之路經濟帶」和「二十一世紀海上絲綢之路」）的大傘之下，上述進程展開了（Kuo and Kommenda 2018）。其次，中國要透過打擊恐怖主義、分裂主義與極端主義等「三害」來維持邊陲的穩定，以免南亞周邊地區的動盪蔓延到中國內陸，威脅到其內部的安全，尤其是西藏自治區與新疆維吾爾自治區。此一因素在中國與阿富汗、巴基斯坦的關係尤其重要，還有其他與中國接壤的國家也是一樣，包括印度、尼泊爾和不丹。最後，中國為了確保對外貿易無虞，致力於沿著重要的海上交通線投資港口與基礎建設。例如北京一直想要擺脫所謂的「麻六甲困境」，指的就是中國十分仰賴通過麻六甲海峽的運輸航線（Storey 2006）。為了解決這個困境，中國便在巴基斯坦的俾路支省（Balochistan）瓜達爾港（Gwadar Port）大興土木，同時提升連結兩國的陸路運輸。除此之外，中國投資在斯里蘭卡、馬爾地夫和孟加拉的基礎建設也與確保貿易路線有關。

　　上述利益彼此相輔相成。例如中國在斯里蘭卡投資港口的基礎建設，既鞏固了北京的海上絲路戰略，也能幫國營企業「走出去」。同樣的，中巴經濟走廊一方面讓北京有了繞過南海「咽喉點」的替代路線，另一方面也確保巴基斯坦的穩定，這個國家向來是引發該地區緊張的熱點，而該地區的波動又很可能會威脅到中國周邊與其內部的安全。

　　「一帶一路」倡議為中國與南亞長久以來的互動拉開了縱深並推開了廣度。縱深，指的是在中國與巴基斯坦等國的傳統盟邦關係上，再添一層深厚的戰略重要性；廣度，則是指中國在南

亞的交往範疇超越了往昔經常接觸的國家，例如馬爾地夫在過去
與北京關係並不密切。在「一帶一路」的大旗下，中國擘畫了兩
條穿越南亞大陸的經濟走廊：中巴經濟走廊和孟中印緬經濟走廊
（BCIM，孟加拉—中國—印度—緬甸）。

有一點可以肯定的是，「一帶一路」倡議是說得好聽但並
非事實。證據就是，一些扛著「一帶一路」招牌的工程，早在
2013年倡議提出前就已經動工。例如，斯里蘭卡的漢班托塔港
（Hambantota Port）在2008年開工，第一期工程在2010年完工；
中國對瓜達爾港的投資以及在巴基斯坦管轄的喀什米爾地區參與
的建設，都早在2015年以中巴經濟走廊的名義推出之前便已經
啟動工程；至於孟中印緬經濟走廊則源自1999年的《昆明倡議》
（Kuming Initiative）。不過，「一帶一路」仍凸顯了北京清晰的戰
略意圖：利用國家壯大的經濟資源、外交影響力與軍事力量等工
具，推行更加果決的外交政策。

13.2. 中國在南亞的軟實力與硬實力影響

中國對南亞國家軟硬兼施，同時用上硬實力與軟實力（Nye
2004）。換句話說，中國一方面藉由經濟與軍事實力的扶搖直上
來推進施加影響力的脅迫機制（硬實力），另一方面也透過文化
與政治影響力吸引與籠絡當地人（軟實力）。民主國家在發揚硬
實力與軟實力時，公民社會、民間部門和其他的非政府組織都
會發揮強大作用，但是中國卻由政府與中共黨機器來強力主導

推動國家影響力。這種刻意塑造和操弄輿論的「銳實力」（sharp power）助長了中國在南亞日漸蓬勃的影響力，但有時也引起東道國的反彈，擔憂國家主權和經濟健全會遭到侵蝕（Cardenal, Kucharczyk, Meseznikov and Pleschová 2017）。中國銳實力在南亞的展現，主要是與友中政治人物及政權廣結善緣，透過抬高他們的地位以壓抑批評聲浪，並確保落實有利於中國的政策。一些民主體制薄弱殘缺卻又急於發展的國家，在面對中國銳實力操弄時尤其弱不經風。

13.2.1. 硬實力：中國在南亞的經濟與軍事存在

「硬實力」方面，中國舉足輕重的經濟實力成為北京在南亞發揮影響力的關鍵工具。在「一帶一路」的架構下，中國成了南亞多數國家的主要貿易夥伴與外資來源。不過，中國在南亞欣欣向榮的經濟影響力是把雙面刃，有時候甚至引發經濟殖民主義的指控。舉例來說，每個南亞國家對中國都是貿易逆差，從而成為當地醞釀不滿的長期病灶。此外，中國對該地區的「援助」有許多項目並非贈與，而是以貸款的形式進行，並附帶嚴苛的要求，像是要求把合約簽給中國企業、採購中國產品或是雇用中國勞力，以致為東道國創造的就業機會極為有限（Hurley, Morris and Portelance 2018: 10）。還有，在「一帶一路」架構下推展的交往幾乎都侷限在國家與國家的官方層級，很少觸及草根基層或是非政府層面的互動，這也是導致緊張關係的原因之一。

印度幅員廣袤而且地理位置相鄰，在南亞保有優勢的經濟地

位，仍是該地區各國最重要的外國匯款來源，也占有推動串連整體區域基礎建設的地利之便（Anderson and Ayres 2015）。然而，南亞也是全世界經濟整合程度最低的地區之一，區域內的貿易額僅占該地區貿易總額的5%（The World Bank 2018），這讓中國逮到前進南亞的機會。

中國在南亞的影響力也帶有明確的軍事面向，因為北京越來越熱中於把實力投射到第一島鏈和第二島鏈之外，以跨入「遠洋防禦」／「遠洋行動」／「公海保護活動」的領域，而它的確也已經發展出相應的能力。（Li 2009）。海上絲綢之路的戰略使得這片水域的重要性顯著得到提升，因為中國有四成的全球貿易必須通過印度洋地區（Shinn 2017）。自2008年以反海盜為名在印度洋部署艦隊以來，中國解放軍的海軍在南亞海域的存在感越來越強大，如今中國海軍在此出沒已經是司空見慣的事了（Yoshihara 2014）。

雖然巴基斯坦一直是中國輸送武器和軍事援助的焦點，但其他南亞國家得到中國軍售的情形也逐漸受到注意，尤其是在2010-14年間，中國出口的武器有高達近七成輸往巴基斯坦、孟加拉與緬甸（Wezeman and Wezeman 2015）。在軍售之外，北京與日俱進的國防外交還包括擴大與南亞各國的軍方接觸，像是軍事聯合演習。

13.2.2. 軟實力：親中的文化與政治操作

中國在軟實力方面施展影響的方式，是操作中國國家認同的三個面向：中國的文化認同；中共的誕生來自社會主義與共產

主義（因此和志同道合的社會主義與共產主義政權很親）；中國總是想要團結發展中國家，而團結的方式包括支持中國發展模式的優越性。在文化上，中國在五個南亞國家設了15所孔子學院，包括巴基斯坦5所、孟加拉2所、斯里蘭卡2所、印度4所和尼泊爾2所（Confucius Institute Headquarters n.d.）。[1]尼泊爾、巴基斯坦與斯里蘭卡也都設立了中國文化中心（China Cultural Center n.d.）。再加上文化、體育、智庫與學術方面的交流，中國教育部則提供獎學金給南亞學生前往中國求學（Palit 2010: 6-11）。中國國際廣播電台和中國環球電視等官方媒體發揮中國軟實力的方式，是利用當地語言製播節目，或是與當地媒體合作（*The Economist* 2017: 57）。一些高度依賴旅遊業的南亞國家，像馬爾地夫、尼泊爾與斯里蘭卡，則是受到中國「旅遊外交」的影響（*The Economist* 2019）。

可以肯定的是，中國利用文化在南亞施展影響力的程度，比不上中國周邊其他地區，因為華僑在南亞的分布相對稀疏。不過，號稱無神論的共產中國越來越擅長利用佛教，來對斯里蘭卡和尼泊爾等佛教徒眾多的國家施加影響，像是主辦世界佛教論壇和世界佛教聯誼會（Stobden 2017）。北京也會贊助興建佛教建築，例如位在斯里蘭卡首都可倫坡的蓮花塔；尼泊爾在2015年遭到強震重創後，中國佛教協會則是參與了祈福與救災工作（Mendis 2018）。這類活動在西方國家常常會被視為具有強迫性的「影響

1　請參閱：［連結失效］http://english.hanban.org/node_10971.htm

力操作」，可是中國在南亞的軟實力工作卻廣受歡迎（除了印度不這麼想之外）。部分原因可能是中國在推動軟實力時兼顧了在地情況，例如教導對當地產業很有實用性的華語，以及在孔子學院聘用當地的老師並使用當地的教材（Balachandran 2018）。

　　中國在南亞施展軟實力的另一個面向是善用國家意識形態的來源：中國是一個社會主義與共產主義大國，中國也是一個發展中經濟體。某些時候北京會與其他共產黨或共產政權結盟，如今這種結盟已經不像冷戰時期意欲「輸出」革命意識形態時那樣重要了，但是在中國與南亞往來時仍舊可以聽到那個時代的餘音。以尼泊爾為例，雖然北京並不願意支持尼泊爾毛派在1996–2006年間的叛亂，但這些叛亂卻是受到毛澤東的「人民戰爭」所啟迪（Pan 2002）。等到毛派在2006年涉足主流政治之後，中國在精神上與物質上的支持就變得比較公開（見下文）。另一個值得關注的案例是印度的共產黨與左翼政黨，雖然沒有與中共直接合作，但是意識形態上的親近促使雙方的政策綱領不謀而合，像是同樣厭惡美帝的全球霸權。2008年，印度左翼陣線的黨派因為反對美、印核協議而不再支持印度國民大會黨（Indian National Congress）領導的聯合內閣，結果導致國會對政府發動不信任投票。印度左翼的行動，附和了中國反對美印友好以及對核協議的關切。

　　最後，中國高舉要與發展中國家休戚與共的大旗，試圖輸出自身發展模式的優越性，要以所謂的「中國方案」解決全球治理問題，宣揚「人類命運共同體和利益共同體」的說法（Szczudlik 2018）。上述言論配合中國在世界舞台上日益茁壯的經濟實力與

戰略分量，確立了北京影響南亞的框架。

　　COVID-19在2020年爆發並成為全球大流行後，中國把上述的「巧實力」（smart power）發揮得淋漓盡致。北京抓住這一條新路徑，透過所謂的「健康絲路」拓展影響力，藉由搶先從疫情復原的優勢，趁機向受到病毒威脅的國家分享醫療專業知識和物資（Lancaster, Rubin and Rapp-Hooper 2020）。這種援助外交在南亞表現在北京針對特定國家伸出援手，例如提供口罩、個人防護設備和檢測試劑給斯里蘭卡（其中一些物資來自已在該國投資的中國國營企業），並提供五億美元的優惠貸款（Kuruwita 2020）。其他醫療設備，例如呼吸器，也由中國政府和慈善基金會提供給孟加拉、馬爾地夫、尼泊爾、巴基斯坦和斯里蘭卡等國。

13.3. 個案研究：斯里蘭卡、尼泊爾與馬爾地夫

　　因為恩庇體系和王朝政治在南亞盛行，北京一直尋求與南亞各國的統治菁英培養友好的關係（必要時，也包括反對黨的政治人物）。雖然一些南亞國家的政權往往脆弱不穩，但他們的憲法卻賦予中央政府強大的集權能力（Jha n.d.），這讓北京得以把它與統治菁英的關係當成「在地協力者網絡」以發揮地區性的影響力。另一方面，北京的策略相當務實，在與各國接觸時不會排除任何政治制度，也不會在乎人權紀錄，這麼做有助於和遭受國際排擠的政權搭上關係。北京的往來對象包括幾個中斷民主轉型過

程的南亞政權，像是巴基斯坦的幾任軍政府、由軍人領導的孟加拉看守政府（2007-08）、尼泊爾的專制君主（2005-06）；還有一些被控侵犯人權的政府，例如2005-15年間統治斯里蘭卡的拉賈帕克薩（Mahinda Rajapaksa）以及2013-18年統治馬爾地夫的亞明（Abdulla Yameen）。

2005-15年間掌權的拉賈帕克薩是中國在斯里蘭卡的最佳拍檔，北京經常透過支持拉賈帕克薩、討好他本人及其家族，來發揮對斯里蘭卡的影響力。拉賈帕克薩對北京所採取的和緩立場源自他的獨裁政府面臨排山倒海的國際批評，而他出兵打擊泰米爾族（Tamil）的分離主義叛亂（該場軍事行動結束於2009年）也招來侵犯人權的責難。在此一背景之下，北京成了拉賈帕克薩政權重要的精神與物質支柱，包括在內戰期間提供給他攻擊性的軍事設備，當中有些是其他國家拒絕提供的武器。（*The Independent* 2010）。身為聯合國安理會的常任理事國，中國還利用否決權攔阻國際社會譴責拉賈帕克薩政府的戰爭行為，並且填補了因為西方金主拒絕援助所造成的空缺。

內戰結束後，北京繼續援助斯里蘭卡迫切需要的投資。最引人矚目的是，由中國進出口銀行提供金援、中國港灣工程有限責任公司負責興建的漢班托塔（Hambantota）港口工程（Abi-Habib 2018）。拉賈帕克薩希望振興自己的故鄉漢班托塔，北京則希望與他維持融洽關係，雙方因此促成了這項交易，儘管不少人質疑這起開發案在商業上的可行性。

這樣的直接影響力機制還要再加上更幽微的間接影響力機制

才行。例如，根據報導，拉賈帕克薩在2015年競選連任時得到中國港口建設基金的金援，這筆錢成為他的競選經費（Sri Lanka Guardian 2018）；甚至有消息指出，中國駐斯里蘭卡的大使明目張膽地遊說選民支持拉賈帕克薩（Abi-Habib 2018）。在拉賈帕克薩的政府垮台後，北京仍繼續支持他的家族，像是中國與斯里蘭卡合資的可倫坡國際貨櫃碼頭公司（CIT）被揭露，在2018年捐款給以拉賈帕克薩弟媳為名的私人慈善機構（*Sri Lanka Guardian* 2018）。拉賈帕克薩的弟弟戈塔巴亞（Gotabaya Rajapaksa）在2019年當選斯里蘭卡總統，他本人則被任命為總理，證明拉賈帕克薩家族仍在政壇保有顯赫的地位，對於中國要在該國施展影響力非常有幫助（Coakley 2019）。

　　一如北京在斯里蘭卡所做的事，當尼泊爾的賈南德拉國王（King Gyanendra）在2005年因為中斷民主政治、恢復專制君主制而面臨國際譴責時，北京也對他伸出援手。當長達十年的尼泊爾內戰在2006年結束，昔日的毛派叛軍進入主流政治，北京的機會就來了：相較於建制派的政黨通常比較偏向印度，北京則透過拉攏比建制派更友中的毛派，進一步強化了與尼泊爾的關係。

　　如今，中國已經是尼泊爾的第二大貿易夥伴與外國遊客來源，也是重要的外國投資者，投資項目包括在戰略上十分重要的水力發電部門（Ministry of Foreign Affairs, Government of Nepal 2019）。中國並且支持加強兩國互通的計畫，像是同意尼泊爾擁有中國港口的近用權，以及興建跨境的鐵路與輸電網（Sharma 2018）。北京透過操弄這些擴張的影響力來達成外交目標，包括

遏阻西藏流亡社群在尼泊爾的活動，以及防止他們跨越中國邊界
等（Sharma 2016）。

當馬爾地夫的民主轉型過程開始崩解，北京就成為2013年
掌權的亞明政府主要的支持者之一。猶如在斯里蘭卡與尼泊爾的
翻版，隨著亞明政府因為獨裁而遭遇國際上越來越嚴格的檢視
時，北京成為他最堅定的盟友。精神上與物質上的支持齊頭並
進：中國與馬爾地夫簽署協議，投資具有戰略意義的基礎建設，
包括在2017年簽署的自由貿易協定，還有眾所矚目的幾項基礎
建設，像是擴建與升級首都馬雷（Malé）的國際機場（由北京城
建集團承包）、打造一座連結機場與首都的橋樑（由中國港灣公
司承包）（Manning and Gopalaswamy 2018）。此外，旅遊業約占馬
爾地夫國內生產毛額（GDP）的近40%，而中國遊客就占了馬爾
地夫外國遊客總數的四分之一。北京一直到2012年才在馬爾地
夫設立大使館，卻在這麼短的時間內便能建構橫掃這個群島國家
的影響力，實在令人印象深刻。

13.4. 在南亞動員反中影響力：民主機制的 守護作用

儘管中國是南亞一些國家的主要貿易夥伴、外交後盾、外資
來源及軍火供應商，但北京並不總能把這些力量轉換為在該地區
逐漸壯大的影響力。有人指出了其中一項嚴重關切，就是北京利
用不透明的借貸條款讓南亞國家落入所謂的「債務陷阱」（Hurley,

Morris and Portelance 2018）。例如，中國在斯里蘭卡投入的基礎建設附有苛刻的條件，選民對這些條件的憂慮導致拉賈帕克薩在2015年的大選失利。在無力償付虧欠北京的大筆債務之後，斯里蘭卡政府被迫在2017年把漢班托塔港的股份以長達九十九年的租約出讓給中國招商局港口公司（Shultz 2017），使得這類的憂慮更為加劇。甚至中國在「一帶一路」倡議的旗艦計畫也遭遇更為嚴格的審視，那就是中巴經濟走廊，該項計畫讓巴基斯坦的外債翻了一倍，財政陷入窘境（Hurley, Morris and Portelance 2018: 19），巴基斯坦為了解決燃眉之急，不得不向國際貨幣基金會尋求紓困，並擱置中巴經濟走廊的一些投資項目（Smith 2018）。

　　為了抗衡中國在南亞地區的影響力所出現的最重要反動員力量，往往就是民主程序本身。特別是，當一些與北京過從甚密的政府被懷疑為了與中國合作而危及國家主權時，他們就會在選舉中遭到選民唾棄。巴基斯坦的謝里夫（Nawaz Sharif）在2018年7月的選舉潰敗，拉賈帕克薩領導的斯里蘭卡政府在2015年大選後下台，兩個政權失敗的原因部分源自與北京的關係過度親近，把中國的掠奪性經濟活動看得比本國更加重要。馬爾地夫的亞明政府因為讓自己的國家背上巨額的中國債務而飽受抨擊，結果也在2018年9月的總統選舉敗下陣來。馬爾地夫的外債有將近80%為中國所持有，政府債台高築但可能無力償還，讓很多人擔心北京會「掠奪土地」（land grab），尤其是馬爾地夫已經有幾個小島被轉讓給中國的消息傳出後，更是給這樣的焦慮火上加油（Manning and Gopalaswamy 2018）。

13.5. 強權爭霸：中國與印度在南亞的博弈

13.5.1. 身為南亞地緣政治中心的印度

印度是南亞地緣政治核心一事，讓中國與南亞地區的往來變得更加錯綜複雜。特別是，印度與某個國家的友好程度，通常與該國願意接觸中國的程度呈反比。換句話說，當一個政權與新德里關係不佳時，它就更容易接納北京的影響力機制。巴基斯坦是最具代表性的例子，印度與巴基斯坦之間的嫌隙，促進了中國與巴基斯坦之間「全天候」的緊密關係。這樣的模式也延伸到南亞其他國家，像是印度分別與斯里蘭卡的拉賈帕克薩政府、尼泊爾的毛派聯合政府交惡，導致這些國家更樂於接受中國的示好。

在尼泊爾，除了親北京的毛派在政壇的影響力日漸茁壯之外，與印度之間的緊繃關係也促使尼泊爾往中國靠攏。尼泊爾在2015年頒布新憲法後，往聯邦共和國體制過渡，與印度之間的陸路貿易隨即封鎖五個月，兩國關係急轉直下，但尼泊爾與中國的關係卻同步升溫（Chowdhury 2018）。上述因素再度促使加德滿都致力於藉由中國建立替代路線，以減少必須通過印度才能進行對外貿易與運輸的依賴，中國與尼泊爾在2016年簽署的《過境運輸協定》就是這項努力的具體成果（Sharma 2018）。

相對的，遇上與印度友好的政權，中國的影響力就很難運作，像是與印度關係良好的孟加拉人民聯盟（Awami League）和不丹政府。人民聯盟在2009年掌控政權之後，孟加拉對於來自中國的投資便越來越嚴格審查，例如中國港灣工程公司因為涉及

貪腐案而被禁止做生意。孟加拉政府也在新德里表示疑慮之後，撤銷了中國在索那迪亞（Sonadia）興建經營深水港的提案（Stacey 2018）。至於不丹，在2007年簽署《印度不丹友好條約》後，新德里便承擔起捍衛不丹主權與安全的任務（*The Hindu* 2017），如此一來，北京在不丹揮灑影響力的空間大受侷限，而且不丹與中國並沒有正式的邦交。

中國與印度的歷史宿怨讓北京與南亞的互動更加複雜，而新德里儼然成為南亞抵抗中國影響力的一個核心。1962年短暫的邊境戰爭在中、印兩國之間埋下芥蒂，近年來兩國的經貿關係日漸失衡，雙方又各自在區域和全球事務上互別苗頭，導致雙方的嫌隙變本加厲（Bajpaee 2015）。在長期缺乏信任的背景下，有些人認為，北京在南亞蒸蒸日上的影響力是對印度的「偷襲」或可說是「戰略性包圍」。

中國推動的「一帶一路」倡議，讓上述揣測又添了一項因素。印度雖沒有強烈反對「一帶一路」，但由於擔憂中資興建的項目將使新德里的主權與安全遭到挑戰，因此對「一帶一路」的態度顯得有點模稜兩可（Liu 2015）。這件事強化了一種說法，即中國與印度在南亞的競爭是零和賽局。在這個脈絡下，中巴經濟走廊特別引人關注，因為這項計畫涉及印度宣稱遭到巴基斯坦占領的喀什米爾地區，這也是促使新德里決定杯葛2017年5月與2019年4月由中國主辦的「一帶一路國際合作高峰論壇」的部分原因。印度總理莫迪（Narendra Modi）在2018年提到印度對中國「一帶一路」的擔憂時表示：

關於促進南亞連結的倡議有很多，這些倡議若要成功，我
們需要的不僅是基礎建設，還要建立信任的橋樑。而要建立
信任的橋樑，這些倡議就必須奠基於尊重主權及領土完整、
奠基於諮商對話、良好治理、透明、可行性與永續性。這些
倡議必須強化各國的能力，而不是讓它們承受無力負擔的債
務；必須促進貿易，而不是引發戰略競爭。

（IISS 2018）

當中國孜孜矻矻擴大在南亞的影響力之際，印度也正透
過「鄰國優先」（Neighbourhood First）政策重振與該地區的關係
（MEA 2015-16: 18）。莫迪政府希望發展出更大膽、更自信的外
交政策，於是推出「鄰國優先」，代表印度將與南亞交流，「以安
全、連結和區域整合為首要任務」（MEA 2018: ii, 20, 33）。有鑑於
中、印長久以來的不信任關係，一般認為，北京在南亞施展影響
力的機制冒犯了或挑戰了印度的「鄰國優先」策略。

可以確定的是，印度有時對中國與南亞的往來是反應過度。
例如，談到所謂中國的「珍珠鏈戰略」，往往會誇大中國海軍在
印度洋的威脅，而事實上，這幾顆「珍珠」有的根本不存在，
有的則純屬商業性質（Yung 2015）。儘管如此，印度的戰略思維
仍根深柢固地認為，中國在斯里蘭卡、孟加拉與巴基斯坦等國
興建的港口設施，未來可能會變成更強大的海軍基地（Khurana
2008）。2016年，中國在東北非的吉布地建立第一個永久性的海
外軍事基地（稱為後勤保障基地），更是加深了印度的憂慮（Kru-

pakar 2017）。新德里再次擔心，中國最終會不會把在南亞的商業港口轉換為兼有軍事用途的兩用港口。

　　新德里還有人認為，中國在南亞日漸加強的軍事存在，用意是要牽制印度的對外政策。例如，中國海軍於2018年派遣「水面作戰支隊」（surface action group）進入印度洋，並宣稱是例行的軍事演練；但有人認為，這是北京發出的隱晦警告，企圖嚇阻印度軍事干預馬爾地夫以恢復馬爾地夫的民主制度（Miglani and Aneez 2018）。例行軍演發生在馬爾地夫總統亞明於2018年2月宣布進入緊急狀態之後。最後印度選擇不像1988年那樣介入馬爾地夫，使人擔憂新德里是否在自家後院會受到越來越多的限制。

　　新德里也害怕中國對鄰國的影響力可能左右該國的內政與外交，包括它們與印度的關係。一個代表性的案例是，尼泊爾決定不參加2018年9月的「環孟加拉灣多部門技術與經濟合作倡議」（BIMSTEC，一個不包括中國的次區域組織）首次軍事演習。這場演習跟代號為「珠峰友誼二」（Sagarmatha Friendship-2）的尼泊爾和中國聯合軍事演習撞期，這個選擇證明了，尼泊爾尋求跟北京建立更緊密的關係（Lo 2018）。

13.5.2. 印度對於中國在南亞影響力的回應

　　為了回應中國在南亞的影響力，印度採取了多種措施。有時候，印度的回擊非常幽微間接，像是在一些區域性的倡議排擠中國，包括不讓北京加入南亞區域合作聯盟（SAARC）；最後是在一些南亞國家施加的壓力逐漸升高後，印度才於2005年讓

步，同意中國以觀察員的身分加入，以換取印度以同樣的地位參加上海合作組織（SOC）。此外，印度也帶頭發起一些排除中國的地區性論壇，在次區域的層級包括1997年成立的環孟加拉灣多部門技術與經濟合作倡議以及2000年成立的湄公恆河合作（MGC）等；至於範圍更廣的跨區域論壇，則有1997年成立的環印度洋區域合作聯盟（IORA）以及2000年設立的印度海洋研討會（IONS）。

印度還嘗試推出區域性的倡議，作為中國「一帶一路」的替代方案（Singh in Khurana and Singh eds. 2016: 23-31），例如分別在2014年與2015年成立的「季風計畫」（Project Mausam）和「所有區域國家安全與成長計畫」（SAGAR）（Pandit 2015）。話雖如此，由於這些倡議剛剛起步，而且資源遠比不上中國的一帶一路，很多時候是言過其實。不過，這些倡議仍舊證明新德里竭盡所能要仿效北京的做法，試圖打造一個排除北京的區域架構（Panda 2017: 84-85）。

印度有時也會對中國採取正面交鋒的直接反擊。最明顯的例子發生在2017年，當時中國以修繕道路為名侵犯不丹的領土，新德里則支持不丹的反抗，結果中、印軍隊在三國邊境交接的多克蘭高原（Doklam，中國稱為洞朗）一帶對峙長達兩個月（Bajpaee 2017）。新德里挺身而出，對面臨中國步步進逼的鄰國伸出援手，證明印度對於遏制中國企圖成為南亞秩序核心不遺餘力。

印度同時透過強化在中國周邊的存在來平衡中國在南亞的影響力，「東進」政策就是在落實這種思維（Bajpaee 2018）。這種抗

衡的思維體現在與中國、巴基斯坦戰略夥伴關係相對應的印度、越南戰略夥伴關係（Dinesh Yadav, in Khurana and Singh eds. 2016: 55），猶如一位印度戰略分析家所言：

> 如果中國打算強化它在南亞與印度洋的存在，新德里的想法會是，印度也可以在東亞採取一樣的策略。如果中國可以漠視印度的擔憂，與巴基斯坦建立戰略夥伴關係，印度也可以與越南等中國周邊的國家發展穩固的關係，不用問中國是否反對。

（Pant 2018: 7, 8）

在這個脈絡下，想要理解中國在南亞的影響力機制，就必須連帶分析印度在東亞的影響力機制。

13.6. 中國重新校準影響力機制

面對上述的抗衡力量，北京試圖在南亞撒下更遼闊的影響力網絡。中國一貫務實、價值中立的外交政策有助於適應這些反作用力，例如當原本的盟友拉賈帕克薩在斯里蘭卡政壇的影響力江河日下，北京便向他的政治對手伸出橄欖枝。根據報導，繼拉賈帕克薩之後擔任總統的西里塞納（Maithripala Sirisena）政府收到北京的巨額捐款，在此同時，西里塞納家鄉波隆那魯瓦（Polon-naruwa）的一家醫院也是由中國出資興建的（Reuter 2018）。發生

在尼泊爾的情節有異曲同工之妙，北京同時跟專制君主賈南德拉國王以及毛派領導的民主共和國聯合政府合作。

再者，我們必須認清一件事，各國的政府雖然會更迭，但財政上的承諾卻不會改變。所以，儘管有些政權對中國日益增長的影響力抱持批判的態度，但通常別無他法，仍必須與北京保持禮尚往來。例如西里塞納剛接任斯里蘭卡總統職位時，曾嚴詞批評前任政府啟動中國投資的基礎建設，但最終仍不得不繼續向中國償還債務。有些政府即使在意識形態上與印度相近，也還是繼續與中國保持經濟往來，例如孟加拉的人民聯盟是印度的緊密盟友，但隨著北京成為孟加拉的主要貿易夥伴與武器供應國，並為一些基礎建設挹注資金，中國與孟加拉的關係遂持續升溫（Bhattacharjee 2018）。甚至不丹也希望北京投資具有戰略意義的水力發電以及旅遊業，藉此促進該國的經濟合作得以多元發展（Zhen 2017）。

總而言之，不管南亞國家內部的政治如何變化，最終都因為經濟需求而擺脫不了中國的羈絆。南亞國家都有龐大的基礎建設和發展的需求，而中國以關鍵夥伴的姿態現身，仗著雄厚的經濟實力，宣揚自己是「無條件」財政援助，與經常帶有附加條件的西方金主截然不同。中國在科技領域的突飛猛進更是讓南亞國家對其依賴更深，因為中國公司支援了整個區域的數位化基建發展，包括行動支付與電子商務（Mohan and Chan 2020）。在「數字絲綢之路」的大旗下，中國將把5G建設引進南亞，預期會進一步助長北京的影響力。

　　中國的對外投資策略也正在進行調整，政策決定者與國營企業越來越了解與外國交往時要注意規避風險，因此他們會質疑一帶一路的部分投資是否有商業上的可能性。這種狀況已經開始出現在南亞了，有一些工程不是停滯不前就是胎死腹中（Chakma 2019）。例如，在中方表示會擔憂投資報酬率太低之後，尼泊爾政府就終止了與中國長江三峽集團在西塞堤（West Seti）興建水力發電廠的合約（*The Himalayam Times* 2018）。另一個調整是中國試圖與現有的多邊組織合作，並採用這些組織的實務操作，以確保貸款的可持續性（Hurley, Morris and Portelance 2018: 20–22）。

　　為了回應印度對中國影響力的抵制，北京在與新德里互動時，採取了胡蘿蔔與棍棒齊下的策略。一方面，北京力圖讓雙方的關係「重新開始」，以營造更加融洽的交流氣氛。無論是習近平與莫迪進行非正式會晤，或是中國邀請印度加入中巴經濟走廊，並且重振孟中印緬經濟走廊，都是在試圖說服印度，兩國在南亞的關係未必是零和賽局（Sengupta 2018; Ali 2018）。但另一方面，北京繼續挑戰印度自認在南亞的「勢力範圍」，除了與該地區的其他國家建立更深厚的關係之外，也同時展現了更強硬的軍事姿態，以致中印軍事對峙的頻率與強度越來越高，例如2017年間，中國、印度、不丹三國邊界的對峙便長達二個月（Bajpaee 2017）。

13.7. 結語：排斥以中國為核心的區域秩序？

中國與南亞往來並非新鮮事，然而，在冷戰結束後，特別是在習近平掌權後採取了強悍自信的外交路線，使得雙方互動的實質與強度都在突飛猛進。北京的外交、經濟與軍事實力日益壯大，經常透過「一帶一路」倡議投射自身影響力。在南亞，北京還結交了當地的政治菁英作為協力者，進一步在該地區施展並擴大影響力。

不過，受到各國內政與更大範圍的區域因素影響，位在核心的中國與邊陲的南亞之間形成了「拉鋸戰」，使得中國的影響機制無法每次都如願以償。在國內政治層面，雖然南亞政權有時不盡完善也不夠自由，但事實證明，民主程序是抵抗日漸蓬勃的中國影響力最佳的制度屏障。這也暴露了中國與南亞接觸的脆弱環節，因為某個國家的政權輪替就可能會削弱中國對該國施加影響的力道。尤其是，當北京被指控造成東道國欠下龐大債務的情況下，那些與中國過從甚密的政府已經開始面臨嚴苛的審視，以確定他們是否危害到國家主權與經濟福祉。

此外，印度身為南亞的地緣政治核心，也成了抗衡中國在該地區影響力日增的樞紐。北京對一個國家施展影響力的成敗，通常與該國和新德里的關係成反比。也就是說，當一個國家與印度交惡，中國對該國施加影響力的成功機會就越高，巴基斯坦是最具代表性的例子。類似的例子還有拉賈帕克薩執政下的斯里蘭卡、亞明政權的馬爾地夫，以及毛派影響下的尼泊爾，在他們與

印度關係逐漸惡化後，都慢慢地往中國靠攏。相反的，當一個國家與印度關係良好，中國的影響力就較為有限，例如人民聯盟統治下的孟加拉，以及把印度視為最重要外部夥伴的不丹。

為了抗衡中國在南亞的影響機制，印度打造了一些倡議，用來把中國排除在區域架構之外，例如南亞區域合作聯盟、環孟加拉灣多部門技術與經濟合作倡議、湄公恆河合作和印度海洋研討會等。印度也發起一些意在挑戰中國「一帶一路」的區域性倡議，像是「季風計畫」與「所有區域國家安全與成長計畫」。最後，印度還推出「東進」政策，藉由強化自身在東亞的影響力，以平衡中國在南亞的影響力，例如印度與越南等長久以來與中國有嫌隙的國家建立戰略夥伴關係，以制衡中國與巴基斯坦在南亞的長期夥伴關係。

這些發展趨勢說明了，儘管中國崛起成為區域與全球強權，但未必都能如願把擴張的實力轉化為影響力。南亞國家的民主雖然不盡完善卻充滿活力，而且還有一個國家（印度）排斥以中國為核心的南亞秩序，面對這樣的局勢，北京勢必要不斷重新校準與調適在南亞施展影響力的機制。

參考文獻

Abi-Habib, Maria. 2018. "How China Got Sri Lanka to Cough Up a Port", *The New York Times*, 25 June.

Ali, Ghulam. 2018. "Including India in CPEC Good for Region", *Global Times*, 1 April.

Anderson, Ashlyn and Alyssa Ayres. 2015. "Economics of Influence: China and India in South Asia", *Expert Brief*, Council on Foreign Relations, 3 August.

Bajpaee, Chietigj. 2015. "China-India: Regional Dimensions of the Bilateral Relationship", *Strategic Studies Quarterly*, Winter.

Bajpaee, Chietigj. 2017. "Coming Full-Circle in the Sino-Indian Relationship", *The Interpreter*, The Lowy Institute, 12 September.

Bajpaee, Chietigj. 2018. "The China Factor in India's Commitment to ASEAN", *The Interpreter*, The Lowy Institute, 24 January.

Balachandran, P. K. 2018. "China's Soft Power Instruments' Funded Confucius Institutes Change Goal to Suit Local Needs", *The Citizen*, 1 July.

Bhattacharjee, Joyeeta. 2018. "Decoding China-Bangladesh Relationship", *Observer Research Foundation: Rasina Debates*, 27 June.

Cardenal, Juan Pablo, Kucharczyk, Jacek, Meseznikov, Grigorij and Pleschová, Gabriela. 2017. *Sharp Power: Rising Authoritarian Influence: New Forum Report – National Endowment for Democracy*. https://www.ned.org/sharp-power-rising-authoritarian-influence-forum-report/

Chakma, Jagran. 2019. "Chinese Loans Coming at a Snail's Pace", *The Daily Star*, 20 February.

China Cultural Center. n.d. http://en.cccweb.org/index.html. (Accessed 18 March 2019).

Chowdhury, Debaish Roy. 2018. "Driven by India into China's Arms, is Nepal the New Sri Lanka?" *South China Morning Post*, 25 February.

Coakley, Amanda. 2019. "Sri Lanka: The Rajapaksa Brothers Walk a Diplomatic Tightrope with China and India", *Deutsche Welle*, 21 November.

Confucius Institute Headquarters (Hanban). n.d. http://english.hanban.org/. (Accessed 1 August 2018).

Garver, John W. 2001. *Protracted Contest: Sino-Indian Rivalry in the Twentieth Century*. Seattle: University of Washington Press.

Hurley, John, Scott Morris, and Gailyn Portelance. 2018. "Examining the Debt Implications of the Belt and Road Initiative from a Policy Perspective", *Center for Global Development*: Policy Paper 121, March.

IISS (International Institute for Strategic Studies). 2018. "PM Modi's Keynote Address at the Shangri-La Dialogue in Singapore", *Singapore*, 1 June.

Jha, Jivesh. n.d. "Nature of Constitutions in South Asian Countries: A Comparison", *Lokantar*. Accessed 10 August 2018.

Khurana, Gurpreet. 2008. "China's "String of Pearls" in the Indian Ocean and Its Security Implications", *Strategic Analysis*, 32(1), 1–39.

Khurana, Gurpreet S. and Antara Ghosal Singh. 2016. *India and China: Constructing a Peaceful Order in the Indo-Pacific*. New Delhi: National Maritime Foundation.

Krupakar, Jayanna. 2017. "China's Naval Base(s) in the Indian Ocean – Signs of a Maritime Grand Strategy?", *Strategic Analysis*, 41(3).

Kuo, Lily and Niko Kommenda. 2018. "What is China's Belt and Road Initiative", *The Guardian*, 20 July.

Kuruwita, Rathindra. 2020. "China to the Rescue in Sri Lanka", *Diplomat*, 15 April.

Lancaster, Kirk, Michael Rubin and Mira Rapp-Hooper. 2020. "Mapping China's Health Silk Road", *Asia Unbound*, Council on Foreign Relations, 10 April.

Li, Nan. 2009. "The Evolution of China's Naval Strategy and Capabilities: From "Near Coast" and "Near Seas" to "Far Seas"", *Asian Security*, 5(2), 144–169.

Liu. Zongyi. 2015. "India Ambiguous on China's Regional Plans", *Global Times*, 10 April.

Lo, Kinlong. 2018. "Did Nepal Snub India for China with Military Drill Decision, or is it Just a Nation in Flux?", *South China Morning Post*, 16 September.

Manning, Robert A. and Bharat Goplaswamy. 2018. "Is Abdulla Yameen Handing Over the Maldives to China?", *Foreign Policy*, 21 March.

Mendis, Patrick. 2018. "The Future of China's 'Soft Power' in Buddhist Diplomacy and Sri Lanka", *Daily FT*, 12 June.

Miglani, Sanjeev and Shihar Aneez. 2018. "Asian Giants China and India Flex Muscles Over Tiny Maldives", *Reuters*, 7 March.

Ministry of External Affairs (MEA). 2016. *Annual Reports, 2015/2016*. New Delhi: Government of India.

Ministry of External Affairs (MEA). 2018. *Annual Reports, 2016/2017*. New Delhi: Government of India.

Ministry of Foreign Affairs, Government of Nepal. 2019. "Nepal-China Relations", *Kathmandu, Nepal,* https://mofa.gov.np/nepal-china-relations/. (Accessed 1 August 2018).

Mohan, C. Raja and Chan Jia Hao. 2020. "China Digital Expansion and India". *China's Digital Silk Road: Implications for India.* Institute of Chinese Studies, Delhi/ Institute of South Asian Studies, Singapore. January.

Nye Jr, Joseph S. 2004. *Soft Power: The Means to Success in World Politics.* New York: Public Affairs.

Palit, Parama Sinha. 2010. "China's Soft Power in South Asia", *RSIS Working Papers,* No. 200, S. Rajaratnam School of International Studies, Singapore, 8 June.

Pan, Philip P. 2002. "China Backs Nepal Over Maoist Rebels", *The Washington Post,* 14 July.

Panda, Jagannath P. 2017. *India-China Relations: Politics of Resources, Identity and Authority in a Multipolar World Order.* Abbingdon/New York: Routledge.

Pandit, Rajat. 2015. "India Reclaims Spice Route to Counter China's Silk Route", *The Times of India,* 25 November.

Pant, Harsh V. 2018. "India and Vietnam: A "Strategic Partnership" in the Making", *RSIS Policy Brief,* S. Rajaratnam School of International Studies, Singapore, April.

Reuters. 2018. "China's Xi Offers Fresh $295 Million Grant to Sri Lanka", 22 July.

Scott, David. 2009. "India's 'Extended Neighborhood' Concept: Power Projection for a Rising Power", *India Review,* 8(2), 107–143.

Sengupta, Ramananda. 2018. "Did Wuhan Talks 'Reset' Ties between India and

China?" *The New Indian Express*, 17 June.

Sharma, Gopal. 2016. "Nepal Detains Tibetan Refugees in Crackdown as China's Influence Grows", *Reuters*, 15 November.

Sharma, Gopal. 2018. "Nepal Say China to Allow Access to Ports, Ending Indian Monopoly on Transit", *Reuters*, 7 September.

Shinn, David H. 2017. "China's Power Projection in the Western Indian Ocean", *China Brief*, Jamestown Foundation. 17(6), 20 April.

Shultz, Kai. 2017. "Sri Lanka, Struggling with Debt, Hands a Major Port to China", *The New York Times*, 12 December.

Singh, Swaran. 2003. *China-South Asia: Issues, Equations, Policies*. New Delhi: Lancer.

Smith, Colby. 2018. "Pakistan's IMF Bailout Adds to Belt and Road Woes", *Financial Times*, 12 October.

Sri Lanka Guardian. 2018. "Sri Lanka: Yes We Gave Money to Rajapaksa – Chinese Firms Confirmed", 13 July.

Stacey, Kiran. 2018. "Chinese Investment in Bangladesh Rings India Alarm Bells", *Financial Times*, 6 August.

Stobden, P. 2017. "As China Pushes for a 'Buddhist' Globalisation, India Isn't Making the Most of Its Legacy", *The Wire*, 11 May.

Storey, Ian. 2006. "China's "Malacca Dilemma"", *China Brief*, Jamestown Foundation, 6(8), 12 April.

Szczudlik, J. 2018. "Towards a "New Era" in China's Great Power Diplomacy", *Policy Paper*: No. 1 (161), The Polish Institute of International Affairs, March.

The Economist. 2017. "Soft Power: Buying Love", 25 March, pp. 56–58.

The Economist. 2018. "Chinese Economy: Feeling Humbled", 13 October, p. 68.

The Economist. 2019. "Outbound Tourism: Holidaying for the Motherland", 23 February, pp. 61–62.

The Himalayan Times. 2018. "West Seti Deal Scrapped", 19 September.

The Hindu. 2017. "Why Bhutan is Special to India", 1 July.

The Independent. 2010. "How Beijing Won Sri Lanka's Civil War", 23 May.

The World Bank. 2018. "Realizing the Promise of Regional Trade in South Asia", *Feature Story*, 9 October. http://www.worldbank.org/en/news/feature/2018/10/09/realizing-the-promise-of-regional-trade-in-south-asia.

Wagner, Christian. 2016. "The Role of India and China in South Asia", *Strategic Analysis*, 40(4), 307–20.

Wezeman, Pieter D. and Wezeman, Siemon T. 2015. *SIPRI Fact Sheet: Trends in International Arms Transfers, 2014*, Stockholm International Peace Research Institute, March.

Yoshihara, Toshi. 2014. "Undersea Dragons in the Indian Ocean?" *China-India Brief* 37, Centre on Asia and Globalisation, Lee Kuan Yew School of Public Policy, 14–28 October.

Yung, Christopher D. 2015. "Burying China's 'String of Pearls'", *The Diplomat*, 22 January.

Zhen, Liu. 2017. "Is Bhutan Drawing Closer to China, and What Can India Do about It?" *South China Morning Post*, 29 August.

[14] 中亞的恐中症與反中浪潮

熊倉潤，日本法政大學法學部國際政治學科
副教授

本章聚焦在中亞對中國影響力的反應，這片區域包括哈薩克、吉爾吉斯、烏茲別克、塔吉克和土庫曼，由於天然資源蘊藏豐富，又與新疆的民族問題息息相關，對中國來說，具有地緣政治上的重要性。然而，到目前為止，有關中國近年來不斷擴大在中亞地區的影響力及其所造成的衝擊，其中包括2016年春天哈薩克所爆發的反中抗議活動，都沒有嚴謹的學術研究加以討論。

本章的前半部，首先根據筆者最近的田野調查來分析2016年的哈薩克抗議活動，[1] 然後討論從十九世紀以來，俄羅斯身為中亞最重要的外來勢力所扮演的角色，以及中、俄最近在該地區的緊張關係。本章的後半部，我將探討中國在中亞的影響力機制有其侷限性，以及該地區爆發的恐中症浪潮。最後，我將討論中亞國家對「一帶一路」倡議的反應，尤其側重哈薩克的案例分析。

1　關於這場抗議活動，參見熊倉潤 2017a, 2017b, 2018a, 2018b。

14.1. 背景：中國在中亞的相關利益

14.1.1. 習近平之前的中國對中亞政策

　　中國的中亞政策已經有兩千多年的歷史。正如習近平在2013年9月7日的演講中提到的，早在二千一百多年前，中國與中亞便開啟了「絲路」貿易，漢朝外交官張騫率領使節團，跟月氏王國及「西域」的其他民族建立了軍事聯盟與貿易關係。然而，在漢朝盛世之後，中國的王朝並非一直能夠在中亞地區保有實力。漢之後的朝代，除了唐朝等少數例外，連中亞地區的統治都維繫不了，伊斯蘭對這些地方的影響超過了中國文明或說漢族文明，儘管現在北京宣稱新疆自古以來都是「中國的一部分」。

　　十八世紀以後，滿漢融合的清帝國統治了東突厥斯坦，俄羅斯帝國則逐漸吸收了大部分的西突厥斯坦，並在1917年的十月革命後，在布爾什維克的統治下成立了各民族共和國。這些前蘇聯加盟共和國成為目前中亞各獨立國家的基礎，而新疆則在1949年之後由中華人民共和國統治。

　　中華人民共和國在1949年成立後，中共希望透過新疆以促進中國與蘇聯統治下的中亞建立經濟關係。例如北京一度嘗試讓蘭新鐵路在中、蘇邊界連結上哈薩克蘇維埃共和國境內的土西鐵路，後來這個計畫因為中、蘇關係破裂而胎死腹中。直到1980年代為止，中國的中亞政策都深受中、蘇關係的牽制，而這個時期的蘇聯也不斷在中亞地區大舉傳播有關中國負面形象的陳腔濫調。到了1982年，中國與蘇聯統治下的中亞開始建立一些貿易

關係，但要等到1986年中國的對外貿易政策改弦更張後，官方才正式承認這些關係（Swanström, Norling and Li 2007: 386）。

蘇聯在1991年解體後，中國與五個中亞獨立共和國建立外交關係，並逐漸強化對該地區的影響力。根據學者培侯斯（Sébastien Peyrouse）的分析：

> 中國在中亞的利益是分階段構建的。在1990年代前葉，北京在意的是簽署有關劃定疆界的條約、邊境非軍事化，以及防範維吾爾分裂主義坐大。從1990年代後期到2000年代初，中國著眼於打造一個彼此討論、相互探索的平台，並透過上海合作組織建立集體的安全框架。在2000年代前半期，中國活躍於中亞市場，尤其是在碳氫化合物能源、採礦、基礎建設與通訊產業。最後，自從2005年以來，北京想法設法在中亞推廣中國的語言和文化，並依循中國模式訓練中亞菁英。
>
> （Peyrouse 2016: 14）

儘管中國與中亞地區緊鄰，而且絲路源遠流長，但在歷史上，「中央之國」對中亞人民的文化影響卻非常有限。然而到了2013年，中國已經「劇烈翻轉北京在中亞舞台的經濟與戰略地位。如今，中國在該地區成了第二號具有影響力的外來行為者，在經濟上超越了俄羅斯，只有在戰略文化上屈居俄國之後」（Peyrouse 2016: 15）。

14.1.2. 中國近年來在中亞的打算

2013年9月7日，習近平在哈薩克首都阿斯塔納（Astana，已改名為努爾蘇丹〔Nur-Sultan〕）的納札巴耶夫大學（Nazarbayev University）演講，那是他首次提出「絲綢之路經濟帶」的概念。不過，從中亞的角度來看，這並不是中國第一次倡導新絲路。中國和中亞國家之前已經探索過類似的構想，前兩任中國國家領導人江澤民與胡錦濤任內都曾經提倡新絲路。新疆維吾爾自治區政府尤其熱中於有關絲綢之路的討論，因為這將有助於吸引更多的投資，促進與中亞國家的經濟合作。中國與中亞在天然資源上的合作，包括輸往中國的石油與天然氣，也早在習近平的2013年演講前便已經開始。例如，連結中亞與中國的輸氣管在2009年開始營運，導致土庫曼輸往俄羅斯的天然氣從2008年的四百多億立方公尺驟降到2017年的零立方公尺。因此，我們必須明白，在習近平2013年有關打造絲綢之路經濟帶的演講前，中國早在中亞建立了相當的影響力，而這個地區的主要貿易對象也已經開始從俄羅斯轉向中國。

當然，習近平2013年在阿斯塔納提出的「絲綢之路經濟帶」仍有別於以往的概念，因為這個規畫涵蓋了更多、更雄心勃勃的倡議，目的是要發揮中國的影響力，不只是放眼中亞，還包括整個歐亞，並且還要在該地區進行更侵入性的政治與社經操作。

14.2. 中國的直接與間接影響力機制：中國橫跨中亞的槓桿作用

14.2.1. 中國在中亞的經濟與軍事存在

習近平於2013年在阿斯塔納發表演說以來，北京看似順利地強化了在中亞的經濟實力，像是興建穿越中亞與俄羅斯的「新歐亞陸橋」，進而成為中亞國家的最大貿易夥伴之一。同樣的，中國在中亞的軍事影響力也默默地突飛猛進，中國同時投資與國家安全攸關的基礎建設，包括與哈薩克交界處的霍爾果斯口岸（Khorgos Gateway），以及連結塔吉克首都杜桑貝（Dushanbe）與北部城市恰納克（Chanak）的高速公路。中亞國家確實需要中國「一帶一路」大舉進行的投資，然而，中國的宣傳卻掩蓋了一些「不利的真相」。

正如我在其他研究指出的（熊倉潤2017a, 2017b, 2018a, 2018b），中國與哈薩克政府在2013年估計，兩國的雙邊貿易額將在2015年成長到400億美元。然而，由於國際上對俄國實施制裁、歐亞經濟聯盟（EEU）成立，以及油價下跌等原因，中、哈在2015年的貿易額下滑到143億美元，到了2016年繼續下探到131億美元。中國與其他中亞國家的貿易也沒有起色，事實上，與某些國家的貿易不升反降，尤其是與土庫曼的貿易額從2014年到2016年間暴跌了50%。

北京政府冀望位在中國與哈薩克邊境的霍爾果斯能成為兩國的集散中心，然而，中國對這個口岸城市的發展計畫卻未能如願

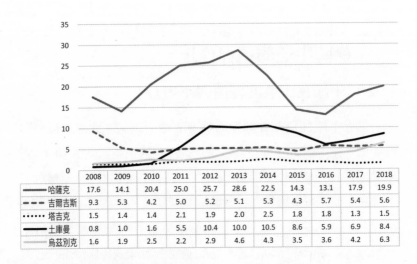

	2008	2009	2010	2011	2012	2013	2014	2015	2016	2017	2018
哈薩克	17.6	14.1	20.4	25.0	25.7	28.6	22.5	14.3	13.1	17.9	19.9
吉爾吉斯	9.3	5.3	4.2	5.0	5.2	5.1	5.3	4.3	5.7	5.4	5.6
塔吉克	1.5	1.4	1.4	2.1	1.9	2.0	2.5	1.8	1.8	1.3	1.5
土庫曼	0.8	1.0	1.6	5.5	10.4	10.0	10.5	8.6	5.9	6.9	8.4
烏茲別克	1.6	1.9	2.5	2.2	2.9	4.6	4.3	3.5	3.6	4.2	6.3

圖14.1 中國與中亞各國的雙邊貿易（單位：十億美元）。
　　　資料出處：中國國家統計局

以償。根據夏帕德（Wade Shepard）的研究，霍爾果斯五年來的
發展軌跡並非一直都很順利，其中一個原因是，由中國前往哈薩
克的貨運大部分都是「通過位在北方、由俄國持有一半股權的多
斯特克港（Dostyk Port）」（Shepard 2016）而不是經過霍爾果斯。
雖然霍爾果斯自由貿易區持續成長，卻已經變成中國遊客的又一
個觀光與購物景點。我在2018年7月到訪時，這裡有大批漢族觀
光客在選購免稅商品，但哈薩克或是中亞商人卻是屈指可數。[2]把
霍爾果斯自由貿易區打造為哈、中兩國商業樞紐的願景，已經落

2　作者在霍爾果斯的訪談，2018年7月。另參見Miller, 2017: 67–69。

空了。

14.2.2. 中共在中亞的在地協力者

雖然中亞各國的政府與寡頭未必都是心悅誠服的親中派，但他們的確是中國攻城掠地的主要協力者。培侯斯認為，「所有的中亞政府都會非常正面地表述與北京『良好關係』」，然而「就算中亞的領導人談到中國時會異口同聲稱讚，但他們的親近則未必衷心親中，相反的，他們是別無選擇，而且背後的邏輯也有恐中的成分：與一個強盛、令人畏懼的鄰國交往，最好是跟它保持一種健康的關係。」我們可以在各國總統的家族中找到這種情緒的典型案例，他們的成員常常透過與中國的貿易謀取私利，例如塔吉克總統拉赫蒙（Emomali Rakhmon）的女婿之一、擔任伊斯瑪利索莫尼二十一世紀控股公司（Ismaili Somoni XXI Century）總裁的沙杜拉耶夫（Hassan Saidullaev），以及烏茲別克前總統卡里莫夫（Islam Karimov）的長女古爾納拉（Gulnara Karimova，如今已經失勢）（Peyrouse 2016: 17）。

此外，有些中亞的政治人物曾經留學中國，並說著一口流利的漢語，例如分別在2007年到2012年與2014年到2016年間擔任哈薩克總理的馬西莫夫（Karim Masimov），以及1999年到2002年間擔任哈薩克總理、從2019年起成為總統的柯梅魯力（Kassym-Jomart Kemeluly）。尤其是馬西莫夫猶如中國的說客，不過培侯斯指出，「哈薩克的親中政策未必是由個別總理發起。與中國往來的相關問題屬於國家層次，與領導人個人無關」（Peyrouse

2016: 18）。

　　培侯斯認為，「利益核心集中在北京的中亞寡頭們，也是親中政策或親中政權的支持者，」例如在哈薩克的情況：

> 許多支持拉攏中、哈關係的哈薩克集團，是出於務實的考量，因為中國是哈薩克冶金業的一個重要出口市場。首先有莫許科維奇（Alexander Mashkevich）的「歐亞集團」（國家歐亞資源公司，ENRC），該公司掌控了三分之一的哈薩克經濟，市值超過五十億美元。其次有金明（Vladimir Kim）的哈薩克礦業（Kazakhmys），該國最大的銅礦商。
>
> （Peyrouse 2016: 18）

　　這些政治精英連同與之緊密合作的寡頭，通常都認為中國在中亞與日俱增的存在狀態有助於該地區的穩定。根據史特龍斯基（Paul Stronski）與伍欣蓮（Nicole Ng）為卡內基國際和平基金會撰寫的報告，中亞各國政府「依然認為中國是該地區政權安全的保護者。中國並不期望發生任何可能鬆動中亞政體的政治自由化，也沒有公然質疑俄羅斯在該地區的角色，以免發生像是俄國與西方衝突的零和賽局，從而引發中亞局勢的緊張」。這份報告還指出，「中亞國家甚至認為，中國是一個保護罩，有助於緩衝俄羅斯可能的侵略」。在哈薩克，這種思維尤其盛行，「這個國家與俄國有漫長的邊境接壤、內部有大量俄羅斯人口，擔心被俄國擺布的恐懼油然而生」（Stronski and Ng 2018）。

14.3. 在中亞動員反中影響力：暴增的恐中情緒

在「一帶一路」的敘事下，毫無疑問的，中國對中亞的經濟影響力蒸蒸日上，中資公司在中亞大筆投資，來自中國的工人也蜂擁而至。例如哈薩克的中國勞工人數在六年內翻倍，從2010年的6,858人暴增到2016年的12,700人；塔吉克也類似，中國工人數量從2010年的1,427人迅速成長到2016年的6,500人（Voice on Central Asia 2018）。然而，隨著中國在這個地區的存在感日漸膨脹，反中勢力的動員或說「恐中症」也迅速蔓延。下文將討論這些議題。

14.3.1. 個案研究：哈薩克

2016年在哈薩克爆發的大規模抗議活動說明了，隨著中國的影響力扶搖而上，近年來當地的恐中情緒日漸高漲。立場友中的哈薩克政府全力支持中國的「一帶一路」倡議，並提案擬放寬土地法規，允許外國企業（尤其是中國企業）租用農地，最長期限可達二十五年。哈薩克國會在2015年11月通過這項法案，然而2016年4月，不同城市的哈薩克人紛紛走上街頭抗議。到了2016年4月28日的前幾天，反對修改土地法的抗議活動已經蔓延到全國各地。「一開始，西部阿特勞市（Atyrau）的人率先走上街頭，然後北部的阿克托貝（Aktobe）和東部的塞米伊（Semey）出現了抗議遊行。一些觀察家推估，每個城市約有一千到兩千人聚

集，對於不容任何異議的哈薩克而言，是相當驚人的數字」（BBC 2016）。

哈薩克人怒火中燒，反映了日益嚴重的恐中情緒。BBC的報導描述：

> 最新通過的法案勾起抗議者最深的恐懼，他們擔憂中國投資者將大舉入侵搜刮土地，這是個非常牽動情緒的議題。4月27日在阿克托貝爆發的遊行中，一名抗議者高喊著：「我們不能把土地讓給中國人，他們一旦來了，就不會離開！」許多人憂心忡忡，面對強大的鄰居，人口一千七百萬的哈薩克不堪一擊。一名阿克托貝的抗議者說：「二十五年到期後，他們已經六十五歲。六十五歲了，他們的子孫將會取得哈薩克國籍，我們的子孫將成為他們的奴隸。」
>
> （BBC 2016）

顯然恐中情緒已經燒了起來，特別是許多人害怕中國移民將占領國家的「土地」，當地人則會失去「土地」。正如一名哈薩克學者指出的，「土地」兩字在哈薩克的語境裡十分敏感（Kudai-bergenova 2016）。

我在其他論文中已經討論過中亞地區的恐中背景（熊倉潤 2017a, 2017b, 2018a, 2018b），但在這裡我仍想簡短地討論中亞地區的恐中如此根深柢固的緣由。恐中情緒在這些前蘇聯國家既是老話題也是新議題。最近，親官方的俄國報紙《獨立報》引述

哈薩克社會學家的研究指出，在2007年剛開始調查時，只有18%的當地受訪者表示不喜歡中國移民，但這個比率在2012年攀升到33%，到了2017年增加到46%（Независимая газета 2018a）。這些數據意謂著恐中情緒在哈薩克相當普遍，在2016年的抗議活動之後更是全面蔓延。值得注意的是，恐中情緒並不侷限於哈薩克，近年來已經籠罩整個中亞地區，反映了中亞國家許多人的擔憂，害怕中國藉由「一帶一路」倡議在中亞攻城掠地。近十年來，恐中情緒在中亞不同的宗教與族群間快速傳播，成為當地一種很流行的意見表述方式。

貪腐是點燃哈薩克與其他中亞國家恐中情緒的重要導火線。正如BBC描述的：

> 這裡的人民對政府充滿不信任。許多哈薩克人深信新的土地法是個陷阱，覺得由於貪腐叢生，有錢有勢的人才可能從中得益，其他的人則會失去土地。一位不願透露姓名的抗議者說：「你知道哈薩克的情況，貪腐無所不在。人們根本不相信這一切會有效執行，不相信不會像平常一樣遭到濫用。」
> （BBC 2016）

有些哈薩克人批評總統和政府貪污腐敗，對中國太親善。[3]

---

3 例如，我在2019年前往哈薩克進行田野調查時，一名計程車司機告訴我：「哈薩克總統是中國的好朋友，哈薩克政府是一群土匪。」

2016年的抗議活動爆發時，1990年開始擔任哈薩克總統的納札巴耶夫（Nursultan Nazarbayev）對人民的反中情緒了然於胸，他迅速推遲了土地改革法案，並在2016年5月5日宣布將擱置該法案到當年底（*The Astana Times* 2016），經濟部長也因此下台。在總統宣布延遲土地改革法案前兩天，被視為是中國最親密盟友的總理馬西莫夫與新疆維吾爾自治區的黨委書記張春賢會晤，到了9月他就被調到國安會擔任主席（姚彤 2016）。2016年的抗議活動可以說是哈薩克自1990年獨立以來最大規模的一次，不僅有效遏止了中國的經濟擴張，甚至讓中國最重要的在地協力者失去了哈薩克總理的職務。

在2016年的抗議後，哈薩克還爆發了好幾場反中活動。例如，2017年1月，一家婚友社因為幫有錢的中國客戶物色單身女性而遭到猛烈抨擊（Radio Free Asia/Radio Liberty 2017）。2019年9月，西南部的產油城市札瑙津（Zhanaozen）爆發抗爭，「原因是據傳有五十五家工廠將從中國遷往哈薩克」。抗議者「在其他六、七個城市聲援，包括首都努爾蘇丹（之前的名稱是阿斯塔納）、第二大城阿拉木圖」（Umarov 2019）。根據路透社報導，「一名男子遭到警方拘捕，他舉著批評前總統納札巴耶夫的標語：『不要讓路給攻城掠地的中國』和『老頭子是敵人』的標語，批評在政壇仍有舉足輕重地位的前總統納札巴耶夫」（Reuters 2019）。哈薩克的例子活生生揭露了恐中情緒如何席捲中亞地區，也說明了哈薩克極可能再度爆發類似的大規模抗議活動。

14.3.2. 其他中亞國家的經驗

跟哈薩克人一樣，吉爾吉斯人也有嚴重的恐中情緒。吉爾吉斯的政府不像納札巴耶夫的專制政權一樣穩定，而且到目前為止，民眾也不像哈薩克人一樣大聲疾呼反抗中國的影響力。不過，2018年6月5日發生了一起值得特別關注的爭議事件：吉爾吉斯的前總理伊薩克夫（Sapar Isakov）以貪腐罪名遭到逮捕，起因是比斯凱克（Bishkek）供暖電廠在當年一月發生故障。根據《外交家》的報導：

> 比斯凱克電廠由中國公司特變電工（TBEA）負責設備現代化的改造工程已經在去年秋天完成，這個項目是中國國家主席習近平在2013年訪問中亞國家期間啟動的。
>
> （Putz 2018）

這起事件讓我們得以窺見中國在吉爾吉斯的影響力操作與其遭遇的反作用力。

另外三個中亞國家，烏茲別克、塔吉克與土庫曼，都在不同程度上領教過中國的影響力。雖然這三個國家的恐中情緒沒有哈薩克或吉爾吉斯來得強烈，但在可見的將來很可能會開始蔓延。例如，由於和中國合作大量的基礎建設項目，塔吉克已經遇上債台高築的問題。根據估計，「塔吉克的債務對國內生產毛額（GDP）的比例正在急劇攀升，從2015年的33.4%，預計將在2018

成長到56.8%」（Chen 2018）。換句話說，塔吉克成為另一個斯里蘭卡的機率大增，這讓恐中的討論沸沸揚揚，包括「塔吉克恐淪為下一個斯里蘭卡」，「這些基礎建設不是為人民興建的，是為了讓中國與塔吉克菁英中飽私囊用的」，「如果辦得到的話，塔吉克的菁英樂意出賣自己的國家給中國」等。不過，這些反中言論是否會轉化、以及將如何轉化為具體的抗議與反抗行動，仍有待觀察。

14.4. 中國的策略調整：透過孔子學院施展銳實力

恐中情緒在中亞方興未艾，無疑是對中國的巨大挑戰，不僅危及「一帶一路」倡議的推動，也威脅到新疆維吾爾自治區的維穩。中國因應這些挑戰的做法是增強銳實力操作。就像在世界其他地區一樣，中國也在中亞設立孔子學院，為當地人提供學習華文與中華文化的機會。儘管孔子學院在中亞面臨許多問題，但當地學者努爾沙（Gaukhar Nursha）指出，中國似乎有意在中亞國家培植一批親中的年輕菁英（Nursha 2018: 140）。

基於種種原因，孔子學院在中亞取得的成果有限，努爾沙表示：「很難說孔子學院有助於打造中國的正面形象」（Nursha 2018: 142）。雖然恐中情緒蔓延，但還是有一些中亞學生想要學習華文，並期待到中國留學。不過，這個過程障礙重重。以哈薩克為例，首先是哈薩克語屬於突厥語系，第二語言俄語則是斯拉夫

語系，此外，哈薩克文字長久以來使用阿拉伯字母、基里爾字母（Cyrillic）和拉丁字母，與漢字體系沒有太多淵源。這些因素讓孔子學院在哈薩克推廣華文的努力大打折扣。其次，學習華文必須付出高昂的經濟成本，大部分學生只能完成最初級的華文課程。[4]第三，家境富裕的學生通常更希望到西方或南韓留學，而不是中國。過去數十年來，中亞有不少高麗人移民（其中有許多是蘇聯時期從遠東被流放到中亞的高麗人），還有韓國公司的投資，使得韓語在哈薩克學生族群當中非常受到歡迎。最後，在孔子學院之外，哈薩克學生也可以在大學裡學習華文，因為當地大學在蘇聯時代建立了華文教育的體系，並培養了一大批華文專家。哈薩克當地的大學目前會選擇與孔子學院合作，主要是著眼於提高國際地位，而不是冀望透過該學院傳授華文和中華文化。[5]

14.5. 強權博弈：中國與俄羅斯在中亞的競爭

中、俄之間的博弈日漸白熱化，從這個更廣泛的視角來審視中國在中亞的影響力頗值得玩味。前些年，北京與莫斯科維繫著良好的情誼，甚至常常被描述為兩國的夥伴關係有史以來最美好的階段。可是，俄國總統普丁（Vladimir Putin）於2018年7月16日在赫爾辛基與美國總統川普（Donald Trump）舉行高峰會後，

---

4 努爾沙還指出，孔子學院「往往變成小學程度的語言學校，水準低、不重視績效、眼界狹隘」（Nursha, 2018: 141）。

5 作者莫斯科訪談（2018年8月）。

中、俄關係似乎稍微改變了。

　　最明顯的跡象是，俄國媒體開始散播有關中國和「一帶一路」的負面新聞。這些媒體受到俄國政府的嚴密控制，因此這些報導在很大程度上是反映了俄國政府開始反轉針對中國的輿論風向。

　　例如，2018年7月16日，《獨立報》在普丁與川普進行高峰會當天刊出一篇題為〈美國提議聯合俄國，以對抗伊朗與中國〉的報導（*Независимая газета* 2018b）。俄羅斯科學院亞太研究中心的研究員祖恩科（Ivan Zuenko）旋即在俄國雜誌《概況》（*Profile*）發表文章，疾言厲色批評連結莫斯科與喀山的中俄高鐵，質疑這項造價高昂的鐵路建設缺乏經濟效益（Зуенко 2018）。隨後我在莫斯科訪談另一名學者，他表示連結莫斯科與喀山的高鐵工程已經「正式擱置」。[6]

　　到了2018年7月下旬，俄國媒體刊出更多有關中亞國家不歡迎中國的報導。《獨立報》在7月29日的一篇評論中指出，中國對中亞國家提供的貸款與投資越豐沛，該地區的反中抗議與言論就會越蓬勃（*Независимая газета* 2018a）。該篇報導並批評「一帶一路」未能在中亞和非洲創造就業機會，因為九成的勞動力來自中國。報導中也談到恐中情緒，表示有些在地政治勢力會利用反中情緒來抵抗中亞的政治菁英出賣國家利益。這篇以俄文撰寫的報導呼應了瀰漫中亞的恐中情緒，而且這類有關中國負面形象

6　作者莫斯科訪談（2018年8月）。

的俄文報導在整個地區有著廣大的讀者群。[7]

　　史特龍斯基與伍欣蓮共同執筆的卡內基國際和平基金報告指出，俄國「藉由歷史與文化的淵源，以及俄語電視、電影和其他媒體，殫精竭慮維繫在中亞的軟實力」（Stronski and Ng 2018）。此外，即使承受國際社會的經濟制裁和油價下跌的壓力，俄國仍利用2015年成立的歐亞經濟聯盟（由莫斯科主導，成員包括哈薩克與吉爾吉斯）在中亞持盈保泰。報告寫道，俄國與西方國家的關係在烏克蘭危機後陷入冰點，這「讓中、俄的戰略夥伴關係比較像有那麼一回事」（Stronski and Ng 2018）；但另一方面，「由於彼此間存在著揮之不去的猜忌，兩國關係依舊撲朔迷離。雖然中、俄領導人都表達了合作的雄心壯志，但實際的成果常常是遙不可及，特別是在俄國的遠東地區以及在北極圈，自2014年以來所宣布的各項貿易、投資和基礎建設等協議無不推動困難」（Stronski and Ng 2018）。

　　無論如何，中國一直是未來也會是俄國非常重要的戰略夥伴，而俄國也會試圖利用中國。但兩國關係主要仍是建立在一起對抗美國的基礎上，並謀求讓中、俄互蒙其利的經濟合作。由此觀之，一旦美、俄、中的三角關係起了變化，中國的經濟實力大幅衰退，或是中、俄在中亞的競逐更加激烈，那麼俄國繼續與中國維持戰略夥伴關係的動機就會出現問題。

7　例如：劉思悅（2018）。

14.6. 結語：自討苦吃的中國

總而言之，中國在中亞面臨三大挑戰。

首先，中亞人對中國的印象日漸惡化，2016年在哈薩克爆發的抗議活動是最佳寫照。恐中情緒仍在中亞地區蔓延，事實上，各個「斯坦」都被傳染了。也就是說，即使中亞政府讓國家的門戶洞開，當地人也不歡迎中國公司與中國勞工。

其次，當地政府與人民對於中國在中亞的影響力突飛猛進，有著天壤之別的感受。雖然中亞各國政府裡都有親中派，甚至是北京的在地協力者，但中國至今仍無法與當地民眾建立起融洽的關係。相反的，中國日益顯著的存在感引發中亞人民的反彈，認為這是負面的、入侵的行為。更嚴重的是，中國企業通常被視為政客的外國「朋友」，和金權政治的貪腐、叛國行為糾葛不清，與國家的利益背道而馳。在這樣的脈絡下，「新歐亞陸橋」的興建、向中國出口天然資源，或是哈薩克的土地改革，全都激發了恐中情緒的暴漲。在斯坦人民眼中，北京一再宣稱的「雙贏」策略其實是中國與中亞的統治菁英合謀「剝削」家鄉資源的一種方式。隨著中國在吉爾吉斯當地政治的影響力蒸蒸日上，這樣的政治動能已經開始出現了。

第三，俄國在中亞地區仍有強大的影響力，莫斯科也開始針對中國在該地區不斷擴張的影響力予以抗衡。例如，2017年印度與巴基斯坦雙雙成為上海合作組織（SCO）成員國，當時先是「俄國推動要納入印度，於是另一個主導力量中國便開出也讓巴基斯

坦加入的條件，這才勉為其難答應印度入會」（Jiang 2020）。值得注意的是，一些俄國知情人士還宣稱，俄國從未正式加入「一帶一路」，而是在一帶一路框架之外與中國合作。[8] 中亞國家密切關注著普丁對中國的態度，如果俄國擺明了疏遠中國，那麼北京要在中亞縱橫捭闔將會遇上更多的阻礙。

然而，中國面臨的挑戰是自己造成的。絲綢之路經濟帶要成功，必須仰賴中亞各國政府、人民，以及俄國的合作與諒解。中亞國家的政治人物和人民不只緊盯著莫斯科對待北京的態度，也密切觀察「一帶一路」工程在其他國家的動向，像是斯里蘭卡與馬來西亞。中亞政府和菁英也許歡迎一帶一路，但這不意味著他們對於其他國家所遭遇的一帶一路相關問題並不知情。也就是說，中亞政治人物也許會對中國的投資或是孔子學院表示興趣，但這不等於他們會漠視中國影響力帶來的風險。因此，他們並不必然總是把自己視為一帶一路計畫的支持者，而是忖度時勢以取得平衡，儘管他們一再表示自己與中國「正在合作」，未來也將與中國「繼續合作」。[9] 這樣的立場如今在前蘇聯成員國是越來越常見了。

總而言之，新歐亞陸橋等重大項目正在緊鑼密鼓興建，中國可能如願以償壯大在中亞的經濟投資，但當地對中國野心的猜疑和恐中情緒也正在萌生。北京大學梁雲祥教授表示：「雖然中

8　作者莫斯科訪談（2018年8月）。

9　作者莫斯科訪談（2018年8月）。

國成了中亞國家主要貿易夥伴，卻贏不到這些國家的心」（高鋒 2018）。但我想說得更進一步，中國不僅沒有「贏得」中亞的民心，它的所作所為正使它「輸掉」中亞的民心。中國越是以當前咄咄逼人的模式在中亞擴張影響力，中亞人對中國影響力就越是充滿戒心。

補論

　　以上是2020年完稿的文章，後來國際上發生疫情、烏克蘭戰爭等重大變化，2022年9月習近平訪問中亞，中俄在中亞的競爭也似乎進入新的階段，但文章提出的中亞潛在的恐中症和中國影響力的因素到現在也沒有失去重要性，反而現在的俄羅斯勢力相對後退，中國影響力擴大的階段中，這因素是更不可忽視的。

＊本文僅為作者個人觀點，不代表作者所屬研究機構的立場。

參考文獻

學術研究

熊倉潤，2017a，〈新疆ウイグル自治区におけるガバナンスの行方〉。《問題と研究》46(2): 117–148。

熊倉潤，2017b，〈一帶一路和中亞潛在的「恐中症」〉。《國際與公共事務》

6(2): 21–40。

熊倉潤，2018a，〈「一帶一路」構想下的哈薩克：從2016年抗議行動看「中國威脅論」〉。收入羅金義、趙致洋主編，《放寬一帶一路的視界：困難與考驗》。香港：中華書局，頁137–161。

熊倉潤，2018b，〈一帶一路戰略之陸上絲路的若干問題〉。《歐亞研究》3: 55–62，https://gioip.nchu.edu.tw/zh_tw/Admissions2/Eurasian?page_no=2&，取用日期：2020/4/8。

Jiang, Y. (2020). Russia's Strategy in Central Asia: Inviting India to Balance China. [online] *The Diplomat*. Available at: https://thediplomat.com/2020/01/russias-strategy-in-central-asia-inviting-india-to-balance-china/ [Accessed 8 Apr. 2020].

Kudaibergenova, D. T. (2016). The Use and Abuse of Postcolonial Discourses in Post-colonial Kazakhstan. *Europe-Asia Studies*, 68(5), pp. 917–935.

Nursha, G. (2018). Chapeter 13. Chinese Soft Power in Kazakhstan and Kyrgyzstan: A Confucius Institutes Case Study. In: M. Laruelle, ed., *China's Belt and Road Initiative and Its Impact in Central Asia, Europe-Asia Studies*, 1st ed. Washington, DC: The George Washington University.

Peyrouse, S. (2016). Discussing China: Sinophilia and Sinophobia in Central Asia. *Journal of Eurasian Studies*, [online] 7(1), pp. 14–23. Available at: https://www.sciencedirect.com/science/article/pii/S1879366515000251 [Accessed 8 Apr. 2020].

Putz, C. (2018). Kyrgyzstan Hunt for Power Plant Corruption Continues. [online] *The Diplomat*. Available at: https://thediplomat.com/2018/06/kyrgyzstan-hunt-for-power-plant-corruption-continues/ [Accessed 8 Apr. 2020].

Swanström, N., Norling, N. and Li, Z. (2007). China. In: F. S. Starr, ed., *New Silk Roads: Transport and Trade in Greater Central Asia*, 1st ed. Washington, DC: Central Asia and Caucasus Institute.

Stronski, P. and Ng, N. (2018). *Cooperation and Competition: Russia and China in Central Asia, the Russian Far East, and the Arctic.* [online] Carnegie Endowment for International Peace. Available at: https://carnegieendowment.org/2018/02/28/cooperation-and-competition-russia-and-china-in-central-asia-russian-far-east-and-arctic-pub-75673 [Accessed 8 Apr. 2020].

Umarov, T. (2019). *What's Behind Protests against China in Kazakhstan?* [online] Carnegie Moscow Center. Available at: https://carnegie.ru/commentary/80229 [Accessed 8 Apr. 2020].

Зуенко, И. (2018). *Любители быстрой езды.* (in Russian) [online] Профиль, Available at: http://www.profile.ru/economics/item/126236-lyubiteli-bystroj-ezdy [Accessed 8 Apr. 2020].

報導作品

姚彤，2016，〈張春賢率新疆黨政代表團訪問哈薩克斯坦〉。《中國共產黨新聞網》，http://cpc.people.com.cn/n1/2016/0506/c64094-28331436.html，取用日期：2020/4/8。

高鋒，2018，〈俄媒高調批"一帶一路" 北大教授稱難得民心〉。華人民主書院，https://idemocracy.asia/news/3397，取用日期：2020/4/8。

劉思悅，2018，〈回擊五種錯誤論調 讀懂"一帶一路"倡議〉。《海外網》，https://baijiahao.baidu.com/s?id=1608290296592406111&wfr=spider&for=pc，取用日期：2020/4/8。

BBC. (2016). *Kazakhstan's Land Reform Protests Explained.* [online] Available at: http://www.bbc.com/news/world-asia-36163103 [Accessed 8 Apr. 2020].

Chen, Y. (2018). *Belt and Road Initiative Increases Sovereign Debt Risks in Tajikistan.* [online] Global Risk Insights Know Your World. Available at: https://globalriskinsights.com/2018/07/belt-and-road-initiative-increases-sovereign-debt-risks-in-tajikistan/ [Accessed 8 Apr. 2020].

Независимая газета. (2018a). *Чем дальше в ШОС – тем больше синофобов?* (in Russian) [online] Available at: http://www.ng.ru/kart-blansh/2018-07-29/3_7276_kart.html [Accessed 8 Apr. 2020].

Независимая газета. (2018b). *США предлагают России объединиться против Ирана и Китая* (in Russian) [online] Available at: http://www.ng.ru/world/2018-07-16/1_7267_trumpputin.html [Accessed 8 Apr. 2020].

Miller, T. (2017). *China's Asian Dream: Empire Building along the New Silk Road.* London: Zed Books Ltd.

Radio Free Asia/Radio Liberty. (2017). *Veiled Threat: Mail-Order Kazakh Matchmaker Elicits China Fears.* [online] Available at: https://www.rferl.org/a/kazakhstan-china-matchmaker-fears-identity-farmland/28234301.html [Accessed 8 Apr. 2020].

Reuters. (2019). *Dozens Detained in Kazakhstan at Anti-China Protests.* [online] Available at: https://www.reuters.com/article/us-kazakhstan-china-protests-detentions/dozens-detained-in-kazakhstan-at-anti-china-protests-idUSKBN1W60CS [Accessed 8 Apr. 2020].

Shepard, W. (2016). Khorgos: The New Silk Road's Central Station Comes to Life. [online] *Forbes*. Available at: https://www.forbes.com/sites/ wadeshepard/2017/02/20/khorgos-the-new-silk-roads-central-station-comes-to-life/#287b8c5dc22e [Accessed 8 Apr. 2020].

The Astana Times. (2016). *Nazarbayev Declares Moratorium on Latest Land Code Changes, Creates Ministry of Information and Communications.* [online] Available at: https://astanatimes.com/2016/05/nazarbayev-introduc-es-moratorium-on-new-provisions-in-land-code/ [Accessed 8 Apr. 2020].

Voices on Central Asia. (2018). *China's Belt and Road Initiative and Its Impact in Central Asia.* [online] Available at: http://voicesoncentralasia.org/ chinas-belt-and-road-initiative-and-its-impact-in-central-asia/ [Accessed 8 Apr. 2020].

15 獨裁勢力在澳紐滋長

馮崇義，澳洲雪梨科技大學社會與政治科學
計畫副教授
凱大熊（Kevin Carrico），澳洲蒙納士大學中
國研究高級講師

　　澳洲與紐西蘭位於「西方世界」與中國在亞洲影響力範圍的
邊陲，這兩個國家在過去四十多年來成為中國共產黨統戰活動的
主要目標。中共認為邁向自由民主體制的和平演變是對其政權生
存的威脅，因此致力於在民主世界削弱對其統治的批評聲浪，並
殫精竭慮塑造親中國的政治言論，從而影響各國的對中政策。

　　過去數十年來，澳洲與紐西蘭成為中共比較容易施展這類滲
透的目標。首先，中共利用這兩個國家開放、多元文化與民主的
環境，把反民主的影響力融入媒體與政治體系裡。其次，中共善
用這兩個國家維持獨立外交政策的民族自豪感，弱化削減了它們
與世界上其他民主盟邦、特別是美國的情誼。第三，澳、紐政府
對中國在自家領土上下其手的政治活動採取貌似務實的政策，導
致中共黨國在兩國境內的華人社群、學術界與政治圈造就相當大
的勢力。

　　其結果是，中國在澳、紐建構了綿密的在地統戰網絡，不僅
讓海外華人對中共獨裁威權的批評銷聲匿跡，並進一步滲透到這

兩個國家的商界、媒體、學術圈與政府。不過，中共這些看似成功的操作，近年來已經引發越來越多的反彈。中共作為一個後極權主義政權，尋求的是針對國內政治以及海外有關中國敘事的持久控制權，澳、紐兩國能否成功應對與中共打交道時隨之而來的挑戰，仍有待觀察（Linz and Stepan 1996; Feng 2008）。[1]

15.1. 中國對澳洲與紐西蘭的影響力：直接 與間接的影響力機制

澳洲與紐西蘭都在 1972 年 12 月與中華人民共和國建立外交關係。從彼時到現在，中國與這兩個大洋洲國家的關係起了翻天覆地的變化，因為中國從一個政治上與經濟上都處於邊緣的獨裁國家，搖身一變成為一個仍舊固守獨裁體制的超級經濟大國。雖然樂觀者一度認為，經濟發展將根本改造中國的政治制度，而事實卻是中共非常有效率地利用經濟能量來持續進行政治控制。原本假設會發生在經濟開放與政治封閉之間的張力，反而主要是落在與中國展開緊密貿易關係的民主國家之中。也許，在西方世界裡，澳洲與紐西蘭對這種張力的體驗最為深刻。

不過，為何中共會對澳洲與紐西蘭感興趣呢？澳洲所蘊藏的豐富戰略資源，比如鐵礦和天然氣，都是中國發展不可或缺

---

1 在這裡，後極權主義是指中共維持政治權力的壟斷，但允許在個人自治、市場經濟與文化多樣性保有部分多元的空間。

的要素（Brady 2017）。隨著中國的經濟實力蒸蒸日上，中國成為澳洲的最大貿易夥伴，雙邊貿易總額在 2017 年超過 1800 億美金（Needham 2018）。紐西蘭相對廉價的可耕地以及生氣蓬勃的農牧業，對於人口過多又持續面臨乳類製品食安問題的中國來說，特別具有吸引力。最終，中國也成為紐西蘭的最大貿易夥伴，兩國之間的貿易額在過去十年成長了三倍，雙邊貿易總額在 2018 年達到 261 億美金（Stats NZ 2018）。

　　然而，這些看似雙贏的經濟互惠關係，也令人感受到，中國直接與間接的政治影響力已經引發了某些越來越迫切的問題。澳洲與紐西蘭位在太平洋的南方邊緣，是海上自由航行運轉機制（FONOP）的一個樞紐，用以應對中國在南海越來越咄咄逼人的行動。例如位在澳洲北部的達爾文港，長期以來便是美軍在該地區行動的基地。然而 2015 年，澳洲北領地政府卻把這個具有戰略意義的港口出租給嵐橋集團，該公司名義上屬於私人，但實際上與中國國家體制關係密切。這件事引發嚴重質疑：與中國的交易可能會衝擊到澳洲的國家安全（Smee and Walsh 2016）。

　　澳、紐也是「五眼聯盟」（Five Eyes）的成員，在這個聯盟中，與美國、加拿大、英國共享情報。但隨著近年來有關中國間諜活動的爭論越來越劍拔弩張，這個歷史悠久的聯盟開始出現裂痕。分析家馬蒂司（Peter Mattis）甚至在 2018 年質疑，當中國對紐西蘭政治體系的影響日益擴大，紐西蘭是否還應該繼續留在五眼聯盟（下文將有更詳細討論）（Roy 2018a）。

　　這樣的發展趨勢顯示中國模式的真正風險，也就是北京已

經把「經濟誘因加政治控制」這一套它在國內緊抓不放的公式，從國內搬上了國際舞台，而且頗有斬獲。但中共對澳洲和紐西蘭等「邊陲主權國家」的政治干預，在最近三年引發越來越多的關注，從2017年起，一樁又一樁令人瞠目結舌的事件陸續被揭發（Hamilton 2018; *Power and Influence* 2017; Brady 2017）。漢密爾頓（Clive Hamilton）在他頗受爭議的著作《無聲的入侵》（*Silent Invasion*）中，開門見山便對這些不斷冒出來的事件提供了一個清晰脈絡：「有一個複雜的控制影響體系，由中國共產黨指派的組織監管，它正在滲透並形塑我國的諸多機構——從中小學、大學、專業人士社團到媒體；從礦業、農業及旅遊業各產業，到港口、電網等戰略資產；從地方議會、州政府，到坎培拉的聯邦議會各黨派。」（Hamilton 2018: 3）這些曝光的事件直指一個更切中要害的問題：在與一個步步進逼的獨裁政權成為日漸緊密的經濟夥伴時，像澳、紐這樣的自由民主政體有辦法同時捍衛自身的政治價值觀嗎？

在接下來的三個部分，我們首先檢視中國對澳洲與紐西蘭的干預，聚焦在三個目標上：中國移民、高等教育界與政治體系。在大致了解這些干預活動的性質後，我們將在最後一部分討論，中國的干預如何引發反彈，從而把澳洲與紐西蘭推上有關中國干預開放社會等相關辯論的最前線。

15.1.1. 瞄準海外移民

對中國時事給予批判性公開報導的華文報紙，會使得在該報

投放廣告的私人企業面對前所未有的壓力。這些廣告金主會接二連三地遭到中國政府外派人員的恐嚇,直到他們在壓力下逐步改變立場、不再投放廣告。例如,有一家在該報投放廣告多年的移民仲介公司,由於中國公安根本就進駐該公司的北京辦公室並阻止員工辦公,於是這家移民公司不得不停止投放廣告了。

這種對報紙廣告施予壓力的招數在大中華地區司空見慣。可是,這家報紙的總部不在中國,甚至也不在香港——北京利用這種恐嚇手段,事實上已經有辦法把打壓獨立媒體的行動一路延伸到澳洲的雪梨(Chan 2018)。

中國在滲透澳、紐時,最有決心也最為成功的手法,是把華文媒體、華人社團、華人領袖和華裔政治人物納入自己的勢力範圍,藉此控制中國海外移民(Feng 2017)。根據2016年的人口普查,澳洲有超過120萬名華人,占總人口數的3.9%;紐西蘭在2013年的人口普查則顯示,當地有17.1萬名華人,占總人口數的3.6%。中共黨國對華人民主力量瞭若指掌,因此它的目標在於確保大多數的海外華人主動或被動地支持黨國,同時孤立那些推崇自由主義價值與中國民主化的華人。在中共似乎無上限的國安預算中,統戰工作屬於「第二戰線」。而從2011年起,國安支出實際上已經超越了公開的軍事支出(Zenz 2018; Buckley 2011)。中共的統戰工作非常成功,自1980年代以來,多數中國移民的意識形態取向與政治認同,已經從熱中於民主轉為以種族為基礎的大中華民族主義(Feng 2011)。

為了實現在全世界建立「話語權」,抑或可以說是控制權的

野心，中共把直接與間接控制媒體的手法擴展到澳洲與紐西蘭，宰制了當地的華文媒體。中共投入大約66億美金在「大外宣」，目標是推動國營媒體在海外建立分支，以及讓關係良好的商人興辦親中共的媒體（葉林2018;卡帕、維靈2015; Brady 2015）。直接投入資金之外，中國也利用間接但絕對沒有更溫和的手法，例如透過廣告來控制媒體。中共政權對於海外華文媒體的擁有者在中國的投資機會握有生殺大權；他們也可能施壓某些華人企業和社團不得在「不友好」的海外華文媒體上投放廣告。

中國當局透過威脅與利誘打造了一套經濟結構與政治任務，促使在澳洲與紐西蘭的華文媒體站在黨的立場「講好中國故事」（*Global Times* 2016）。來自某一親中媒體的內部消息估計，包括報紙、電視、廣播，超過九成的澳洲華文媒體落在中共影響範圍內，它們尤其會過濾掉政治敏感議題以及不利中共的報導（Munro and Wen 2016; Brady 2017）。不熟悉這些媒體的讀者若想了解實際情形，這裡有個具體的例子：富商周澤榮擁有的《澳洲新快報》（*Australian New Express Daily*）各大版內容是直接翻印他在中國的《新快報》與其他報紙，而這些在中國出刊的報紙都受到中宣部官員的嚴密控制。澳洲的其他主要華文報紙，例如《財富一周》（*Fortune Weekly*）、《澳洲日報》（*Daily Chinese Herald*）、《澳洲新報》（*Australian Chinese Daily*）、《星島日報》與《大洋時報》（*Pacific Times*），過去都維持了報導的獨立性，但在2000年之後，這些報紙都改弦更張以適應中共的影響力與壓力。

中國的媒體控制體系也快速整編了紐西蘭的華文媒體。2002

年，民主派的《新聞週刊》（*News Times Weekly*）因為批評《新西蘭中文先驅報》（*New Zealand Chinese Herald*）與中共關係過分緊密，結果遭到有中國奧援的《新西蘭中文先驅報》控告誹謗。不堪冗長的官司與隨之而來的龐大律師費用，《新聞週刊》在2012年宣告破產（Schmitz 2018）。2011年，中共宣傳機構「中國國際廣播電台」（China International Radio）旗下公司接管了位在紐西蘭首都奧克蘭（Auckland）、唯一全天候二十四小時播放的中文電台FM 90.6。[2]還有，2018年有關中共干預的辯論在紐西蘭如火如荼展開，而華文媒體的反應顯然意在為黨服務卻有害於社會，它們發表了煽動性評論，用了令人想起文化大革命的字眼，例如指稱支持中國民主化的人是「反華王八蛋」（Redden 2018）。

隨著華文媒體落入中共之手，華人社團組織也受到中共控制，除了極少數的中國民運人士、法輪功信徒、西藏人、維吾爾人與台灣人的團體之外，幾乎所有的澳、紐華人社團都由親共的華人領袖把持。中國和平統一促進會（和統會，Council for the Promotion of the Peaceful Reunification of China）的各地分會是華人社群的領頭羊，中共黨國稱之是促進統戰工作的「愛國華僑組織」。和統會整編了中共黨國精挑細選的最活躍「愛國僑領」，這些人通常同時在澳洲與中國兩地擔任具有相當影響力的職務。

邱維廉從2000年到2014年擔任第一屆到第六屆澳洲和統會

---

2 https://app.companiesoffice.govt.nz/companies/app/ui/pages/companies/4951539/directors（存取有限制）

（ACPPRC）會長，[3] 他也是中國僑商會的創會會長、澳中工商理事會的新南威爾斯州分會會長、中國和平統一促進會常務理事，以及第十、十一與十二屆的中國人民政治協商會議委員。

邱維廉之後，黃向墨在 2015 年到 2017 年間擔任澳洲和統會會長，身兼澳洲廣東商會會長、澳洲廣東同鄉會會長（中國新聞網 2014）、中國和平統一促進會常務委員（玉湖集團 2015）、中國海外交流協會常務委員（中國海外交流協會 2017），以及揭陽市政治協商會議常委（房掌櫃 2009）。

這些人物同時在華僑社區和中共黨國體系接掌要職，清楚說明了表面上獨立的華僑團體與北京政權之間的關係大有問題（這些華僑團體會響應中共政權併吞台灣的偏執妄念並非單純的巧合）。

中共在澳洲與紐西蘭的統戰工作最引人矚目的成就，也許是具有黨國背景的華僑在澳紐的中央政府扮演了越來越重要的角色。近幾十年來，華裔政治人物在這些多元文化的民主國家成功崛起，毫無疑問是令人歡欣鼓舞的趨勢，有機會彌補長久以來華裔參政不足的缺憾（Feng 2016）。可是，這個原本令人振奮的發展，卻因為中國對當地政治過程的干預，而產生了惡意的扭曲。

例如，王國忠是一名香港裔的澳洲政治人物，有著數十年的參政經驗，先是擔任寶活市（Burwood）的市議員長達十五年，隨後在 2013 年到 2019 年間擔任新南威爾斯州議會的工黨議員。[4]

3　http://www.acpprc.org.au/schinese/ben.asp

可是，除了在澳洲的民主制度裡擔任不同職務之外，王國忠也是澳洲和統會的「名譽顧問」，而這是一個與中共關係密切的組織，公然主張支持獨裁政權併吞民主政體。2017年，王國忠另有一樁醜聞曝光，也就是他多年來都未申報他在某公司的董事身分，該公司即是中共支持的澳洲廣東僑團聯合會，其成立宗旨是「支持源自廣東的澳洲組織與廣東省的僑辦保持合作」（McKenzie, Smith and Hunter 2018）。等到他與這兩個中共相關組織的連繫受到公開質疑，王國忠才予以聲明，不久他便辭去這兩個組織的職務。

在紐西蘭，楊健從2011年到2020年代表國家黨（National Party）擔任國會議員的故事，顯示中共黨國影響力所帶來的挑戰（Jennings and Reid 2017; Anderlini 2017; BBC News 2017）。2011年，楊健在當時國家黨主席古德費洛（Peter Goodfellow）的鼓勵下，成為紐西蘭第二位華裔國會議員。楊健在離開中國前，曾經在洛陽的中國人民解放軍外國語言學校求學與任教，而這個學院是隸屬於解放軍聯合參謀總部第三部的兩個軍事情報機構之一。這一切都不是偶然的巧合，楊健曾經在中共的中央情報培訓機構受訓，隨後在該機構擔任講師（Jennings and Reid 2017）。楊健進入紐西蘭的國會後，對紐國政府在制定有關中國的政策時扮演了舉足輕重的角色，從2014年到2016年，他是國會外交、國防與貿易特別委員會的成員。此外，他也曾陪同兩任總理基伊（John

---

4 https://www.theaustralian.com.au/national-affairs/state-politics/labor-to-axe-mp-and-critic-of-interference-laws-ernest-wong/news-story/48e0c53cc88f49587080519dbfebc6e1

Key）與英格利希（Bill English）出訪中國，並與到訪紐西蘭的中國高級官員會晤。這個角色讓楊健有了掌握紐西蘭對中政策簡報與立場的特權。

我們必須強調的是，問題不在這些政治人物的族裔背景，而在於他們的多重效忠所帶有的各種意含。這些個案也提醒我們，中共對海外僑民的影響力並非發生在一個與世隔絕的宇宙中，恰恰相反的，中共黨國的目標非常明確，也就是經由這些僑民關係來建構足以影響他國整體社會的基礎。

15.1.2. 馴服學術界

澳中關係研究院（ACRI）在2014年成立，最主要的創辦資金來自與中共站在同一陣線的開發商黃向墨。據說黃向墨親自挑選了一位沒有學術背景的卸任政客領導這個研究院。研究院的系列研討會、定期簡報、觀點評論、年度報告與受委託的論文等，都直言不諱地提倡「對澳、中關係毫不掩飾的樂觀看法」（O'Malley, Wen and Koziol 2016）。2015年，澳中關係研究院院長與中國的宣傳部副部長孫志軍會晤，為雙方接下來在媒體合作方面鋪平了道路。中宣部部長劉奇葆旋即在2016年與澳中關係研究院院長共同出席一場簽約儀式，在儀式中澳中關係研究院與「為中宣部工作的黨營新華社」簽署協議（Fitzgerald 2018）。

上述事實一點也不令人奇怪，因為澳中關係研究院在創立之初就充分暴露了它的政治性質。一位評論者指出，「澳中關係研究院的研究成果聊勝於無，政治宣傳的貢獻遠超過嚴謹、獨立的

研究」（Leibold 2017）。這樣的情況對目前中國的所有研究機構都不足為奇，因為在這個時代，在還沒有開始任何研究時，習近平思想和「一帶一路」倡議等官方意識形態已經為這些研究提供了結論。

然而，澳中關係研究院畢竟不是一所中國的研究院，它設立於雪梨科技大學校園內。即使多年來面對無數的批評，還有陸續曝光的爆料不斷質疑其研究成果的獨立性，但它仍舊還在雪梨科大。

北京政權與全球學術界之間的關係，我們至少可以說，非常複雜。一方面，中華人民共和國稱得上是當前全世界學術自由的最大敵人。雖然中華人民共和國打從建國以來就一直嚴厲箝制學術自由，但習近平掌權後更是變本加厲，由他頒布的「九號文件」洋洋灑灑羅列了在課堂上不得討論的議題清單，壓制學術自由儼然是國家的當務之急。但另一方面，中國顯然是全球各地學術界渴望進入的市場。由於中國的新興財富錢潮滾滾，使得中國成為澳洲高等教育的主要學生來源地，也是學術界主要的合資市場。當世界各地的學術界正面臨一連串無情的預算削減時，北京反而積極地挹注資金給大學和研究人員。不幸的是，北京與學術界關係的這兩個面向，並非互不相干：隨著北京的雄厚財力和影響力扶搖直上，它對學術自由根深柢固的敵意，尤其是它對公開、坦率討論當代中國的抗拒，對澳洲的學術界絕對有著確鑿的影響。

孔子學院最能夠具體展現上述的矛盾現象，目前澳洲有十三所孔子學院（原先有十四所，墨爾本皇家理工大學校區已於2021

年關閉）、紐西蘭有三所。這些孔子學院是澳洲大學與中國大學之間的合夥投資，必須向隸屬中國教育部的中外語言交流合作中心（原稱為漢辦，2020年更名、更改職責，不再負責孔子學院）報告，並接受其監督。與獨立提供服務的法國文化協會（Alliance Francaise）或日本協會（Japan Society）迥異，孔子學院是中共黨國機構的延伸，直接融入國外的大學。孔子學院的課程五花八門，從語言文化到商業管理與傳統中醫等，但不會變的是，孔子學院的課程受限於中國對某些觀點的禁令，也就是禁止不符合中共意識形態的觀點。除了正當化不合理的學術限制，孔子學院還進一步誘使大學依北京的旨意行事，以確保相關項目帶來的資金。例如，達賴喇嘛在2013年訪問雪梨時原本計畫在雪梨大學的校園裡演講，卻臨時改在校外舉行，並且規定現場不得秀出任何校徽。該校校長史潘斯（Michael Spence）稱，這個舉措是為「大學全體研究人員的利益著想」（Hamilton 2018: 216）。令人納悶的是，這樣的審查行為如何能夠有助於研究人員利益。其實，澳洲與紐西蘭這樣的民主國家在大學校園裡設置孔子學院，就是價值觀的妥協，為中國的國家控制與充斥禁忌的學術觀點賦予正當性，也是任由北京干預我們的大學，而目的只是為了維繫與中國政府的「健康」與「積極」關係（Mattis 2012; Fitzgerald 2017; Kwok 2018）。

這種合作關係損害的不只是基本價值觀，正如澳洲戰略政策研究所（ASPI）發表的一份報告指出的，這種合作還強化了敵對國家的實力。周安瀾（Alex Joske 2018）在為澳洲戰略政策研

究撰寫的報告《探花釀蜜：中國軍方與外國大學的合作》（*Picking Flowers, Making Honey: The Chinese military's collaboration with foreign universities*）中，詳盡描述了隸屬於解放軍的研究人員如何透過海外的研究合作，接觸到高超音速導彈與導航技術等敏感軍事技術。在「五眼聯盟」的國家中，就平均而言，澳洲接待的人民解放軍研究人員數量最多，有數十位解放軍的科學家參與了大批涉及軍民兩用技術、顯然有軍事用途的最先進研究（Joske 2018）。這些研究合作的爭議不只是強化一個在1989年對自己的人民開槍的軍隊；這些合作研究還可能提供一些技術可以在未來的戰爭中用來對付民主國家，像是攻擊台灣或是阻撓南海的自由航行。各研究機構的開放性，反而幫助了一個在政治上封閉、在領土上致力於擴張的政權，也就是解放軍所保衛的政權。

　　學術界另一個迫在眉睫的問題是，中國的眾多領事館對澳洲課堂上討論中國的方式緊迫盯人，並頻頻施加壓力。根據本文兩位作者的親身體驗以及透過與同事間的討論，我們非常了解中國領事館官員是如何針對課堂上所呈現的中國形象予以監控、評論並提出抱怨。2017年，蒙納士大學（Monash University）的講師維傑雷特涅（Aaron Wijeratne）在一堂人力資源課程給學生隨堂測驗時，引用中國的流行用語指出，中國的政府官員只有在「喝醉酒或是馬馬虎虎的情況下」才會說實話（Hamilton 2018）。一名學生在微信抱怨了這道題目，引來領事館官員向蒙納士大學的管理部門抗議，結果維傑雷特涅因為這一道稱不上完美、但理當不至於危害職業生涯的隨堂測驗問題而被解聘。這起事件顯示了

領事館對學術界握有實實在在的權力。毫不意外的，在這個事件後，2017年還爆發一連串針對教師在中國議題上「政治不正確」的指控，只不過其中一些事件的結果沒這麼令人惶恐不安（Xu 2017）。然而，這一個並不穩固的聯盟——包括「愛國憤青」，他們想要保留自己的同溫層；唯恐天下不亂的華文媒體如《今日悉尼》，他們大大炒作由此衍生的憤怒；中國領事館官員，他們致力於控制澳洲對中國的敘事——無論是否成功地使教師離職，都已經讓教師們清楚意識到這樣的事情會發生，所以毫不意外地，他們就會調整有關中國題材的表述方式以迴避此等壓力。

此等錯綜複雜的狀況彷彿是在中國。我們無法得知，究竟是審查制度讓一些話題成為禁忌，或者這已經內化為自我審查，使得人們成為自我壓迫這一惡行的同謀共犯。不管是哪一種情況，學術交流理當是締造開放心智、產生新思想的最佳途徑，但澳洲與中國的學術交流看來卻是背道而馳：與中國的學術交流，導致澳洲對外部資金的制度性依賴，況且北京公然敵視學術自由；合作關係反而助長了敵對國家與其軍事力量；此外，一些與中共有關的媒體和領事館原本不該對澳洲課堂上的教學內容有任何發言權，但他們卻干預並控制了澳洲理當獨立的學術界。

15.1.3. 錢坑滋養的政治權力

在一場只對中國媒體開放的記者會上，一名政治領袖與一名和中共過從甚密的中國公民連袂出席，當被問到中國在南海的軍事化與占領行動時，這名政治人物說出來的話，對了解中國官腔

的人來說都會感到耳熟，他說：「中國領土的完整性，是屬於中國的事務。」

可是這名政治人物並不是中國政府官員，他是澳洲工黨參議員鄧森（Sam Dastyari）。他接著說：

> 身為好朋友的澳洲所應該扮演的角色，就是要明白我們面對的是數千年的歷史、要知道數千年來哪裡應該介入、哪裡不該介入的歷史。澳洲工黨作為中國的支持者、中國的好朋友，在維繫這些關係時扮演著關鍵的角色，維繫這種關係的最佳方式，就是明白何時該介入，何時不該介入。
>
> （McDermott 2017）

鄧森的發言不只背離澳洲的國家政策，也違背了他所屬政黨的南海政策。最嚴重的是，這些言論對中國在南海的軍國主義行動賦予了荒唐的正當性光環。

中國施展影響力最令人震驚的案例發生在政治精英階層，從政治獻金、操弄選舉到收編政治領袖與扶植政治人物。澳洲的主要政黨都接受了中國相關組織的慷慨捐贈，根據一項統計，在2000年到2016年間，與中國相關的政治獻金占澳洲外國政治獻金的79.3%（Gomes 2017），其中有的款項來自黃向墨與周澤榮這等華人富商，他們都在隸屬於中國統戰部的華僑社團扮演著重要的角色。這些政治獻金把金權政治推向一個前所未見的領域。這些捐款者的目標不在商業利益，而是希望透過金錢和人脈來推動

中國政府的政治目的，這在上述的鄧森醜聞案中展露無遺。

在那場記者會上站在鄧森身邊的，是擁有澳洲永久居留權的中國公民黃向墨。這位房地產開發商在2014年到2017年間擔任澳洲和統會會長，並從2016年起擔任大洋洲中國和平統一促進會聯盟的創立主席。這些都是直接隸屬於中共中央統戰部的掩護組織，致力於增進中國在海外的影響力，為中國政府的政治議程爭取支持。從2012年迄今，黃向墨對自由黨與工黨捐贈的政治獻金達兩百萬澳幣（News 2018）。黃向墨與鄧森私交甚篤，交情好到足以讓這名工黨參議員向他透露他的手機遭到監聽的機密訊息。這則消息曝光後，鄧森顏面掃地，在2016年9月下台。擁有澳洲公民身分的周澤榮是另外一名要角，這名家財萬貫的房地產開發商住在廣東富麗堂皇的豪宅，他同樣與中共黨國過從甚密，並經由向澳洲主要政黨捐款數百萬澳幣，與幾位總理培養了良好關係（Garnaut 2009; Engelen 2011; McKenzie and Baker 2017）。[5]除此之外，周澤榮還積極利用澳洲與現實脫節的反誹謗法漏洞，讓人不敢議論他的行為（Whitbourn 2019）。

與中共黨國關係密切的中國富商在紐西蘭提供政治獻金的規模較小，但這裡的故事與澳洲相比絲毫不遜色。食品業大亨黃瑋璋是新西蘭中國和平統一促進會（紐西蘭統促會）會長，車衛星則是奧克蘭中國和平統一促進會的副會長，他們兩人都是紐西蘭

5　有關澳洲公民周澤榮與統戰官員的互動，在中國政府的網站上有許多的紀錄。詭異的是，周澤榮宣稱「完全不知道〔統戰部〕是什麼。」

主要政黨長期以來的金主（Brady 2017; Jennings 2017）。甚至有消息指出，房地產開發富商與紐西蘭潮汕總會會長張乙坤，曾經在人民解放軍服役，他把捐獻給紐西蘭國家黨的十萬紐幣分成數筆小額款項，以迴避該國選舉法對於政治獻金申報的規定。[6]

中共黨國在澳洲與紐西蘭成功培育和扶植了一批中國支持者，長驅直入打進兩國政治圈的最高層，好幾位卸任的總理與部長都是眾所周知的中國好朋友。工黨的基廷（Paul Keating）在卸下澳洲總理職務後，接受中國政府任命，擔任中國開發銀行國際理事會的主席，搖身一變成為替中共黨國搖旗吶喊的宣傳家。他在2017年語出驚人表示：「為了讓六億人脫貧，用上一些中央集權與威權的手段無可厚非。……是不是我們對於某些被拘捕者無法得到適切的律師代表，太過小題大作……他們的政府是過去三十年來，全世界最好的政府。」[7]在澳洲政治光譜的另一端，於2013年到2016年間在右翼的自由—國家聯盟（Liberal-National Coalition）政府中擔任貿易部長的羅伯（Andrew Robb），則全力促成對中國有利的自由貿易協定，並同意簽署長達九十九年且充滿爭議的租約，把達爾文港出租給與中共聯繫密切的中資嵐橋集團。羅布卸任貿易部長職務後，以近百萬美金的年薪受聘為嵐橋

---

6 'China donations claims throw New Zealand politics into turmoil', https://www.ft.com/content/7f1eba1c-d1e8-11e8-a9f2-7574db66bcd5（僅限訂戶取用）
　譯注：根據紐西蘭法律，低於一萬五千元紐幣的捐贈不必披露捐贈者的身分。

7 Speech of Keating at La Trobe University in April 2017 as quoted in Hamilton (2018, p.261).

集團的顧問，但卻不用做任何事（McKenzie and Massola 2017）。這些曾經位高權重的政治人物和許多其他人士，在眾多議題上為中國偏愛的立場敲鑼打鼓，像是「一帶一路」倡議，以及澳洲媒體與中國宣傳部門的合作（Riordan 2016; Xinhua Net 2016）。在《無聲的入侵》一書中，作者漢密爾頓羅列了四十多位卸任與現任澳洲政治人物，指稱他們對中國政府言聽計從，即使有些人根本沒有自覺。此外，猶如布雷迪在《法寶》（*Magic Weapon*）一書中描述的，中共也在紐西蘭招兵買馬，讓該國的政治人物為北京的經濟與政治目的效力（Brady 2017）。

兜了一圈，我們回到了出發點，本文第一節剖析了中共對海外移民的影響力，而這些僑民很可能成為中共影響澳洲與紐西蘭政治體系的工具。雪梨鄰近的本內龍選區（Bennelong）在2017年12月舉行聯邦議員補選，便可清楚看見中國移民對於當地政治的影響力。當時的一項論戰主題是澳洲主權與中國影響力。競選期間，一封長達一千七百多字的中文信在社群網站瘋傳，信中譴責自由黨是「極右的執政黨團，……明裡暗裡反對中國、反對中國人、反對華裔移民、反對中國留學生」，這封信還呼籲華裔選民要「大家行動起來，相互轉告，用我們華人手中的選票把這個極右的自由黨執政團隊拉下馬」（O'Malley and Joske 2017）。這封信是由擔任澳洲和統會副會長的資深「愛國僑領」嚴澤華發布到微信上面，呼應了中共官方媒體對自由黨的抨擊。儘管有這波造勢活動，自由黨仍舊勝出並著手進行早該通過的《國家安全立法修正案（間諜活動與外國干預）》，以及在2018年開始施行《外

國影響力透明化法案》。這兩部法律代表對上述與日俱增的中共干預所進行的反制，在有關中國影響力的爭辯仍舊沸沸揚揚之際，這兩項立法來得正是時候。

15.2. 動員反中影響力：探索適切的對策

2017年是澳、中關係的轉折點，澳洲人對中國的態度大幅轉變，並展開抗衡中共干預的反動員。這股分水嶺的趨勢很快就越過塔斯曼海（Tasman Sea），蔓延到一水之隔的紐西蘭，中國影響力也成為這個地區近年來熱門的公共議題。如火如荼的爭辯主要聚焦在三個議題上：中國影響力所帶來的挑戰本質為何，這些挑戰的嚴重程度，以及適切的應對措施。

2017年6月，澳洲廣播公司（ABC）的調查報導節目《四角方圓》（Four Corners）與費爾法克斯傳媒（Fairfax Media）合作推出了一個石破天驚的報導，點燃了公眾對中國在澳洲影響力的熱烈討論。讓人難以置信的是，就在幾個月前澳洲仍在認真考慮與中國政府簽訂引渡條約。《四角方圓》與費爾法克斯根據仔細審閱的官方文件以及大範圍的探訪，揭穿了中共黨國如何躲過眾人耳目在澳洲的土地上秘密滲透，報導還追蹤了北京暗中支持的組織與個人活動，是如何讓批評中國政府的人被威嚇與被消音（Power and Influence 2017）。這些報導內容震撼了澳洲人，循著這些線索，一系列有關政治獻金與國際學術研究合作的各種調查報導接踵而至，民眾這才對中國在澳洲的政治行動恍然大悟。

2017年9月，布雷迪的《法寶》一書出版，再加上國家黨國會議員楊健啟人疑竇的政治生涯曝光，有關中國影響力的討論也在紐西蘭爆發開來。

2017年12月7日，澳洲總理滕博爾（Malcolm Turnbull）領導的政府對媒體揭露的外國干預行為做出回應，也就是向國會提出新的國家安全法提案。對於仍在研議中的立法，北京立刻憤怒回應，即使中國本身就有更加嚴厲的法律禁止間諜活動與國外干預，而且執法時經常恣意而為。2017年12月5日，澳洲國會提出新的反境外干預法案前兩天，中國駐坎培拉大使館即發表聲明，表示「所謂中國對澳進行影響滲透」的新聞都是「捕風捉影，充滿冷戰思維和意識形態偏見，是典型的歇斯底里和偏執症」，「不僅對中國政府進行無端指責，而且對在澳中國留學生及華僑華人進行肆無忌憚的中傷，充滿種族歧視色彩，玷污了澳大利亞作為多元文化社會的形象。」[8]中國官方的民族主義小報《環球時報》也加入戰線，給研議中的立法貼上「新麥卡錫主義」的標籤（Tan 2017）。

針對國家安全法草案的爭論，在澳洲政府開始向各方徵求意見後，於2018年上半年進入白熱化狀態，媒體、學術界、政治團體、智庫、產業界、既得利益者、非政府組織、社區組織和

8　Riordan, P., Benson, S. and Callick, R. 'Beijing lashes Canberra in diplomatic row', https://www.theaustralian.com.au/national-affairs/foreign-affairs/beijing-lashes-canberra-in-diplomatic-row/news-story/ee5f6342ec1ab0a2a5c6dd2c7258ef09（僅限訂戶取用）

遊說團體都踴躍發表意見。新法的支持者認為，中國在澳洲和紐西蘭的統戰工作主要造成三大風險。第一，中共透過統戰工作讓異議者噤聲，並控制了華文媒體與中國海外移民社團，這些作為不僅侵犯了基本人權，也妨礙了中國大陸移民對新家園的政治文化與自由民主制度的認同（Feng 2011）。第二，中共透過在媒體圈與學術界建立的在地協力者網絡與相關機構，把中國的話語權延展到澳洲與紐西蘭的媒體與教育機構，使得基本自由大打折扣（Fitzgerald 2017）。第三，中共干預選舉過程並籠絡政治精英，破壞了自由價值與民主制度（Brady 2017; Garnaut 2018; Fitzgerald 2018a and 2018b; APPS 2018a）。針對中共逐步利用民主社會的開放性來推動其專制封閉的政治見解，我們需要嚴謹的立法，在權衡公民的權利與自由的情況下採取有效措施，以確保這些權利與自由不受到外來威脅。

儘管一些新法案的批評者宣稱希望與中國政府保持距離，但他們的立場與上述中共的虛假指控和刻意歪曲的說詞卻是沆瀣一氣。新法案的批評者淡化了中國挑戰的本質與規模：中國在澳洲與紐西蘭精心安排的統戰行動，從許多人眼裡看來只是一連串的孤立或隨機事件。[9] 雖然我們必須對陰謀論保持警惕，但警惕本身並非自動證明種種陰謀事實上並不存在：根據統戰部賦予自身的使命，它的任務就是逐行陰謀活動。

9　Bob Carr, 'One Chinese political donation does not a scandal make', The Australian, 10 June 2017（僅限訂戶取用）

新法案的批評者也沒有認清中共作為一個專制獨裁政權所內建的壓迫本質，還把中共黨國的干預與美國對澳洲的影響力相提並論（Brophy 2018），根本就是對不同政治主體進行不合邏輯的類比。

批評者也漠視了中共對普世價值的任意攻訐，而它對民主與人權人士的殘酷鎮壓更讓人想起冷戰時期的蘇聯；這些批評者反而是與中共黨國宣傳機器同聲一氣，把北京的批評者貼上「冷戰心態」、「引發新冷戰」的標籤（Carr 2018; Drysdale and Denton 2018）。

新法案的批評者似乎對中共把所有華裔視為子民的跨國種族主義漠不關心。顯而易見，中共對華裔懷有「種族歧視」，認為這些與中國一脈相傳的子孫並沒有能力實現民主與法治。批評者無視中共的矛盾，卻把矛頭指向那些希望保護澳洲華人免於遭到中國政府利用的人，指責他們是「污名化澳洲華人」的反華種族主義者（APPS, 2018b; Sun, 2018）。

批評者不敢對中共政權的系統性審查以及因為中國威嚇而造成的自我審查仗義執言；他們反而義正辭嚴地批評澳洲為了保護自由而設計的反干預法是對言論自由的攻擊（Brophy, 2018）。

克服了這些毫無根據的批評，澳洲國會在 2018 年 6 月 28 日通過了歷史性的反外國干預新法。[10] 隨著這些法律陸續生效，它

---

10 這項立法包裹涵蓋了三項法案：一、《外國影響力透明化法案》規定任何「代表外國參與澳洲政治的人，都必須註冊為外國代理人，若不揭露相關聯繫可能觸法。二、《國家安全立法修正案（間諜活動與外國干預）》，對外國以秘密、欺

們對於遏止來自中國的境外干預究竟效果如何，仍有待觀察。與此同時，在紐西蘭也有人大聲疾呼，必須通過類似的法律來應付中國的干預和滲透。一份請願書在2018年10月8日送進眾議院，要求針對外國在紐西蘭的政治影響力展開調查，並要求制定新法來捍衛紐西蘭的核心價值與選舉制度（New Zealand Parliament 2018）。在《法寶》一書的作者布雷迪遭到威脅，有人闖入她的住家與辦公室，並蓄意破壞她的汽車後，紐國政府承受了最新一波、或許是前所未有的壓力，要求紐西蘭必須反擊中國的影響力並保護言論自由（Roy 2018b）。

15.3. 結語：如何與中國保持經濟聯繫，但抵抗其政治影響力？

一方面要捍衛民主制度和自由價值不受外來干預，另一方面要避免被合作緊密的經濟夥伴箝制，是澳洲與紐西蘭的空前挑戰。這兩個西方國家曾經是中國影響力的首要目標，後來卻在全球針對中共黨國的干預予以討論並奮起抵抗的過程中成為急先鋒。

在撰寫本文途中，澳、紐又發生了一連串的事件，更加凸顯

騙與強制的方式參與政治過程提出新的刑罰。三、《選舉法修正案（選舉捐款與信息披露改革）》，禁止外國向政黨捐款，這項法案已經於2022年2月通過。、請參閱：https://www.aph.gov.au/Parliamentary_Business/Bills_Legislation/Bills_Search_Results/Result?bId=r6018

了這個蹺蹺板所內建的緊張關係：黃向墨被澳洲政府驅逐，澳洲各地出現了針對香港反送中運動支持者的暴力事件，還有叛逃者王立強揭發了中國情報部門在海外的行動。澳洲與紐西蘭兩國能否在與中國經濟往來時，成功克服政治高壓的中共政權所帶來的挑戰，仍有待觀察。中共政權對控制的渴求永無止境，因此民主國家必須對中國劃下界線。

參考文獻

中國海外交流協會，2017，〈中國海外交流協會第六屆理事會常務理事名單〉，[連結失效] http://www.coea.org.cn/xhhy/cwls/2017-07-20/detail-ifyihzry3089007.shtml，取用日期：2018/11/29。

中國新聞網，2014，〈澳洲廣東僑團聯合總會舉行成立慶典　僑團領袖出席〉，http://www.chinanews.com/hr/2014/10-31/6738251.shtml，取用日期：2018/11/29。

卡帕、維靈，2015，〈重金鋪路中共大外宣海外擴張〉。《自由亞洲電台粵語部》，https://www.rfa.org/cantonese/news/propaganda-11052015084921.html，取用日期：2018/11/28。

玉湖集團，2015，〈中國和平統一促進會第九屆理事大會召開　澳洲中國和統會會長黃向墨當選常務理事〉，[連結失效] http://www.yuhugroup.com/v2010/newsdetails.asp?id=491，取用日期：2018/11/29。

房掌櫃，2009，〈玉湖投資集團有限公司簡介〉，http://sz.fzg360.com/

news/200909/3498_1.html，取用日期：2018/11/29。

葉林，2018，〈中國大外宣　450億不白花？〉。《美國之音》，https://www.voachinese.com/a/china-disinformation-20180522/4405588.html，取用日期：2018/11/28。

Anderlini, J. (2017). China-born New Zealand MP probed by spy agency. *Financial Times*. [online] Available at: https://www.ft.com/content/64991ca6-9796-11e7-a652-cde3f882dd7b [Accessed 29 Nov. 2018].

APPS (Asia & the Pacific Policy Society). (2018a). *China's influence in Australia: Maintaining the debate*. [online] Available at: https://www.policyforum.net/chinas-influence-australia-maintaining-debate/ [Accessed 29 Nov. 2018].

APPS (Asia & the Pacific Policy Society). (2018b). *An open letter from concerned scholars of China and the Chinese diaspora*. [online] Available at: https://www.policyforum.net/an-open-letter-from-concerned-scholars-of-china-and-the-chinese-diaspora/ [Accessed 29 Nov. 2018].

BBC News. (2017). *New Zealand MP Jian Yang denies being a Chinese spy*. [online] Available at: http://www.bbc.com/news/world-asia-41256914 [Accessed 29 Nov. 2018].

Brady, A. M. (2015). China's foreign propaganda machine. *Wilson Center*. [online] Available at: https://www.wilsoncenter.org/article/chinas-foreign-propaganda-machine [Accessed 28 Nov. 2018].

Brady, A. M. (2017). Magic weapons: China's political influence activities under Xi Jinping. In: *Conference on the corrosion of democracy under China's global influence*. [online] Arlington, Virginia, USA. Available at: https://

www.wilsoncenter.org/sites/default/files/for_website_magicweapon-sanne-mariesbradyseptember2017.pdf [Accessed 28 Nov. 2018].

Brophy, D. (2018). David Brophy reviews "Silent Invasion: China's Influence in Australia" by Clive Hamilton. *Australia Book Review*. [online] Available at: https://www.australianbookreview.com.au/abr-online/current-issue/4663-david-brophy-reviews-silent-invasion-china-s-influence-in-australia-by-clive-hamilton; [Accessed 29 Nov. 2018].

Buckley, C. (2011). China internal security spending jumps past army budget. *Reuters*. [online] Available at: https://www.reuters.com/article/us-china-unrest/china-internal-security-spending-jumps-past-army-budget-idUS-TRE7222RA20110305 [Accessed 28 Nov. 2018].

Carr, B. (2018). Australians have no interest in joining US cold war against China. *John Menadue*. [online] Available at: https://www.johnmenadue.com/bob-carr-australians-have-no-interest-in-joining-u-s-cold-war-against-china/ [Accessed 29 Nov. 2018].

Chan, T. F. (2018). A chilling story about Chinese pressure in Australia shows how far Beijing will reach to silence critics. *Business Insider Australia*. [online] Available at: https://www.businessinsider.com.au/chinese-influence-in-australia-media-2018-5 [Accessed 28 Nov. 2018].

Drysdale, P. and Denton, J. (2018). Australia must move beyond Cold War thinking. *East Asia Forum*. [online] Available at: http://www.eastasiaforum.org/2018/02/05/australia-must-move-beyond-cold-war-thinking/?utm_source=newsletter&utm_medium=email&utm_campaign=newsletter2018-02-11 [Accessed 29 Nov. 2018].

Engelen, J. (2011). *The "mysterious" philanthropist - Dr Chau Chak Wing*. [Blog]

Dedece BLOG. Available at: www.dedeceblog.com/2011/02/03/the-mysterious-dr-chau/ [Accessed 29 Nov. 2018].

Feng, C. (2008). Democrats within the Chinese Communist Party Since 1989. *Journal of Contemporary China*, 17(57), 673–688.

Feng, C. (2011). The changing political identity of the "Overseas Chinese" in Australia. *Cosmopolitan Civil Societies: An Interdisciplinary Journal*, 3(1), 121–138.

Feng, C. (2016). Multicultural democracy and political engagement of mainland China immigrants in Australia since the 1980s. 馮崇義、何與懷、陳青松主編，《澳洲排華政策的歷史終結──公祭十九世紀排華騷亂中的死難者》：67-78，哈爾濱：黑龍江人民出版社。

Feng, C. (2017). Academic Chongyi Feng: Profits, freedom and China's "soft power" in Australia. *The Conversation*. [online] Available at: https://theconversation.com/academic-chongyi-feng-profits-freedom-and-chinas-soft-power-in-australia-78751 [Accessed 28 Nov. 2018].

Fitzgerald, J. (2017). Intellectual freedoms challenged by universities uncritical embrace of China. *Australian Financial Review*. [online] Available at: http://www.afr.com/news/policy/education/intellectual-freedoms-challenged-by-universities-uncritical-embrace-of-china-20170903-gya1pk [Accessed 29 Nov. 2018].

Fitzgerald, J. (2018a). China influence: In defence of parliamentary sovereignty. *Interpreter*. [online] Available at: https://www.lowyinstitute.org/the-interpreter/china-influence-defence-parliamentary-sovereignty [Accessed 29 Nov. 2018].

Fitzgerald, J. (2018b). How Bob Carr became China's pawn. *Australian Finan-*

cial Review. [online] Available at https://www.afr.com/opinion/what-you-should-know-about-bob-carr-and-china-20181105-h17jic [Accessed 2 Jan. 2019].

Garnaut, J. (2009). Behind the mysterious Dr Chau. *The Sydney Morning Herald*. [online] Available at: https://www.smh.com.au/national/behind-the-mysterious-dr-chau-20090703-d7si.html [Accessed 29 Nov. 2018].

Garnaut, J. (2018). How China interferes in Australia, and how democracies can push back. *Foreign Affairs*. [online] Available at: https://www.foreignaffairs.com/articles/china/2018-03-09/how-china-interferes-australia [Accessed 29 Nov. 2018].

Global Times. (2016). *President Xi urges new media outlet to "tell China stories well"*. [online] Available at: http://www.globaltimes.cn/content/1026592.shtml [Accessed 28 Nov. 2018].

Gomes, L. H. (2017). Nearly 80 percent of foreign political donations come from China, data shows. *New Daily*. [online] Available at: https://thenewdaily.com.au/news/national/2017/12/10/chinese-donations-australia/ [Accessed 29 Nov. 2018].

Hamilton, C. (2018). *Silent invasion: China's influence in Australia*. Melbourne: Hardie Grant.

Jennings, M. (2017). Expert calls for inquiry into Chinese "threat". *News Room*. [online] Available at: https://www.newsroom.co.nz/2017/09/18/48616/expert-calls-for-inquiry-into-chinese-threat [Accessed 29 Nov. 2018].

Jennings, M. and Reid, M. (2017). Newsroom investigation: National MP trained by Chinese spies. *News Room*. [online] Available at: https://www.newsroom.co.nz/2017/09/13/46657/national-mp-trained-by-chinesespies

[Accessed 29 Nov. 2018].

Joske, A. (2018). Picking flowers, making honey: The Chinese military's collaboration with foreign universities. *Australian Strategic Policy Institute.* [online] Available at: https://www.aspi.org.au/report/picking-flowers-making-honey [Accessed 29 Nov. 2018].

Kwok, J. (2018). Is there a problem with Confucius Institutes? *China Matters Policy Brief.* [online] Available at: chinamatters.org.au/public-outreach/policy-brief-may [Accessed 29 Nov. 2018].

Leibold, J. (2017). The Australia-China Relations Institute doesn't belong at UTS. *The Conversation.* [online] Available at: https://theconversation.com/the-australia-china-relations-institute-doesnt-belong-at-uts-78743 [Accessed 29 Nov. 2018].

Linz, J. J. and Stepan, A. (1996). *Problems of democratic transition and consolidation.* Baltimore: Johns Hopkins University Press.

Massola, J. (2016). Labor senator Sam Dastyari quits over Chinese donations scandal. *The Sydney Morning Herald.* [online] Available at: https://www.smh.com.au/politics/federal/labor-senator-sam-dastyari-quits-over-chinese-donations-scandal-20160907-grb3p1.html [Accessed 29 Nov. 2018].

Mattis, P. (2012). Reexamining the confucian institutes. *The Diplomat.* [online] Available at: https://thediplomat.com/2012/08/reexamining-the-confucian-institutes/ [Accessed 29 Nov. 2018].

McDermott, Q. (2017). Sam Dastyari defended China's policy in South China Sea in defiance of Labor policy, secret recording reveals. *ABC News.* [online] Available at: https://www.abc.net.au/news/2017-11-29/sam-dastyari-secret-south-china-sea-recordings/9198044 [Accessed 29 Nov. 2018].

McKenzie, N. and Baker, R. (2017). Wikileaked: Billionaire Australian donor's Beijing links detailed in "sensitive" diplomatic cable. *The Sydney Morning Herald*. [online] Available at: www.smh.com.au/national/investigations/wikileaked-billionaire-australian-donors-beijing-links-detailed-in-sensitive-diplomatic-cable-20170713-gxb21c.html [Accessed 29 Nov. 2018].

McKenzie, N. and Massola, J. (2017). Andrew Robb's secret China contract: Money for nothing. *The Sydney Morning Herald*. [online] Available at: https://www.smh.com.au/politics/federal/andrew-robbs-secret-china-contract-money-for-nothing-20171205-gzzaq5.html. [Accessed 29 Nov. 2018].

McKenzie, N., Smith, A. and Hunter, F. (2018). This sitting Labor MP has been cultivated by Chinese intelligence. *The Sydney Morning Herald*. [online] Available at: https://www.smh.com.au/politics/federal/this-sitting-labor-mp-has-been-cultivated-by-chinese-intelligence-20180627-p4znzp.html [Accessed 29 Nov. 2018].

Munro, K., and Wen, P. (2016). *Chinese language newspapers in Australia: Beijing controls messaging, propaganda in press*. [online] Available at: https://www.smh.com.au/national/chinese-language-newspapers-in-australia-beijing-controls-messaging-propaganda-in-press-20160610-gpg0s3.html [Accessed 28 Nov. 2018].

Needham, Kirsty. (2018). China trade with Australia soars, along with war of words. *The Sydney Morning Herald*. [online] Available at: https://www.smh.com.au/world/china-trade-with-australia-soars-along-with-war-of-words-20180112-h0hfkq.html [Accessed 30 Dec. 2018].

New Zealand Parliament. (2018). *Petition of Freeman Yu - Inquire into foreign influence in New Zealand politics.* [online] Available at: https://www.par-liament.nz/en/pb/petitions/document/PET_80558/petition-of-freeman-yu-inquire-into-foreign-influence [Accessed 29 Nov. 2018].

News. (2018). *Chinese donor Huang Xiangmo's $2 million party challenge to Liberal and Labor.* [online] Available at: https://www.news.com.au/national/politics/chinese-donor-huang-xiangmos-2-million-party-challenge-to-liberal-and-labor/news-story/17d8d657e5347ec173d64cfa8f50cb99 [Accessed 29 Nov. 2018].

O'Malley, N. and Joske, A. (2017). Mysterious Bennelong letter urges Chinese Australians to 'take down' the Turnbull government. *The Sydney Morning Herald.* [online] Available at: https://www.smh.com.au/politics/federal/mysterious-bennelong-letter-urges-chinese-australians-to-take-down-the-turnbull-government-20171213-h03pc4.html [Accessed 29 Nov. 2018].

O'Malley, N., Wen, P. and Koziol, M. (2016). Donations, dastyari, and Chinese soft power. *The Sydney Morning Herald.* [online] Available at: https://www.smh.com.au/politics/federal/donations-dastyari-and-chinese-soft-power-20160909-grcfyk.html [Accessed 21 Apr. 2020].

Power and Influence: The hard edge of China's soft power (2017). *Reported by Nick McKenzie and presented by Sarah Ferguson.* [video] Available at: https://www.abc.net.au/4corners/power-and-influence-promo/8579844 [Accessed 28 Nov. 2018].

Redden, E. (2018). *Police investigate suspected sabotage of China scholar's car.* [online] Available at: https://www.insidehighered.com/quick-takes/2018/11/16/police-investigate-suspected-sabotage-china-scholarscar [Accessed 29 Nov. 2018].

Riordan, P. (2016). Andrew Robb under fire for pushing China's one belt one road policy. *Australian Financial Review*. [online] Available at: www.afr. com/news/andrew-robb-under-fire-for-pushing-chinas-one-belt-one-road-policy-20161031-gservn [Accessed 29 Nov. 2018].

Roy, E. A. (2018a). New Zealand's five eyes membership called into question over 'China links.' *The Guardian*. [online] Available at: https://www.the-guardian.com/world/2018/may/28/new-zealands-five-eyes-membership-called-into-question-over-china-links [Accessed 30 Dec. 2018].

Roy, E. A. (2018b). Jacinda Ardern urged to protect China critic after 'harassment'. *The Guardian*. [online] Available at: https://www.theguardian.com/world/2018/nov/26/jacinda-ardern-urged-to-protect-china-critic-in-new-zealand-after-harassment?CMP=share_btn_fb [Accessed 29 Nov. 2018].

Schmitz, R. (2018). Australia and New Zealand are ground zero for Chinese influence. *NPR*. [online] Available at: https://www.npr.org/2018/10/02/627249909/australia-and-new-zealand-are-ground-zero-for-chinese-influence [Accessed 28 Nov. 2018].

Smee, B. and Walsh, C. (2016). How the sale of Darwin port to the Chinese sparked a geopolitical brawl. *The Guardian*. [online] Available at: https://www.theguardian.com/australia-news/2016/dec/18/how-the-sale-of-darwin-port-to-the-chinese-sparked-a-geopolitical-brawl [Accessed 30 Dec. 2018].

Stats NZ. (2018). *New Zealand's two-way trade with China more than triples over the decade*. [online] Available at: https://www.stats.govt.nz/news/

new-zealands-two-way-trade-with-china-more-than-triples-over-the-decade [Accessed 30 Dec. 2018].

Sun, W. (2018). Australia's China debate needs nuance. *East Asia Forum.* [online] Available at: http://www.eastasiaforum.org/2018/03/17/australias-china-debate-needs-nuance/ [Accessed 29 Nov. 2018].

Tan, S. (2017). Is a new kind of McCarthyism emerging in Australia? *Global Times.* [online] Available at: http://www.globaltimes.cn/content/1078150.shtml [Accessed 29 Nov. 2018].

Whitbourn, M. (2019). Herald loses appeal over Chau Chak Wing defamation win. *Sydney Morning Herald.* [online] Available at: https://www.smh.com.au/national/herald-loses-appeal-over-chau-chak-wing-defamation-win-20200319-p54bvu.html [Accessed 22 Apr. 2020].

Xinhua Net. (2016). *China-Australia media cooperation to increase cultural understanding.* [online] Available at: www.xinhuanet.com/english/2016-05/27/c_135394020.htm [Accessed 29 Nov. 2018].

Xu, X. (2017). Chinese nationalism jostles with academic freedom in Australia. *New York Times.* [online] Available at: https://www.nytimes.com/2017/11/15/world/australia/china-students-censorship.html [Accessed 22 Apr. 2020].

Zenz, A. (2018). China's domestic security spending: An analysis of available data. *China Brief*, 18(4), [online] Available at: https://jamestown.org/program/chinas-domestic-security-spending-analysis-available-data/ [Accessed 28 Nov. 2018].

結 論

[16] 中國影響力與反作用力

黎安友（Andrew J. Nathan），美國哥倫比亞大學政治學系講座教授

中國對港、台施加影響力的賣力程度，遠超過在其他地方，那是因為中國宣稱對香港與台灣擁有主權，並認為掌控這兩塊領土與國家安全息息相關。由於香港和台灣的地理位置比鄰中國大陸，並且在經濟上依賴它，再加上共同的語言與文化要素，讓北京有更多的工具可以影響這兩個社會。所以，正如本書前面章節所揭露的，香港與台灣對中國影響力的反抗尤其強烈，特別是當他們感受到政治自主性與人民獨特的認同遭到中國威脅之際。

然而，不是只有香港與台灣在抵抗中國的影響力。隨著中國的經濟蒸蒸日上，對國安需求的概念逐步擴張，中國已經有足夠的動機和手段來追求在世界各地施展影響力。就像一切與人有關的事務，一般的規則是，影響力同時會招來合作與抵抗，此一混合物反映出多元的考量，並以多元的形式展現，端看施加影響力者以及被影響者，兩者之間在經濟、政治與文化上維持怎麼樣的關係，以及被影響的國家內部各方勢力如何維持均衡。本章將探討世界各地不同的國家對中國影響力的反抗，藉此提供一個研究港台反抗的比較框架。

已經有大量文獻描繪了中國施展影響力的工具與技巧，[1]本章將集中在探索反抗的動機與形式，並刻意側重在這個單一面向。光有抵抗的事實，不能證明遭到抵抗的外來影響力就是惡的。由於中國直到最近才開始扮演起全球強權的角色，現在就評估它對其他社會帶來的是利多於弊，或是弊多於利，還為時過早，本章不嘗試這樣做。此外，有抵抗的事實也無法證明影響力就會失敗。在每個國家內部，支持或反對中國影響力的勢力均衡經常是變動不居的，中國的行為也很可能會進行調適，好讓自身的影響力更容易被接受。基於以上考量，中國將在多大程度上使自己受各個社會歡迎，做出此評估的時機也未到，本章不會這樣做。

16.1. 世界各地對中國影響力的反作用力：六大模式

中國在世界各地揮灑影響力才剛剛揭開序幕，可想而知，未來的文獻將會取代本文引用的案例。儘管如此，本文分析的案例對於中國的影響力未來還會遭遇哪些不同類型的問題，以及這些問題與目標國家的經濟、政治特色之間的關係，應該還是會有用處的。以下羅列出六種清晰可辨的模式，而任何一個目標國家都會同時遇上不只一種。

---

1 已經有大量的文獻描述中國施展影響力的手段與技巧（Brady 2017; *Sharp Power* 2017; *Chinese Influence* 2018; Benner et al. 2018）。

- 在與中國有大量商業關係的國家，反抗通常集中在貿易逆差、不公平的貿易條件、以原物料貿易為導向的新殖民主義，以及大批湧入的中國企業家。

- 中國在參與「一帶一路」倡議的國家中進行大規模的基礎建設投資，這些國家對中國影響力的反撲通常集中在債務陷阱，使用中國承包商、勞工與原料而不是使用當地資源，環境與社會衝擊，以及貪腐問題等。

- 工業先進國家把中國視為高科技的競爭者，反抗的焦點集中在中國利用不公平的手段攫取技術。

- 西方民主國家認為自己是中國在政治上的對手，它們的反抗重點在於中國利用「銳實力」來干涉民主制度的完整性。

- 對於位在中國周邊，或是認為中國具有戰略野心的地區，抵抗的動機主要是對任何一個大國擁有過大影響力的反抗。

- 在一些有大量華裔人口，或是華裔享有一定影響力的國家，反抗的重點主要是中國與這些華裔血脈相承的關係，以及種族階序關係等問題。

商業夥伴：中國是大約六十個國家的主要貿易夥伴，這些國家中有大批商業團體（在某些國家還包括消費者團體）在與中國往來的過程中獲益良多，因此對中國展開雙臂歡迎。然而，與中國的貿易往來也引發了反作用力，通常有兩種類型。

首先，在中國享有貿易順差的國家中——主要是美國，但還有其他約三十個中國的主要貿易夥伴——國內製造商會抱怨中國以不公平的低價橫掃市場。像是中國的廉價太陽能面板就把美國

（以及德國、韓國）自己國內的製造商給擠出了市場，最終導致美國對中國的「傾銷」徵收報復性關稅（Cardwell 2014）。肯亞則指控從中國進口的吳郭魚對其國內的水產進行削價競爭（Ombok 2018）；拉丁美洲國家在2010年代對中國發起的反傾銷調查遙遙領先世界上其他地區，主要集中在工業製品、冶金產品、石化產品、紡織品等（International Bar Aassociation Divisions Project Team 2010）。還有許多國家指控，它們的國內製造商無法獲得進入中國市場去公平競爭的機會。

其次，在中國作為主要採購者的貿易關係裡，通常是進口某一國家的原物料和初級產品，像是石油、金屬、農產品等，這些國家的主要抱怨是中國透過原物料貿易所遂行的新殖民主義。厄瓜多抱怨中國透過高利率與低價收購長期控制了當地的石油資源（Aidoo et al. 2017）；委內瑞拉的處境雷同，中國利用貸款牢牢掌握了這個國家的石油資源（Rendon and Baumunk 2018）。蒙古是採取了一連串的規範來約束中國這個鄰國的巨大影響力，原因猶如一名蒙古前官員說的：「讓一個特定的國家掌控我們的所有商業命脈，我們承受不起」（Hutzler 2012）。[2]巴西的波索納羅（Jair Bolsonaro）在2018年的總統大選脫穎而出，部分原因是他主張中國正在買進巴西的原油、礦產、能源、農業和交通運輸部門，以

---

2 蒙古前財政部副部長Ganhuyag Ch. Hatagt所言，引述自Charles Hutzler, 2012; Eizabeth C. Economy and Michael Levi, *By All Means Necessary: How China's Resource Quest is Changing the World* (New York: Oxford University Press, 2014), pp. 76–77.

獲得對巴西經濟的控制權。波索納羅說：「中國不是在巴西採購，而是在買下整個巴西」（Jake Spring 2018）。

　　像緬甸與寮國這類中國周邊的國家，還有非洲某些國家，他們的不滿是中國商人逐漸接管了當地的貿易或製造業。緬甸「本地人認為〔中國貿易商〕是『江湖術士』，利用了〔緬甸〕第二大城曼德勒（Mandalay）鄰近印度、孟加拉、寮國、泰國以及中國雲南的優越位置」（Perlez 2016）。在非洲，「許多中國移民一開始隨著中國投資的基礎建設和採礦計畫來到這裡，後來他們覺得這裡充滿商機，便留下來了……。中國工人帶來了技術與創業精神，但他們大量湧入也限制了非洲工人的就業與培訓機會」（Dollar 2016）。

　　傾銷、新殖民主義，加上環境破壞以及與當地企業激烈競爭等問題，本地人經常對中國在當地經濟扮演的角色感到忿忿不平。例如，蘭德公司在一份有關非洲的報告指出：

　　　　工會、公民團體和其他社會組織對中國企業的批評包括：勞動條件惡劣、採取讓環境無法永續發展的生產模式、剝奪了當地人的就業機會。研究良好治理的監督機構警告說，中國談判出來的不公平交易，利用了非洲政府的相對弱勢，助長了貪腐和無用的決策，讓仰賴出口原物料的非洲為了換取加工製品，長期淪為新殖民主義的地盤。

　　　　　　　　　　　　　　　　　　（Hanauer and Morris 2014）

　　最後是針對對中國遊客的行為，儘管問題不像香港那麼嚴重，但一些歐洲與亞洲國家經常頗有微詞（Levin 2013）。

　　「一帶一路」的夥伴：在執筆本文之際，大約有八十個國家加入了「一帶一路」倡議（編按：到了2022年7月，已有一百四十九個國家簽署合作文件）。根據報導，中國承諾對這項計畫注資約一兆美元，但這只是粗估的數字，而且大部分的資金尚未到位（Hillman 2018a）。[3] 在接受這些投資的國家中，有望從中分一杯羹的官員和經濟行動者無不表示歡欣，雖然如此，在大多數加入「一帶一路」的國家中，中國的投資也引發了反彈。[4]

　　有關「一帶一路」倡議的反彈主要源自「債務陷阱」。根據總部位在華盛頓的全球發展研究中心在2018年的評估，有23個國家因為「一帶一路」的貸款而債台高築，面臨「顯著」或是「極高」的債務風險（Hurley et al. 2018）。

　　斯里蘭卡是「債務陷阱」的代表案例。拉賈帕克薩在擔任總統時，冀望把家鄉漢班托塔的漁港建設成大型的航運港口，於是以一般的商業利率而不是優惠利率取得中國總計約十億美金的貸款。當時，拉賈帕克薩的政敵極力反對這項港口投資，在政黨輪替後，執政者也無力償還高額債務，不得不把漢班托塔港和周邊的土地以長達九十九年的租約，出租給一家中國國營企業

3　若根據其他的資訊來源，參與的國家數量與資本數量有不一樣的數據。

4　在中國也有一些關於「一帶一路」的批評，但不在本文的討論範圍。例如，可以參閱：Matt Schrader's , 'Domestic Criticism May Signal Shrunken Belt and Road Ambitions' *in China Brief*, (Schrader, 2018)。

（Abi-Habib 2018）。巴基斯坦是另一個值得注意的案例，巴國會深陷債務陷阱與中國最宏大的「一帶一路」計畫──中巴經濟走廊（CPEC）脫不了干係。伊姆蘭汗（Imran Khan）在2018年爭取總統大位時，揭露巴基斯坦對中國的欠債程度是他的競選主軸之一，然而在他成功當選，並且向國際貨幣基金會（IMF）申請債務減免時，他卻拒絕向基金會與巴基斯坦民眾公開中國貸款的細節（Abi-Habib 2018; 2019）。對許多亞洲與非洲國家來說，對中國的巨額債務是他們的一項憂慮。[5]

　　對「一帶一路」倡議的第二個反彈，主要是因為這些中國的投資項目在商業上常常是不可行的，因為它們一開始的出發點是政治動機，而非經濟利益。漢班托塔港便坐實了這個批評。當時擔任總統的拉賈帕克薩為了鞏固在家鄉漢班托塔的政治勢力，選擇在這個經濟落後、缺少商業運輸的地區大興土木建立港口，罔顧已經有人指出這個港口無利可圖。此外，港口所在地還有一塊巨大的岩石擋著，移除經費高昂。無獨有偶，有報導指出，巴基斯坦的伊姆蘭汗政府也希望把中巴經濟走廊的一些基礎建設投資經費，挪用到更具商業利益的工業、農業項目（Tiezzi 2018）。

　　「一帶一路」的第三個問題是，中國投資的項目通常沒有使用當地的勞動力與供應鏈。輸出中國的工程、建築材料、勞動力等，促使中國國內GDP持續成長，是「一帶一路」顯而易見的目

5　例如，可以參閱：Emily Feng's 'Chinese Investment Extends Its Influence in Nigeria' in the *Financial Times* (Feng, 2018)。

的之一。連同其他因素，使得中國工程的經理人傾向於讓中國公司擔任承包商，而不是在地公司。根據戰略與國際研究所（Center for Strategic and International Studies）的分析，中國在亞洲與歐洲投資的34個交通基礎建設裡，89%的承包商是中國公司，在地公司承包的比例僅占7.6%。……這種情況與西方主導的兩大多邊開發銀行〔世界銀行和亞洲開發銀行〕在歐亞大陸的投資情況南轅北轍（Hillman 2018b）。在馬來西亞，「中國投資所帶來的新增建築合約，幾乎都落入中國企業手中」（Todd and Slattery 2018）。非洲的情況如出一轍，「中國對基礎建設挹注的資金……讓中國的建設公司在非洲大陸站穩了腳跟。證據顯示，中國公司已經變得非常有競爭力，進而排擠了非洲的建設公司」（Dollar 2016）。

「一帶一路」的第四個問題是環境與生態破壞，中國在緬甸、寮國與哥倫比亞，還有在眾多非洲國家興建的水壩、礦場、道路與鐵路，都傳出許多相關的爭議。[6]如同易明（Elizabeth Economy）與李維（Michael Levi）所指出的：「既然在中國國內就缺乏有效的環境管理規範，也沒有透明度與執行力，那麼中國公司在投資海外時也不太可能帶來環保意識強烈的實務操作」（Economy and Levi 2014）。

最後，「一帶一路」往往有貪腐的問題，馬來西亞就是個顯

---

6 例如，可以參閱：James Kynge's 'China's Belt and Road difficulties are proliferating across the world' *in The Financial Times* (Kynge, 2018) and Agence France-Presse's "Conservationists in Ghana dig in against China-backed bauxite mining plans" in *South China Morning Post*, (France-Presse, 2018)。

而易見的例子。在2018年大選落幕後，馬來西亞「與中國有關的大約230億美金的基礎建設投資就停擺了……一馬發展有限公司（1MDB）身陷醜聞，吉隆坡針對這家主權投資基金予以擴大調查」（Kynge 2018）。另有報導指出，「你可以看到寮國政府裡有一些次長，中國已經付給他們兩、三百萬美金了，中國甚至還負責支付他們的薪水」（Doig 2018: 35）。在2018年的馬爾地夫，「薩立賀（Ibrahim Solih）當選總統後，重新評估〔前任總統〕亞明向中國借來的鉅款，很多人擔憂這些債務助長了貪腐，也讓北京控制了馬爾地夫……」（Balding 2018）。「一帶一路」在捷克與喬治亞的協商，都是透過賄賂當地有權勢的掮客（Hala 2018）。「一帶一路」在非洲的肯亞、贊比亞、烏干達（Balding 2018）、迦納（Huang 2012）與阿爾及利亞（Tech Wire Asia 2012）所引發的貪腐已經演變成政治問題。

工業先進國家： 在某些工業先進國家眼裡，中國是急起直追的競爭對手，他們對中國影響力的不滿，最主要集中在中國利用進入西方經濟體所攫取的最尖端技術，尋求主宰二十一世紀經濟核心領域上，例如機器人與人工智能。（中西雙方在投資與科技方面的其他議題，例如透過網路竊取科技機密，以及西方國家在中國面臨的投資與銷售障礙，所謂的「公平競爭環境」等問題，不在本章的討論範圍。）

這些工業先進國家尤其擔心來自中國的投資，但問題不在於投資的金額有多大，就像歐洲對外關係委員會（The European Council on Foreign Relations）所指出，「就交易或投資項目的數

量來說，中國在對歐洲的外國直接投資（FDI）占比不到百分之五。」問題的核心在於，「〔中國的〕收購往往針對一些高科技行業和具有特殊利基的產業，那些中國擺明了希望成為世界級領先水平的領域。」此外，中方投資者與中國政府、軍方之間有著曖昧不明的關係（Godement and Vasselier 2017）。美國一樣面對「來勢洶洶的中國收購戰略，利用私人投資者買下美國最新的技術」（Bennett and Bender 2018）。為了抗衡中國的戰略，美國國會通過一項法律，擴大外國投資審查委員會（CFIUS）的審查權限（Rappeport 2018），歐盟也仿效美國的制度，建構了一套篩選外資的框架（European Commission 2018）。

　　工業先進國家也憂心前來從事研究工作的中國學生與學者是來竊取技術的。澳洲戰略政策研究所（ASPI）2018年發表的報告稱，中國人民解放軍以一般的民間交流為掩飾，與美國、英國、澳洲、加拿大、德國、瑞典、新加坡、荷蘭、日本與法國的大學進行敏感技術的合作計畫。這份澳洲的報告建議，各國在進行相關合作之前，應該更嚴謹審核中國機構與科學家的背景。[7]美國的國家衛生研究院（NIH）則警告，一些美國大學裡的中國學者與學生，把該研究院資助的研究計畫機密資訊傳回中國，利用這些美國資源協助中國的實驗室在相關的創新領域突飛猛進（Pear 2019）。聯邦調查局（FBI）局長雷伊（Christopher Wray）對參議

7　Alex Joske, 'Picking flowers, making honey,' Australian Strategic Policy Institute, October 3, 2018. [online] Available at: https://www.aspi.org.au/report/picking-flowers- making-honey [Accessed 7 January 2018].

院的委員會表示：

> 我只想要指出，聯邦調查局發現他們正在利用一些非傳
> 統的資訊搜集者，尤其是在學術界裡，無論是教授、科學
> 家，還是學生，而這樣的報告幾乎出現在全美的每一個分
> 局……。他們正在利用我們非常開放的研發環境，我們很珍
> 視這些環境，但他們在利用這些環境。
>
> （Open Hearing on Worldwide Threats 2018）

　　為了回應這類關切，美國開始限制一些學生或訪問學者在某
些研究領域的簽證（Yoon-Hendricks 2018）。

　　西方民主國家：西方民主國家覺得自己是中國「銳實力」攻
擊目標的看法越來越普遍，北京善用金錢與恩惠，可以或不可以
交流，以及各式各樣的壓力形式，來影響他國的政治、媒體與學
術界的討論。[8]關於北京的意圖，各方的看法不一：北京是在試圖
動搖西方民主國家的穩定，就和莫斯科一樣；北京是在它有影響
力的國家當中推廣「中國模式」；北京只是希望形塑中國在世界
各地的形象。截至目前為止，中國施展影響力的行動看來主要是
為了遏止對中國的批評，樹立正面的中國形象，並營造一個對中
國友好的政策大環境（Nathan 2015）。

8　參見註一（Brady, 2017; *Sharp Power*, 2017; *Chinese Influence*, 2018; Benner et al., 2018）。

中國的這些努力並非處處碰壁。捷克、匈牙利，以及一些中、東歐的國家（Hala 2018），還有希臘與葡萄牙的政府（Le Corre 2018）都展開雙臂歡迎中國的政治影響力，這些歐洲小國一方面是為了爭取投資，另一方面是為了抗衡歐盟與美國對這些國家限制自由的施政或財政問題所加諸的政治壓力。

相較之下，在一些民主制度更為穩健的國家中，中國的影響力越來越難被接受。澳洲前總理滕博爾（Malcolm Turnbull）曾經形容，中國施展影響力的活動經常是「隱蔽的、脅迫的、貪腐的」（Turnbull 2017）。澳洲採取了迄今最為強硬的反擊措施，在2018年通過新法，加強對間諜活動的懲罰，並仿效美國做法，要求替外國利益行事的代理人必須登記（Douek 2018）。美國國會也在「斟酌要擴大《外國代理人與登記法》的管理範疇，藉此遏制來自中國官媒與智庫的宣傳及假訊息」（Patey, 'China is Pushing its Luck with the West; 2017 and *National Law Review* 2018）。

歐盟應對中國影響力的措施，因為成員國之間的分歧而躊躇不前，另一個原因則猶如高德蒙（François Godement）和蘇琴（Abigaël Vasselier）指出的，歐洲政治人物、企業、媒體集團和大學無不一窩蜂栽進「淘金熱」，從中國提供的門路與贊助謀取利益。高德蒙和蘇琴建議，歐盟必須統一應對中國的準則，建立普及全歐盟的投資審查制度。貝納（Benner）等人在為全球公共政策研究中心（Global Publica Policy Institute）與德國墨卡托中國研究中心（Mercato Institute for China Studies）撰寫的報告中，則建議歐洲國家必須審查中國的投資，禁止外國支持政黨，協助容易

受到中國金錢誘惑的貧困歐盟國家，並提升大學、媒體和政治人物接受中國援助的透明度（Godement and Vasselier 2017; Benner et al. 2018）。

安全隱憂：中國的影響力蒸蒸日上有助於一些國家的政權確保自身安全。例如，柬埔寨的首相洪森（Hun Sen）仰仗著中國的支持，逃過了西方對人權議題的施壓；尼泊爾也利用中國在南亞的存在來牽制印度的影響力。

然而，在中國的影響力之下確保國家安全，必須付出失去國家自主權的代價。柬埔寨在參與東協（ASEAN）的理事會時，不得不聽命於中國的擺布——例如在2012年的東協外長會議上阻撓依慣例發布的全體共識聲明（Natelegawa 2018）。中國的安全部門在寮國、緬甸與泰國都非常活躍。[9] 在中國的壓力下，尼泊爾違背了長久以來對藏傳佛教的尊崇，改變原本樂於接收西藏難民的政策（Krakauer 2011）。

體驗過中國影響力的國家通常會試著迴避或是抗衡其影響力。緬甸2011-2015年間的政治轉型，似乎有一部分的動機是寄望藉由對西方開放，來擺脫被中國主宰的局面。菲律賓總統杜特蒂（Roderigo Duterte）先是為了躲避美國壓力而靠攏中國，但他隨即因為與中國過從甚密而遭到批評（Beech and Gutierrez 2018; Akita 2018）。

9　例如，可以參閱：Brendon Hong's 'How China Used Drones to Capture a Notorious Burmese Drug Lord' in the *Daily Beast*（Hong 2014）。

　　以中國製造的電信設備在其他國家建構5G行動通訊網路，被視為是中國影響力帶來的另一個安全威脅。這類的擔憂集中在中興與華為，這兩家中國公司涉嫌在出售給其他國家的設備中安裝有助於間諜活動的後門（backdoor）。針對這些疑慮，美國、澳洲、紐西蘭、日本與捷克等國，已經禁止華為與中興為該國網路提供技術（Xu 2018; Muller 2018; Nussey and Yamazaki 2018）。

　　中國的影響力也會破壞區域的勢力均衡，進而間接影響了當地的安全。在南亞地區，中國在巴基斯坦的存在與日俱增，讓印度與巴基斯坦之間的對峙越演越烈，也促使印度推出強化自身在東南亞存在的戰略，並透過與美國、日本和澳洲的國防合作來抗衡中國（Grare 2017）。在歐洲，「中國一直竭盡所能繞過歐盟既有的框架，與中、東歐國家接觸……。維持歐盟的統一仍是困難重重的工作」（Brattberg and Soula 2018）。歐洲對外關係委員會發出警告，指出中國對歐洲港口的控制日益增強，已經帶來經濟安全和外交自主權的威脅，甚至讓中國有能力在歐洲領土上從事軍事活動（Godement and Vasselier 2017）。

　　伴隨中國影響力而來的最後一種安全風險是加劇一個國家的內部衝突，巴基斯坦再度成為讓各國引以為戒的例子。根據國際危機組織（International Crisis Group）的報告，巴基斯坦的俾路支省（Balochistan）瓜達爾港（Gwadar Port）工程「正在形成一個高度軍事化的區域，造成當地人流離失所，被剝奪了經濟命脈。在信德省（Sindh）的塔爾帕卡爾區（Tharparkar district），中巴經濟走廊規劃的煤炭發電廠不只破壞了環境，還迫使當地人

離鄉背井，進而摧毀了他們的生計。」（International Crisis Group 2018）中國在巴基斯坦的投資已經招來分離主義組織的恐怖攻擊（Ahmad and Masood 2018），中巴經濟走廊整個計畫也成為民間與軍方之間競逐控制權的焦點（Abi-Habib 2019）。

華僑問題：許多國家對中國影響力的反抗，主要是擔心身在該國的華僑對中國的效忠大於對自己的家園。由於東南亞大約有三千萬的華僑，這個問題尤其嚴重。在一些已經有大批華裔少數族群的國家，當中國工人或是在當地置產的中國屋主如潮水般湧入，在地人就會非常憂心原有的族群平衡失控。例如，報載中國中鐵買下吉隆坡超大型土地開發計畫「馬來西亞城」（Bandar Malaysia）60%的股權時，

> 對於一直擔心中國人會太多的馬來西亞人來說，這則消息就像拉起了空襲警報。某部落格的頭條標題驚呼，「馬來西亞城已經變成中國城啦」。
>
> （Doig 2018: 69）

民眾猛烈的反應迫使馬來西亞政府取消了這項交易，當時反對納吉（Najib Razak）的在野陣營領導人馬哈迪（Mathathir Mohamad），不斷地對中國金援的開發案發出警告，他說：「許多價值連城的土地，如今將被外國人擁有與占有」，「這些將成為外國人的土地」（Doig 2018: 79）。在寮國，中國投資的一項計畫將「允許五萬多名中國公民遷入……，引發了寮國難得一見的激烈抗

爭」，導致這項計畫的規模縮水（Doig 2018: 26-27）。在印尼，當地人與華裔針鋒相對的情緒也相當普遍（Rüland 2018: 76）。

在東南亞國家中，新加坡是唯一華裔占多數的國家，可是為了維持多數族群與馬來族、印度族等少數族群之間的和諧，並避免與馬來裔占多數的鄰國發生摩擦，新加坡對來自中國的過度影響力向來非常敏感（Chua 2017）。

在工業先進國家與民主國家當中，忠誠分裂的問題與科技剽竊、中國行使「銳實力」的擔憂交織在一起，因為有時候剽竊科技與銳實力的執行者是擁有當地公民身分的華裔。雖然這些工業先進國家與民主國家極力避免依族群界定一個人，但因為北京的統戰部門號召華裔效忠祖國，常常讓一些完全忠於所屬國籍的華裔也陷入被猜疑的窘境（Brady 2018; Fitzgerald 2018; Hannas et al. 2013）。

最後，許多國家對中國影響力的反抗，確實包含著種族偏見，只是這樣的種族偏見有兩種不同的方向。首先，某些國家沿襲傳統的種族等級觀念，認定比起歐洲或美國的影響力，中國的影響力令人更難接受。例如，在中亞「各國的所有社會階層都瀰漫著反中情緒，人們也經常公然表達這種對種族的刻板印象」（International Crisis Group 2017）。在拉丁美洲，阿根廷前總統馬克里（Mauricio Macri）曾說：「如果一切都來自中國，那將會導致不平衡。我們大多數是歐洲人後裔，與歐洲打交道還是比跟亞洲打交道容易些」。（Patey, 'China Made Mauricio Macri a Deal He Couldn't Refuse' 2017）在其他國家，尤其是在非洲，中國人的種

族優越感則激發了當地民眾的反感（Goldstein 2018）。

16.2. 結語：來自其他地方的教訓適用於香港與台灣嗎？

在大多數國家中，上述幾種討論的模式會有幾種交互引發對中國影響力的反作用力。種族與族群的刻板印象可能強化了對貿易競爭、環境破壞或是勞動力剝削的不滿；對國家安全的憂懼可能加強對「一帶一路」倡議的抵抗；在科技與貿易競爭激烈的地方，更有可能認定中國的影響力是懷有惡意的。

許多針對中國的指控，與針對美國和其他大國的抱怨如出一轍。[10]可是對中國的反彈往往更加尖銳，部分原因或許是，與中國往來的大規模貿易和來自中國的投資是最近幾年的新現象。這些現象突然冒出來，可能會打破一些國家內部的商業勢力或政治勢力的權力均衡，所以才會激起反對聲浪。抑或者，眾人只是還不熟悉這個新現象，隨著時間的推移將會逐漸習慣。另一方面，西方國家的意圖也許早就為世人所熟悉，但中國的長期目標卻依舊高深莫測，或者說，甚至中國人自己都還沒有釐清。此外，第三世界會批評西方強權是新殖民主義，這也是大家早就知道，某種程度來說已經成為固定戲碼的事了；相較之下，對中國強權的

---

10 例如，可以參閱：Stephen M. Walt's *Taming American Power: The Global Reaction to U.S. Power* (Walt, 2006)。

批判則是更為新鮮的事情，點燃了新的激情。

　　中國的權力在其他國家沒有一個共通的認同來支撐，這是中國強權和西方強權不同之處。冷戰時期，蘇聯的社會主義陣營有共通的意識形態認同；第二次世界大戰結束後，美國勢力範圍下的歐洲共享著「大西洋認同」，在歐洲之外則有「自由民主」的認同。然而沒有一個鄰國在意識形態上認同中國，也許除了北韓與越南；而文化上認同中國的鄰居——新加坡、香港與台灣，——迫不及待要確保文化上的相似性不會被利用，成為中共影響這些社會的管道。中國力圖打造一個共同的「第三世界」或「發展中國家」的認同，最近又提出了「人類命運共同體」的修辭，但仍舊無法克服共有認同付之闕如的缺憾。

　　中國軟實力有一個更普遍的弱點，缺少共有的認同只是其中一部分。就算美國建立「自由主義的世界秩序」是出於捍衛自身安全的自私目的（Rose 2019: 10-21），但美國共享的安全觀在一定的程度上也有利於其他國家。中國施展的影響力迄今被認定是出於更純粹的自私自利動機，無論此一看法公平與否。就像一名東南亞外交官向我透露的：「中國對其他亞洲國家的態度是『我們很巨大，你們很微小』——你們必須對我們言聽計從。相較之下，美國也許施展權力時毫不留情，也許宣揚一些它認為更加優越的意識形態，但是他們的方式比較平等。人們會覺得，中國的姿態更盛氣凌人，並且羞辱了他們的尊嚴。」此外，正如杜伊杰（Will Doig）所指出的，「中共政權的威權主義與控制敘事的惡名，玷污了中國的軟實力」（Doig 2018: 52）。

　　然而，有錢能使鬼推磨。因此儘管中國與貪腐叢生的納吉政權關係緊密，但在納吉垮台後，中國仍能繼續維持在馬來西亞的影響力（Bland and Jacques 2018）。緬甸的將軍們為了抗衡中國的影響力，打開了與西方交流的機會，可是新領導人翁山蘇姬（Aung San Suu Kyi）的第一次出訪，仍是來到了中國（*Associated Press* 2015）。西非獅子山的領導人在評估中資投入的飛機場興建計畫並不划算後，取消了這項投資，但隨後推翻了自己的決定，並且向中國尋求更多的貸款（Searcey and Barry 2018）。根據派蒂（Luke Patey）的觀察，「從贊比亞到英國，中國向來是反對派與未來領導人嚴厲審視前任領導人的政治出氣筒。然而，一旦這些反對派上台，新領導人意識到中國是難以取代的貿易與投資夥伴時，往往又會收斂起強硬的言論」（Patey, 'China Made Mauricio Macri a Deal He Couldn't Refuse' 2017）。

　　此外，遭遇阻力的中國很可能會從經驗中學習與調適，讓其影響力更容易被接受。一位分析家指出：「中國政府與企業仍在學習曲線的上升階段，針對『一帶一路』的強烈反挫力道促使他們反思自己在國內、國外的商業和投資行為……。他們投入大量的資源研究『國際標準』，即使他們對於這些標準究竟是什麼並沒有共識」（Yu 2018）。唐斯（Erica Downs）則在一份報告中指出：「許多中國公司已經得到血淋淋的教訓，了解到表現像良好公民對企業是有好處的……，因此，中國的能源與礦業公司正在興建學校、醫療診所，為在地居民創造就業機會、保護稀有的動植物物種，並在全球各地支持運動隊伍，藉此舒緩他們直接面對的風

險，彌補商譽的毀損」（Downs 2014）。[11] 在非洲，「北京為了讓中國的貿易和投資看起來不是一面倒，於是提倡透過『雙贏』商業交易創造『永續』經濟發展，這些交易將帶來工作、培訓機會以及科技，讓非洲國家得到有形且長期的經濟利益」（Hanauer and Morris 2014）。

這些來自世界其他地方的教訓——雖然在這個時間點上究竟是什麼樣的教訓還不很清楚——並無法直接挪移到香港與台灣。本文勾勒了許多地方反擊中國影響力的動機，在香港與台灣也以某種形式存在。然而，就算中國在這兩個社會推動更良好的公司治理或是提高文化的敏感度，也無法像在其他社會一樣，那麼容易改變反彈與歡迎中國影響力之間的均衡，因為只有在香港和台灣，中國的影響力對這兩個目標社會的自主性構成了生存威脅。

參考文獻

Abi-Habib, M. (2018). "How China Got Sri Lanka to Cough Up a Port," *New York Times*. [online] Available at: https://www.nytimes.com/2018/06/25/world/asia/china-sri-lanka-port.html [Accessed: 26 June 2018].

---

11 也可以參閱：Economy and Levi's 'Chapter 6: Growing Good Governance' (2014) and Chapter 5 of Nadège Rolland's *China's Eurasian Century? Political and Strategic Implications of the Belt and Road Initiative* (2017).

Abi-Habib, M. (2019). "China's 'Belt and Road' Plan in Pakistan Takes a Military Turn," *New York Times*. [online] Available at: https://www.nytimes.com/2018/06/25/world/asia/china-sri-lanka-port.html [Accessed: 19 Dec. 2018].

Ahmad, M., and Masood, S. (2018). "Chinese Presence in Pakistan is Targeted in Strikes on Consulate Karachi," *New York Times*. [online] Available at: https://www.nytimes.com/2018/11/23/world/asia/pakistan-karachi-attack-chinese-consulate.html, [Accessed 18 Dec. 2018].

Aidoo, R., Martin, P., Ye, M., and Quiroga, D. (2017). "Footprints of the Dragon: China's Oil Diplomacy and Its Impacts on Sustainable Development Policy in Ecuador and Ghana." *International Development Policy* 8:1. [online] Available at: https://journals.openedition.org/poldev/2408#tocto1n2 [Accessed 20 Dec. 2018].

Akita, H. (2018). "Backlash Builds against China as Belt and Road Ties Fray," *Nikkei Asia Review*. [online] Available at: https://asia.nikkei.com/Spotlight/Comment/Backlash-builds-against-China-as-Belt-and-Road-ties-fray [Accessed 19 Dec. 2018].

Associated Press. (2015). "Aung San Suu Kyi's Beijing visit aims to strengthen Burma's ties with China," *The Guardian*. [online] Available at https://www.theguardian.com/world/2015/jun/10/aung-san-suu-kyis-beijing-visit-aims-to-strengthen-burmas-ties-with-china, [Accessed 12 Jan. 2019].

Balding, C. (2018). "Why Democracies Are Turning Against Belt and Road: Corruption, Debt, and Backlash," *Foreign Affairs*. [online] Available at: https://www.foreignaffairs.com/articles/china/2018-10-24/why-democracies-are-turning-against-belt-and-road [Accessed 19 Dec. 2018].

Beech, H., and Gutierrez, J. (2018). "Xi Visits Philippines to Celebrate 'Rainbow After the Rain' with Duterte," *New York Times*. [online] Available at: https://www.nytimes.com/2018/11/19/world/asia/xi-jinping-rodrigo-duterte-philippines-china.html [Accessed 19 Dec 2018].

Benner, T., Jan Gaspers, Mareike Ohlberg, Lucrezia Poggetti, and Kristin Shi-Kupfer (2018). *Authoritarian Advance: Responding to China's Growing Political Influence in Europe*. 1st ed. [pdf] Berlin: Global Public Policy Institute and Mercator Institute for China Studies. Available at: https://www.merics.org/sites/default/files/2018-02/GPPi_MERICS_Authoritarian_Advance_2018_1.pdf [Accessed 18 Dec. 2018].

Bennett, C., and Bender, B. (2018). "How China Acquires 'The Crown Jewels' of U.S. Technology," *POLITICO*. [online] Available at: https://www.politico.com/story/2018/05/22/china-us-tech-companies-cfius-572413 [Accessed 07 Jan 2019].

Bland, B., and Jacques, H. (2018). "Mahathir Returns Weighed Down by Baggage and Promises," *Financial Times*. [online] Available at: https://www.ft.com/content/3d40c5d0-5467-11e8-b3ee-41e0209208ec?segmentId=a7371401-027d-d8bf-8a7f-2a746e767d56 [Accessed 11 May, 2018].

Brady, A. (2017). *Magic Weapons: China's Political Influence Activities under Xi Jinping*. 1st ed. [pdf] Washington, DC: Wilson Center. Available at: https://www.wilsoncenter.org/sites/default/files/for_website_magicweaponsanne-mariesbradyseptember2017.pdf [Accessed 19 Dec. 2018].

Brady, A. (2018). "China in Xi's 'New Era': New Zealand and the CCP'S 'Magic Weapons.'" *Journal of Democracy* 29(2), 68–75. [online] Available at:

http://muse.jhu.edu/article/690075.

Brattberg, E., and Soula, E. (2018). "Europe's Emerging Approach to China's Belt and Road Initiative," Carnegie Endowment for International Peace. [online] Available at: https://carnegieendowment.org/2018/10/19/europe-s-emerging-approach-to-china-s-belt-and-road-initiative-pub-77536 [Accessed 19 Dec. 2018].

Cardwell, D. (2014). "U.S. Imposes Steep Tariffs on Importers of Chinese Solar Panels," *New York Times*. [online] Available at: https://www.nytimes.com/2014/06/04/business/energy-environment/us-imposing-duties-on-some-chinese-solar-panels.html [Accessed 19 Dec. 2018].

Chua, B. (2017). *Liberalism Disavowed: Communitarianism and State Capitalism in Singapore*. Ithaca, NY: Cornell University Press.

Doig, W. (2018). *High-Speed Empire: Chinese Expansion and the Future of Southeast Asia*. New York: Columbia Global Reports.

Dollar, D. (2016). *China's Engagement with Africa: From Natural Resources to Human Resources*. John L. Thornton China Center at The Brookings Institute. 1st ed. [pdf]. Washington, DC: The Brookings Institute. Available at: https://www.brookings.edu/wp-content/uploads/2016/07/Chinas-Engagement-with-Africa-David-Dollar-July-2016.pdf [Accessed 20 Dec. 2018].

Douek, E. (2018). "What's in Australia's New Laws on Foreign Interference in Domestic Politics," [Blog] *LAWFARE*. Available at: https://www.lawfareblog.com/whats-australias-new-laws-foreign-interference-domestic-politics [Accessed 21 Dec. 2018].

Downs, E. (2014). "Whatever Became of China, Inc.?" [online pdf] Available at: https://www.brookings.edu/wp-content/uploads/2016/06/China-Inc-Erica-Downs.pdf [Accessed 21 Dec. 2018] p. 27.

Economy, E., and Levi, M. (2014). *By All Means Necessary*. Oxford: Oxford University Press.

European Commission. (2018). "Commission Welcomes Agreement on Foreign Investment Screening Framework." [online] Available at: http://europa.eu/rapid/press-release_IP-18-6467_en.htm [Accessed 19 Dec. 2018].

Feng, E. (2018). "Chinese Investment Extends Its Influence in Nigeria," *Financial Times*. [online] Available at: https://www.ft.com/content/14f5438e-c32b-11e8-84cd-9e601db069b8 [Accessed 07 Jan. 2019].

Fitzgerald, J. (2018). "China in Xi's 'New Era': Overstepping Down Under." *Journal of Democracy* 29(2), 59–67. [online] Available at: http://muse.jhu.edu/article/690074.

France-Presse, A. (2018). "Conservationists in Ghana Dig in against China-Backed Bauxite Mining Plans," *South China Morning Post*. [online] Available at: https://www.scmp.com/news/world/africa/article/2174931/conservationists-ghana-dig-against-china-backed-bauxite-mining.

Godement, F., and Vasselier, A. (2017). *China at the Gates: A New Power Audit of EU-China Relations*. 1st ed. [pdf] London: The European Council on Foreign Relations. Available at: http://www.ecfr.eu/page/-/China_Power_Audit%281%29.pdf [Accessed 20 Jan. 2018].

Goldstein, J. (2018). "Kenyan Says Chinese Investment Brings Racism and Discrimination." *New York Times*. [online] Available at: https://www.nytimes.com/2018/10/15/world/africa/kenya-china-racism.html [Accessed 10 Jan. 2019].

Grare, F. (2017). *India Turns East: International Engagement and US-China Rivalry.* New York: Oxford University Press.

Hala, M. (2018). "Forging a New 'Eastern Bloc.'" *Journal of Democracy,* 29(2), 83–89.

Hanauer, L., and Morris, L. (2014). *Chinese Engagement in Africa Drivers, Reactions, and Implications for U.S. Policy.* 1st ed. [pdf] Santa Monica, CA: RAND Corporation. Available at: https://www.rand.org/content/dam/rand/pubs/research_reports/RR500/RR521/RAND_RR521.pdf [Accessed 21 Dec. 2018].

Hannas, W., Mulvenon, J., and Puglisi, A. (2013). *Chinese Industrial Espionage: Technology Acquisition and Military Modernization.* New York: Routledge.

Hillman, J. (2018a). "China's Belt and Road is Full of Holes." Center for Strategic and International Studies. [online] Available at: https://www.csis.org/analysis/chinas-belt-and-road-full-holes [Accessed 19 Dec. 2018].

Hillman, J. (2018b). "China's Belt and Road Initiative: Five Years Later." Center for Strategic and International Studies. [online] Available at: https://www.csis.org/analysis/chinas-belt-and-road-initiative-five-years-later-0 [Accessed 21 Dec. 2018].

Hong, B. (2014). "How China Used Drones to Capture a Notorious Burmese Drug Lord." *Daily Beast.* [online] Available at: https://www.thedailybeast.com/how-china-used-drones-to-capture-a-notorious-burmese-drug-lord [Accessed 10 Jan. 2019].

Huang, R. (2012). "Huawei Under Fire in Ghana for Alleged Bribery." *Zdnet.* [online] Available at: https://www.zdnet.com/article/huawei-under-fire-in-ghana-for-alleged-bribery [Accessed 07 Jan. 2019].

Hurley, J., Morris, S., and Portelance, G. (2018). "Examining the Debt Implications of the Belt and Road Initiative from a Policy Perspective." *CGD Policy Paper*. Washington, DC: Center for Global Development. Available at: https://www.cgdev.org/publication/examining-debt-implications-belt-and-roadinitiative-policy-perspective [Accessed: 20 Dec. 2018].

Hutzler, C. (2012). "Mongolia Finds that China Can Be Too Close for Comfort." *Washington Examiner*, [online] Available at: https://www.washingtonexaminer.com/mongolia-finds-china-can-be-too-close-for-comfort-2053452 [Accessed 07 Jan 2019].

International Crisis Group. (2017). "Central Asia's Silk Road Rivalries." [online] Available at: https://www.crisisgroup.org/europe-central-asia/central-asia/245-central-asias-silk-road-rivalries [Accessed 10 Jan. 2018].

International Crisis Group. (2018). "China-Pakistan Economic Corridor: Opportunities and Risks." [online] Available at: https://www.crisisgroup.org/asia/south-asia/pakistan/297-china-pakistan-economic-corridor-opportunities-and-risks?utm_source=Sign+Up+to+Crisis+Group%27s+Email+Updates&utm_campaign=cad131f40a-EMAIL_CAMPAIGN_2018_06_29_08_45&utm_medium=email&utm_term=0_1dab8c11ea-cad131f40a-359900937 [Accessed 07 Jan. 2019].

Joske, A. (2018). "Picking Flowers, Making Honey." Australian Strategic Policy Institute. [online] Available at: https://www.aspi.org.au/report/picking-flowers-making-honey [Accessed 07 Jan. 2019].

Krakauer, J. (2011). "Why is Nepal Cracking Down on Tibetan Refugees?" *The New Yorker*. [online] Available at: https://www.newyorker.com/news/news-desk/why-is-nepal-cracking-down-on-tibetan-refugees [Accessed

12 Jan. 2019].

Kynge, J. (2018). "China's Belt and Road Difficulties Are Proliferating Across the World," *Financial Times*. [online] Available at: https://on.ft.com/2L1PyV0 [Accessed 10 Jun. 2018].

Le Corre, P. (2018). "China's Rise as a Geoeconomic Influencer: Four European Case Studies." Carnegie Endowment for International Peace. [online] Available at: https://carnegieendowment.org/2018/10/15/china-s-rise-as-geoeconomic-influencer-four-european-case-studies-pub-77462 [Accessed 29 Jan. 2019].

Levin, D. (2013). "Wooing, and Also Resenting, Chinese Tourists," *New York Times*. [online] Available at: https://www.nytimes.com/2013/09/17/business/chinese-tourists-spend-and-offend-freely.html [Accessed 07 Jan. 2019].

Muller, R. (2018). "Czech Cyber Watchdog Calls Huawei, ZTE Products a Security Threat." *Reuters*. Available at: https://www.reuters.com/article/us-czech-huawei/czech-cyber-watchdog-calls-huawei-zte-products-a-security-threat-idUSKBN1OG1Z3 [Accessed December 21, 2018].

Natelegawa, M. (2018). *Does ASEAN Matter? A View from Within*. Singapore: ISEAS – Yusof Ishak Institute, pp. 128–131.

Nathan, A. (2015). "The Authoritarian Resurgence: China's Challenge." *Journal of Democracy*, 26(1), 156–170.

Nussey, S., and Yamazaki, M. (2018). "Japan's Top Three Telcos to Exclude Huawei, ZTE Network Equipment." *Kyodo. Reuters*. Available at: https://www.reuters.com/article/us-usa-china-huawei-japan/japans-top-three-telcos-to-exclude-huawei-zte-network-equipment-kyodo-idUSKBN1O90JW

[Accessed December 21, 2018].

Ombok, E. (2018). "Chinese President Vows to Correct Trade Imbalance with Kenya." *Bloomberg*. Available at: https://www.bloomberg.com/news/articles/2018-11-05/chinese-president-vows-to-correct-trade-imbalance-with-kenya [Accessed 20 Dec. 2018].

Open Hearing on Worldwide Threats. (2018). "Hearing Before the Select Committee on Intelligence, of the United States Senate, One Hundred Fifteenth Congress, Second Session, Tuesday, February 13." [video] Available at: https://www.intelligence.senate.gov/hearings/open-hearing-worldwide-threats-0 [Accessed 07 Jan. 2019].

Patey, L. (2017). "China is Pushing Its Luck with the West." *New York Times*. [online] Available at: https://www.nytimes.com/2017/12/27/opinion/china-west-power-influence.html [Accessed 01 Jan, 2019].

Patey, L. (2017). "China Made Mauricio Macri a Deal He Couldn't Refuse," *Foreign Policy*. [online] Available at: https://foreignpolicy.com/2017/01/24/china-made-mauricio-macri-a-deal-he-couldnt-refuse/.

Pear, R. (2019). "U.S. Official Warn Researchers: China May Be Trying to Steal Your Data." *New York Times*. [online] Available at: https://www.nytimes.com/2019/01/06/us/politics/nih-china-biomedical-research.html [Accessed 07 Jan. 2019].

International Bar Aassociation Divisions Project Team (2010). *Anti-Dumping Investigations Against China in Latin America*. 1st ed. [pdf] International Bar Association. Available at: https://www.ibanet.org/Document/Default.aspx?DocumentUid=9E90BB3F-AE87-4311-93FC-19976C924504 [Accessed 20 Dec. 2018].

Perlez, J. (2016). "Animosity in a Burmese Hub Deepens as Chinese Get Richer." *New York Times.* [online] Available at: https://www.nytimes. com/2016/11/27/world/asia/mandalay-china-myanmar-trade.html [Accessed 07 Jan. 2019].

Rappeport, A. (2018). "In New Slap at China, U. S. Expands Power to Block Foreign Investments." *New York Times.* [online] Available at: https://www. nytimes.com/2018/10/10/business/us-china-investment-cfius.html [Accessed 07 Jan 2019].

Rendon, M., and Baumunk, S. (2018). "When Investment Hurts: Chinese Influence in Venezuela." Center for Strategic and International Studies. [online] Available at: https://www.csis.org/analysis/when-investment-hurts-chinese-influence-venezuela [Accessed 20 Dec. 2018].

Rolland, N. (2017). *China's Eurasian Century? Political and Strategic Implications of the Belt and Road Initiative.* Seattle, WA: National Bureau of Asian Research, Ch. 5.

Rose, G. (2019). "The Fourth Founding: The United States and the Liberal Order." *Foreign Affairs*, 98(1), 10–21.

Rüland, J. (2018). *The Indonesian Way: ASEAN, Europeanization, and Foreign Policy Debates in a New Democracy.* Stanford, CA: Stanford University Press, p. 76.

Schrader, M. (2018). "Domestic Criticism May Signal Shrunken Belt and Road Ambitions." The Jamestown Foundation. [online] Available at: https:// jamestown.org/program/domestic-criticism-may-signal-china-scaling-back-its-bri-ambitions/ [Accessed: 19 Dec. 2018].

Searcey, D., and Barry, J. (2018). "One African Nation put the Brakes on Chinese Debt. But Not for Long." *New York Times*. [online] Available at: https://www.nytimes.com/2018/11/23/world/africa/one-african-nation-put-the-brakes-on-chinese-debt-but-not-for-long.html [Accessed 19 Dec. 2018].

Spring, J. "Bolsonaro's Anti-China Rants Have Beijing Nervous about Brazil," *Reuters*, October 25, 2018, https://www.reuters.com/article/us-brazil-election-china-insight/bolsonaros-anti-china-rants-have-beijing-nervous-about-brazil-idUSKCN1MZ0DR, accessed 16 September 2020.

Tech Wire Asia. (2012). "Algeria Sentences Huawei And ZTE Executives To 10 Years In Jail." *Tech Wire Asia*. [online] Available at: https://techwireasia.com/2012/06/algeria-sentences-huawei-and-zte-executives-to-10-years-jail [Accessed 07 Jan 2019].

Tiezzi, T. (2018). "Is the Crown Jewel of the Belt and Road Losing Its Shine?" *The Diplomat*. [online] Available at: https://thediplomat.com/2018/10/is-the-crown-jewel-of-the-belt-and-road-losing-its-shine/ [Accessed 19 Dec. 2018].

Todd, L., and Slattery, M. (2018). *Impacts of Investment from China in Malaysia on the Local Economy*. 1st ed. [pdf] Institute for Democracy and Economic Affairs. Available at: http://www.ideas.org.my/wp-content/uploads/2018/10/P154-China_FDI_V2.pdf [Accessed 21 Dec. 2018].

Turnbull, M. (2017). "Speech Introducing the National Security Legislation Amendment. (Espionage and Foreign Interference) Bill 2017." [online] Available at: https://www.malcolmturnbull.com.au/media/speech-introducing-the-national-security-legislation-amendment-espionage-an [Accessed 21 Dec. 2018].

Walt, S. (2006). *Taming American Power: The Global Reaction to U.S. Power.* New York: W.W. Norton.

Xu, V. (2018). "New Zealand Blocks Huawei, in Blow to Chinese Telecom Giant." *New York Times.* [online] Available at: https://www.nytimes.com/2018/11/28/business/huawei-new-zealand-papua-new-guinea.html [Accessed 19 Dec. 2018].

Yoon-Hendricks, A. (2018). "Visa Restrictions for Chinese Students Alarm Academia." *New York Times.* [online] Available at: https://www.nytimes.com/2018/07/25/us/politics/visa-restrictions-chinese-students.html [Accessed 07 Jan. 2019].

Yu, Y. (2018). "China's Response to Belt and Road Backlash," *East Asia Forum.* [online] Available at: http://www.eastasiaforum.org/2018/12/15/chinas-response-to-belt-and-road-backlash/ [Accessed 19 Dec. 2018].

大事記

1987
- 七月　解除戒嚴。
- 十月　大甲鎮瀾宮組團赴中國福建湄洲祖廟謁祖進香。
- 十一月　國民黨政府開放兩岸探親。

1988
- 六月　（中國）國務院公布〈關於鼓勵台灣同胞投資的規定〉，為台商赴中國投資提供政策條件。
- 六月　（中國）福建湄洲島被列為對外開放的旅遊經濟區。

1989
- 六月　（中國）六四天安門事件。
- 十一月　亞洲太平洋經濟合作會議（APEC）成立。

1990
- 一月　台灣申請加入關稅暨貿易總協定（GATT）。
- 一月　台灣公布《對大陸地區間接投資或技術合作管理辦法》，有條件開放台商間接對中國投資。

1991
- 二月　國統會通過《國統綱領》。
- 三月　海基會成立。
- 五月　第一次修憲，國會全面改選、規定兩岸人民權利義務；廢除動員戡亂時期臨時條款。
- 十一月　台灣以「中華台北」名義加入APEC。
- 十二月　（中國）成立海協會。

1992

- 一月　（中國）鄧小平南巡談話，發動新一輪改革開放。
- 四月　（中國）中共十四大會議中，正式提出以「建立社會主義市場經濟體制」為改革目標。
- 五月　第二次修憲，總統任期改為四年；開放省長及直轄市長民選。
- 七月　通過《台灣地區與大陸地區人民關係條例》（兩岸條例）。
- 十月　海基會與海協會於香港展開第一次非官方接觸，埋下日後「九二共識」爭議因子。
- 十月　（香港）《美國—香港政策法》生效。
- 十二月　立法委員全面改選。

1993

- 四月　海基會、海協會於新加坡舉行「辜汪會談」。

1994

- 八月　第三次修憲，確定總統直選。
- 十二月　台灣省長、北高市長首次民選。

1995

- 一月　世界貿易組織（WTO）成立。
- 一月　（中國）北京、上海開通網際網路接入服務。
- 七月　中國開始對台舉行軍事演習。

1996

- 五月　台灣首度總統直選，同時中國對台飛彈演習威脅。李登輝當選中華民國第九任總統。
- 九月　李登輝提出「戒急用忍」政策。
- 十一月　（香港）北京設立臨時立法會。

1997

- 三月　通過《香港澳門關係條例》（港澳條例）。
- 六月　國中教科書《認識台灣》引發爭議。
- 七月　（香港）香港主權轉移中國，董建華就任首任行政長官。
- 七月　亞洲金融危機。

1999

- 七月　李登輝發表「兩國論」。北京首度提出「1992年兩會共識」，是「九二共識」的前身。

2000

- 三月　台灣總統選舉期間，中國總理朱鎔基警告台灣選民的談話在電視上播出。陳水扁當選中華民國第十任總統，第一次政黨輪替；針對兩岸關係，陳水扁提出「四不一沒有」政策
- 三月　兩岸經濟政策鬆綁，「戒急用忍」調整為「積極開放，有效管理」。
- 五月　歌手張惠妹在總統就職典禮上唱中華民國國歌，遭禁止進入中國市場，長達四年。

2001

- 經發會決議，開放陸資來台主要希望能夠從事三方面投資：土地及不動產的投資、事業投資、證券投資。
- 七月　鎮瀾宮設立「台灣媽祖聯誼會」。
- 十一月　行政院院會通過《開放大陸地區人民來台觀光推動方案》。

2002

- 一月　台灣於中國之後同年加入WTO。東協與中國簽署《東協—中國全面經濟合作架構協定》，「東協加一」模式因應而生。
- 一月　行政院院會通過「開放陸資來台投資五十八項服務業清

單」，八月內政部公布〈中國大陸地區人民在台取得設定或移轉不動產物權許可辦法〉，《兩岸人民關係條例》增訂通過後實施。

- 七月　（中國）施行《中國公民出國旅遊管理辦法》，開放國家經由國務院審批。
- 八月　陳水扁提出「一邊一國」主張。
- 十一月　（中國）廣東爆發SARS，之後散播到香港、台灣和其他國家。

2003

- 六月　（香港）香港和中國簽署《內地與香港關於建立更緊密經貿關係的安排》（CEPA）。
- 六月　修正《兩岸人民關係條例》第七十三條，對陸資來台採許可制。
- 九月　（香港）港府試圖將《基本法》二十三條立法，但因港人大規模抗議而作罷。

2004

- 二月　綠營發起「二二八牽手護台灣」活動。
- 三月　陳水扁當選中華民國第十一任總統。
- 四月　（香港）中國人大常委會釋法，使北京握有香港憲政改革的提議與最終拍版權。
- 八月　（中國）胡錦濤表示，對台宣傳的新原則是「入島、入戶、入腦」。
- 十一月　（中國）全球第一所孔子學院正式成立於韓國首爾。
- 十一月　（中國）中華媽祖文化交流協會成立。

2005

- 中國首度超越美、日，成為台灣最大貿易對象。

- 三月 （中國）中共人大通過並實施《反分裂國家法》。
- 四月 國民黨主席連戰率領代表團赴北京與中國國家主席胡錦濤會面，發布〈「胡連會」新聞公報〉，基於「九二共識」，開啟國共歷史上第三次合作，成立國共合作平台。
- 六月 第七次修憲，立委席次減半、任期改為四年、選制改為單一選區兩票制。
- 六月 （香港）曾蔭權就任首任行政長官。
- 九月 中國統一促進黨成立。

2006
- 一月 陳水扁宣布對中經貿政策為「積極管理，有效開放」。
- 二月 國統會中止運作，陳水扁宣布廢除《國統綱領》。
- 四月 連戰第二次訪中，之後北京進一步發布《赴台旅遊管理辦法》。此外，中方成立「海峽兩岸旅遊交流協會」（海旅會），台方成立「財團法人台灣海峽兩岸旅遊交流協會」（台旅會）。第一屆「國共論壇」舉行。
- 四月 （中國）谷歌進軍中國市場。
- 四月 《聯合報》開始在中國東莞直接印刷、發行報紙。
- 十二月 （香港）政務司司長林鄭月娥宣布要在西九龍設置北京故宮分館。

2007
- 一月 陳馮富珍就任世衛秘書長。

2008
- 美國次貸金融危機，引發全球金融危機。
- 一月 （香港）廣東省政府公布《規畫綱要》，其中規定了香港在「粵港融合」的位置。

- 三月　馬英九當選中華民國第十二任總統，第二次政黨輪替。馬英九提出「新三不政策」。
- 六月　海基會董事長江丙坤、海協會會長陳雲林於北京舉行第一次江陳會談，達成兩岸包機直航、大陸遊客來台等共識。
- 七月　陸客團開始大量來台。
- 七月　阿里巴巴成立台灣分公司。
- 八月　（中國）奧運於北京舉辦。
- 十一月　三日，海協會會長陳雲林來台參加第二次江陳會談，因過度維安導致民眾不滿並引發衝突，警方大規模鎮壓。六日，學生靜坐抗議，開始「野草莓學運」，持續至翌年一月四日。
- 十一月　「旺旺」企業返台購買《中國時報》、中天電視等媒體，成立「旺中集團」。
- 十二月　（中國）發布《關於大陸企業赴台灣地區投資項目管理有關規定》。
- 十二月　（中國）解放軍開始長時間滯留印度洋執行反海盜任務。

2009
- 一月　台灣守護民主平台成立。
- 一月　（中國）國家發改委公布《珠江三角洲地區改革發展規劃綱要》。
- 一月　（中國）開始投入資金推動「大外宣」。
- 三月　經濟部提出「海峽兩岸經濟合作架構協議」（ECFA）草案內容。
- 四月　第三次江陳會談，針對共同打擊犯罪及司法互助、兩岸定期航班、兩岸金融合作等議題進行協商。
- 四月　（香港）對中國旅客推出可以在一年間不限次數往返香港

的「一年多行」簽證。

- 五月　（中國）北京政府發布〈關於大陸企業赴台灣地區投資或設立非企業法人有關事項〉。
- 六月　公布〈大陸地區來台投資許可辦法〉及〈大陸地區之營利事業在台設立分公司或辦事處許可辦法〉，為中資來台投資提供進一步的法令規範。自此兩岸正式進入雙向投資時代。
- 六月　馬英九提出「識正書簡」構想，呼籲兩岸合編《中華大辭典》。
- 七月　歐巴馬透露「重返亞洲」企圖。
- 七月　新疆發生抗中暴動，中國政府鎮壓，並指控此場暴動為流亡在美的維吾爾人領袖熱比婭主導。
- 八月　（中國）首屆海峽媒體峰會在福州舉行。
- 八月　旺中集團成立《旺報》。
- 九月　高雄電影節放映熱比婭紀錄片《愛的十個條件》，國台辦與台灣旅遊業者、泛藍政治人物同步對市政府施壓。
- 十二月　於台中舉行第四次江陳會談，完成簽署《海峽兩岸標準計量檢驗認證合作協議》、《海峽兩岸漁船船員勞務合作協議》、《海峽兩岸農產品檢驗檢疫協議》。

2010

- 一月　（香港）公民黨與社民連發起「五區總辭」，使補選成為變相公投。
- 三月　谷歌決定關閉 Google.cn 的網域名，並將使用者的網頁搜索、圖片搜索和新聞搜索定向至香港，域名 Google.com.hk。
- 四月　台灣海峽兩岸觀光旅遊協會駐北京辦事處掛牌成立，中國亦在台北設立海峽兩岸旅遊交流協會駐台北辦事處。

- 四月 （香港）簽署《粵港合作框架協議》。
- 六月 於重慶舉行第五次江陳會談，簽署《海峽兩岸經濟合作架構協議》（ECFA）；三十日，公民團體兩岸協議監督聯盟（兩督盟）成立，為最早專門監督兩岸協商的單一議題組織。
- 八月 慈濟正式受到中國國務院批准，由境外非營利組織於中國境內成立全國性基金會。
- 十一月 亞太經濟合作高峰會中，歐巴馬提案，與會九個國家同意，將於二〇一一年完成「跨太平洋戰略經濟夥伴關係協議」（TPP）綱要，成為亞太區域內小型貿易組織。
- 十二月 於台北舉行第六次江陳會談，簽署《海峽兩岸醫藥衛生合作協議》，並決定成立協議落實的檢討機制。
- 十二月阿拉伯之春爆發。

2011

- 五月 （香港）港府宣布將在中學課程實施「德育與公民教育科」，引發之後的「反國教運動」，並催生以中學生為主力的學民思潮。
- 六月 宏達電總裁王雪紅大量收購TVBS集團的股票，二〇一五年一月全面掌控該集團。
- 十月 於天津舉行第七次江陳會談，簽署《海峽兩岸核電安全合作協議》。
- 十一月 東協提出《東協區域全面經濟夥伴關係架構》（RCEP）構想，並邀請中國和日本參與。
- 十二月 數十個企業集團負責人以輪流召開記者會、集體刊登報紙廣告等方式，挺「九二共識」。
- 十二月 三立電視台總經理自創「華劇」一詞取代「台劇」，以方便拓展在中國的營運。

2012

- 一月　馬英九當選中華民國第十三任總統。
- 一月　（香港）抗議者包圍尖沙咀D&G旗艦店,抗議該品牌只允許外國人與陸客在店裡拍照。
- 三月　馬英九派遣吳伯雄赴北京傳達「一國兩區」的說法。
- 三月　旺中集團收受福建省政府和廈門市政府經費,於福建省長訪台期間,在《中國時報》和其他集團報紙大篇幅刊載宣傳新聞。
- 五月　三立電視台停播《大話新聞》。
- 六月　美國國防部長潘內達在亞洲安全峰會閉幕時,再次清楚表達「亞太再平衡」的戰略。
- 六月　法輪功成員鍾鼎邦返回中國故鄉被捕,台灣公民社會與國際人權組織陸續展開救援,台灣的公民團體並舉辦晚會等抗爭活動。八月鍾鼎邦獲釋返回台灣。
- 七月　旺中併購中嘉案、旺中媒體干涉新聞言論自由、旺中負責人蔡衍明個人親中言論,引發持續至年底的「反媒體壟斷」運動;抵抗「中國因素」的論述在此運動過程中被明確提出。
- 七月　（香港）反國教萬人大遊行。
- 七月　（香港）梁振英就任香港第四屆行政長官。
- 八月　於台北舉行第八次江陳會談,簽署《海峽兩岸投資保障和促進協議》及《海峽兩岸海關合作協議》;另共同發表「人身自由與安全保障共識」。
- 十二月　（中國）習近平就任中共總書記。

2013

- 年初　（香港）為爭取特首普選,戴耀廷、陳健民、朱耀明等人發起和平佔領中環運動。

- 一月 （中國）中國機電產品進出口商會（機電商會）來台成立辦事處。

- 一月 （香港）實施「零雙非」政策，禁止本人與丈夫都不是香港居民的中國孕婦到香港分娩。

- 二月 國家通訊傳播委員會否決旺中併購中嘉案，並在四月推出《反媒體壟斷法》。

- 六月 二十一日，兩岸兩會第九次高層會談於上海舉行，簽署「海峽兩岸服務貿易協議」（服貿協議），當日兩督盟與各社運團體開始舉辦抗議活動。

- 六月 二十五日，立法院做出結論：「服貿協議本文應經立法院逐條審查，逐條表決。」

- 六月 二十六日，出版、文化界人士連署反對服貿黑箱作業。

- 六月 二十三～二十六日，陳光誠抵台訪問。

- 七月 月底，社運團體及學校社團分別結盟組成「反黑箱服貿民主陣線」（民主陣線）、「黑色島國青年陣線」（黑島青），要求退回服貿協議。洪仲丘在軍中服役遭虐待身亡，「公民一九八五聯盟」發起白衫軍運動，分兩次遊行：二十日「公民教召」、八月三日「萬人送仲丘」晚會。

- 九月 馬英九與王金平政爭。

- 九月 （中國）習近平於哈薩克演講時提出「絲路經濟帶」（一帶一路）。

2014

- 「中華基督教兩岸交流協會」成立，並於二〇一五年組成台灣基督教教牧參訪團，至北京拜會國家宗教局。

- 二月 兩岸兩會第十次高層會談於台北舉行，雙方簽署《海峽兩

岸地震監測合作協議》及《海峽兩岸氣象合作協議》。

- 三月　十七日，國民黨立委張慶忠強行宣布「服貿協議」通過審查。十八日，「半分忠事件」引發民眾不滿，晚間一群學生與公民團體衝入立法院，占領議場直到四月十日；之後媒體稱為「太陽花學運」。二十三日晚間，數百民眾衝入行政院，警方以暴力驅散鎮壓造成多位參與者受傷，引發公眾憤怒。三十日，五十萬人聚集於總統府前，要求退回服貿、召開公民憲政會議。

- 五月　黃國昌、林飛帆、陳為廷等人成立「島國前進」，推動修正公投法等訴求。

- 六月　國台辦主任張志軍訪台，黑島青及數個反服貿團體發起抗議活動。

- 六月　（中國）發表《「一國兩制」在香港特別行政區的實踐》白皮書，稱「一國」凌駕於「兩制」之上。

- 八月　花蓮縣政府逕自安排中國廣西壯族自治區團體，到阿美族祭典上進行歌舞表演，引發部落青年反彈，馬太攻守聯盟並發起網路聲援活動。

- 八月　（中國）「國家互聯網信息辦公室」（網信辦）完成重組升級，掌握中國網路管理權力。

- 九月　（香港）二十二日，為爭取真普選，大學生、中學生展開罷課，佔中提前引爆，稱為「雨傘革命」（或稱雨傘運動），抗爭持續至十二月十五日。

- 九月　（香港）中國外交部駐香港特派員公署發函給所有在香港領事館，警告其與佔中集會地點保持距離。

- 十月　「民主陣線」改組為「經濟民主連合」。

- 十一月　九合一大選，中國國民黨大敗，青年參政、第三勢力興

起。

2015

- 一月　時代力量成立。
- 二月　（香港）示威者在屯門、沙田遊行，抗議中國水貨客。
- 三月　社會民主黨成立。
- 三月　（香港）特首梁振英前往北京，正式建議中央政府限制「一簽多行」政策。四月十三日，香港自由行的「一簽多行」改為「一周一行」。
- 三月　（中國）「一帶一路文件」提出要打造粵港澳大灣區。
- 四月　（香港）華人文化產業投資基金入主無綫電視。
- 五月　美國開始在南海地區執行航行自由任務。
- 六月　中國海峽兩岸經貿交流協會（海貿會）來台成立辦事處。
- 七月　高中生反黑箱課綱運動。
- 七月　馬來西亞檢方就「一馬基金」弊案展開調查，前首相納吉涉案，國民陣線政府在二〇一八年選舉大敗，高等法院在二〇二〇年判決納吉相關罪名皆成立。
- 八月　兩岸兩會第十一次高層會談於中國福州舉行，雙方簽署《海峽兩岸避免雙重課稅及加強稅務合作協議》及《海峽兩岸民航飛航安全與適航合作協議》，並就相關議題進行磋商。
- 九月　（香港）中聯辦主任表示，香港並無所謂的三權分立。
- 十月　澳洲北領地政府將達爾文港出租給中資九十九年。
- 十月到十二月（香港）銅鑼灣書店合伙人被綁架到中國大陸扣查審問。
- 十一月　馬英九與習近平於新加坡會面，台灣多個公民團體舉辦抗議活動。

- 十一月　「愛奇藝」設立台灣分公司並開設營運網站。

- 十一月　《亞洲基礎設施投資銀行協定》正式生效,「亞洲基礎設施投資銀行」(AIIB,亞投行)宣告成立。

- 十一月　台灣總統選舉前夕,中國海協會長陳德銘來台,與鎮瀾宮當地的村里領袖閉門會談。

- 十二月　(香港)阿里巴巴集團收購《南華早報》。

- 十二月　(中國)解放軍成立「戰略支援部隊」,負責太空、網路與電子戰。

- 十二月　(中國)廣電總局發布《電視劇內容製作通則》,宣稱將禁止中國電視含有「低級、不道德、不健康的內容」。

2016

- 一月　十五日,總統大選前夕,旅韓藝人周子瑜因揮舞中華民國國旗事件遭中國抵制而道歉,並聲明自己是中國人。

- 一月　蔡英文當選中華民國第十四任總統,第三次政黨輪替。民進黨首度立院席次過半。同一年度,人民解放軍在台灣海峽進行超過二十次軍事演習。

- 二月　(香港)農曆年間,攤商與警方爆發衝突,稱為「二〇一六農曆新年旺角騷亂」,亦稱「魚蛋革命」。

- 四月　蔡英文政府上台後未承認「九二共識」與一中原則,中國展開各種抵制行動;中國旅遊業者甚至直接說明自四月底開始「因為政治問題即日起停接台灣團」。

- 四月　(香港)《十年》入圍電影金像獎,導致頒獎典禮無法在中國直播。

- 四月　哈薩克全國爆發抗議活動,反對政府允許外國(中國)企業租用農地。五月,總統宣布擱置該法案。

- 四月 「巴拿馬文件」曝光。
- 七月 陸客團火燒車事件。
- 七月 （中國）南海爭議仲裁，中國減少赴菲律賓旅遊團。但菲律賓總統杜特蒂於同年十月訪中，之後中菲關係大幅改善。
- 七月 （中國）韓國政府決定部署美國薩德飛彈防衛系統。八月，中方取消若干韓國明星在中國活動，之後並執行一系列對韓經濟制裁。
- 八月 「新南向政策」政策綱領通過。
- 九月 「百萬觀光產業自救會」成立，並在十二日動員群眾上凱道抗議，對蔡政府施壓。
- 九月 天津市與大甲鎮瀾宮合作開發、園區面積達三點九萬平方公尺的「天津濱海媽祖文化園」啟用。
- 九月 （香港）香港立法會選舉，選舉管理委員會要求所有候選人簽署「確認書」，明示他們「擁護《基本法》及保證效忠香港特別行政區」。被懷疑支持分離主義的候選人，參選資格遭取消。結果，分別有三位主張「民主自決」、三位主張「本土獨立」的候選人當選。
- 九月 澳洲參議員鄧森因對中國和統會會長洩密事件而下台。
- 十一月 （香港）中國人大常委會釋法，指香港立法會議員宣誓無效、不得就職。
- 十一月 （中國）中國政府升高抵制南韓，下達「禁韓令」：「不得播出有韓國明星代言的廣告片，不能邀請韓國演員，不許宣傳韓國元素及韓國模式。」
- 十一月 （中國）十六日，第三屆「世界互聯網大會」於浙江烏鎮開幕，習近平強調中國堅持「網絡主權」理念。

- 十二月　新加坡九輛裝甲車在台灣進行軍事演練後運返新加坡，途經香港海關時遭到查扣。
- 十二月　（香港）深港股票市場交易互聯互通機制（深港通）啟動。

2017

- 一月　（香港）中國富豪肖建華從四季酒店被綁架回中國。
- 一月　（中國）中國政府持續對南韓施壓，包括片面取消中韓雙邊的軍事會談、中國空軍機隊進入韓國的防空識別區等。
- 三月　（中國）中國繼續升高執行「限韓令」，並關閉多家韓國樂天集團（提供土地供部署薩德系統）在中國的商場。二○一八年起樂天旗下公司陸續退出中國，二○二二年關閉中國總部。
- 三月　李明哲在中國被捕，十一月遭中國政府以「顛覆國家政權罪」判刑五年，二○二二年四月獲釋返台。
- 四月　（香港）《樹大招風》在電影金像獎獲得五個獎項，中國媒體報導中皆刪除相關片段。
- 六月　（中國）外交部正式否認《中英聯合聲明》效力。
- 六月　中、印軍隊在不丹邊境的洞朗一帶對峙長達兩個月。
- 七月　（香港）林鄭月娥就任香港第五屆行政長官。
- 七月　斯里蘭卡因無力還債，將漢班托塔深水港租予中國九十九年。
- 八月　（中國）中國在非洲吉布堤（Djibouti）建立第一個永久性海外軍事基地。
- 十月　（中國）習近平思想納入中共黨章。

2018

- 一月　（中國）公安部針對「外籍華人」推出效期五年的簽證。
- 二月　（中國）國台辦推出《關於促進兩岸經濟文化交流合作的

若干措施》(惠台三十一條措施)。

- 三月　美國對中國的「傾銷」徵收報復性關稅,雙方展開貿易戰。
- 三月　(中國)修憲,刪除國家主席和副主席的任期限制。
- 三月　(香港)香港演藝人內地發展協進會成立。
- 四月　台灣主流媒體跟進《環球時報》的不實消息,對於解放軍例行演習誇大報導。
- 四月　台灣事實查核中心成立。
- 五月　聯合報系董事長率團訪中,會見全國政協主席汪洋。
- 六月　澳洲通過《國家安全立法修正案》、《外國影響力透明化法》。
- 六月　(香港)梁天琦因魚蛋抗爭案被判入獄六年。
- 六月　台灣駐港辦事處人員因拒簽「一中承諾書」,未能獲得香港當局續發工作簽證,至二〇二一年七月全數返台。
- 八月　85度C咖啡因總統蔡英文到訪美國分店,被指為台獨企業。該公司發布聲明,表態支持「九二共識」。
- 八月　(香港)外國記者會邀請陳浩天演講,事後陳浩天率領的香港民族黨遭禁,記者會副會長馬凱工作簽證未獲延期。
- 九月　(中國)公安部推出「港澳台居民居住證」。
- 九月　關西機場事件:日本關西機場因颱風關閉,引發假訊息風暴,駐大阪辦事處處長不願受辱而自殺。
- 九月　文化部提出《公共媒體法》草案。
- 九月　(香港)廣深港高鐵開通。
- 十月　(香港)港珠澳大橋開通。
- 十月　巴基斯坦因「一帶一路」工程深陷債務陷阱,向國際貨幣基金會(IMF)求援。

- 十一月　中國國民黨在地方公職人員選舉大勝，韓國瑜當選高雄市長。

2019

- 一月　（中國）習近平發表談話，將「九二共識」與一國兩制畫上等號，重申北京不會放棄武統台灣。蔡英文回以「台灣絕對不會接受一國兩制。」
- 一月　（香港）《國歌法》草案推出，二〇二〇年六月三讀通過。
- 二月　（香港）特區政府提出「逃犯條例」修改草案，其條文有將遭監控者送至中國內地（送中）而引發爭議。
- 三月　高雄市長韓國瑜訪港，拜會中聯辦。
- 六月　（香港）百萬人示威抗議「送中條例」，反送中運動開始，中國國務院副總理韓正前往深圳坐鎮指揮。抗爭者梁凌杰墜樓身亡。台灣公民團體舉辦聲援港人抗議活動。
- 七月　（香港）示威者佔領立法會數小時。抗爭開始擴散至新市鎮。有黑幫分子出面攻擊民眾。
- 七月　（香港）何韻詩在聯合國人權理事會會議對「反送中」抗爭發言。
- 八月　（香港）抗爭者於香港國際機場示威。國泰航空被迫開除參與抗爭員工。
- 八月　（香港）港鐵宣布，如果地鐵沿線爆發武力抗爭，將會關閉車站。
- 八月　（香港）三十一日，警方特別戰術小隊攻入太子地鐵站，現場封閉兩小時。傳聞有抗爭者被打死。
- 八月　（香港）歌曲《願榮光歸香港》發表。
- 八月　全球各大城市出現聲援香港遊行。

- 九月　（香港）林鄭月娥宣布完全撤回《逃犯條例》修訂草案，但不答應其餘訴求。抗爭持續。

- 九月　（香港）記者 Veby Indah 右眼被橡膠子彈擊中，永久失明。

- 十月　（香港）一日，警察首次向民眾發射實彈，一名中學生胸部中槍。

- 十月　（香港）行政長官以緊急權力，禁止身處抗爭現場的人佩戴口罩。十一月，高等法院裁定相關禁令違憲；中國人大常委會指香港高等法院無權裁定是否違憲。

- 十一月　（香港）八日，周梓樂因高處墜落重創頭部不治身亡。抗爭者佔領中文大學、理工大學多日。

- 十一月　（香港）區議會選舉，泛民派獲得71%選票，在452個議席中奪下389席。

- 十一月　（香港）美國國會通過《香港人權及民主法案》。

- 十一月　（中國）中共十九屆四中全會決定收緊對香港的控制。

- 十一月　（香港）警方以洗錢罪名關閉社運支援組織「星火同盟」。

- 十一月　美國政府禁止電訊網路公司進口危害國防的設備或技術。

- 十二月　三十一日，疾管署得知中國武漢的肺炎案例，並通報WHO。次年一月，成立疫情指揮中心以應對。

2020

- 一月　蔡英文當選中華民國第十五任總統。

- 一月　實施《反滲透法》。

- 一月　（香港）駱惠寧就任中聯辦主任，原主任王志民調職。

- 一月　（中國）國安人員以「散播謠言」（武漢肺炎疫情）拘押李文亮醫師。李文亮於二月身亡，引發群情洶湧。

- 一月　十四日，WHO表示新型冠狀病毒或許會構成危機。隨後另表示，沒有確實證據證明該病毒能人傳人。三十日，WHO宣布全球的公共衛生已陷入緊急狀態。
- 二月　（香港）中國政協副主席夏寶龍就任港澳辦主任，原主任張曉明降職。
- 二月　（香港）醫管局員工陣線發起罷工，要求政府暫時禁止中國遊客入境。
- 二月　WHO將這次瘟疫正式命名為「COVID-19」，承認疫情已向全球擴散。
- 三月　美國《台灣友邦國際保護及加強倡議法案》（台北法案）生效。
- 三月　（香港）特區政府頒布「限聚令」。
- 三月　歐洲執行委員會首次把中華人民共和國描述成「全方位對手」。
- 三月　國際媒體將COVID-19爆發以來中國外交官的言行稱為「戰狼外交」。
- 四月　（香港）中聯辦稱，中聯辦和港澳辦直接代表中國主權，因而有權繞過《基本法》第二十二條，監督香港事務。
- 五月　（中國）人大通過《港區國安法》，六月三十日實施。
- 五月　北檢查獲長沙台協會長於二〇一九年十二月獲得中國湖南省台辦等單位資金，要求台商返台投票。二〇二二年一月涉案人遭判刑，中國國台辦強烈譴責。
- 六月　陸委會啟動香港人道援助關懷行動專案，援助香港來台抗爭者。
- 六月　（中國）國務院發表《抗擊新冠肺炎疫情的中國行動》白

皮書。

- 六月　（中國）解放軍於南中國海水域展開軍事演習。

- 六月　美國《維吾爾人權政策法案》生效。

- 六月　三十日，（香港）《港區國安法》實施。此後，多國與香港取消引渡協議。

- 七月　一日，陸委會為執行「香港人道援助關懷行動專案」而設立的「台港服務交流辦公室」（交流辦）開始營運。

- 七月　（香港）中央駐港國安公署遷入臨時總部。特區政府成立維護國家安全委員會（國安委），警務處成立國家安全處（國安處）。

- 七月　（香港）美國國會通過《香港自治法》，並正式暫停給予香港的特殊待遇。

- 七月　（香港）特區政府宣布延後原定於九月舉行的立法會選舉。

- 七月　美國川普政府啟動退出 WTO 流程。拜登上任後停止該程序。

- 八月　（香港）警方拘捕黎智英及《蘋果日報》管理層。十二月，黎智英以《國家安全法》被檢控。

- 八月　WHO 人員至中國展開初步調查，但沒有進入武漢。

- 十月　中國當局令關押的數名台灣人上電視「認罪」，稱其為間諜。

- 十月　（香港）特區政府提案，讓遷居中國大陸的香港人境外投票。

- 十月　（香港）英國宣布容許擁有 BNO 身份的香港人偕同家屬移民英國。

- 十一月　（香港）警察以多條罪名拘捕八位立法會議員。同月稍

後，北京下達指令把另外四位民主派逐出立法會。反對陣營的議員大部分決定辭職抗議。

- 十一月　（中國）制定「十四五」經濟計劃，強調「國內國際雙循環」。

2021

- 二月　（香港）民主派四十七人因組織及參與民主派初選，被控「串謀顛覆國家政權」罪。

- 三月　（香港）中國人大通過《關於完善香港特別行政區選舉制度的決定》，修改香港選舉遊戲規則。

- 三月　（香港）李百全接任廣播處署長，全面整頓香港電台。

- 六月　美國三位參議員訪台，宣布捐贈COVID-19疫苗給台灣。

- 六月　（香港）《蘋果日報》資金遭凍結，宣布停刊。

- 六月　國際特赦組織稱中國鎮壓新疆維吾爾族與其他少數民族，已構成「反人類罪」。

- 八月　（香港）教育專業人員協會宣布解散。

- 十月　（香港）職工會聯盟通過解散議案。香港中文大學學生會宣布解散。迄今已有大量公民團體被迫解散。

- 十一月　中國國台辦稱將對「清單在列的台獨頑固分子」實施懲戒，追究刑事責任。

- 十一月　遠東集團在中國投資遭罰款，中國國台辦表示，不允許支持台獨的人幹「吃飯砸鍋」的事。其後，集團董事長投書稱他「一向反對台獨」。

- 十一月　（中國）中共中央發表《中共中央關於黨的百年奮鬥重大成就和歷史經驗的決議》，高度肯定習近平的歷史地位。

- 十二月　美國白宮主辦首屆線上民主峰會。

- 十二月　（中國）國務院發表《一國兩制下香港的民主發展》白皮書。
- 十二月　（香港）《立場新聞》多位高層被捕、被通緝，宣布停止運作。

2022

- 一月　《東協區域全面經濟夥伴關係架構》生效。
- 一月　國防部成立全民防衛動員署。國防部軍事新聞處擴編，以因應假訊息。
- 二月　俄羅斯全面入侵烏克蘭。
- 三月　拜登與習近平視訊對話，重申美國對台政策不變，反對任何片面改變台海現狀。
- 四月　（香港）林鄭月娥棄選連任，五月，警務系統出身的李家超同額當選行政長官。
- 五月　拜登訪問亞洲，表示如果台灣遭（中國）入侵，美國將軍事介入，這是他上任後第三度做此表示。
- 八月　美國眾議院議長裴洛西訪問台灣，裴洛西離台後中國立即展開對台灣的軍事演習，製造「第四次台海危機」，引發全球關切。

索引

ABC

5G　58, 371, 454

ACFTA（東協與中國的　自由貿易區）333

ACPPRC（澳洲和統會）411

ACRI（澳中關係研究院）414

APEC（亞太經濟合作組織）336

CFIUS（美國海外投資審查委員會）450

CPEC（中巴經濟走廊）351, 447

ECFA（海峽兩岸經濟合作架構協議）216, 237

EEU（歐亞經濟聯盟）385

HTC（宏達電）130, 131, 227

IONS（印度海洋研討會）368

IORA（環印度洋區域合作聯盟）368

MGC（湄公恆河合作）368

NCC（國家通訊傳播委員會）230

NDB　323

RRR（相對支持率）133–139

SAARC（南亞區域合作聯盟）368

SARS（嚴重急性呼吸系統綜合症）189, 202, 270, 273

SNTV（多議席單票制）157

TVBS　220, 225, 227

UNCLOS（聯合國海洋法公約）319, 348

WHA（世界衛生組織大會）38, 237, 236

WHO（世界衛生組織）219, 273

一劃

一條龍經營　49–50, 175, 178, 182

一國兩制　71–74, 78–80, 83–86, 141, 153–154, 165

一國兩區　41

一帶一路　56, 60–61, 173, 304, 319, 321–323, 325–326, 331–333, 335, 338, 352–355, 363, 365–366, 368, 371–373, 381, 385, 389, 391, 394, 396, 399–400, 402, 415, 422, 443, 446–449, 457, 459

一帶一路國際合作高峰論壇　366

二劃

九二共識 41–42, 45, 50, 62, 82, 119–145, 219, 236

人大常委會（中華人民共和國全國人民代表大會常務委員會）151–155

人民院線 258

人民解放軍（解放軍）220, 236, 238, 242, 356, 413, 417, 421, 450

人民聯盟，孟加拉 365, 370, 373

入境旅遊，中國 176–178, 210

十二五時期 203

《十年》 280, 283, 284

三劃

三立電視台 216, 220, 223–224, 228–229

上水 195

上海合作組織 368, 383, 398

土庫曼 381, 384–386, 393

大外宣 33, 410, 428

大甲媽祖進香 294

《大陸居民赴台灣地區旅遊管理辦法》 181

《大話新聞》 224

四劃

中天電視 46, 47, 226

中巴經濟走廊（CPEC） 351–354, 363, 365, 371, 447, 455

《中外合資經營旅行社試點暫行辦法》 181

中央電視台（央視）224, 248, 283

中央網絡安全和信息化領導小組 220

《中英聯合聲明》 76, 148, 220, 336

中宣部（中共中央宣傳部）220, 226, 278, 410, 414

中美競爭 331

中華人民共和國全國人民代表大會常務委員會（人大常委會）151–155

中華媽祖文化交流協會 52, 301–302, 307

中國人民政治協商會議（政協）48, 198, 281–283, 294, 297, 302, 329, 338, 412

中國中鐵 455

《中國公民出國旅遊管理辦法》 176, 181

中國方案 358

中國佛教協會　357

中國和平統一促進會（和統會、
　統促會）55, 60, 411–413, 420,
　422, 428

中國的直接影響力　148, 152–153,
　175, 191, 216, 219, 268, 272, 307,
　317, 361

中國的間接影響力　155, 163,
　180, 197, 221, 267, 281, 299, 324,
　351–352, 361, 385

中國青年旅行社　180

《中國時報》　46–47, 179, 229, 233,
　236

中國能源公司　58

中國郵電部　171

中國國家旅遊局　175–176

中國國家廣播電視總局（廣電總
　局）224, 258, 278–281

中國國務院僑務辦公室（僑辦）
　327, 338, 413

中國國際旅行社總社有限公司
　175, 180

中國國際廣播電台　357

中國移動通信集團公司　171

中國港灣工程有限責任公司　360,
　365

中國統一促進黨（統促黨）　39

中國夢　53, 338–339

中國電視劇製作產業協會　248

《中國電影產業促進法》　278, 279

中國模式　61, 170, 383, 407, 451

中國屬性　328

中視　226, 230

中嘉網路　227, 230, 232

中緬邊境　326

中聯辦　46, 141, 147, 155–159,
　165–166, 198, 200

五個一工程獎　258

五眼聯盟　407, 417

《內地與香港關於建立更緊密經
　貿關係的安排》（CEPA）　47,
　189–192, 196, 202, 270, 272–274,
　277–278, 281–288

內部滲透　39, 40, 60

公民黨　152, 162, 200

《公共媒體法》，台灣　234

分稅制，中國　170

厄瓜多　444

反中動員　207, 330

反中情緒　160–161, 165, 332, 392,
　396, 456

《反分裂國家法》（反分裂法）　37,
　178

反送中運動　37, 62, 141, 165, 285, 427

反媒體壟斷運動　62, 120, 139, 230, 232

反滲透法　236

天安門事件　77, 84, 148, 159, 170, 222, 229, 233

太陽花運動　48, 62, 120, 133, 138–140, 230–232, 250, 262–263

孔子學院　33, 61, 357–358, 394–395, 399, 415–416

尹衍樑　129

尹寶珊　206

巴布亞紐幾內亞　336

巴西　323, 444–445

文化宣揚　328

文化滲透　44, 329–330

方志恒　208

比例代表制　149–151, 157–158

毛澤東　72, 80, 87, 328, 352, 358

水壩　319, 321, 448

王祖藍　281–282

王國忠　412–413

王雪紅　130–131, 227

王毅　226, 323

丹密茨　227

五劃

世界衛生組織大會（WHA）　38, 236–237

主旋律電影　53, 64, 257–258

出口集中度　56–57

卡里莫夫　387

印尼　57, 316–317, 321–322, 332–333, 456

印尼共產黨　316

印度海洋研討會（IONS）　368

去中國化　83

去地域化，媽祖信仰　293

古明君　51–52

古爾納拉　387

古德費洛　413

台視　223

台劇　224

台灣事實查證中心　233

台灣媽祖聯誼會　51, 292–295, 298–302, 306–310

史特龍斯基　388, 397

史潘斯　416

史諾　72

司徒薇　162

四大支柱產業，香港　191

《四角方圓》 423

《外國影響力透明化法案》，澳洲
　　423

央視（中央電視台） 224, 248, 283

尼泊爾 353, 357–364, 367, 370–
　　372, 453

巧實力 359

布雷迪 422, 424, 427

本土主義 39, 161, 207–208

本土民主前線 207

民主回歸派 75–77, 84

民建聯 156–157

民族主義 39, 51–52, 63, 74–75, 83,
　　91, 162, 220, 257, 327, 409, 424

民視 216, 223–224, 228

瓜達爾 353–354, 454

六劃

伊姆蘭汗 447

伊斯瑪利索莫尼二十一世紀控股
　　公司 387

伊薩克夫 393

《共同綱領》 73

吉爾吉斯 381, 386, 393, 397–398

同根 55

同盟會 316, 327

地方國家統合主義，中國 170

地緣經濟 60–61

多議席單票制（SNTV） 157

好萊塢 244–247, 258–259, 267,
　　274

安峰山 256

成龍 282–283, 285

收編 40, 44, 52, 155, 215, 222, 225,
　　234, 281, 324, 419

朱王配 136

朱鎔基 45

《色戒》 279

西里塞納 370

西突厥 382

《西虹市首富》 255

西藏 38–39, 71–73, 81–82, 86–87,
　　222, 259, 328, 353, 362, 411, 453

七劃

佔中運動 37, 47, 62, 79, 286–287

佛光山 51

吳介民 208, 214, 235

吳京 241–242

《告台灣同胞書》 80

宋芸樺 255–256, 262

宏達電（HTC） 130–131, 227

拒絕中時運動　233, 238

杜特蒂　325, 453

汪明荃　281–285

汪洋　48

汶萊　57, 321–322

沙杜拉耶夫　387

社區運動　78–79

貝納　452

赤棉　316

邱維廉　411–412

阿里巴巴集團　40, 46, 48, 248, 253

呂大樂　206

李明哲　41

李登輝　41, 82–83, 125, 133

李維　448

李顯龍　330

八劃

亞太經濟合作組織（APEC）高峰
　會　336

亞明　362–363, 367, 372, 449

亞洲基礎建設投資銀行（AIIB）
　173, 323

周子瑜　42, 256, 263

周永勤　159

周安瀾　416

周建東　281

周庭　154, 164

周星馳　282–283

周澤榮　410, 419–420

和平崛起　218, 238

和平發展　140, 218, 220, 222, 294

委內瑞拉　444

孟中印緬經濟走廊（BCIM）　354,
　371

孟加拉　353–359, 365–370, 373,
　445

宗教紅利　52, 305

承載能力　195, 197, 204–205

旺旺中時媒體集團　45–48, 216,
　220, 225–232

《旺報》　304

《明月幾時有》　280

服貿協議（兩岸服務貿易協議）
　120, 231–232, 236, 262–263

東協（東南亞國家協會）　178,
　316–318, 320, 325, 331, 333, 453

東協與中國的自由貿易區
　（ACFTA）　333

東南亞國家協會（東協）　178,
　316–318, 320, 325, 331, 333, 453

東突厥　382

東森電視台　220, 227

波特王　262

波索納羅　444–445

肯亞　444, 449

英格利希　414

《長城》　267

雨傘運動　46, 62, 153–154, 161,
　　279, 283, 285

青年新政　153, 158, 208

非洲　56, 242, 327, 396, 445–449,
　　456, 460

拉丁美洲　56, 216, 444, 456

拉賈帕克薩　360

《兩岸服務貿易協議》（服貿協議）
　　120, 231–232, 236, 262–263

兩國論　41, 125

易明　448

林心如　262

林建岳　282–284

林培瑞　214, 235

林鄭月娥　203–204, 209

九劃

侵蝕政治邊界　41, 43

俄羅斯　33, 45–46, 61, 65, 121,
　　381–385, 388, 395–396

冠軍隊　171

南亞區域合作聯盟（SAARC）
　　368

《南海行為準則》　334

南華　40, 46

南韓　35, 42, 49, 56–58, 174, 186,
　　261–264, 318–321, 395

哈薩克　381–402

姚思榮　198–201

宣明智　129–131

政改五部曲，香港　151

政協（中國人民政治協商會議）
　　48, 198, 281–283, 294, 297, 302,
　　329, 338, 412

施政報告，香港　201–204

柬埔寨　57, 60, 316, 321, 325, 332,
　　338, 453

柯宇綸　256–257, 262

柯震東　254

洪森　325, 453

派蒂　459

珍珠鏈戰略　366

相對支持率（RRR）　133–139

祖國　54–55, 122, 241, 244, 254–
　　255, 303, 456

科藍茲克　214, 235

紀曉君　254, 263

紅色資本主義　171

美國國家民主基金會　33-34

美麗島派系　82-83

《美麗島電子報》　220

胡錦濤　126, 128, 178, 219, 384

《風傳媒》　233

首部劇情電影計劃，香港　277

香港民主黨　75

香港民族黨　163

《香港承受及接待旅客能力評估報告》　205, 211

香港旅行社協會　193, 198

香港旅遊發展局　189, 193, 273

香港旅遊業議會　193, 198, 201

香港眾志　154-155, 164

十劃

唐斯　459

唐朝　382

孫志軍　414

《捉妖記》　254, 283

時代力量　133, 231, 256

泰國　57, 60, 316, 321-322, 326, 330-333, 445, 453

海上交通線　353

海上絲路戰略　353

海協會（海峽兩岸關係協會）　52, 124-125, 302, 304

海峽兩岸經濟合作架構協議》（ECFA）　216, 237

海峽媒體高峰會　220

海基會（海峽交流基金會）　124-125, 227

烏茲別克　381, 386-387, 393

《珠江三角洲地區改革發展規劃綱要》　193, 196, 202

納札巴耶夫　384, 392-393

納吉　60-61, 326, 331, 455, 459

翁山蘇姬　326, 459

莫迪　366, 371

華人文化產業投資基金（CMC）　40, 46

華為　58-59, 248, 454

華僑　54-55, 60, 180, 357, 411-412, 419, 424, 455

華劇　224

陳小春　282

陳允中　162

陳元　170, 187

陳水扁　35, 42, 45, 126, 175, 254, 263

陳玉勳　263

陳志發　277

陳浩天　163–164

陳菊　50, 185

陳德銘　52, 304

馬西莫夫　387, 392

馬克里　456

馬吳配　133, 136

馬英九　35, 41, 52, 119–120, 123,
　127–128, 133, 175, 179, 302

馬來西亞城　455

馬哈迪　61, 455

馬馬虎虎的愛國主義　76

馬蒂司　407

馬雷國際機場　362

馬爾地夫　353–354, 357, 359, 360,
　362, 363, 367, 372, 449

高盛　171

高雄　49–51, 140, 185

高德蒙　452

旅遊事務署，香港　193, 203

旅遊產業鏈　49

十一劃

健忘村　244, 263

健康絲路　359

連戰　126, 128, 175, 179

動員信徒　52

區諾軒　157, 165, 168

《商業周刊》　220

國台辦　39, 45, 49, 119, 127, 219,
　223–226, 236, 256–257, 264, 294,
　299

國民陣線，馬來西亞　326, 328,
　329, 332

國民黨政府　41, 72

國共合作　120, 126, 129, 138–139

國共論壇　39

國有企業，中國　170–175

《國家安全立法修正案（間諜活動
　與外國干預）》，澳洲　422

國家通訊傳播委員會（NCC），台
　灣　230

國家認同　42, 120, 132, 140, 243,
　356

國家衛生研究院，美國　450

國泰航空　131, 198–199

《國統綱領》　82

國際危機組織　454

培侯斯　383, 387–388

基本法　71, 76, 78, 148–155,
　160–163, 285

基伊　413

基廷　421

基層　39, 77, 297, 303–304, 309, 355

密松大壩　331

張乙坤　421

張金明　182

張春賢　392, 402

張惠妹（阿妹）　42, 254, 263

張榮華　224

張騫　382

強世功　85–86

《強尼‧凱克》　256–257, 264

捷克　58, 60, 62, 449, 452, 454

清朝　292, 316, 327, 335

習近平　46, 48, 53, 58, 60, 85, 122, 127, 220, 244, 257, 330, 336, 371–372, 382–385, 393, 415

菲律賓　56, 60, 321–326, 332, 338, 453

進出口銀行，中國　360

進香動員，媽祖信仰　52, 303

雪梨科技大學　415

頂新集團　130, 227

魚蛋革命　62

麻六甲困境　353

梁天琦　161–163

梁振英　194–195, 203, 207

十二劃

《博訊新聞》　225

喬治亞　449

《報導者》　233

塔吉克　381, 385–389, 393–394

媒體控制　44, 46, 227, 259, 410

彭定康　148–149

彭斯　336

普丁　395–396, 399

曾志偉　281–285

最大餘額　157

港商　62, 193, 201

港澳工作委員會，中共　156

港澳台居民居住證　42

港澳辦（中國國務院港澳事務辦公室）　197

游秋萍　206

湄公恆河合作（MGC）　368

湄洲島　295–297, 300

湄洲媽祖祖廟　293–298, 301, 309

《無聲的入侵》　408, 422

硬實力　354–355

統戰部（中共中央統戰部）　55,

158, 180, 291, 299, 303, 327, 329, 419–420, 425, 456

中共中央統戰部（統戰部）　55, 158, 180, 291, 299, 303, 327, 329, 419–420, 425, 456

統戰策略　34, 218

絲綢之路經濟帶　353, 384, 399

董建華　201–202, 273

董耀中　198–201

費爾法克斯媒體集團　423

貿易投資架構　216

貿易依存度，台灣　123

越南　56, 205, 317, 321–322, 327, 352, 354, 369, 373, 458

達爾文港　407

達賴喇嘛　38, 71, 73, 178, 259, 416

《開放大陸地區人民來台觀光推動方案》　173

馮滬祥　125–126

黃子為　206

黃向墨　412, 414, 419–420, 427–428

黃百鳴　283

黃惠康　328

黃瑋璋　420

黑爾數值　157

嵐橋集團　407, 421

十三劃

葉德嫻　280

葉簡明　58–59

債務陷阱　56, 315, 363, 443, 446–447

傾銷　444–445

匯點　75

媽祖文化　52, 293, 296–303, 307, 310

媽祖文化活動週　296, 300, 303

媽祖文化旅遊節　296, 298

媽祖文化節　293

媽祖信仰社群　292, 295–299, 302–303, 307–309

微信　48, 417, 422

愛奇藝　48, 248, 260, 262

《愛的十個條件》　185, 224

新加坡　55–56, 127, 216, 317, 319–322, 328–332, 338–339, 450, 456, 458

新加坡華族文化中心　330

《新西蘭中文先驅報》　411

新華社　156, 282, 414

新開發銀行（NDB）　323

《新新聞》 182, 220

新聞自由 47, 64, 213–214, 221,
　231–232, 237

《新聞週刊》，紐西蘭 410–411

新歐亞陸橋 385, 398–399

新潮流派系 82

新疆 59, 64, 185, 222, 224, 229,
　237, 328, 353, 381–384, 392, 394,
　400, 402

楊孝華 198–200

楊健 413–414, 424

溫家寶 193

《粵港合作框架協議》 194, 196

蒙古 444

蒙納士大學 417

解放軍（中國人民解放軍） 220,
　236, 238, 242, 356, 413, 417, 421,
　450

話語權 138, 220, 243, 409, 425

資本主義 74, 76, 170–173

跨境網路審查 46

《電視劇內容製作通則》 248

電影華表獎 258

賈南德拉國王 361, 370

雷伊 450

廉政公署 164

零雙非政策 195

十四劃

福建日報報業集團 219

僑辦（中國國務院僑務辦公室）
　327, 338, 413

對台工作小組 220

對外旅遊，中國 178, 180, 192

漢班托塔港口 61, 354, 360, 363,
　446, 447

漢密爾頓 422

漢朝 382

監察院 225

《端傳媒》 233

維傑雷特涅 417

蔡英文 42, 46, 50, 133, 139, 141,
　186, 255, 262, 305

蔡俞姍 180, 183

蔡衍明 226–227, 233, 236

蔡蘇配 133, 136

蔣經國 81–82

賓士汽車公司 38

鄧小平 71, 76, 85, 87

鄧森 419–420

鄭立中 39

鄭有傑 262

鄭宏泰 206

鄰國優先政策，印度 366

綠色和平廣播電台 220

十五劃

廣電總局（中國國家廣播電視總局）224, 258, 278–281

廣播電影電視部（廣電部）271

審查商業化 214–215

影政雙棲，香港電影業 283

摩根史丹利 171

歐文傑 277

歐亞經濟聯盟（EEU） 385

歐盟 318, 320, 450–454

滕博爾 424, 452

澳中關係研究院（ACRI） 414–415

澳門 42, 186, 192, 196, 204–205, 232

澳洲和統會（ACPPRC） 411–413, 420, 422

《澳洲新快報》 410

澳洲戰略政策研究所 416, 450

熱比婭 49, 185, 224

熱血公民 207, 257, 328

緬甸 56–57, 60–61, 316, 321, 326, 330–331, 354, 356, 445, 448, 453, 459

《衛星廣播電視法》，台灣 233

選舉委員會，香港 149

《選舉法修正案（選舉捐款與信息披露改革）》，澳洲 426

選舉管理委員會 162, 164, 199

數字絲綢之路 371

《數位通訊傳播法》，台灣 233

寮國 56, 57, 321, 445, 448–449, 453, 455

劉兆佳 159

劉奇葆 414

十六劃

《戰狼2》 64, 241–243, 258

戰狼式維權 241

戰略支援部隊 220

《樹大招風》 280

《獨立報》 390, 396

蕭煌奇 254, 263

薩德防導彈系統 57–58

賴清德 221, 238

酈健銘 206

霍爾果斯 385–386

駱惠寧 166

盧廣仲　263

十七劃

戴立忍　253–254, 263
環印度洋區域合作聯盟（IORA）
　368
環孟加拉灣多部門技術與經濟合
　作倡議（BIMSTEC）　367
《環球時報》　221, 237–238, 339,
　424
環境破壞　445, 457
謝里夫　363
謝偉俊　198–200
韓國瑜　46–47, 140–141
《聯合國海洋法公約》（UNCLOS）
　319, 348
聯合報系　45–48, 216, 220, 223–
　225, 228–229, 236, 304

十八劃

簡單多數決　149–150, 158
鎮瀾宮　51–52, 293–294, 302–308
顏清標　304–305

十九劃

蘇琴　452
蘇聯　72, 121, 327, 382–383, 390,
　395, 399, 426, 458
《蘋果日報》　47, 198, 200, 224, 260,
　286
關信基　159
羅伯　421
羅冠聰　154–155

二十劃

嚴澤華　422

左岸政治 327／中國因素系列 24

銳實力製造機
中國在台灣、香港、印太地區的影響力操作與中心邊陲拉鋸戰
China's Influence and the Center-periphery Tug of War
in Hong Kong, Taiwan and Indo-Pacific

主　　編	吳介民（Wu Jieh-min）　黎安友（Andrew J. Nathan）
譯　　者	鄭傑憶
總 編 輯	黃秀如
特約編輯	王湘瑋
行銷企劃	蔡竣宇
封面設計	黃暐鵬
內頁排版	張瑜卿

社　　長	郭重興
發行人暨出版總監	曾大福
出　　版	左岸文化／遠足文化事業股份有限公司
發　　行	遠足文化事業股份有限公司
	231 新北市新店區民權路108-2號9樓
電　　話	02-2218-1417
傳　　真	02-2218-8057
客服專線	0800-221-029
電子郵件	rivegauche2002@gmail.com
左岸臉書	facebook.com/RiveGauchePublishingHouse
團購專線	讀書共和國業務部02-22181417分機1124、1135
法律顧問	華洋法律事務所　蘇文生律師

印　　刷	呈靖彩藝有限公司
初版一刷	2022年10月
定　　價	600元
I S B N	978-626-95051-7-3（平裝）
	978-626-95051-9-7（EPUB）
	978-626-95051-8-0（PDF）

有著作權 翻印必究　（缺頁或破損請寄回更換）
本書僅代表作者言論，不代表本社立場

國家圖書館出版品預行編目（CIP）資料

銳實力製造機：中國在台灣、香港、印太地區的
影響力操作與中心邊陲拉鋸戰／
吳介民、黎安友（Andrew J. Nathan）主編；
鄭傑憶譯--初版--新北市：左岸文化出版；
遠足文化事業股份有限公司發行，2022.10
--面；公分--（左岸政治；327）
譯自：China's influence and the center-periphery
tug of war in Hong Kong, Taiwan and Indo-Pacific
ISBN 978-626-95051-7-3（平裝）
1.中國大陸研究　2.政治經濟　3.國際關係　4.文集
574.107　　　　　　　　　　　　110015147